走向生活世界的哲学

晏辉 著

新星出版社 NEW STAR PRESS

no.30 新人文丛书

【总序】

新人文：在思想与行动之间

王晓纯

“人文”一词，用法不一：古人将之与“天文”对举，今人把它与“科学”并列；它还常用来概称一种无论西方还是东方都存在的崇扬人性与人道的主义或精神。

“人文”与“天文”对举，最早出现于《周易》。《周易·贲卦》彖辞中，有“观乎天文，以察时变；观乎人文，以化成天下”之语。根据后人的解释，“文者，象也”，即呈露的形象、现象。于人而言，包括人世间的事态、状况，并可以引申到个人气象与社会风貌。值得注意的是，文中强调“文明以止，人文也”。文明总是与人文密不可分。人而文之，方谓之文明。在中国传统中，“人文”主要指人类社会的礼乐教化、典章制度和道德观念。而文明在其本质上，乃是人类对“人之为人”在思想上的自觉和这种自觉在实践中的表现。

“人文”与“科学”并列，与西方近代分科之学的出现与发展有关。伴随科学与技术的勃兴和迅猛发展，人类社会传统的文化格局发生了重大改变，尤其通过科学与工业革命不断推波助澜，甚至形成了科学与人文之间所谓“两种文化”的分裂。

“人文”作为一种精神或主义，泛指从古到今东西方都出现过的强调人的地位和价值、关注人的精神和道德、重视人的权利和自由、追求人的旨趣和理想的一般主张。

当代中国思想者的研究视域从来没有离开过对中国社会的人文关注。如今，中国社会进入了一个重要的转型时期。新时期呼唤新人文，也不断催生着新人文。

新人文是一种新愿景。现代社会使人在工具理性和技术统治面前常感无力，物质的丰富与精神的幸福之间往往容易失衡。新人文将目光聚焦于人本身，重塑价值理性，高扬人性尊严，唤起内心力量，促进个性自由发展，让梦想不再贫乏，让精神充满希望。

新人文是一种方法论。唯人主义和唯科学主义是现代性的基本组成部分，但两者的分隔也有渐行渐远之势。新人文试图重新发现科学与人文的内在融通，增进科学与人文的互补互用，让科学更加昌明，让人文之光更加夺目。

新人文是一种行动哲学。继往圣、开来学不是思想者的唯一目标，理想与现实之间需要架设坚实的桥梁。新人文力图夯实人文基础，作为社会的良知而发出公正的呼声，着力提高全民族的文化素养和精神境界，让思想冲破桎梏，用行动构筑未来。

鉴于以上种种，我们编辑了这套“新人文”丛书，奉献给关心当下中国现代化进程和新人文建设的广大读者。

2012.10.19

目录

自序

屈指算来，从事大学老师这个职业已有29年的时光。回望学术历程，回顾教学生涯，感慨良多。依照我的体悟，除了用功之外，更重要的是天赋，无论是从教还是著书。从事学术研究是很辛苦的事情，除去那些技术上的环节之外，最为重要的是这样两点：其一，学术境界。它是为什么而写的问题。为着功利而想，为着收益而写，不大可能写出好作品来。只有说出时代精神，只有表达人们共同心声的作品才是好作品。其二，学术胸怀。容纳百川，向他者学习，才能使自己进步。马克思为写《资本论》，深入研读了1400多种书，做了大量文摘和笔记。很多学者从不愿意承认别人，更不愿向他者学习，自说自话，孤芳自赏，很难进步。

多年来，自我探索着写了一些不成熟的作品，大体上算作是学术文章，且在学科分类上，归属哲学、马克思主义哲学、价值哲学和伦理学。在这部自选集中，依照如上分类，把已发表过的部分文章分为“哲学与生活世界”、“价值哲学与现代价值问题”、“伦理学与道德危机”和“消费及消费伦理问题”四个部分。在分类名称的选择上，刻意突出了学科与问题的关系，如“伦理学与道德危机”，“伦理学”是学科称呼，“道德危机”是问题判断。没有扎实的学科理论与知识支持，对问题的研究就不可能缜密与深入；若无对社会基础性、根本性和全局性问题的研究，学科也显得苍白。总的说来，我的学术领域除了早年写的一些哲学基本理论文章之外，近年来的思考主要集中在对“钱”的思考，对“权”的研究，对“人”的关注，与此相对应就构成了“经济伦理学”、“公共管理伦理学”和“人的生活世界”三大学术领域。其间贯穿着由基础性问题（经济）到根本性问题（权力）再到终极性问题（人的生活）的内在逻辑。

最后感谢丛书编委会和贤弟张加才教授为我出版自选集所作的努力。

第一编
哲学与生活世界

论哲学在场的方式

阅读提示：任何一种哲学，只要它存在过且为人们过问过，便意味着它是在场的，或曾经是在场的；但指望一种哲学能够永远在场则是过分的要求。因为，除去由于哲学所普遍具有的品质而使哲学一般在场之外，任何一种具体哲学都不可能永远在场，或全部在场。其根由在于，虽然任一具体哲学作为哲学须具备哲学一般所要求的品质，如反思与批判的品质，但作为具体哲学之对象的课题却总是具有时代性的，作为课题的问题在不同时代似乎具有相似性而不可能完全相同，任一时代的问题在性质以及解决方式上都是独特的，一如只有相似的哲学家而无完全相同的哲学家那样，哲学的具体也是独一无二的，因之在场的哲学总是具体的哲学而不是哲学一般。求索哲学在场的方式旨在探求哲学的安身立命之本，继而见出哲学的在场与在场的哲学的内在关联，在这一方面，马克思哲学无疑是值得深入研究的一种。

哲学的在场与在场的哲学

一种哲学是否在场，其证明取自：一种哲学正在言说着；一种哲学曾经言说过，但当下言说者已被替换成他者，他者试图用言说者的概念、话语言说他者所面临的问题。一种哲学在场不是形式上的，而是内容上的，进言之，哲学不是仅仅作为一种材料、知识、概念而成为训练哲学思维的工具，它不是学习的工具，而是一种思维方式和一种价值立场。以此种标准看待哲学的在场，就不仅仅是指一种哲学正在言说着，其实任何一种哲学特别是那些自以为是的哲学都在言说着，借以表明自己的在场，问题在于言说者言说的是什么。如果言说者言说的只是一些常识或极为个性化的个人感受，很难断言此种哲学是在场的；哲学的在场更在于以何种方式言说，倘若以常见或意见的形式言说，或以官方的思维与话语言说，也依然不能见出时代的哲学精神来，它只证明它是在世而已，因为言说者是在世的。在场与在世不同，首先是它在关键的时候出场，出场就是显现，但显现不是一般性地立在那里，不是不作为，而是有所为。其有为的方式就是言说时代要求它说出的那些东西。这些东西是很多学科都在言说的，也是每个人都能感觉到的，只是由于人们既无兴趣也无责任和能力说出，一种哲学只有说出人人都能感觉到但又无力说出的东西，才能证明它是在场的，“哲学是时代精神的精华”正是此种意义。其次，哲学在场的显现方式是独特的，有其区别于其他学科的概念、话语和致思方式。文学通过形象、借助错综复杂的人物关系比附时代的难题和困境；史学通过一种客观化的叙事显现历史的逻辑；社会学则试图通过调查和数据描述社会的结构性变迁。哲学的言说方式则是独特的，它不大拘泥于一个具象的描述，它要发掘出造成问题、难题的终极性根源，在这个意义上，哲学关注的是根本性的、前提性的和全局性的问题；哲学关注问题的方式也是独特的，这就是回溯与前设，密纳法的猫头鹰只有在黄昏的时候才起飞。哲学总是立于一个点之上。站在这个点上回首往事，它要见出造成此结果的成因及其过程；站在这个点上展望未来，它要提供某种设定，要么使难题提前到来，如尼采，要么使和谐预先生成，如马克思。哲学立于其上的这个点，不是一个时空概念，而是一个思维的抽象和历史的具体。作为一种思维的抽象，它抓住了社会历史的本质，而不是漂浮在河水之上的表象甚至假象。马克思在批判了经济学在研究社会问题时所使用的方法之后指出：“如果我从人口着手，那么，这就是一个混沌的关于整体的表象，经过更切近的规定之后，我就会在分析中达到越来越简单的概念；从表象中的具体达到越来越稀薄的抽象，直到我达到一些最简单的规定。于是行程又得从那里回过头来，直到我最后又回到人口，但是这回人口已不再是一个混沌的关于整体的表象，而是一个具有许多规定和关系的丰富的总体了……具体之所以是具体，因为它是许多规定的综合，因而是多样性的统一。因此它在思维中表现为综合的过程，而不是表现为起点，虽然它是实际的起点，因而也是直观和表象的起点。在第一条道路上，完整的表象蒸发为抽象的规定；在第二条道路上，抽象的规定在思维行程中导致具体的再现。其实，从抽象上升到具体的方法，只是思维用来掌握具体并把它当作一种精神上的具体再现出来的方式。”[①]作为一个历史的具体，这个点是人类活动精神的凝聚，是由若干经线和纬线交错而成的纽结，若干支流汇集于此，然后又流向更远的地方。而河流的未来流向虽不能完全由这个交汇点所决定，但总能从这里看出大体的方向，这是哲学家构想未来的基点。只有当哲学家以哲学的方式，亦即以逻辑的历史与历史的逻辑相统一的方式呈现社会历史的根本性的、前提性的问题时，我们才说此种哲学是在场的。哲学言说者在世且用哲学的方式言说着属于他那个时代的精神，这是哲学在场的第一种方式。

哲学在场的第二种方式是，言说者已不在人世，但他用以说明他那个时代的精神时所使用的言说方式、概念与话语依然活跃着，一如它的主人在言说着那样。这种哲学的影响方式不是通过思维与存在合为一体的方式，而是通过影响后人的致思范式和价值立场的方式实现哲学在场的。就类型说，这种通过后续效应而在场的哲学主要有两种：一种是由于揭示了人类思维的一般规律而被后人所接受，只要人们想望通过哲学的方式揭示时代的精神，就必须接受这种哲学意义上的思维训练，否则他只具有哲学的意识而无哲学的思维。无哲学思维的人便不能提供哲学意义上的见解，要么是一般性的常识，要么是其他学科的附庸。传统意义上的形而上学便是这样一种哲学：作为一种元哲学，由于它具有极为抽象的特质，难以理解更难以把握，通常给人以曲高和寡的印象，但它对于后人哲学思维的养

① 《马克思恩格斯全集》第 46 卷（上），人民出版社 1979 年 7 月版，第 37—38 页。

成却是必不可少的元素。一如恩格斯所说，若要提高哲学思维，除了学习以往的哲学之外没有其他途径。在后续效应的意义上，另一种在场哲学的类型是意义哲学或价值哲学。由于它揭示了人类在生产、交往和生活中所引发的诸多价值冲突而为后人所关注。这种价值哲学的后续效应可能有这样几点：其一，不在世的言说者所论说的主题在后人那里依然出现，但这种出现不是主题在空间上的位移，而是历史发展的逻辑使然。这些主题要么是以放大或发展的形式出现，要么是以性质相同但形式已有所改变的方式出现。主题的历史性迁移造成了揭示主题的哲学家的历史性延续，一旦人们面对相同或相似的问题或主题时就必然想起揭示这些问题的哲学家。其二，哲学家不止是揭示了时代性的主题，并且提供了若干解决这些难题的价值主张，这些主张似乎可以帮助后人理清问题的性质和成因，并创造出解决问题的若干方法。其三，哲学家改变世界的诸种主张，其目的不是为着个人的私利，换言之，进行哲学研究，其理论主旨不是将哲学研究作为谋得一份收入的手段。哲学不是一种职业，而是一种事业；哲学研究不是一门技术，因为技术是可以复制的、可以模仿的、可以批量生产的，而是一门艺术，艺术是个性化的、不可模仿的。哲学是以个性化的方式呈现根本性的问题并提供普遍化的价值立场与标准。其四，哲学家需有社会责任感，并充满激情，“激情、热情是人强烈追求自己对象的本质力量”。在世在场以及后世在场的哲学家，特别是那些社会哲学家必须具有人类学的视野，它站在绝大多数人的立场上，以人类学的视野关注涉及人类性的问题。这样一些哲学家总是对人类未来充满美好的愿望，指出一种能够过上好生活的道路。

自人类有哲学意识以来，从事哲学研究的人决非一二人，有时甚至是一个团体，集体攻关，而按照哲学的精神说，哲学研究不是集体项目而是个人项目。即便按照个体的方式说，从事哲学研究的人真可谓不计其数，特别是在那些特殊的国度里，从事哲学研究的人越来越多地是出于哲学精神以外的考虑，而不是出于责任和兴趣。但这样一个庞杂的研究队伍却常常难以很好地完成时代赋予哲学研究的使命，历史事实证明，哲学研究完成其历史使命的程度不是取决于人数，而是取决于研究的质量。在场的哲学不是由于你从事了哲学研究便一定被世人和后人所重视、学习和受用，而是你把历史的使命以哲学的方式呈现给世人和后人。我们固然要研究那些有记载的哲学家，学习他们的哲学知识，但我们更应该研究哲学在场的方式和在场哲学之能够在场的艺术。

哲学在场的艺术：以马克思为例

一如前述，哲学在场不是一门技术，而是一门艺术。既是一门艺术就一定具备如下三种品质：它是一项事业，它是一种规范，它是一种境界。马克思哲学充分地体现了这三个品质，所以它才会在场，其在场的广度和深度都是其他哲学所不可比拟的。自马克思哲学产生以来，它所产生的影响，不论是理论的还是实践的，都是有目共睹的。在一定意义上可以说，面对西方近代以来的现代化运动所引致的诸多问题，如现代社会、现代性、现代主义、后现代性，等等，无论是从事研究还是生活体验，都无法回避马克思哲学，马克思哲学似乎已经成为一种真正的显学，至少在当下是这样。这是一个着实令人感兴趣的问题，因为一直以来，我们更多地是关注马克思言说了什么，却不大注意马克思是怎样言说的，为何如此言说，而这是马克思之成为马克思、马克思哲学之成为马克思哲学的关键。

哲学是一项事业。既是一项事业，就必须具有使之成为事业的精神。马克思具备何种精神呢？马克思作为资本主义起始阶段的见证人之能够揭示资本主义的秘密，必须具备资本主义精神。这是一个饶有兴趣的问题：要揭示资本主义的秘密似乎必须具备资本主义精神，一个只具有前现代精神的人无法深刻地理解更无法准确地揭示现代性的精神实质；然而如果仅仅具有资本主义精神，而无一种对资本主义的反思与批判的精神，对资本主义秘密的揭示也是不可能的。韦伯和桑巴特分别研究了资本主义之能够兴起的精神基础，韦伯把它归结为禁欲、节俭的新教伦理，以及为着上帝的职业精神；而桑巴特则归结为那些不知疲倦的人（犹太人、日尔曼人和苏格兰人）在寻找一种有效率的经济组织方式过程中所体现出来的精神：

拼搏、进取、创新、吃苦、计算、节俭、合作，等等。但马克思从来没有把资本主义仅仅看作是一个仅具有历史逻辑的过程，它同时也是一个具有价值逻辑的过程。具有价值逻辑便意味着有人类意志、阶级意志、集团意志和个人意志渗透其中。既有意志便是可以选择的，人们选择了在某种意义上比传统的农业社会要好的工业社会，那么人们依然有理由选择比工业社会要好的社会形态，这是一种反思的和批判的哲学精神。因此，除了具备桑巴特意义上的资本主义精神之外，更在于马克思具有一种深沉的危机意识和强烈的责任感。他要以哲学的方式亦即理性的和批判的方式揭示资本主义所内含着的深刻矛盾和历史危机，指出资本原始积累的非人道性，资本运行过程中的非人性化，资本运行结果的物化与异化；马克思终其一生地试图用理论的武器为无产阶级提供一种使其成为人的现实道路。因此，马克思在把哲学变成一种事业的时候，实际上已经把无产阶级的历史命运变成了与自己的命运息息相关的事情。

哲学是一种规范。在人文社会科学研究的范围内，任何一种学科、学说和学者在陈述事实的过程中都会或隐蔽或公开地表达它的价值立场，显现它的好恶取向。因为作为人文社会科学之对象的社会历史现象与自然现象不同，渗透着人类的心智力量和价值诉求，是历史逻辑与价值逻辑的混合体。作为以揭示生活真谛为其旨归的实践哲学，必然把如何使价值逻辑成为可能视为首要，“每种技艺与研究，同样地，人的每种实践与选择都以某种善为目的。所以有人说，所有事物都以善为目的”。[①]揭示社会善的结构、指明实现社会善的道路，是人文社会科学家的历史使命。一如康德所言，人主要解决三个难题：我能够做什么、我应该做什么、我想望什么。在准确的意义上，哲学作为一种规范指的是哲学工作者的价值观。马克思在揭示资本主义的历史逻辑的同时，表达了他的为着无产阶级服务的立场和为着全人类彻底解放而努力的理想。为着世界上绝大多数人的价值诉求而努力才使得马克思哲学成为真正的实践哲学和价值哲学。

哲学是一种艺术。艺术是一种和谐、相宜和愉悦，哲学作为一种艺

① [古希腊]亚里士多德：《尼各马可伦理学》，廖申白译，商务印书馆 2003 年 11 月版，第 4 页。

术如何实现和谐呢？在哲学研究的范围内，和谐具有两个层面的意思：作为一种方法，哲学揭示的是“我能够”、“我应该”和“我想望”三者之间的内在关联；作为一种目标，哲学要指明一条和谐社会是如何可能以及怎样可能的现实道路。在此，我们着重讨论，马克思哲学作为一种方法论是如何实现和谐的，关于后者我们将在下一部分集中讨论。在分类的意义上，“我能够”、“我应该”和“我想望”实际上是两个序列：事实与价值。事实序列决定了“我能够”和“我应该”的合理边界；价值序列决定了“我想望”的基本倾向。哲学作为一种理论自觉就在于它把事实序列和价值序列在人的实践活动中给统一起来，实现合规律性与合目的性的统一，马克思哲学是这种统一的典范。它没有停留于对资本主义非人道性的指责、谩骂和批判上，因为非理性形态的情感发泄只能表达一时的情绪，对于改变现实世界是无助的，而是把情感上的激愤保持在理性的范围内，对资本主义进行缜密的分析，借以见出资本主义是如何可能的、超越资本主义又是如何可能的。因此，马克思哲学是伦理动机与科学规范的完美统一。它超越了由于无视资本主义的历史逻辑而陷入空想的唯意志主义；超越了夸大资本主义的历史必然性而否认改变现实世界之可能性的实证主义。马克思把他的宏大理想立于改变资本主义的现实基地之上。只有当哲学指明“我想望什么”、“我应该做什么”而且“我能够做什么”的时候，它才是一门艺术，马克思哲学是一门真正的艺术。

事业、规范与艺术是马克思哲学之成为马克思哲学的必要条件，然而如果这些品质不与马克思哲学的精神相结合，也仅仅是一种品质而已。因为这些品质也同样适用于其他哲学家，而把马克思哲学同其他哲学区别开来的则是这种品质与马克思哲学精神的有机统一，这就是马克思对资本主义本质的深刻揭示。

马克思哲学始终是以资本主义为其研究对象的，脱离了对资本主义的理解便无法理解马克思哲学的精神实质。关于对资本主义的研究有三种思考范式：作为生产方式的资本主义、作为政治形态的资本主义和作为社会—文化形态的资本主义。如果单一地研究资本主义，就会走向专门化的研究道路：经济学、政治学、社会学和文化学。正是资本主义这种相对有效率的经济组织方式造成了社会的结构性变迁，它使社会权威性资源和可配置性依照效率、正义和自由原则进行组织，在思想文化上改变了人们已有的思维方式和研究方式，继而催生了近代科学意义上的经济学、政治学、社会学、文化学的发轫与发展。然而这些学科都是对资本之运行过程中之具体领域的研究，无法体现资本之运行逻辑的基础性、根本性和全局性。如果试图把握资本的本质以及由它造成的资本意识形态，就必须站在整个人类价值的高度，植根于人类的生存状态，着眼于资本的运行逻辑，方能发现资本主义精神。这一点马克思做到了，而且出色完成了时代赋予他的哲学使命。要而言之，马克思这种基于具体学科而又超拔于具体学科并最终指向人类生存状态的致思范式乃是一种人类学的思维范式。

首先，马克思把传统哲学改造成了实践哲学。这从根本上解决了学理上的唯物主义和唯心主义之争。其一，从根本上解决了从纯粹精神出发解释人类全部生活现象而陷入无法正确解释的难题，“社会生活在本质上是实践的。凡是把理论导致神秘主义方面去的神秘东西，都能在人的实践中以及对这个实践的理解中得到合理的解决”；“关于离开实践的思维是否具有现实性的争论，是一个纯粹经院哲学的问题”。[①]主体、主体性、客体、客体性、主观、主观性、客观、客观性，等等，都是哲学家用以把握现实世界的哲学范畴，这些范畴本身，连同这些范畴所表象的原生对象原本都生发于人的现实的物质活动和精神活动，而这些活动都以社会—历史的方式展开着，表现为人们的经济、政治、文化和社会活动。舍弃这些活动本身而执着于概念游戏，其结果必然是脱离生活的形上之学。其二，用实践范畴解决唯心主义无法解决的问题，无疑同唯心主义区别开来，但仍旧没有从根本上说明人的生活本身，如果不对实践范畴做深入研究，便停留于旧唯物主义的水平而无实质性进步。深刻体会马克思学术研究的心路历程，马克思1845年春天完成《关于费尔巴哈的提纲》之后，并没有满足于“实践”这个范畴本身，而是进行了一个学术视界上的转向：把实践范畴还原成更能够阐明人的生活实践本身的系列概念：劳动、资本、商品、货

① 《马克思恩格斯选集》第 1 卷，人民出版社 1972 年 5 月版，第 18、16 页。

币、关系，以及与这些核心概念相一致的话语系列的转变：价值、使用价值、不变资本、可变资本、剩余价值、原始积累，等等。[①]这样，马克思哲学便在实践概念的范围内与旧唯物主义区别开来："费尔巴哈不满意抽象的思维而诉诸感性的直观；但是他把感性不是看作实践的、人类感性的活动"，而是"对'市民社会'的单个人的直观"。[②]

其次，马克思哲学对资本主义的研究是基础性、根本性和全局性的。马克思的学术研究是累积式的，而不是替代式的，马克思批判和借鉴了他能够找到的文献资料和各学科观点，诸如经济学、政治学、经济史、人类学、科技史，等等。但马克思不是把这些资料和观点堆砌起来，变成一个文献资料库，相反，它们作为鲜活的资料和要素融进了马克思的思想之中，这是一种典型的"六经注我"式的致思方式。以经济学为例，为着撰写《资本论》（其实是为着把握资本主义的灵魂）马克思参阅并研读了1400多种著作，对主流形态经济学的研究可谓深入而全面。然而马克思并没有淹没在浩瀚的文献资料中，它们帮助和推动着马克思深入到资本主义大厦的内部，去关注和揭示它的基础性、根本性和全局性问题。在马克思的人类学视野里，资本主义不是单一的经济、政治或社会文化现象，而是一个有着内在逻辑的整体画面：以"商品的庞大堆积"为直观[③]，以商品交换关系为中轴，以人的社会关系的物化为结果；"商品的庞大堆积"是资本主义的基础性问题，商品交换关系的普遍化是根本性问题，社会关系的全面物化是全局性问题。这种以前提、过程和结果为其三个环节的资本的运行逻辑，从根本上决定了资本主义的整体风貌。资本不是一个物，而

---

①在我国学术界，关于"实践"的讨论与争论可谓"源远流长"，从"实践是检验真理的唯一标准"的真理大讨论，到近年来"物质本体论"与"实践本体论"之争，直至今天的不了了之，说明我们的研究方式是成问题的。检讨"实践"讨论的纷纷争争，实际上我们都没有很好地领会马克思当年从实践范畴走向生活实践的学术转向及其实质意义。今天，我们不再需要空乏的概念，而是接近生活真谛的日常语义分析，用最接近于事物本质的概念和话语去言说事物才是最真切的。我们并不主张放弃实践范畴，应该放弃的是执着于空乏概念而远离事物本质的思考方式。

②《马克思恩格斯选集》第1卷，人民出版社1972年5月版，第17—18页。

③马克思在《资本论》第1卷开篇便说："资本主义生产方式占统治地位的社会的财富，表现为'庞大的商品堆积'，单个的商品表现为这种财富的元素形式。因此，我们的研究就从分析商品开始。"（《资本论》第1卷，人民出版社1975年6月版，第47页）为什么从分析商品开始，而不从分析阶级、劳动、剩余价值开始？这是一个饶有兴趣的问题。

是一种抽象，但人们却真真切切地在感受着它；资本不是幽灵，也不是怪物，但却可以产生商品拜物教这样的奇怪现象；资本虽不是幽灵，却可以产生魔力。而所有这一切都由于资本是通过商品和货币这两个风火轮而发挥作用，资本就是站在商品和货币这两个风火轮之上的魔影，无法握住，却又挥之不去。商品资本与货币资本是资本的两种表现形态，资本要么表现为物，要么表现为钱，否则它什么都不是。然而资本又不仅仅是物或钱，而是一种以增殖为终极目的的流动，资本是一种运动，而不是静止。因此，在资本主义状态下，“商品的庞大堆积”是基本的事实，是日常生活意义上的事实。只有从普遍事实出发而不是从个别事实出发才能揭示普遍规律。由此观之，在马克思的视野里，资本不是一个经济学、政治学和文化学范畴，而是一个人类学范畴，它是描述在资本主义状态下人类几乎全部活动的关键词。商品的庞大堆积必然造成一个普遍化的社会活动：交换。由商品交换所引发的普遍交往打破了传统的农业社会的每个人的孤立状态和狭小的生活空间。“人的依赖关系（起初完全是自然发生的），是最初的社会形态，在这种状态下，人的生产能力只是在狭窄的范围内和孤立的地点上发展着。以物的依赖性为基础的人的独立性，是第二大形态，在这种状态下，才形成普遍的社会物质变换，全面的关系，多方面的需求以及全面的能力体系。”①而普遍交换的前提是每个人的自由与独立，一如商品是独立的原子那样，每个人也原子化了，而每个人愈是独立就愈是依赖他人，多样化的需求决定了每个人将依赖所有的人。马克思在《资本论》中以辩护与批判的态度把这种状态称之为“天赋人权的真正乐园”，“那里占统治地位的是自由、平等、所有权和边沁”。②由物质的交换所带来的普遍交往把人们置于一个全面依赖的状态之下，这是资本的运行逻辑所导致的人类学后果。但与普遍的交往和全面的依赖这种人类学后果相匹配的则是人的社会关系的全面物化。物化的社会关系不是个别的、暂时的，而是全局性的、较长时期的过程，全面的物化关系引发了诸多价值问题：建基于资本的运行逻辑之上的资本意识形态造成了全面消费、奢侈甚

① 《马克思恩格斯全集》第46卷（上），人民出版社1979年7月版，第104页。

② 马克思：《资本论》，第1卷，人民出版社1975年6月版，第199页。

至浪费的消费行为和消费观，从根本上颠覆了传统的基于禁欲与节俭之上的消费观；商品的庞大堆积和产品的快速消费并未从根本上解决生活的意义问题，创造生活的前提不等于创造了生活本身；孤独、无助、无聊时常笼罩心头；贫富差距引发了社会公正问题的激烈争论。

再次，虽然如此，但马克思并没有走向全盘肯定或全盘否定资本主义的极端，而是用一种历史的眼光来审视它，指出，资本主义的内在矛盾恰恰孕育着解决自身矛盾的出路。马克思颇有信心地指出："建立在个人全面发展和他们共同的社会生产能力成为他们的社会财富这一基础上的自由个性"的第三个阶段一定会到来。

总结起来：马克思用以揭示资本主义的人类学思维范式在今天依然有它的效用；马克思执着其上的资本的运行逻辑依然存在着，且以放大的形式——经济全球化的形式存在着。这就是马克思哲学今天依然在场的秘密。

追寻在场的哲学

马克思哲学的在场艺术无疑是我们需要研究、学习和吸收的最为重要的文化资源，它可以帮助我们明白应该以怎样的精神、何种价值立场去研究资本的运行逻辑。但指明这样两点是极为重要的：其一，马克思曾经面对的资本主义在今天已经有了新形态；其二，马克思哲学面对新问题不曾提供现成的答案，它需要后人去寻找，寻找全球化背景下的在场的哲学。

1. 今日是否需要哲学？需要何种样式的哲学？

自人类具有哲学意识以来就不曾停止过对生活世界的思考，因此，"今日是否需要哲学"，这是一个假问题，我们不能把一般人和日常生活不需要哲学当成今日不需要哲学的唯一根据。哲学是类的事情，而不是个体的事情，尽管它落脚到个人的生活之上。问题是，今日需要何种样式的哲学。

（1）从统一哲学到部门哲学。人类以何种样式的哲学思维、方法与体系去把握生活世界并不仅仅取决于哲学家的思维水平和主观偏好，更决定于生活世界提出何种样式的哲学问题。哲学遗产的迁移是有边界的，当我们把适合于一种领域的哲学思维、方法和结论迁移到另一个完全不同的问题领域时，就会发生失效甚至伤害的事情。当政治依照其独一无二的话语权力支配经济和文化从而把它们变成自己的附庸的时候，一种以宏大叙事形式出现的统一哲学就会应运而生，黑格尔哲学是这种统一哲学的思想形态，列宁和斯大林哲学则是这种统一哲学的政治形态。严格说来，马克思哲学也是一种统一哲学，但它既没有宏大叙事结构，也没有用一种价值立场去统合一切价值的倾向，而是基于对资本主义社会的基础性、根本性和全局性问题的分析而指明一种可能形态的良好社会的哲学思考，它是实践哲学和价值哲学。然而，马克思曾经面对的资本主义在今天已经有了新形态，尽管基础性的、根本性的、全局性的问题还具有相似性，但造成这些问题的直接原因和解决这些问题的方式都有了新内容。资本的运行逻辑在整个世界范围内的展开已成不争的事实，基于资本、资源、技术、信息和人才在全球范围内的配置之上的“世界历史交往”已经形成，尽管各种冲突不断，在此种境遇下，指望一种适合于一切领域和民族之上的统一哲学既无必要也不可能。相反，经济和文化作为相对的社会力量逐渐从政治的强制中解放出来，发挥着相对独立的作用，于是，社会问题愈来愈领域化或专门化，一如分工愈来愈专业化那样。这些专门的问题，其强度和广度都超过了以往，其复杂性要求思想家毕其一生的经历去研究，但也未必说得清楚，比如正义问题。因此，部门哲学将成为当代哲学的主流形态。

（2）从体系哲学到问题哲学。从学科意义上说，任何一个完整的思想，若要清晰地表达出来，就必须有完整的逻辑结构，并用完整的概念和话语把它陈述出来，表现为完整的理论体系。因此，我们批判的不是一般意义上的体系，而是为着一个理论体系而伤害事实的体系哲学，这种体系哲学要么离人们的生活世界相去甚远、不着边际，要么为着所谓的严谨的逻辑体系而任意剪裁事实。今天，效率观已经不仅仅是经济活动和政治活动的核心价值观，也是学术研究中的基本原则。一个理论无论怎样完整、美观，倘若不能说明事实、解释和指导事实，原则上是无用的。我们所需要的是严谨而彻底的哲学。严谨决定了思想体系是自洽的、可信的；彻底保证了思想体系的历史性和社会性，是对社会历史中基础性、根本性和全局性问题的揭示与解答。总之，既符合逻辑又符合历史的哲学才是有生命力的，也才是在场的哲学。

2. 社会哲学与价值哲学

社会哲学与价值哲学是问题哲学的两种主要形态。就问题的种类说，有事实问题和价值问题。事实问题所表达的是事物的发生发展规律，尽管人类活动的规律常常受到人类意志与欲望的影响，但任何意志和愿望的实现必须具备足够的条件与环境，因此发现规律并很好地遵循规律是哲学的重要任务。社会哲学就是这种哲学之一，它所着力研究的是人类活动的结构性变迁，揭示结构性变迁发生发展的内在机制。马克思哲学正是发生于由传统的农业社会向现代工业社会的转型过程中，它是现代性的产物，同时它也揭示了现代性之原始发生的内在逻辑，把握到了生成中的现代精神。今日，我们正处于由现代社会向后现代社会的转型过程中，而此次转型与马克思所面对的转型有所不同，那时的任务是如何构造资本的逻辑，而今天的哲学任务则变成了一种追问：资本的世界逻辑给人们带来了什么。马克思所曾预测的世界历史交往形式今天已成了不争的事实，然而由此带来的价值问题却超过了以往，因此，今日社会哲学之研究必然导致价值哲学之产生。

3. 生活、价值与意义

生活世界理论是由胡塞尔提出来的，但这决非意味着，只有胡塞尔才研究了生活哲学，事实上，马克思、舍勒、海德格尔等都不同程度地讨论了生活世界问题，只是角度和层次不同而已。现在的问题是：今日之生活世界与现代性生成继而壮大时期的生活世界有何不同。可以粗略地说，这种不同至少有这样几点：其一，生活条件与生活本身。以日益膨胀起来的占有欲望和消费欲望为动力、以市场为环境、以科技为手段而发展起来的现代社会（市场社会），其主旨在于创造使人们幸福的生活条件。富于幻想的进步主义者们，给人们以这样的承诺：经济增长必然带来社会发展，社会发展必然带来幸福。事实证明，创造使人幸福的前提并不等于创造幸福本身。其二，经济学家和心理学家所期盼的随着物质财富的积累和物质需要的满足，情感的、信仰的、精神的需要会逐渐得到满足。历史证明，由物质财富到精神财富、物质需要到精神需要的迁移并没有按照人们的主观愿望而即时发生，相反，人们的失落感、孤独感和无意义感却从没有像今天这样突出。如何创造价值和意义，又如何体悟和享用价值和意义，便成了价值哲学最为突出的任务。

4. 环境哲学与政治哲学

就人的生存与发展来说，有两个环境是至关重要的：自然生态和人文生态。始于20世纪60年代的绿色和平运动，是现代化运动的必然产物，只是这个产物是针对现代化的负面效应而发难的，至少从那时起，稀缺性才逐步成为了一个学科概念和日常用语；代际公正逐渐成为环境经济学的核心范畴，只有在保证下一代人生活得至少不比我们差的前提下才可以开发具有稀缺性的自然资源，同时还不可以把原本属于这一代人的代价转移给下一代人。在类价值的诉求中，自然环境经济学或生态经济学便孕育而生，对发展中国家来说，效率概念并不仅仅是投入与产出之间的比例关系，还包括环境成本和代际成本，循环经济或生态经济理应成为科学发展观中的重要内容。然而经济学的发展似乎给人这样一种印象：它仅仅是一种在预先给定的制度安排下，利用价格规律、通过合理的资源配置追求收益最大化，而这个保证正义的制度安排如何得来，收益被如何公平分配，似乎不是它关注的事情。诺贝尔经济学奖得主阿马蒂亚·森把伦理原则引入经济学，考虑落后地区和弱势群体的收益问题。毫无疑问，决定资源获取和分配的正义制度比资源配置本身更基础和根本。罗尔斯、诺齐克、沃尔泽、麦金太尔、米勒、桑德尔等都对正义的研究贡献了见解和思想，罗尔斯更是由于终其一生地研究正义问题而为世人所瞩目。他在《正义论》中开篇便说：“正义是社会制度的首要价值，正像真理是思想体系的首要价值一样。一种理论，无论它多么精致和简洁，只要它不真实，就必须加以拒绝或修正；同样，某些法律和制度，不管它们如何有效率和有条理，只要它们不正义，就必须加以改造或废除。”[①]制度是经济生活、文化生活同时也是政治生活的根本环境，因此，政治哲学方兴未艾。

我们今天所需要的在场哲学不是具有宏大叙事结构的形上哲学，而是研究基础、根本和全局问题的形下哲学：社会哲学、政治哲学、价值哲学和意义哲学是这种哲学的主要形态，它们也许是我们所追寻的在场哲学的可能形态。

（原载《哲学研究》2006年第3期）

① [美] 约翰·罗尔斯：《正义论》，何怀宏、何包钢、廖申白译，中国社会科学出版社 1988 年 3 月版，第 1 页。

哲学问题与问题哲学

——论一种可能的哲学观

阅读提示：哲学观是对人们用以进行哲学致思方式和方法的看法，是对哲思的反思或后思。反思与后思的意图既在于考察哲学对象或哲学问题的合理性和合法性，更在于省察哲人进行哲思时提问题的方式、致思的层面和价值立场。反思人类哲学走过的心路历程，旨在发现哲学问题与问题哲学之主题转换的内在逻辑，自明现代哲学的社会历史使命。哲学的定义随时代的发展又因哲思者的理论旨趣而不同，但从哲学的使命说，它总是或应该是关注人类生活和人类命运的。在现代语境下，我们主张一种问题式的哲学致思路径。

哲学问题　哲学基本问题

恩格斯在《路德维希·费尔巴哈和德国古典哲学的终结》中就哲学的基本问题说道："全部哲学，特别是近代哲学的重大的基本问题，是思维和存在的关系问题"。[①]"思维对存在、精神对自然界的关系问题"是"全部哲学的最高问题"。[②]先把这里的"全部"究竟何指何谓、是否包括恩格

① 《马克思恩格斯选集》第4卷，人民出版社1972年5月版，第219页。
②同上，第220页。

斯在内、为何仅把思维与存在的关系视为哲学的基本问题等等这样一些前提性的问题暂时“悬置”起来，直击哲学的“灵魂深处”，我们发现，哲学不过是人们用以追问属人世界何以可能、如何可能和怎样可能的方式，它不同于宗教的、文学艺术的、实践—精神的方式之处即在于它的追问“本体”的顽强意志和反思与批判的优良品质。其实，追问“本体”的偏好并非哲学所独有，文学、历史学、宗教学等也在苦苦地追寻着，但它们似乎从没有像哲学那样，沉思包括人在内的整个世界的可能性问题，而是考察与人相关的“本体”问题。因其是在自身规定的边界内讨论，主题显得更加集中，更富人性化，它们更具生活性，与人们的日常意识和日常生活水乳交融，因而更容易被理解和接受。哲学追问本体的方式与文学、历史学的不同，文学是以感性的方式、历史学以叙事的方式、宗教学以想象的方式、伦理学以教化的方式，而哲学以理性的方式，借助理性，理论思维去掉了各种繁茂芜杂的假象，而直握抽象的具体，唯其哲学是“直观事物自身”的，更显简约和彻底。哲学在把握世界之方式上的优势应由确定适合于自身的主题来保证。一如公正是指做适合于自己的天性的事情、得与自己的付出相对等的东西那样，哲学应该做适合于自己的天性的事情，这集中体现在哲学的主题上。

由哲学的使命与品格说，哲学的主题由三部分组成：存在论、认识论和价值论。其中存在论与价值论具有典型的哲学性质，而认识论从其发轫的时候起，就与脑科学、神经生理学、心理学有不解之缘，它是一系列可以通过实验、通过物化的形式再现的过程，它往往是可以还原的，是可以通过相关数据加以证明的，原则上不是纯粹的逻辑推论的过程。而存在论和价值论是不能通过实验证明的，在理论上表现为纯粹的逻辑分析，它不是基于相关的实验过程和数据，而是基于哲思者对存在的想象和对生活之意义的感悟，它追求个性化，无论提问题的方式还是解决问题的路径都是个性化的，而实验是可以重复可以模仿的，哲学把握世界的方式只有与自己对生活的内在的感受性、与自己的理智的德性和道德的德性相结合才能得来，与悟性密切相连。由此观之，仅把思维与存在的关系问题作为哲学的全部主题，这种舍弃存在和价值的哲学观看来是值得讨论的，因为认识问题只是哲学主题中的一部分。

追问存在和价值是哲学的根本主旨。存在与价值原本就是“一物两体”，价值附着在存在之上，存在显现着价值，至于存在，不一定仅限于物质性的可识见的存在物，精神性的、不可能还原为物质性的存在，只要它是某种意义的承担者即可能成为哲学的对象。存在与价值原本是不能分离的，但从逻辑上存在更具有优先性。哲学尽可以观察表象、个别，但哲学的主旨在于发现、澄明和解释终极性的存在。这种看法与人类哲学发展的心路历程相一致。古希腊哲学作为人类哲学发展的原生形态，首先表现为对存在的追问：泰勒斯的“水”、阿那克西曼德的“无限”、阿那克西美尼的“气”、毕达格拉斯的“数”、赫拉克利特的“逻格斯”、德谟克利特的“原子”、苏格拉底和柏拉图的“善”的理念，等等。从苏格拉底以降至伊壁鸠鲁，作为本体的存在发生了由自然哲学向人的哲学的转向，它意味着哲思者开始把价值作为一个思考问题的维度加诸哲学的主题之中。其实，即便在古希腊的自然哲学家那里，价值问题也一直存在，并渗透到他们的理念里。阿那克西曼德就用“无限”的原理指称人世间的正义的根基，“阿那克西曼德的无限定不完全是自然的，所以不能排除这样的可能性，即他是用社会伦理学的概念来认识自然过程的，或者相反，把社会伦理学问题说成是自然过程的”。①阿那克西曼德说：“万物由之产生的东西，万物又消灭而复归于它，这是命运规定好了的。因为万物在时间的秩序中不公正，所以受到惩罚，并且彼此互相补足。”②辛普里丘说“这是他以颇带诗意的语言说出的话”。对我们来说，“万物在时间的秩序中”为何“不公正”？“不公正”造成了什么结果？“受到惩罚”是为了彼此互相补足吗？补足什么？如何补足？首先，万物在时间的秩序中不公正，不是由于它们由之产生而又复归于它的“始基”即“无限定”的不公正，而是各个具体事物本身。公正同“无限定”具有原始同一性。这样，个别事物的不公正就不在于它们脱离了始基，而在于在脱离的过程中从原始的公正倒退了。个别在自身上不充分地、部分地体现出共同的本质。它们超

①古谢伊诺夫：《西方伦理学史》，中国人民大学出版社 1986 年版，第 135 页。

②北京大学哲学系外国哲学教研编译：《古希腊罗马哲学》，商务印书馆 1982 年版，第 7 页。

出了始基规定给它们的限度，个别事物的“不公正”、“罪孽”在于偏离了它们的始基，在于它们的“高傲”，在于它们的错误“排列”。其次，每一种个别事物都表现出要超出自己界限的倾向并试图危害他物的独立，这就导致了它们相互关系的“不公正”，由此导致相互破坏，互相受到惩罚。物不能“容忍”自己的存在有止境，并且企图牺牲他物来打破对自己的限制，赋予自己的存在以绝对性，它们的“不公正”正在于这一点。最后，阿那克西曼德以思辨的语言表达了个别、部分对普遍的关系问题，他给出了个别对待普遍关系的原则与界限。个别在自己的存在中愈是充分地实现普遍的必然性，愈是准确地恪守为其规定的存在范围，就愈会由此改变个别物的命运。这里隐藏着一系列基于本体追问之上的价值分析。在稍晚的赫拉克利特那里，作为本体的“逻格斯”同样蕴涵着价值分析的内容。至于亚里士多德更是把“善”作为哲学研究的主题：“每种技艺，每种学科，以及每种经过考虑的行为或志趣，都是以某种善为目的的。因此，说善是一切事物所追求的目的，这话是很正确的。”①而且“善”这名词与“存在”一样，在应用上有很多意义：“如应用于本体的范畴上为上帝、理性；应用于性质的范畴上，为德性；应用于数量的范畴上为适中；应用于关系上为效用；应用于时间上，为机会；应用于地点上，为安居，等等。”②在“善”的各种类型中，有一种善是以自身为目的的，它不为他物服务而为自身所追求，这种“善”为至善，幸福就是至善。幸福是世间最优美、最高尚、最快乐的事了。“人类的善（幸福）就应该是心灵合于德行的活动；假如德行不止一种，那么，人类的善就应该是合于最好的和最完全的德行的活动。”③

可以断定，无论从哲学的本意还是从哲学的原生形态看，哲学都是一种追问本体何以可能、如何可能和怎样可能的方式，且所追问的本体大都与人的存在与社会的存在密切相关。本体论作为追问形上本质的理论与方法乃是哲学理论的“始基”，它构成这个哲学体系的理论前提。本体是诸

①周辅成编：《西方伦理学名著选辑》（上），商务印书馆 1987 年版，第 281 页。

②同上，第 284 页。

③同上，第 287 页。

多存在中的本原性存在，是众多殊相背后的统一，它不是指具体的存在物而是逻辑上在先的一种潜能和力量。本体的设定是一种承诺，它假设着，在属人的世界中存在着这样的东西，这种东西是人们在不断地重复着的生活中体悟得到的，这就是作为意义总体的“一”。人是追求“一”并不断变换“一”的存在状态的存在物。作为宗教形态的“一”给信众供给一种用以降低风险与不安的信仰承诺，通过统一的宗教仪轨和祈祷活动获得一种终极性的关怀；作为哲学形态的“一”是哲学家用以解读世界的本体论承诺，是哲学家将其思想贯彻到底的本体；作为制度形态的“一”是社会用以规约人的思想和行为继而达到社会整合之目的符号承诺，通过公共理性使思想和行为能够相互认同，使信用成为可能、活动可以预期；作为伦理形态的“一”为人们的信、知、情、意能够通约和过渡从而使生活获得说明和意义支持奠定基础；作为生活形态的“一”是人与人之间、人与自身之间的相互认同、相互信赖、相互关怀，是使生活变得有意义的感性基础。人类创设出诸多形态的“一”，其共同目的在于把无限的意义注入到有限的世界中去，以解决人的未完成性和超越性。人的生活世界不能没有“一”，就像一个人不能没有理想一样。哲学不过是以其特有的方式和语言把各种形态的“一”显现出来的理论而已。

本体论承诺还有另外一个用途，这就是哲学把握世界的方式：从众多殊相中抽象出包含着众多殊相的本体，继而用极具浓缩性能的范畴表达这一本体，这个范畴包含事物的各个环节于自身，当这一范畴展开其自身的时候，诸种要素与环节便运动起来、跳跃起来，恢复了往日的生机，获得了第二次生命，它原本就是有生命的，只是现在是以理论生命的形式表现出来的。

可以肯定地说，哲学就是围绕着人而展开的理论形式，人的存在与意义问题始终是哲学的主题，但到了近代，这种密切关注人的问题的哲学主张发生了转向：人的理性、人的认识何以可能？基于人的理性与认识之上的真理如何可能？这些认识论问题一时间成了哲学的主题。其实这种转向是有根据的。（1）自泰勒斯始至费尔巴哈止的西方传统哲学有两个哲学传统，这两个传统均以承诺的形式设定下来，其何以可能的前提考察始终未彻底地进行过。第一个传统是，包括人在内的无限世界存在着一个统一的本体，至于本体的表现形式可能各种各样，但它们的存在是不容置疑的。但这种存在论意义上的本体论承诺是以认识论上的本体论承诺为前提的。要解决无限世界的本体何以可能的问题，就必须相信另一个假设是成立的，这就是第二个传统，人具有足够的理性能力和认识能力，把握“无限定”的世界及其本质，而无论从实验的角度还是从日常意识上，人们都感到，人们的理性是稀缺的、有限的，以有限的生命及其有限的理性和认识何以能够认识无限的世界，这显然是一个根本性的问题。西方近代哲学的主要任务即在于考察人的认识本身，尽管有英国的经验论和大陆的唯理论之争，但它们均属认识论范围的内部论争。作为主流哲学，认识论成为西方近代哲学中的显学，它使人们产生一种印象，似乎认识问题就是哲学的全部主题，至少是基本的或最高的主题。（2）西方近代哲学的认识论转向同时也是一种知识论转向，哲学似有一种被自然科学化的可能与必要，哲学变成了一套可以学习的知识体系，甚至是一套可以熟记、背诵的符号系统。当然，西方近代哲学出现的知识论转向，除了哲学上的内在发展逻辑使然之外，更重要的乃是社会发展的要求。“在从笛卡儿到黑格尔和从霍布斯到费尔巴哈这一长时期内，推动哲学家进步的，绝不像他们所想象的那样，只是纯粹思想的力量。恰恰相反，真正推动他们前进的，主要是自然科学和工业的强大而且日益迅速的进步。”[①]开始于近代的西方现代化运动，人类借着科学技术的惊人的祛魅功效似乎可以分解一切、合成一切，工业化过程更使人类产生了“人定胜天”的幻想。西方哲学一直倡导的理性主义被发展到极致，而这一切均靠着人的理性以及作为理性之成果的知识的积累来完成。为这种信心、信念提供哲学支持的，一个是培根，“知识就是力量”，“工具是伟大的”；一个是笛卡儿，“我思，故我在”。人不但思着“思”的对象，而且思着“思”本身。“思”成了人之能够存在甚至他物存在的原初根据。在这样的历史背景下，在以认识论为主题的主流哲学所营造的氛围下，恩格斯得出“全部哲学特别是近代哲学的基本

① 《马克思恩格斯选集》第 4 卷，人民出版社 1972 年 5 月版，第 222 页。

问题与最高问题，是思维与存在的关系问题”这样的结论，也就不难理解了。其实，西方近代哲学给人脱离生活之原、远离生活本身的印象，还有另外一个原因，即哲学家常常从以往的哲学素材和哲学主题出发，哲学任务在于梳理、判断、理解甚至表述这些观点，并借以陈述自己的哲学观点。对此，黑格尔精辟地说道：“古代人的研究方式跟近代的研究很不相同，古代人的研究是真正的自然意识的教养和形成。古代的研究者通过对他的生活的每一细节都作详尽的考察，对呈现于其面前的一切事物都作哲学的思考，才给自己创造出了一种渗透于事物之中的普遍性。但现代人则不同，他能找到现成的抽象形式；他掌握和吸取这些形式，可以说是不假中介地将内在的东西外化出来并隔离地将普遍的东西（共相）制造出来，而不是从具体事物中和现实存在的形形色色之中把内在和普遍的东西产生出来。”①

以休谟和康德为代表的怀疑论者对世界无限论与理性至上论提出质疑。认识论内部的种种诘难直击西方传统哲学的两个传统：无论是存在论的本体论承诺还是认识论的本体论承诺都已陷入困境。无论是莱布尼茨的原子的前定和谐说，还是洛克的“二重经验论”都无法拯救陷入困境的真理的证明问题，也许认识的真假问题在纯粹的认识范围内本身就是无法证明的。直至康德，才把西方近代哲学中的主客二分这种哲学致思范式的种种弊端揭露出来，使存在与价值重又回到哲学的主题中，并在以往的哲学讨论中加入了信仰的问题，把可证明的正确认识与信以为真的真理区分开来，但康德却无法提供将存在论、认识论与价值论统一起来的社会实践基础。这个基础不在哲学之内，而是在哲学之外，必须使哲学重返它所植根于其中的生活世界，这一工作是由马克思完成的。“社会生活在本质上是实践的。凡是把理论导致神秘主义方面去的神秘东西，都能在人的实践中以及对这个实践的理解中得到合理的解决。”②

---

①黑格尔：《精神现象学》（上卷），商务印书馆 1987 年版，第 21—22 页。
②同上，第 19 页。

问题　问题哲学

马克思在哲学上的贡献首先在于他重又把“生活世界”（Lebenswelt）作为了哲学的主题，“哲学是时代精神的精华”。马克思曾一度成为青年黑格尔派，为黑格尔那种近乎完美的宏大叙事结构的魅力所吸引，但马克思很快发现，黑格尔哲学中的那种充满革命的辩证法却为他的致命的保守体系所吞噬。而从本体论的角度看，黑格尔把自然界、人类社会和人类精神仅看作是他的绝对理念（“世界精神”）得以外化的要素与环节，它们仅仅是绝对理念再现其自身的“现象”。马克思说，黑格尔这种被颠倒了的辩证法无法解释更无法解决人类社会所面对的诸多根本问题，逐渐地，马克思在考察了许多令人费解的现实现象（如林木盗窃案）之后认识到，一个理论如果不能解释现实更不能解决问题，哪怕是再好的理论体系也是无用的，守在象牙塔里沉溺于构造孤芳自赏的体系的做法是非常危险的。1841年费尔巴哈出版了《基督教的本质》一书，马克思恩格斯感到兴奋，似乎找到了用以解释生活的理论体系和话语系统，“那时大家都很兴奋，我们一时都成了费尔巴哈派了。马克思曾经怎样热烈地欢迎这种观点，而这种新观点又是如何强烈地影响了他，这可以从《神圣家族》中看出来”。[①]也许马克思天然就不是也不可能成为费尔巴哈派，因为马克思很快感觉到，作为费尔巴哈理论中之关键词的“异化”和“爱”无法令人信服地说明人类生活的本质以及社会生活中的不公正现象，马克思又一次陷入苦闷。《1844年经济学—哲学手稿》是马克思试着用自己的理论与话语研究劳动异化的著作，其核心词是劳动、外化、对象化、异化、本质力量，[②]其理论旨趣在于基于生活问题分析之上的哲学提升与概括。之后，马克思到了布鲁塞尔，对多年来曾一度崇拜、怀疑、批判过的黑格尔、费尔巴哈哲学进行总结，对自己的哲学主张与他们的关系进行严肃认真的清理。作为这一工作之成果的《关于费尔巴哈提纲》以及稍晚的《德意志意识形态》，标志着马克思已基本上形成了属于自己的哲学精神和风格：社会实践是它

① 《马克思恩格斯选集》第4卷，人民出版社1972年5月版，第218页。
② 晏辉：《马克思的对象化理论与人的本体论研究》，《内蒙古大学学报》1992年第4期。

的理论基石，革命与批判是它的优秀品格，建立一个真正的属人世界是它的最终目标。马克思哲学既是分析的又是规范的，分析的体现了马克思哲学的科学性，规范的体现了马克思的价值立场，马克思做到了伦理动机与科学精神的完美结合。

马克思哲学无论在其产生和发展的当时，还是在马克思去世之后的100多年的岁月里，马克思哲学的不可替代性是公认的，在马克思逝世120周年之后的今天，人们感到，马克思与马克思哲学依然在场，不但马克思当时曾用辩护与批判的眼光所对待的现代性及其社会后果逐渐地暴露出来，①而且马克思用以分析人类本质与资本主义的那种极具穿透力的哲学方法、话语系统依然有它的效用。这说明什么?

它说明，哲学是植根于生活深处的理论自觉，只有当它提供了属于它那个时代的与人类命运休戚相关的根本问题的哲学解说时，只有当它解说的问题依然在场，也只有它用以解说问题的理论、范畴依然有效的时候，它的哲学才会以新时代的形式存在着。

谁也不会否认，哲学是研究问题的，而就问题的性质说，有真问题和假问题，真问题中有根本问题、核心问题，有些问题为特定时代所独有，有些问题为几个时代甚至整个人类社会所共有。哲学作为一种理论自觉，由其使命和品格决定，它理应关注人类生活中的真问题、核心问题或根本问题。于是问题哲学就成了哲学发展的主流形态，大凡在历史上有所作为并且今天人们依然在研究他们的哲学家，无不是因研究了属于他那个时代的或关于人的生存状态或关于人的精神世界的根本问题而有名的。遗忘了人类生活中的根本问题、不再关注人类命运的哲学一定是缺乏生命力的

①马克思从未使用过“市场经济“这一概念，但这绝非意味着，马克思对市场经济没有研究，相反，马克思使用了内容更丰富、更富社会意义的“资本主义”概念，它意味着市场经济绝不是一种简单的经济组织方式，更是一种社会历史现象，不仅用来指称一种商品交换关系的高度发展形态，还指建立在“物的依赖性”基础上的社会关系。但包括法国经济史学家布罗代尔在内的许多经济学家都对“资本主义”这个概念有些顾虑。“‘资本主义’这个字眼不论如何声名狼藉，还得使用，最大的理由就是人们毕竟没有找出替代它的词汇……该词最大的弊病在于，当今的现实生活赋予了它另外的意思。”（布罗代尔：《资本主义的动力》，生活·读书·新知三联书店 1997 年 4 月版，第 31 页）同样，马克思也没有使用过“现代性”这样极具后现代色彩的范畴，但马克思却提供了似乎超越时空的关于现代性之根源、性征以及解决路径的真知灼见。

“贫困哲学”，这样的哲学当然会被人们遗忘，或者它就从未被人们所过问过、重视过。

考察问题本身是确证问题哲学的理论前提。宽泛地说，问题有认识论的和存在论的两种。认识论的问题表现为疑惑、疑问，是对某一领域的事情不知或知之甚少，其旨趣在于明白某事或某物是什么和怎么样，实质是某些知识的缺乏。存在论的问题则同人的感觉和体悟能力有关，是人对某些矛盾、冲突、境遇的困惑，在此意义上，问题就不再是疑惑、疑问——因为他对事物、事情是什么、怎么样是清楚明了的，而是因其价值理念和生活旨趣无法实现甚至严重缺失所得到的苦恼，是痛苦的体验。问题不再是问题而是难题，难题是与人的情感、意志和意义直接相关的，因此难题是生活形态的，是人的生活的丰富性的对象化。一旦人的生活丰富性的对象化的通道被堵塞或失去对象，难题和苦恼就在所难免。问题表现为疑问，难题呈现为追问，但难题常常又以知识的形态出现。“一个问题的产生是由于我们知道得太少而极欲知道得太多；一个难题的产生是由于我们知道得太多，而各种知识却相互矛盾冲突。问题是好奇心的产物，难题则反映了知识的困境。”①关于问题与难题的关系，美籍犹太哲学家赫舍尔进一步精辟地指出：“提出一个问题（question）是一种理智的活动；而面对一个难题（problem）涉及整个人身的一种处境。一个问题是渴求知识的产物；而一个难题则反映了困惑甚至苦恼的状态。一个问题寻求的是答案，一个难题寻求的是解决方案。”“没有哪一个真正的难题是从纯粹的寻根究底中产生的。难题是处境的产物。它是在处境艰难、理智困窘的时刻产生的，是在经历到不安、矛盾、冲突时产生的。”②

也许焦虑和痛苦是人经常的存在状态，而快乐和幸福则是瞬间的体验。难题是人所唯一具有的，人不但生成着难题、遇到难题，而且感悟着难题，并把这种感悟以语言的形式呈现出来。自苏格拉底提出“认识你自己”、“自知其无知”、“美德即知识”三个命题，并以特有的方式表达其生活和终结其生命时起，哲学家、神学家和文学家就以语言为中介表达

①［美］赫舍尔：《人是谁》，隗仁莲译，贵州人民出版社 1995 年版，第 1 页。
②同上。

他们对各种难题的看法。马克思、费尔巴哈、尼采、叔本华、柏格森、海德格尔、利奥塔、福柯等似乎都在陈述对他们所遇到的生活难题的看法。这说明什么呢?

这说明人是一个创造意义、体悟意义和追问意义的存在物，一切难题都与这种意义相关。任何一种难题无不标示着无法实现某种意义，或缺失某种意义，这又与人对人的理解相关。“成人”并不仅仅是一个标示人的年龄和成熟的概念，而是一个人完成人、成为人、兑现承诺、实现人的尊严的过程。一切关于意义、价值的追问必然升华为对人是什么、能够成为什么即对人性和人的本质的理解。他本来就是并且总是一个难题。成为人就是成为一个难题，这个难题表现在苦恼，表现在人的精神的痛苦中。“人性应当是什么样子，人的本性应该怎样发挥作用，对此，每个人至少都有一个模糊的观念、形象或梦想。人的难题产生于我们意识到了存在与期望之间的冲突或矛盾，即人是什么样与应当是什么样之间的冲突或矛盾”。①

人依靠自己的想象构筑出一个包括人的完整形象在内的可能性空间即可能世界来，然后又以这个柏拉图式的“善的理念”为摹本去衡量当下世界即事实世界的意义，结果发现，这个当下世界是一个有限的、非完满的世界，要么仅分有了“善的理念的”的一部分，要么阻止了某些“善的理念”的实现，这就是难题得以产生并能够存在的人性基础。每一个时代的人们都在探讨人是什么，每一时代的一些思想家都以为给人们提供了一个一劳永逸的关于人的概念，但却没有一个人能够完成此任。事实证明，每一时代的人们只提供他那个时代的人的概念，而这种概念至多也只是多种理解中的一种，他没有也不可能终结一切理解。

哲学是研究问题的，但它并不是研究所有的问题。存在论与价值论是哲学研究的根本问题，基于根本问题之上的认识问题、语言问题、心灵问题、逻辑问题乃是由根本问题决定并用来指称和解释存在与价值的具体问题；一些表面看来与哲学无直接关联的社会历史现象如科学技术，在其

① [美]赫舍尔:《人是谁》，隗仁莲译，贵州人民出版社 1995 年 6 月版，第 2—3 页。

应用方式和应用范围上因直接关涉到人类的命运，成了典型的价值问题；还有经济行为、经济现象，并不是典型的哲学问题，但经济行为如经济决策、经济制度却直涉公平、正义问题，涉及动机、外部性问题、现代新制度经济学中的人性假设，等等。以上种种可以称之为科学技术中的哲学问题和经济学中的哲学问题。研究具体的具有哲学性质之问题的哲学，可以称为部门哲学，经济哲学、政治哲学、社会哲学、历史哲学、语言哲学、价值哲学等等，均是这样的称谓。但关注人类的存在方式以及由此决定的关系类型以及如何对待关系始终是哲学的主旨，这也是近一两年来本体论重又成为学界热门话题的主要原因。不过，我以为，当前的本体论讨论不应该还在基本理念、基本概念和理论的层面上徘徊，也不该带着近乎崇拜的怀旧情怀沉浸在回到马克思哲学的思绪之中。当本体论何指何谓的问题基本清楚以后，当整理马克思哲学遗产的工作完成以后，应尽快转到全球化背景下人的存在方式及其问题的研究上来。只有这样，哲学才能担当起充任“时代精神的精华”的重任。

当代语境下的问题与问题哲学

在研究经济全球化背景下的问题的时候，马克思的实践范畴依然有它的效用。实践不只是一个概念问题，更是一种明确的哲学理念，它决定着哲学应该用何种形态的理论基石去统摄它作为理论把握世界的方式所形成的概念、话语和理论系统。实践既是人类创设存在并追问存在的基本方式，又是哲学用以把握这种方式的理论抽象。

在当代语境之下，实践主要分成生产实践、交往实践和生活实践三种类型。生产实践主要处理人与自然（主客体间）的关系，交往实践主要处理人与人（主体间）的关系，生活实践主要处理人与消费对象的关系，生活实践不是独立的，大多与生产实践和交往实践相关。从终极目的看，生产实践和交往实践都是为着人的生活服务的，均构成了生活的前提与条件。在生产实践与交往实践的具体关系中，从现实的运作看，主客体间关系中介于、决定于主体间关系，无论是主客体间的自然生态还是主体间的人文生态均决定于主体间性之上的人的做人方式，生态危机的本质乃是做人的方式成了问题，由此所造成的诸多问题在经济全球化背景下似已昭然若揭。

经济全球化原本是由市场经济这种经济组织方式被普遍采用的直接结果，它是劳动力、资本、技术在全球范围内的配置。但经济全球化的结果却远远超出了经济的范畴而具有了政治的和文化的涵义。市场经济这种经济组织方式的代价方式与全球化的后果交织在一起，构成了现代化支撑下的整个生活世界图景。这是一个怎样的生活世界呢?

开始于近代的现代化运动，使人们找到了一种提升活动效率的方式，这就是作为原发动力的需要体系，提高劳动生产率的科学技术，实现资源配置的市场经济体系。缺少了这三个必要的因素，现代化运动便很难发动起来。与前市场经济、前现代社会相比，市场经济在把前现代社会以权力和地位作为轴心的社会运作模式转变为以机器、资本和技术为轴心的社会运作模式，同时也把先前的人对人的依赖的交往方式转变成了建立在物的依赖性基础上的人的相对独立性的交往方式。实践证明，以市场经济为平台，以科学技术为手段，以需要体系为动力的现代化运动，使现代化国家走上了快速发展的道路，但也造成了难以化解的价值问题。

首先，二次大战结束以后，民族国家纷纷独立。独立后的不发达国家和发展中国家如何尽快摆脱贫穷落后的局面，便成了首要的任务。可供它们选择和借鉴的模式便是西方先发国家及其推行了二百余年的市场经济模式。这给经济全球化准备了两个必要条件，一是市场经济要求市场不断扩展其空间，二是后发国家对市场经济的渴望。于是，后发国家便纷纷引进西方先发国家的设备、机器、科学、技术、管理模式甚至教育模式。这就给资本、技术在全球范围内运作提供了契机，同时也为西方先发国家借着这种经济的话语权力而推行其文化类型及其价值观创造了条件。继军事帝国主义之后出现了经济帝国主义和文化帝国主义。对这种经济殖民和文化殖民我们尽可以采取文化宽容的态度，但其底线应以不伤害不发达和发展中国家的经济利益和文化权力为准。而事实上，经济全球化正在或已经引发了经济矛盾和文化冲突。从根本上说，这是一种人性与文化冲突的集中表现。每个民族的人们都在其预先给定的自然条件下形成了适合于其民族本身的生产方式、交往方式和生活方式，以及用以统摄这些方式的精神符号系统。如果为着追求经济的利益而以牺牲本民族的精神特质为代价，其成本—收益之间的比例关系是值得考虑的。其更为深层的问题则在于，基于经济全球化基础上的游戏规则的普遍化是否一定需要文化一体化作支持?

其次，人有一种极容易走向误区的思维范式，这就是在移植或引进某种东西的时候，总是从为我性或利我性出发，发现或寻找于我有利的价值，而于自觉与不自觉中躲避、掩盖甚或否认不利的东西，从而产生一种幻觉，似乎这种被引进的东西可以解决一切。其实，任何一种东西包括科学技术和市场经济在内，在给人们带来某种价值的同时，也把代价呈现给人们了。

再次，市场经济被认为是迄今为止人们所能够找到的提高活动效率的最有效的经济组织方式。市场经济的人文价值在于，把各种经济主体置于一个平等交易的语境，至少在形式上为每个经济主体提供了一个平等竞争的机会和平等交易的游戏规则。借助于国内国际市场，把本来没有血缘和地缘关系的人们联系在一起，极大地扩展了个人的活动领域，为每个人的自由而全面发展提供了可能性空间。信息化和网络化为知识、技术的传播和交流提供了平台。基于经济联系之上的广泛的社会联系把整个地球上的人们联为一体，极大地缩短了人们的交往空间，空间距离似乎已不再成为密切交往的障碍。但市场经济似有一种挥之不去的代价方式，这种代价方式具有负面的人文效应。其一，基于奢侈和虚荣之上的需求体系超出了必要需要所设定的边界。人始终是一个有限的存在物，由此决定人的需要也必定是有限的。但作为需要之主观表达形式的需求意识却是无限的，它超越了时空的限制，生发出许多或许实际上根本不需要的需要来。人的生存、享受与发展必须合乎自然的限度。这种限度，一是自身的自然，即自身需要的量与质。自身能力的量与质，这是人能够发展、如何发展、发展到何种程度的内在尺度。二是自然的自然，它限定了人的活动范围、方式和程度。“人法地，地法天，天法道，道法自然。”自然是人能够生存、享受和发展的最为原初的同时也是最后的尺度与界限。超出了自然规定给人的限度，必然受到惩罚。市场经济为人的活动超出自然规定给人的界限以一种动力机制。在前市场经济条件下，人们是为自己的需要而生产，生产与需要之间具有直接对等性，需要的简单化与日常化规定了人的活动范围和活动效率；市场经济条件下，人们是为他人而生产，进一步说是为获取收益最大化而生产，W—G—W的交换模式为G—W—G′交换模式所替代，在生产与需要之间生成了必不可少的两个环节：分配与交换。建立在分工与交换基础上的交易行为的普遍化直接造成了货币符号化和社会化。交换物的使用价值要通过货币来公度，交换物的价值要通过货币来体现。货币超越了时空的限制，超越了商品的差异，变成了可以兑换一切的价值物。积累货币就意味着积累财富和享受，于是，需要便以观念的、符号的形式被累积起来，并给人的需要以无限遐想的空间，使原本有限的、合理的需要朝着无边无际的方向发展，奢侈的、无度的、虚荣的需要逐渐生发出来。市场经济的另一个特征是它始终处于节约与浪费之中。“经济”一词的日常语言形式就是“节约”。效率范畴表现在结果和要素上就是成本最小而收益最大；表现在过程和社会上就是时间的节约。而作为要素成本和时间成本之节约的表现形式必然、必须是产品在数量上的增加和质量上的提升。但要把这种增加和提升转化为收益，必须通过消费者大量消费产品。在市场经济条件下，产品通常并非供应不足而是过量，要把这些过量的产品消费掉就必须有过量的需要，于是用于刺激消费的各种刺激形式便应运而生，商品广告是最为直接的一种。其目的在于刺激人们的各种消费欲望，在合理需要之上创设诸多时尚需要。时尚需要的特点在于时髦，在于某种“个性”的张扬，它一般都是转瞬即逝的，它不是流动式的而是跳跃式的，引领时尚新潮流是每一个生产厂家的梦想。时尚需要带有一种自发的话语权威，不论你是否愿意，是否需要，你总被各种时尚压迫着、包围着。追求收益、刺激消费是市场经济的两种不可阻挡的惯性，这种惯性使你来不及考虑需要的合理界限和合理的满足方式，人变成了生产和消费的机器，是为生产而生产，为消费而消费。从根本上说，市场经济既是节约经济更是浪费经济。其二，需要体系的平面化。现代化过程是一种物质主义的过程，又是世俗化的过程，它把人们原本立体的需要变成平面化的需要体系。信、知、情、意的需要被压缩或还原为可计量、可视见的物质需要。商品拜物教代替了原始的宗教，对宗教对象的虔诚、热情和激情转变成了对商品、货币和消费的强烈追求。信仰危机、认同危机、意义危机随之而来。其三，科学逻辑与价值逻辑的背离。科学技术是人类提高活动效率的基本手段。近代以来，“知识就是力量”的理念、科学技术既可以分解一切又可以合成一切的实际功效，强劲地支持着“科学技术可以解决一切问题”的幻想。实际上，科学与技术是人类把握世界的一种有效方式，是一种知识体系和设置体系。作为一种设置体系，它是在物与物之间、人与人之间、人与自己之间完成的一种资源配置，旨在追求于人有利的过程与结果。但科学技术有其自身的发展逻辑，比如转基因技术，特别是当把这种目前最主要的生物技术成果应用到人自身的时候，其后果是难以预测的，何况它还有被滥用的可能。因此，应在科学逻辑的发展中辅之以价值逻辑，价值逻辑的主体应依照自然、人类、群体、组织和个人的序列排列。

后现代主义既是一种思想家用以把握现代化以来的诸多“拔根”现象的理论研究，又是人们渴望摆脱因解构传统带来的日益增多的风险而过一种属人生活的努力。法国女哲学家西蒙·薇依把人类曾植根于生活土壤深处的义务、责任、安全、自由、荣誉等清除到生活视域之外的做法称之为“拔根”，像秩序、服从、平等、惩罚、言论自由、私有财产、集体财产、真理这样的东西，乃是人的灵魂的各种需要，“扎根（enracinement）也许是人类灵魂最重要也是最为人所忽视的一项需求。一个人通过真实、活跃且自然地参与某一集体的生存而拥有一个根，这集体活生生地保守着一些过去的宝藏和对未来的预感。每个人都需要拥有多重的根。每个人都需要，以他作为自然成员的环境为中介，接受其道德、理智、灵性生命的几乎全部内容”。[①]现代化以来，人类愈来愈处在“拔根”状态：由于军事征服造成的，对于臣服的人民来说，“拔根”状态便是致命的疾病；金钱和经济的支配的力量也会强加一种外来的异在影响，激发起“拔根”状态

①［法］西蒙·薇依：《扎根——人类责任宣言绪论》，生活·读书·新知三联书店 2003 年 1 月版，第 33 页。

的疾病；一个国家的内部社会关系也能成为引起“拔根”状态的非常危险的因素，有“两种毒药使这一疾病蔓延开来”：一是金钱。“金钱渗透到哪里，就毁坏了哪里的根，用赢利的欲望替换掉所有的动机。金钱不费吹灰之力就把这欲望带向各种其他的动机，因为绝不需要太多的努力，人们就能注意到它。”[①]二是教育。“拔根状态的第二个因素乃是如今为我们所接受的这样一种教育：在教育的背景上是这样一种文化：它在非常狭窄的环境中得到发展，与世界相分离，一种很大程度上以技术及技术所产生的影响为取向的文化，极富实用主义色彩，因专业化而极端破碎，同时既丧失了与这一世界的接触又丧失了通往另一个世界的门径”；为学习而学习的愿望，即追求真理的愿望已变得非常罕见，人们是在如此封闭、有缺陷、对真理漠然无视的环境下培养起来的。

在生活的内容上，人们创造了大量的生活条件和生活资料，然而却感觉不到快乐与幸福；生活变成例行公事式的消费，来不及歇下脚来去体味和享受生活，更何况在忙碌的岁月里，未能培养起感悟生活真谛、享受生活乐趣的能力；文化大众化的结果是越来越丢掉了高雅文化和优雅生活，文化变得庸俗化甚至粗俗化。精神生活及其危机将成为新千年的核心问题。

全球化在给人们创造日益广阔的活动空间的同时，也把人们带进一个风险社会。如何看待风险社会的来临？德国社会学家乌尔里希·贝克把风险社会的来临视为“自反性现代化”的结果：“工业社会被淘汰的另一方面是风险社会的出现。这个概念指现代社会中的一个发展阶段，在这一阶段里，社会、政治、经济和个人的风险往往越来越多地避开工业社会中的监督制度和保护制度。”[②]“制度毁于其自身的成功”（孟德斯鸠）。现代化在其自身的发展中抽掉了它赖以存在和发展的前提，可怕的是推行现代化的人们对此却浑然不觉，“风险社会不是政治争论中的可以选择或拒斥的选项。它出现在对其自身的影响和威胁视而不见、充耳不闻的自主性现

---

①［法］西蒙·薇依：《扎根——人类责任宣言绪论》，生活·读书·新知三联书店 2003 年 1 月版，第 34 页。

②乌尔里希·贝克：《再造政治：自反性现代化理论初探》，《自反性现代化》，商务印书馆 2002 年 8 月版，第 8—9 页。

代化过程的延续性中。后者暗中累积并产生威胁，对现代社会的根基产生异议并最终破坏现代社会的根基”。[①]风险社会中的风险已渗透到生活的各个角落：科学技术（如转基因技术的滥用）可能使人类走上一条不归之路；全球化使信息极不对称，风险成本成倍增加；在全球范围内，现代性使人们的生活卷进一个不知后果的实验场，“现代性的全球性实验与现代制度在日常生活中的渗透相互交叉、相互影响。与不确定的时空扩展交织在一起的不仅有地方社区而且有私人生活中的细节和自我。我们都困在各种实验之中；笼统地说，这些实验的结果与影响人类整体的因素一样不确定”。[②]

在经济全球化背景下，生产方式、交往方式和生活方式无论在广度和速度方面都与前现代社会以及现代社会的早期阶段不同，其问题一如知识的爆炸那样，以几何级数的形式生成着、影响着，研究与人的生存与发展相关的问题，已成了哲学无法逃避的事情。确立问题意识、开展问题哲学研究，除了前提的考察之外，更为迫切的事情则在于做一些卓有成效的专题研究，这是哲学回归生活世界的根本出路。问题意识与问题哲学将成为现代哲学的主流形态。

（原载《学术研究》2003年第10期）

①乌尔里希·贝克：《再造政治：自反性现代化理论初探》，《自反性现代化》，商务印书馆 2002 年 8 月版，第 10 页。

②安东尼·吉登斯：《生活在后现代社会中》，《自反性现代化》，商务印书馆 2002 年 8 月版，第 76 页。

流动的“物”①

——论唯物史观之“物”的诸种形态

①在对“物”展开论述之前预先规定“物”的结构与特征是不符合哲学把握世界的方式的，结论不应该在本体流动之前先行给予，而应该在流动之后见出。但鉴于“物”的复杂性以及人们对唯物史观理解的“常识化”，对“物”作预先规定还是必要的。总括地说，唯物史观中的“物”就是物质生活资料的生产方式，当我们把这一“常识性”的哲学命题扩展开来的时候，就会展现出一个内容极为丰富的画面：(1) 为什么物质生活的生产是第一个历史活动？“人们为了能够‘创造历史’必须能够生活。”但为了生活，首先需要衣、食、住以及其他东西。“因此，第一个历史活动就是生产满足这些需要的资料，即生产物质生活本身。”(《马克思恩格斯选集》第1卷，人民出版社1972年5月版，第32页)“人们之所以有历史，是因为他们必须生产自己的生活，而且是用一定的方式来进行的。这和人们的意识一样，也是受他们的肉体组织制约的。”(同上书，第34页脚注)而“已经得到满足的第一个需要本身、满足需要的活动和已经获得为满足需要用的工具又引起新的需要。”(同上书，第32页)新的需要又推动着人们不断发明新的工具、进行重复性的活动，于是，劳动、活动便成了人类的宿命。唯其如此，我们才说，物质生活资料、物质生活资料的生产、物质生活资料的生产方式是社会历史的本体。当作为社会本体的物质生活资料的生产不断地展开其自身的时候，客观上又在构造着双重关系：人与自然的关系，表现为生产力；人与人的关系，表现为生产年系。生产力与生产关系之间的辩证统一关系便构成生产方式：“人们对自然界的狭隘关系制约着人们之间的狭隘关系，而他们之间的狭隘关系又制约着他们对自然界的狭隘关系。”(同上书，第35页)于是，“物”的展开方式便由四个环节构成：需要（肉体组织）、工具（技术）、活动（关系）、生活资料。作为唯物史观之“原理”的“物”只是揭示了人类历史发展的客观规律，亦即不论是否意识到，物质生活资料的生产方式都是人类的基础性活动。然而每个时代的人们都是在特定的条件下从事物质生活资料生产的，规律是同一的，但规律之下的具体生产却是不同的，人们正是考察了不同时代的生产方式才明了了物质生活资料的生产方式是人类首要的和基本的活动，正是在“物”的流动中才见出普遍规律来，换言之，普遍的规律只有通过流动的“物”才能见出。然而，物质生活资料的生产方式以及流动的“物”只是揭示了“物”的生成问题，尚未回答“物”的分配与享用问题。准确地说，物质生活资料的生产方式通常是在无主体或无人称的状态下被陈述的，它遮蔽了劳动者的基础性地位和劳动的伦理与美学意义。唯物史观理应内在地包含着“物”的分配与享用问题。物质生活资料的生产方式或“物”的生成问题只是回答了“我们能做什么？”的哲学问题，而另外两个更为重要的哲学问题是：“我们应该做什么？”和“我们想望什么？”政治哲学该如何走进唯物史观？马克思作为伦理动机与科学分析有机结合的光辉典范，把三个哲学问题紧密地结合起来，立足于“是”而指明“应当”。而我们至多是回答了“是”，对于“应当”的研究还比较薄弱。现代性语境下的“物”以其特有的流动方式向我们走来，我们不但要发现“物”这个“是”之所以为“是”的根据，更要找到“物”成为“应当”之“是”的理由来。

阅读提示：“物”是唯物史观的核心词，也是它的基石，但要站在变与不变的立场上对待唯物史观，不变的是它的基本理念，变的是“物”的具体形态。而就“物”在人类社会历史中的作用而言，也不是单一的和绝对的，尚有人类的精神及其外化形式渗透其中。要在唯物史观和唯心史观之间作出非此即彼的抉择，这本身就是成问题的思维，因为人类社会的构成方式和维系过程是极为复杂的，绝非单一的质料与精神所能决定得了的。即便在对“物”的研究上，也应该把分析的规定与规范的要求结合起来，在“是”与“应当”之间寻找其相互过度的内在逻辑，把事实逻辑与价值逻辑结合起来。既然“物”是流动的，那就要深入而全面地分析现代性语境下的“物”及其流动形态。总之，要在变与不变之间（态度）、“心”与“物”之间（原则）、分析与规范之间（方法）和现代与后现代之间（语境）看待、对待和引领流动的“物”和唯物史观。在原则指引下、在方法指导下、在现代与后现代语境中见出唯物史观之“物”的诸种形态。

自然观中的“物”与唯物史观中的“物”有很大区别。前者借助于“物”的直观和说明，所要回答的是包括人在内的整个世界何以可能的问题，可称之为物质本体论；后者借助于对“物”的生成过程及其流动形态的把握，所要回答的是人的世界何以可能的问题，可称之为社会本体论和价值本体论。人的世界又可分为实践的世界和价值的世界，由人的活动所构成的世界可称为实践的世界，因我们的活动而成的事物与自然而成的事物不同，从原始发生的角度看，可称为“自然的人化”，从结果看，可称为“人化的自然”。而价值世界虽然也是属人的世界，但价值对象却不仅限于人化的自然，还包括自然而然之物。但就人的世界的可能性而言，由人的实践而成的世界却是根本的，虽然在时间的逻辑序列中它并不优先于自然而然的世界，优先与根本虽然有别但并不冲突。唯物史观所要回答的恰是因人的活动而成的实践世界是如何可能的问题。那么，在人的实践世界的生成过程中，哪些要素才是普遍而必然的呢？它们是如何流动的呢？是使之任意“流动”还是要在事实逻辑基础上贯彻人的价值逻辑？对这些问题的研究直接涉及对唯物史观之“物”的态度、原则、方法与背景。[①]

在变与不变之间：态度

态度决定方向、态度决定立场、态度决定成败，总之，态度决定一切。此种说法虽有夸大态度作用之嫌，但以何种态度对待唯物史观还是具有首要的地位。在变与不变之间看待唯物史观，根本之点在于如何看待作为“原理”的唯物史观与作为唯物史观之研究对象的“物”的关系，而二者之间恰恰存在着内在的“紧张”关系，本质上，这种“紧张”关系就是不变与变的关系。如何认识、揭示、解决和运用这种不变与变的关系，直接决定着我们理论把握属于我们的社会本质的正当性与正确性。[②]关于唯物史观与“物”即“原理”与“对象”之间的内在矛盾，康德在《纯粹理性批判》第一版序中作了精辟的分析。人类始终陷入一种悖论：试图认识和解决永恒性的问题，却又不能解决它们。其根源在于人是有限理性存在物这一点。人有理性，可以提出认识和解决永恒问题的要求；人的理性是有限的，因而又不能从根本上解决这些问题。“人类理性在其知识的某个门类里有一种特殊的命运，就是：它为一些无法摆脱的问题所困扰；因为这些问题是由理性自身的本性向自己提出来的，但它又不能回答它们；因为

①尽管我们以“物”为主题论述唯物史观之“物”的流动性，借以见出人类物质生活资料生产方式的历史性变迁以及这种变迁带来的人类学意义。但“物”是无灵魂的，是人把自己的灵魂注入到了“物”之中，致使“物”获得了有灵魂的假象。实际上“物”不过是个“舞者”，真正的编剧和导演是真正有灵魂的人类。于是，当我们考察“物”的时候，必不是单纯的“物”本身，而是市场社会、资本主义、劳动、物化、异化、社会时间、唯物史观等等这些更为复杂的社会事实和社会观念。不是“物”之本身的流动性问题，而是人类生产方式、交往方式和生活方式的差异性与接续性问题。

②人类的历史是流动的，相似的是形式，不同的是内容。为着把握相似的形式，人们要研究不同的内容，亦即不同的历史形态或不同的历史阶段。研究不同于我们的社会形态的别一种社会形态，可能出于纯粹的个人爱好，而无涉于我们当下的社会事实，但历史唯物主义研究“前资本主义”总是为着说明“资本主义”并指明“资本主义之后”。事实上，历史唯物主义正是研究了不同社会形态的“物”的流动方式才得出所谓历史唯物主义“原理”的。

这些问题超越了人类理性的一切能力。”[①]为着解决无限的问题与有限理性的矛盾，人类就凭借其有限理性创造了各种原理，唯物史观就是诸种原理之一。于是人们解决那些永恒问题就不得不从某个“原理”出发。“它是从在经验的进程中不可避免地要运用、同时又通过经验而充分验证了其运用的有效性的那些基本原理出发的。借助于这些原理，它（正如它的本性所导致的那样）步步高升而达更遥远的条件。但由于它发现，以这种方式它的工作必将永远停留在未完成状态，因为这些问题永远无法解决，这样，它就看到自己不得不求助于一些原理，这些原理超越一切可能的经验运用，却仍然显得是那么不容怀疑，以至于就连不同的人类理性也对此表示同意。但这样一来，人类理性也就跌入到黑暗与矛盾冲突之中，它虽然由此可以得悉，必定在某个地方隐藏着某些根本性的错误，但它无法把它们揭示出来，因为当它所使用的那些原理超出了一切经验的界限时，就不再承认什么经验的试金石了。”[②]当我们用康德这段略显晦涩的话看待唯物史观中的“原理”与“对象”的关系时，我们该如何表达对唯物史观的“不变”与“变”的态度呢?

1.“不变”背后的三种逻辑

在对唯物史观“不变”的态度中，有三种逻辑值得认真对待，把任何一种逻辑当成唯一的都可能造成教条式的“不变”。

（1）思维的逻辑

思维的逻辑本质上是与历史的逻辑相反的逻辑进程，简约地说，它是一种回溯法，即日常语言中的“追本溯源”。人们思考问题时，总是从他所看到、触到、听到的所谓“事实”即经验出发，然而人们认识这些“事实”的目的并不仅仅在于描述它，而在于解释和说明它，找出“事实”何以如此这般的根据来，这个根据就是原因。找出原因并把原因与结果之间的必然关系呈现出来，这是思维的使命，唯其不能把原因—结果链条实实

---

①［德］康德：《纯粹理性批判》，邓晓芒译，人民出版社 2004 年 2 月版，第 1 页。

②同上。

在在地摆放出来，那就只能在思维中呈现它们，这叫从抽象到具体。“具体之所以具体，因为它是许多规定的综合，因而是多样性的统一。因此它在思维中表现为综合的过程，表现为结果，而不是表现为起点，虽然它是实际的起点，因而也是直观和表象的起点。在第一条道路上，完整的表象蒸发为抽象的规定；在第二条道路上，抽象的规定在思维形成中导致具体的再现。”[①]关于从抽象上升到具体的方法，其必要性和有效性问题很值得深入思考，这是我们坚持“不变”态度的理由。其一，关于必要性问题。对于任何一个常人而言，并无研究社会本质、把握历史规律、构造理论体系的能力、愿望与义务，只要具备基本的实践理性能力就可以应对日常生活难题，因而无须学习和应用“从抽象上升到具体”这一哲学方法。但对于一个从事人文社会科学研究的人来说，学会并熟练应用“抽象—具体”这一哲学方法就是他的基本素养。其二，关于有效性问题。一如马克思批判黑格尔那样，如果把“抽象—具体”这一哲学方法仅仅变成脱离了具体直观与表象的形式，那它也就没有了灵魂和生命。马克思在他长期的哲学研究中，不仅悟到了“抽象—具体”这一哲学方法而且能够明确地呈现出来，倘若没有深刻的学术体验是无法做到这一点的。更重要的还在于，马克思并没有停留于形式化的哲学方法，而是要找寻属于他那个时代的“思想总体”、“思想具体”。“思想总体”作为被把握在思维中的时代精神，就是社会的本体，马克思把属于他那个时代的社会本体呈现如下：“在资产阶级社会中情况则相反。农业越来越变成仅仅是一个工业部门，完全由资本支配。地租也是如此。在土地所有制处于支配地位的一切社会形式中，自然关系还占优势。在资本处于支配地位的社会形式中，社会、

①马克思在谈到具体之为具体时批判了黑格尔的颠倒了的辩证法：“黑格尔陷入幻觉，把实在理解为自我综合、自我深化和自我运动的思维的结果，其实，从抽象上升到具体的方法，只是思维用来掌握具体并把它当作一个精神上的具体再现出来的方式。但绝不是具体本身产生的过程。”（《马克思恩格斯全集》第46卷（上），人民出版社1979年7月版，第38页）关于从抽象上升到具体这一哲学方法的实质，马克思进一步地说道：“具体总体作为思想总体、作为思想具体，事实上是思维的、理解的产物；但是，绝不是处于直观和表象之外或驾于其上而思维着的、自我产生着的概念的产物，而是把直观和表象加工成概念这一过程的产物。整体，当它在头脑中作为思想整体而出现时，是思维着的头脑的产物，这个头脑用它所专有的方式掌握世界，而这种方式是不同于对世界的艺术的、宗教的、实践精神的掌握的。”（同上书，第39页）。

历史所创造的因素占优势。不懂资本便不能懂地租。不懂地租却完全可以懂资本。资本是资产阶级社会的支配一切的权力。它必须成为起点又成为终点，必须放在土地所有制之前来说明。”[①]关于资本的力量、魔力，马克思在《1844年经济学—哲学手稿》以及《共产党宣言》中都作过精辟的论述：“资本是集体的产物，它只有通过许多社会成员的共同活动，而且归根到底只有社会全体成员的共同活动，才能被运用起来。因此，资本不是一种个人力量，而是一种社会力量……在资产阶级社会里，资本具有独立性和个性，而活着的个人却没有独立性和个性……一旦没有资本，也就不再有雇佣劳动了。”[②]那么，资本作为资本主义社会的本体是如何展开它的历史逻辑的呢？而这种历史逻辑又是如何被把握在马克思的思维之中的呢？

（2）表述（思想）的逻辑

思维的终点就是表述的起点，而作为表述起点的那个东西绝不是直观和表象的对象，而是把完整的表象蒸发为抽象的那个规定，这个规定不是别的，正是那个通过展开其自身、通过对象化、借助于对象性关系而反观自身、再现自身、确证自身的那个本体。本体展现和再现自身的过程虽可以感觉得到，却是看不见、听不见的，然而“抽象的规定在思维形成中导致具体的再现”。这就是表述的逻辑与历史的逻辑的一致。那么，资本作为资本主义社会的本体又是如何展现其自身的呢？如何在思维中再现资本其自身呢？马克思用他那严密的逻辑体系再现了资本的历史逻辑，这就是《资本论》呈现给我们的整个画面。[③]《资本论》是表述的逻辑与历史的逻辑有机统一的光辉典范。

（3）哲学观的逻辑

马克思哲学或马克思主义哲学之成为哲学、之称为哲学就在于它把思

---

① 《马克思恩格斯全集》第46卷（上），人民出版社1979年7月版，第45页。

② 《马克思恩格斯选集》第1卷，人民出版社1972年5月版，第266、268页。

③ 《资本论》第1卷讲的是“资本的生产过程”，第2卷讲的是“资本的流通过程”，第3卷讲的是“资本主义生产的总过程”。商品和货币是资本表现其自身的两种形态，资本通过商品和货币表现其自身，但又不能停留于商品与货币之上，资本是流动的“物”，而要使资本流动起来就必须超越商品与货币这两种静止的状态，进入总的“生产过程”，流动是资本的宿命。这也是《资本论》为何从商品和货币讲起的根本原因。

维的逻辑、表述（思想）的逻辑提升为哲学观的逻辑。而就哲学观的内在构成而言，可分为自然观、历史观和价值观。在马克思哲学那里，可能只有自然观和历史观，而无独立的价值观，我以为，马克思是把他的价值观深深地植根于他的自然观与历史观之中。当马克思全面考察了资本的历史逻辑之后，发现决定社会发展的根本力量乃是物质生活资料的生产方式。于是马克思便把他的这一哲学观准确而清晰地表达出来，这就是我们称之为唯物史观的那些简约而不简单的精彩论述。①如今，这些精彩论述以及这种论述背后的历史观已经成为了深入到马克思主义哲学研究者、传播者和学习者灵魂深处的“精神”。我们从来没有，也不应该有异样的目光、怀疑的态度，因为它已经被千百年的社会历史实践所证明，这就是不变的理性、不变的情感。

2.“变”的理由

在这个世界上，唯一不变的东西是“变”。坚持唯物史观比发展唯物史观要来得容易一些，去掉具体内容，丢掉唯物史观的灵魂，单以命题和

① 1859年1月马克思在伦敦写下了著名的《〈政治经济学批判〉序言》。在这篇《序言》中，马克思第一次，也是唯一的一次把他的历史观作了精确的论述。不要以为，马克思直到写《序言》时才形成了唯物史观，实际上早在《1844年经济学—哲学手稿》尤其是在《德意志形态》中就已经有了其唯物史观的萌芽、框架和体系，表述和形成是相对有别的概念。关于马克思对唯物史观的准确论述业已无须赘述，因为它已经成为了我们耳熟能详的哲学常识。尽管无须赘述，但在如何“述”的问题上，区分有关唯物史观“述”的方式还是很有意义的。马克思在《〈政治经济学批判〉序言》中对“唯物史观”作了准确论述，可称为“自述”。1883年3月恩格斯在《在马克思墓前的讲话》中对唯物史观作了总结：“正像达尔文发现有机界的发展规律一样，马克思发现了人类历史的发展规律，即历来为繁茂芜杂的意识形态所掩盖着的一个简单事实：人们首先必须吃、喝、住、穿，然后才能从事政治、科学、艺术、宗教等等；所以，直接的物质的生活资料的生产，因而一个民族或一个时代的一定的经济发展阶段，便构成为基础，人们的国家制度、法的观点、艺术以至宗教观念，就是从这个基础上发展起来的，因而，也必须由这个基础来解释，而不是像过去那样做得相反。”恩格斯对唯物史观于马克思、于人类的重要性说道：“一生中能有这样两个发现，该是很够了。甚至只要作出一个这样的发现，也已经是幸福的了。”（《马克思恩格斯选集》第3卷，人民出版社1972年5月版，第574页）恩格斯对唯物史观的论述可称为“旁述”。另一个“旁述”者是列宁，列宁在1914年7—11月写成的《卡尔·马克思（传略和马克思主义概述）》中对唯物史观作了甚至比马克思本人还要详尽的论述（《马克思恩格斯选集》第1卷，人民出版社1972年5月版，第10—12页）。今天的马克思主义哲学工作者在千百次地重复着马克思的“自述”、恩格斯和列宁的“旁述”，可称为“复述”。在对唯物史观“述”的三种方式中，只有“自述”才真正达到了学术与思想的统一。

教条去讲授、宣传、传播唯物史观，都可以称为坚持。然而这种坚持恰恰忘掉、丢掉甚至毁掉了马克思唯物史观的灵魂。只有发展它才能很好地坚持它。不变的是唯物史观的精神，变的是唯物史观的对象。变的理由可分为思想的逻辑和历史的逻辑两种。从思想逻辑看，马克思得出唯物史观、表述唯物史观是在进行大量的具体研究之后，而不是预先给予；而对我们今天的绝大部分马克思主义哲学工作者来说，在对社会结构、社会运动等社会事实进行具体研究之前，已经预先地被唯物史观化了。他们以为，只要把马克思形成并表述唯物史观的心路历程“清晰”地描述出来，并把唯物史观的具体内容准确地复述出来，就算地道的马克思主义哲学工作者甚至是马克思主义哲学家了。这种本末倒置的思维方式和研究方式，使我们陷入马克思和恩格斯当年批判黑格尔哲学的情境：面对黑格尔哲学除了吟诵、欣赏、崇拜之外，就再也无事可做了。事实上，从思想的逻辑进程中，马克思的哲学方法和哲学观是在从事了具体研究之后给出的，而不是预先给予。我们真正是把马克思思想的终点变成了我们思维的起点，人们不再去关注和体会马克思思维的逻辑、思想的逻辑和哲学观的逻辑之间的逻辑关系，不再去体会马克思得出这些思想和观点的心路历程。结论是美好的，令人振奋的；过程是艰难的，充满焦虑的。丢掉了艰难与焦虑，那就只剩下美好和振奋了。我们既没有经历马克思得出唯物史观所经历的艰难历程，又没有很好地把作为结论的“原理”应用到对我们自己的社会历史的研究之中。①从历史逻辑看，马克思当年所研究的“物”与今天有相似之

①任何一种被称之为“原理”的理论体系都有一种“灵魂”在其中。在内容上，它由原则、方法和结论（观点）构成；从其生成的时间逻辑看，分为“酝酿”、“生成”（表述）和“日用”三个环节。如若把“原理”六个构成要素中的任何一种“抽提”出来加以强调，虽隐藏着某种风险、危险，但却不能说是错误的，真正错误的是把它变成了唯一的要素。我以为，在“原理”的六个构成要素中，“日用”最为关键。我们都是在“学”唯物史观、“讲”唯物史观，唯独不会“用”唯物史观。马克思在谈到自己创立唯物史观的心路历程时，尽管非常细致地描述了自己得出“唯物史观”的艰难历程，但关键词却在于：“我在巴黎开始研究政治经济学，后来因基佐下令驱逐移居布鲁塞尔，在那里继续进行研究。我所得到的、并且一经得到就用于指导我的研究工作的总的结果，可以简要地表述如下。”（《马克思恩格斯选集》第2卷，人民出版社1972年5月版，第82页）“一经得到就用于指导实际研究”才是我们把握唯物史观的关键。所谓“日用”不是经常用、天天用，而是自觉地、自如地用。在自如地用着，但却感觉不到是在用，这才是真正的用。如果为着“用”而去用，那只是没有灵魂的用。如今，我们很多哲学工作者，能够很好地“学”哲学、“讲”哲学，就是不会用哲学。他们是忠诚的马克思主义哲学工作者，唯独不是学者，更不是思想家。

处却又有很大不同。一如马克思所说，“物质生活的生产方式制约着整个社会生活、政治生活和精神生活的过程”，那么，在现代性语境下，这是一种怎样的决定过程呢？“生产力如何决定生产关系，生产关系又如何适合、矛盾、桎梏生产力”呢？这些都需要我们对“物”作深入而细致的分析，对“物”与“心”的关系作具有说服力的研究。

在“心”与“物”之间：原则

把“心”与“物”的关系应用到不同的领域，其内涵和边界是不同的。比如在社会认识论、历史观和社会历史活动方面，“心”与“物”之关系的具体内容就很不相同。

只因人有了理性，只因人不是既定的而是生成的存在物，才有了“心”与“物”的分别、矛盾、冲突与和谐。恩格斯把哲学的基本问题归结为物质与意识、思维与存在的关系问题，依据哲学基本问题的两个方面，即孰先孰后、是否具有同一性，把哲学分成唯物论和唯心论、可知论与不可知论。然后根据列宁的说法，再把物质决定意识的“原理”应用到历史研究当中，得出唯物主义历史观。[①]“既然唯物主义总是用存在解释意识而不是相反，那么要把唯物主义应用于人类社会生活，就要用社会存在解释社会意识。”[②]今天看来，把自然观中的“心”与“物”的关系同历史观中的“心”与“物”的关系直接对等起来，会遇到很多难题，也会带来很多问题。这不只是因为不管是单一自然观中的“心”与“物”的关系还是历史观中的“心”与“物”的关系，其本身都足够复杂，更重要的还在于，它们属于两种相对有别的题材：自然观中的“心”与“物”所涉及的是认识的原始发生问题，而历史观中的“心”与“物”所涉及的是历史生成问题，前者属于认识论，追求的是“真”，后者属于实践论，追求

①“发现唯物主义历史观，或更确切地说，彻底发挥唯物主义，即唯物主义运用于社会现象。”（《马克思恩格斯选集》第 1 卷，人民出版社 1972 年 5 月版，第 11 页）。

②同上，第 10 页。

的是“价”。“价”虽然也是真，但却蕴涵行动者的意愿、意志、权利于其中。马克思在《资本论》第一卷第二版跋中说道：“观念的东西不外是移入人的头脑并在人的头脑中改造过的物质的东西而已。”物质的东西如何“移入”人的大脑呢？毫无疑问，这是一种非常形象的说法。其要义有二，其一，物质（对象）于任何观念而言具有先在性，就像自然与人而言具有先在性；其二，任何一种物质意欲移入人的大脑就必须经过人的大脑的改造。所谓改造，就是物质不能直接进入大脑，必须变成表象，变成符号，因为表象和符号在大脑中是不占空间的。其实，并不是物质移入人的大脑的问题，而是人以表象、符号、概念、理论把握世界的问题。康德通过理性、知性和感性的界分，已经令人信服地解决了认识的原始发生问题。这里已经没有什么可以再赘述的了。我们的问题是，如果我们把自然事实和社会事实都看作是存在，而把意识和社会意识也看作是一般性的意识，那么就不存在自然领域的唯物主义和历史领域的唯物主义的区别了，区别只在于社会事实比自然事实更复杂。“一种是生产的经济条件方面所发生的物质的、可以用自然科学的精确性指明的变革，一种是人们借以意识到这个冲突并力求把它克服的那些法律的、政治的、宗教的、艺术的或哲学的，简言之，意识形态的形式。”[①]然而社会事实是与行动者有着利害关系的存在，人们对社会事实的认知、理解和表达带有明显的主体特征，也很难达成共识，而真理性的共识则相对容易达成。

在历史领域或在历史观上，“心”与“物”又具有怎样的关系呢？按照列宁的论述，以往的历史理论有两个主要缺点：“第一，至多是考察了人们历史活动的思想动机，而没有考究产生这些动机的原因，没有摸到社会关系体系发展的客观规律，没有看出物质生产发展程度是这种关系的根源；第二，过去的历史理论恰恰没有说明人民群众的活动，只有历史唯物主义才第一次使我们能以自然史的精确性去考察群众生活的社会条件以及这些条件的变更。”[②]事实上，任何一种历史观，在对人类社会历史的动因进行解释时，从来没有把“心”或“物”强调到独一无二的地步，只是过

①《马克思恩格斯选集》第1卷，人民出版社1972年5月版，第10—11页。

②同上，第11页。

分地强调了“心”而降低了“物”，抑或相反。我以为，有意义的问题不是如何强调“心”而降低“物”或强调“物”降低“心”，而是唯物史观产生之前为何唯心史观始终占支配地位，为何至马克思止才有唯物史观产生。于是更为根本的问题是，如果不能弄清唯心史观长期占支配地位的原因，以及唯物史观产生的社会根据，便不能很好地理解唯物史观与唯心史观之间的本质区别，更不能正确地回答社会历史活动中“心”与“物”的具体关系。

一如恩格斯所说，人们首先必须吃、喝、住、穿，然后才能从事政治、科学、艺术、宗教等等，这是“一个简单事实”。然而，这样“一个简单事实”在马克思之前为何竟然没有被思想家发现？为何至多是考察了人们历史活动的思想动机，而没有考究产生这些动机的原因，没有摸到社会关系体系发展的客观规律，没有看出物质生产发展程度是这种关系的根源？其原因，要么是思想家没有足够的知识和智慧发现它；要么它不容易被发现；要么二者兼而有之。事实证明，只有第二种情况才是真实的。在马克思发现唯物史观之前，那个“简单的事实”被“繁茂芜杂的意识形态所掩盖着”。思想家只提出历史向他提出的问题，也只能解决历史能够让他解决的问题。不可否认，物质生活资料的生产永远都是人类生活中的基本问题，也是所有社会活动中的基础性活动，但却不是唯一的活动。在人类历史活动的可能性空间中，有多种组合模式。其根本点在于，物质生活资料的生产方式不同。在前资本主义社会，“物”的力量远没有强大到似乎能够决定一切的地步，从“物”的生产方式看是这样，从需求体系及其满足方式看也是如此，而这两个方面恰恰是密切关联在一起的。“人的依赖关系（起初完全是自然发生的），是最初的社会形态，在这种形态下，人的生产能力只是在狭窄的范围内和孤立的地点上发展着。”[①]普遍的生产关系和交换关系尚不充分和发达，单个的人尚无“独立人格”，他被“淹没”在家庭、家族、氏族、村社以及国家共同体中。“个人或者自然地或历史地扩大为家庭和氏族（以后是公社）的个人，直接地从自然界再生产

① 《马克思恩格斯全集》第 46 卷（上），人民出版社 1979 年 7 月版，第 104 页。

自己，或者他的生产活动和他对生产的参与依赖于劳动和产品的一定形式，而他和别人的关系也是这样决定的。”[①]决定人们思考问题的力量不是基于普遍生产和交换关系之上的生产关系、利益关系，而是具有伦理和宗法特征的社会关系，其思考问题的方式不是原子主义而是整体主义。由于生产能力低下、生产规模狭小，人们的主要精力不是在物质生活资料的生产上，而是在社会关系的构造、维系和修复上。由此决定，在需要类型上，物质需要就大大弱于社会交往需要和精神需要。普遍的东西尚未建立起来，相反特殊和个别才是活动、关系、情感、价值的基本类型。

与此不同，马克思所生活于其中的那个时代已经完全不同于前资本主义社会。马克思曾以“既不同于资本主义前的各社会形态又不同于未来的共产主义社会的资产阶级社会的一般特征”为标题，令人信服地描述了传统社会、现代社会和后现代社会之间在物质资料生产方式上的差异。在资本主义社会才形成了“以物的依赖性为基础的人的独立性”，“在这种状态下，才形成普遍的社会物质变换，全面的关系，多方面的需求以及全面的能力体系”。[②]正是普遍的生产与交换才会形成普遍的依赖关系，[③]但这种普遍的依赖关系必须以社会关系的物化为前提，否则就不会导致物质生活资料的生产作为社会的决定性力量变成一个恩格斯说的“简单事实”。不是马克思刻意去寻找物质生活资料的生产这种社会的根本力量，而是它作为一种社会根本力量已经呈现在人们面前。马克思以其特有的理论气质和社会责任把这种力量以理论的方式呈现出来，从根本上解决了唯心史观所没有解决的问题：物质生活资料生产的基础性作用和广大人民群众（工人阶级）的历史活动。

是用“心”还是用“物”解释历史只是一个原则问题，在原则问题上，我们不能放弃唯物史观的基本立场。而在人们具体的社会历史活动中，“心”与“物”的关系则要复杂得多。我们试图从事实逻辑与价值逻

①《马克思恩格斯全集》第46卷（上），人民出版社1979年7月版，第103页。

②同上，第104页。

③“每个人的生产，依赖于其他一切人的生产；同样，他的产品转化为他本人的生活资料，也要依赖于其他一切人的消费。”[《马克思恩格斯全集》第46卷（上），人民出版社1979年7月版，第102页]“普遍的需求和供给相互产生的压力，促使毫不相干的人发生联系。”（同上书，第104页）。

辑两个视角考察社会历史活动中“心”与“物”的关系。

从事实逻辑看，与自然界相比，社会关系由于有人的认识、观念、意愿、意志、情感渗透其中，因此相对复杂一些。但无论人具有怎样的想象力和实践力，他都只能在自然和人本身规定给人的界限内生产、生存和生活着，人无论如何都不能把无变成有；他只能改变质料的组合类型和存在方式，却绝不能改变质料的总数量。此为其一。其二，恩格斯“平行四边形的对角线”原理很有力也很形象地说明了，不同利益主体间的反复博弈行为会造成一个意想不到但又必须接受的社会事实，我们可以用“人类历史发展是一个自然历史过程”来描述它，也可以用“前定和谐”来称谓它，其中亚当·斯密的“那只看不见的手”的理论最为有名。①无论是“对

①亚当·斯密首次使用“看不见的手”（invisible hand）这一短语是在《天文学》Ⅲ 2 中，在 1759 年出版的《道德情操论》中和 1776 年出版的《国富论》中各出现一次。斯密在《道德情操论》第 4 卷第 1 章中说道，富人的天性是自私的和贪婪的，虽然他们只图自己方便，虽然他们雇用千百人为自己劳动的唯一目的是满足自己无聊而又贪得无厌的欲望，但是他们还是同穷人一样分享他们所作一切改良的成果。“一只看不见的手引导他们对生活必需品作出几乎同土地在平均分配给全体居民的情况下所能作出的一样的分配，从而不知不觉地增进了社会利益，并为不断增多的人口提供生活资料。”（《道德情操论》，蒋自强等译，商务印书馆 1997 年 11 月版，第 230 页）在同一本书的第 6 卷第 2 编第 2 章中，斯密又用个人这个棋子于社会这个大棋盘的作用比附“社会的和谐”：“在人类社会这个大棋盘上每个棋子都有它自己的行动原则，它完全不同于立法机关可能选用来指导它的那种行动原则。如果这两种原则一致、行动方向也相同，人类社会这盘棋就可以顺利和谐地走下去，并且很可能是巧妙的和结局良好的。”在《国富论》中把“看不见的手”的理论表述得更加明确：“确实，他通常既不打算促进公共的利益，也不知道他自己是在什么程度上促进那种利益。由于宁愿投资支持国内产业而不支持国外产业，他只是盘算他自己的安全；由于他管理产业的方式目的在于使其生产物的价值能达到最大程度，他所盘算的也只是他自己的利益。在这场合，像在其他许多场合一样，他受着一只看不见的手的指导，去尽力达到一个并非他本意想要达到的目的。也并不因为事非出于本意，就对社会有害。他追求自己的利益，往往使他能比在真正出于本意的情况下更有效地促进社会的利益。”（《国民财富的性质和原因的研究》（下），郭大力、王亚南译，商务印书馆 1997 年 2 月版，第 27 页）斯密的“看不见的手”是一种对从利己出发的活动进行调节、从而使私利与公益协调的力量。这种力量在经济生活中表现为经济规律，在政治生活中表现为社会法规，它的作用是实现经济均衡、政治均衡。如何看待斯密的“看不见的手”的理论与唯物史观的关系，很值得研究。值得玩味的是，马克思在《资本论》中曾有一段精彩的论述，既有肯定的口气又有讽刺的意蕴，是否针对斯密的“看不见的手”的理论，需认真体会：“劳动力的买和卖是在流通领域或商品交换领域的界限以内进行的，这个领域确实是天赋人权的真正乐园。那里占统治地位的只是自由、平等、所有权和边沁。自由！因为商品例如劳动力的买者和卖者，只取决于自己的自由意志。他们是作为自由的、在法律上平等的人缔结契约的。契约是他们的意志借以得到共同的法律表现的最后结果。平等！因为他们彼此只是作为商品所有者发生关系，用等价物交换等价物。所有权！因为他们都只支配自己的东西。边沁！因为双方都只顾自己。使他们连在一起并发生关系的唯一力量，是他们的利己心，是他们的特殊利益，是他们的私人利益。正因为人人只顾自己，谁也不管别人，所以大家都是在事物的预定和谐下，或者说，在全能的神的保佑下，完成着互惠互利、共同有益、全体有利的事业。”（马克思：《资本论》第 1 卷，人民出版社 1975 年 6 月版，第 199 页）。

角线”理论还是“看不见的手”的理论，都指明了一点，人类社会的发展是一个自然历史过程。

承认人类历史活动的客观规律并非意味着人的意识、意志不起作用，相反，社会作为人的对象化活动的结果原本就是人的有意识的实践活动的产物。尽管历史活动的结果难以预先给定，但人的活动具有鲜明的目的性和计划性却是不可否认的事实。历史是合目的性与合规律性的统一。合规律性是事实逻辑问题，合目的性是价值逻辑问题。

从价值逻辑看待社会活动中的“心”与“物”的关系，“心”就不仅仅是理性、情感、意志问题，而是社会利益的分配，以及不同利益集团如何为着利益而表达其意志的问题。[①]承认物质生活资料生产的决定性作用并不等于社会资源和社会财富的公平分配，也不意味着每个公民都有在宪法保证下的平等权利。全体社会成员或主动或被动地参与了资本的运行逻辑，但却没有从这种运行中获得平等的机会、财富，反而比以往更糟。如何看待“物”的流动所造成的社会后果呢？又如何关注社会不同阶层的成员对这种社会后果的意志表达呢？

在分析与规范之间：方法

无论“人类发展是一个自然历史过程”，或“平行四边形的对角线”还是“一只看不见的手”，作为历史观的不同形态，都旨在说明社会之所以“是”的逻辑，尽管这种“是”总是与“应当”相关，但它所着重的是“是”的普遍性、客观性、必然性，即规律性。解释“是”的规律性构成了分析的规定，表现为事实性陈述。然而解释“物”的“是”是为追求“物”的应当服务的，在“是”的基础上找出“应当”的根据，乃是规范

①面对复杂的社会活动结构、社会关系结构和社会利益关系结构，我们所阐释的生产力与生产关系之辩证关系原理似有简单化倾向。简约而不简单（马克思）、简化而不简单（恩格斯）、简单而直白（我们），似乎是于唯物史观运用上的三种不同范型。事实上，如果把生产关系范畴转换成利益、权利、意志及其表达，更容易理解和把握“心”与“物”的具体关系。

的要求，表现为规范性陈述。对“物”进行分析与规范的双重规定，既是研究“物”的方法，也是对待“物”的立场，简约地说，就是对“物”进行辩护与批判的双重要求。我们可以把“物”规定为“物质生活资料的生产方式”这一抽象，而要对“物质生活资料的生产方式”进行辩护与批判无疑显得费解，如果把“物质生活资料的生产方式”转换成具体的社会事实，如资本、商品、货币、劳动、剩余价值，然后再把这些社会事实有机地关联起来，就构成了一个完整的社会运动，这种以资本为核心的社会运动就是资本主义。[①]对资本主义进行辩护与批判是正当的，也是恰当的。马克思在社会历史空间的意义上，以资本主义为原点，把社会形态分为“资本主义以前的各种社会形态”和“未来的共产主义社会”，在“之前”与“之后”的历史维度下考察“资产阶级社会的一般特征”，这种考察乃是“科学分析”与“伦理动机”的高度统一。

1. 辩护的理由[②]

（1）市场社会为人类带来了“普遍的社会物质变换，全面的关系，多方面的需求以及全面的能力体系”与“庞大的商品堆积”

交换行为虽古已有之，但以市场为导向进行资源配置而形成的普遍交换则是近代以来的事情。全面的社会物质变换是以精细的社会分工为社会

①我们可以在三种意义上理解资本主义：作为意识形态的资本主义；作为经济组织方式的资本主义；作为生活方式的资本主义。市场经济是资本主义的经济形态。马克思对资本主义的复杂情感与资本主义在形态上的复杂性密切相关。

②考虑到人们的政治心理和日常情感，本文在进行辩护的工作时不直接使用“资本主义”而用“市场社会”，尽管有失准确，出于行文的方便，只得如此。

前提的，[①]日益完善的社会分工大环境下出现的专业知识、专业技能和专业人员带来了日益提高的劳动效率。“资产阶级在它的不到一百年的阶级统治中所创造的生产力，比过去一切时代创造的全部生产力还要多，还要大。自然力的征服，机器的采用，化学在工业和农业中的应用，轮船的行驶，铁路的通行，电报的使用，整个大陆的开垦，河川的通航，仿佛用法术从地下呼唤出来的大量人口，——过去哪一个世纪能够料想到有这样的生产力潜伏在社会劳动里呢？”[②]为什么是市场经济而不是自然经济造成了“庞大的商品堆积”呢？这是由于，在自然经济条件下，不只是由于生产规模的狭小，更重要的是生产者的劳动与自己的需要具有直接同一性，自然需要的限度变成了生产劳动的边界。其劳动产品直接成为了他的生活资料，他无须将他的产品变成商品，然后通过交换活动再换回自己的生活资料。而在普遍生产和普遍交换的条件下，在生产与消费之间加注了分配与交换两个环节，当生产、分配、交换和消费关联起来变成一个无法阻挡的资本运动时，全面的生产运动和消费运动也就开始了，如今这种运动正在全球范围内展开。马克思所说的“为一切人生产又依赖于一切人”变成了整个地球人的事情。其后果，一方面是占有欲望和表现欲望（凡勃伦

①马克思对社会分工的研究是全面而深刻的。首先，考察了分工的历史过程及其本质：“分工起初只是性行为方面的分工，后来由于天赋（例如体力）、需要、偶然性等等自发地‘或自然地产生的’分工。分工只是从物质劳动和精神劳动分离的时候起才开始成为真实的分工。”（《马克思恩格斯选集》第1卷，人民出版社1972年5月版，第36页）其次，分析了分工的社会作用，“分工不仅使物质活动和精神活动、享受和劳动、生产和消费由各个不同的人来分担这种情况成为可能，而且成为现实”。（同上书，第36页）第三，用历史的眼光、辩证的态度分析了分工的二重性，正是由于分工造成了诸多矛盾，如私人利益与公共利益的矛盾，生产力、生产关系和意识之间发生矛盾，分工把个人限制在特殊的活动范围内，造成了个人的片面性和异己的力量。（同上书，第37页）马克思说：“要使这三个因素彼此不发生矛盾，只有消灭分工。”（同上书，第36页）马克思所主张消灭的分工，不是一般的分工，而是产生异己力量的分工，一种出于自愿且合理的分工只有到共产主义社会才会见出。我们可以把马克思关于社会分工的思想看作是马克思对资本主义进行辩护与批判的一个很好的例证。亚当·斯密更是把分工看作是现代企业产生与发展的直接前提：“劳动生产力上最大的增进，以及运用劳动时所表现的更大的熟练、技巧和判断力，似乎都是分工的结果。”（《国民财富的性质和原因的研究》（上），郭大力、王亚南译，商务印书馆1997年2月版，第5页）康德在《道德形而上学原理》中也强调了分工与专业化的社会作用：“各行各业，一切手工和技艺都通过分工而取得进步。按照这种分工，一个人并不把一切都包下来，而是每个人只限于作某种在操作上和其他有显著区别的事情，这样就可以做得更周全、更轻巧。不论在什么地方，只要工作还没有进行分划、每个人还都是个百事通，那么这些行业就处于落后状态。”（康德：《道德形而上学原理》，苗力田译，上海人民出版社1986年8月版，第36页）。

②《马克思恩格斯选集》第1卷，人民出版社1972年5月版，第256页。

所说的炫耀式消费、符号式消费）的神圣激发，于是便在物质本体论（自然界）、资本本体论（现代社会）之后形成了欲望本体论。另一方面是需要及其满足方式的多样化和细致化。同一种价值物可以满足多种需要，同一种需要可以由多种价值物来满足。在此种语境下，才形成了“全面的关系，多方面的需求以及全面的能力体系”与“庞大的商品堆积”。

（2）社会时间的人类学意义

没有一个人不生存在时间里。时间是生命的延续形式，拥有了足够的时间就可以延长生命，并使生命更加亮丽，因为时间为使人的生活成为美好的生活提供了条件与机会。时间赋予每个人以同样的意义，时间面前人人平等。每个人可能由于其各自的背景存有差异，使用社会时间的途径与方式不同，但就整个人类说，日益发展的社会分工和科学技术为提高劳动效率创造了条件，因而也才有了必要劳动时间和剩余劳动时间之分别。人无法改变自然——物理时间，使其多一分钟或少一分钟，但在自然时间里，除去用于恢复体力保持生命所需要的必要的自然时间（如睡眠、饮食）之外，还有人们可根据需要所支配的时间，这就是社会时间。社会时间是在保证人的健康基础上用于生产、交往和生活的时间。以交换价值为核心的商品社会里，资本的构成以及资本的运行使社会时间分成了必要劳动时间和剩余劳动时间。劳动时间始终是商品与货币的基础，无论商品和货币怎样彰显其拜物教式的魔力从而遮蔽劳动的基础作用和人学意义，都无法取消劳动的基础性和原初性。劳动时间、商品与货币三者之间的内在关联可表述如下。

首先，劳动时间是商品与货币的基础。“特殊商品同货币相交换的比例，即一定的商品量可以转化的货币量，决定于物化在商品中的劳动时间。作为一定的劳动时间的体现，商品是交换价值；在货币上，商品所代表的劳动时间份额，不仅被计量，而且包含在它的一般的、符合概念的、可以转换的形式中。”[①]亚当·斯密说，劳动时间是用来购买商品的最初的货币。在非交换的场合下，凝聚在产品中的劳动是被感受的、体验的，

① 《马克思恩格斯全集》第 46 卷（上），人民出版社 1979 年 7 月版，第 114 页。

而不是计量的，劳动及其产品都以独一无二的形式存在着，作为劳动之结果的产品似乎不是产品，而类似于工艺品，因为它是独一无二，不可重复的，劳动者生产其产品时的心智特征似乎从其产品中依稀可见，产品的使用者在享用时总是赞叹生产者的高超技艺和劳动艰辛。因此，工艺品是创造出来的，而不单纯是生产的过程。即便普遍交换的背景下，劳动，按其本质说是不能通约的，劳动只能相似而不能相同。不同类型、不同质的劳动是无法进行比较的，如果非要进行比较的话，唯一的途径也只能在于用劳动的自然形式即过程的流动即时间作为标尺，用劳动时间比较劳动乃是比较劳动的一种强制形式，而只有人们非得进行交换时，劳动的比较才成为必然和必需。“劳动时间本身只是作为主体存在着，只是以活劳动的形式存在着。从劳动时间本身可以交换（本身是商品）来说，它不仅被规定了，而且在质上也被规定了，并且，不仅在量上不相同，而且在质上也不相同；它绝不是一般的、自我等同的劳动时间；作为主体的劳动时间同决定交换价值的一般劳动时间不相符合，正像特殊的商品和产品同作为客体的劳动时间不相符合一样。”[①]当同类物品被批量制造出来，其间几无差别时，工艺的性质就消失了，产品的个性被磨平，留存下来的只是一个消费品而已。这就是交换价值成为主流形态的商品社会的本真状态。它虽然抹去了凝结在产品中的劳动者的个性、思维和艰辛，但它却把劳动时间置于前所未有的核心的位置。“与劳动时间不同的货币的必然性，正是由于下述原因产生的：一定量的劳动时间不应当表现在自己直接的和特殊的产品上，而应当表现在某种间接的和一般的产品上，即表现在与含有同一劳动时间的其他一切产品相等和可以兑换的那种特殊商品上；——这种劳动时间不是包含在一种商品中，而是同时包含在一切商品中，因而包含在代表其他一切商品的一种特殊商品中。”[②]这种特殊商品就是货币。但劳动时间本身不能直接成为货币，换句话说，这等于要求每个商品应当成为它自己的货币。正因为劳动时间实际上始终只是存在于特殊产品中：作为一般对象，劳动时间只能象征性地存在，它恰好又存在于成为货币的那种特殊商

①《马克思恩格斯全集》第 46 卷（上），人民出版社 1979 年 7 月版，第 118 页。
②同上，第 115 页。

品中。劳动时间并不是以一般的、与商品的自然特性相脱离和相分离的交换对象而存在。然而，要直接实现货币的条件，劳动时间又必须作为这样的交换对象而存在。正是劳动——交换价值中所包含的劳动时间——的一般性即社会性的物化，使劳动的产品成为交换价值，使商品具有货币的属性，而这种属性又意味着有一个独立存在于商品之外的货币主体。劳动时间、商品、货币是不同类型的存在，其间包含着矛盾，而这种矛盾恰是通过劳动时间被物化为商品和货币来解决的。一定的劳动时间物化在具有特殊属性并与需求发生特殊关系的一定的特殊商品中；而作为交换价值，劳动时间必须物化在这样一种商品中，这种商品只表现劳动时间的份额或数量而同劳动的自然属性无关，因而可以变形为——即交换成——体现着同一劳动时间的其他任何商品。这是一个悖论：劳动时间要实现其自身必须通过商品和货币，而一旦采取后两种形式，劳动时间的意义就被遮蔽了，它只有通过遮蔽的形式才能显现其自身。但劳动时间的核心地位并未取消。

其次，资本具有双重功能：扩大所使用的活劳动和缩小必要劳动。劳动时间、商品、货币之间的矛盾本身包含着解决其自身的契机，这就是劳动在资本的运行下被分割成必要劳动和剩余劳动，劳动时间被划分为必要时间和剩余时间。也正是在这个意义上，商品的普遍化亦即交换价值的确立又为使劳动还原其原初意义创造了条件。“因为剩余劳动或剩余时间是资本的前提，所以资本是建立在下面这样的基本前提上的：在维持个人和繁殖后代所必需的劳动时间以外还有一个余额……随着生产力的发展，必要劳动时间在减少，因而剩余时间在增加。”[①]“财富就是可以自由支配的时间，如此而已。”剩余时间有两种含义，一是作为工作日中我们称为必要劳动时间的那部分以外的余额而存在的；二是作为同时并存的工作日的增加而存在的，这是由于劳动力的数量的增加而带来的工作日数量的增加。而资本本身就蕴藏着增加剩余劳动的趋势。“我们已经看到，资本的规律是创造剩余劳动，即可以自由支配的时间；资本只有推动必要劳动同工人进行交换，才能做到这一点。由此产生了资本要尽量多地创造劳动的趋势；同样

① 《马克思恩格斯全集》第46卷（上），人民出版社1979年7月版，第376页。

也产生了资本要把必要劳动减少到最低限度的趋势。”①由于剩余价值主要来源于购买劳动力即可变资本那部分，因此，在不变资本已经给定的情况下，减少必要劳动、缩短必要劳动时间就成了增加剩余价值的关键。资本的趋势是既要使人的劳动过剩，又要使人的劳动无限增加。价值只是物化劳动，而剩余价值只是超过再生产劳动能力所必需的那部分物化劳动而形成的余额。这就是“以物的依赖性为基础的人的独立性”阶段的社会劳动与剩余时间的性质与状况。要使人的劳动的原初意义回归人的生活世界并使剩余劳动时间真正具有人类学意义，只有彻底消灭私有制，从而使个人的全面发展和他们共同的社会生产能力成为他们的社会财富才有可能。

再次，共同劳动与人类学意义的社会时间。劳动意义的回归以及剩余时间的合理使用，从根本上来说，取决于造成劳动异化和剩余时间滥用的前提的彻底改造。在私有制和交换价值为主要形态的商品社会里，劳动首先是私人劳动，而要使他的个别的、特殊的私人劳动对他来说具有意义，成为他获得必要的生活资料的基础，就必须使他的私人劳动一般化，亦即商品化和货币化；必须首先造成对自己来说是异己的物的依赖性，才能使自己作为劳动者和消费者而存在。这是一个矛盾：如果用不着以商品、货币和交换价值为媒介就可实现交换，那就得取消造成资本之基本矛盾的前提：私人劳动与社会劳动的对立以及造成这种矛盾的原因——私有制。要想使单个人的劳动同时也使他的产品直接成为货币，成为已经实现的交换价值，那就等于把它直接规定为一般劳动，这就恰好否定了使劳动必须成为货币和交换价值并依赖于私人交换的那些条件。使单个人的劳动直接成为货币的要求，只有在这种要求不再能够提出来的条件下，才能得到满足。即是说，只有当社会统一组织、分配和使用个体的劳动，而每个人不再亲自以货币和交换价值为媒介去实现自己的目的的时候，人的全面需要和全面发展才有可能，劳动和社会时间也才会真正显现它的人学价值。“如果共同生产已成为前提，时间的规定当然仍然有重要意义。社会为生产小麦、牲畜等等所需要的时间越少，它所赢得的从事其他生产，物质的或精神的生产的时间就越多。正像单个人

---

①《马克思恩格斯全集》第 46 卷（上），人民出版社 1979 年 7 月版，第 378 页。

的情况一样，社会发展、社会享用和社会活动的全面性，都取决于时间的节省。一切节约归根到底都是时间的节约。正像单个人必须正确地分配自己的时间，才能以适当的比例获得知识或满足对他的活动所提出的各种要求，社会必须合理地分配自己的时间，才能实现符合社会全部需要的生产。因此，时间的节约，以及劳动时间在不同的生产部门之间的有计划的分配，在共同生产的基础上仍然是首要的经济规律。这甚至在更加高得多的程度上成为规律。”①说到底，要使劳动回归美学的和伦理学的意义，并使社会时间具有人类价值，就必须重构一种使其可能的社会设置，一种制度安排和资源分配方式，社会主义市场经济也许就是这样一种社会设置。

2. 批判的根据

资本主义就如同一块银币的两面：当它用血与火的文字书写它的带有几分残暴、掠夺、剥削的历史的同时，也给人类带来前所未有的“庞大的商品堆积”；在造成社会关系全面物化的同时，又孕育着突破这种物化、异化的内在力量。

（1）资本原始积累：世俗合理性与历史合理性

资本原始积累的历史过程对所有人来说都绝不是一个积累财富的、愉快的、幸福的过程，相反，它是使大量善良的弱势者失去生产资料和生活资料从而走向苦难的历程。②“而对他们的这种剥夺的历史是用血和火的文

①《马克思恩格斯全集》第46卷（上），人民出版社1979年7月版，第120页。

②关于原始积累的含义与性质，佩罗曼写道：“‘原始积累’这个词本身，就浸透着对人类行为的痛苦影响。首先，‘原始’一词暗示一种在比较近代的更隐秘的剥削方式中所罕见的野蛮行为。它也暗示这种原始积累发生在人们通常与资本主义联系起来的那种积累之前。最后，它还暗示一些可能跟‘原始’世界有关的东西，那里资本的积累还不像别的地方那样发达。第二个词‘积累’提醒我们，这一过程主要是社会的一小部分人对资本和财富的积累，或者像马克思描述的那样，是‘社会财富对世界的征服。它是受剥削的人类物质领域的外延，同时也是资本主义者的直接的或间接影响的外延。至少在资本主义的早期阶段，原始积累是积累过程的核心因素。很多当代学者都承认，在古典政治经济学家写作的年代，原始积累无处不在。但是据我所知，还没有人意识到，古典政治经济学家也是原始积累的‘同谋’。他们通常隐秘地支持能深化原始积累过程的政策。”（［英］迈克尔·佩罗曼：《资本主义的诞生——对古典政治经济学的一种诠释》，裴达鹰译，广西师范大学出版社2001年9月版，第2—3页）

字载入人类编年史的。”[①]马克思曾用了相当的笔墨描述了封建者是如何通过强制手段使大批城市里的学徒、侍从和农民离开土地而成为无产者的。[②]关于资本原始积累的人道主义立场在其他的经济学家和经济史学家那里也有较为充分的表达，他们从历史的、法律的角度再现了资本“原始积累的秘史”。马克思没有停留于对资本原始积累的历史叙述，而是从世俗合理与历史合理及其悖论的视角探讨了资本原始积累的二重性问题。“资本的原始形成，完全不是像人们所想象的那样，似乎是资本积累了生活资料、劳动工具和原料，一句话，积累了同土地相分离的，而且本身早已将人类劳动吸收在内的劳动的客观条件。绝不是资本创造出劳动的客观条件。相反，资本的原始形成只不过是这样发生的：作为货币财富而存在的价值，由于先前的生产方式解体的历史过程，一方面能买到劳动的客观条件，另一方面也能用货币从已经自由的工人那里换到活劳动本身。”[③]那么促使这一结果的历史过程是如何发生的呢？马克思以英国为例指明了劳动者与其劳动资料和生活资料相分离的过程。

英国的大土地所有者遣散了那些曾经与他们共同消费剩余农产品的侍从，他们的租佃者又赶走了茅舍农民，等等，这样一来，首先有大量活劳动力被抛到劳动市场上，他们在双重意义上是自由的：摆脱旧的保护关系或农奴依附关系以及徭役关系而自由了，其次是丧失一切财物和任何客观的物质存在形式而自由了，自由得一无所有，他们的唯一活路，或是出卖自己的劳动能力，或是行乞、流浪和抢劫。他们最初力图走后一条路，但是被绞架、耻辱柱和鞭子从这一条路上赶到通往劳动市场的狭路上去。由此可见，政府，如亨利七世、亨利八世等等的政府，在历史上是作为解体过程的条件而出现的，是作为资本存在条件的创造者而出现的——这已为历史所证明。

另有学者认为，并不存在一个资本的预先积累的过程，它是同封建社会的解体和资本主义同时发生的，而且也不是一个什么获得自由的过程。

①马克思：《资本论》第1卷，人民出版社1975年6月版，第783页。
②参见马克思：《资本论》第1卷，人民出版社1975年6月版，第784—832页。
③马克思：《资本论》第1卷，人民出版社1975年6月版，第509—510页。

“第一，原始积累在资本主义发展过程中是一股非常重要的力量。第二，原始积累不能被归结到前资本主义的过去，或者说封建社会突然变成了资本主义的一个假想时刻。原始积累在资本主义发展的过程中，一直发挥着作用。第三，原始积累的逻辑，跟古典政治经济学家表面宣扬的自由放任原则，形成了直接对照。尽管如此，古典政治经济学家却致力于推动原始积累，目的在于促进资本主义的发展。”[①]原始积累与资本主义是同一过程的两个方面或两种提法，实质上就是一个如何使农民脱离土地变成雇佣工人、如何使农业变成工业的过程，它斩断了系在土地之上的各种关系、情结以及精神，对广大农民来说，这是一个非自愿的甚至是失去自己的过程，以至于一位经济学家（乔安·瑟斯克：《圈地和独占》，早期英国农业问题上最博学的历史学家之一）不无同情甚至伤感地说道：“公共土地和牧场，在社区中维持了一种向上的合作精神。圈地运动扼杀了这种合作精神。在第一流的地区，人们不得不友善地一起劳作，对庄稼的轮作、共有草场的放牧权的分配、牧草和草地的维护和改良、沟渠的疏通、用篱笆防护土地等问题，都要达成一致。在田里他们并肩劳作。他们每天早、中、晚都一块儿从地头走向村庄，或从农场走向荒野。他们都依赖于共有的资源，以取得燃料、寝具以及牲畜的草料，那么多生活必需品都归拢在一起。他们从小就训练，服务社区的条例和习俗。圈地运动以后，当每个人能够将自己的一块地围起篱笆，并警告他的邻居离开，与邻居公平分享东西的原则就松懈下来，同时每个家庭都变成了一个孤岛。这是人类生活中的一次巨大革命，比圈地运动后所有的经济变化都更巨大。然而，在这个由圈地运动和变化了的农夫所传下来的世界上，没有几个人能真正衡量出我们失掉的那种生活方式的完全意义。”[②]将人们同他们赖以生存的生活资料分离开来的残暴过程，也就是所说的原始积累，给平民造成了极大的艰辛。原始积累像剪刀一样，刺穿了传统的生活方式。第一刃削弱了人们自给自足的能力。第二刃为了防止人们在雇佣劳动体系之外找到另一种

①［英］迈克尔·佩罗曼：《资本主义的诞生——对古典政治经济学的一种诠释》，裴达鹰译，广西师范大学出版社 2001 年 9 月版，第 14 页。
②同上，第 1 页。

生存策略，而制定了一系列苛刻措施。在资本主义成为一股重要的经济力量之前，伴随着剥夺农民的权利，就出现了一系列常常很残酷的法律，目的是压制人们对雇佣劳动需求的任何反抗。从都铎王朝开始，英国就颁布了防止农民流浪、仰仗福利系统的一系列严酷措施。根据1572年的一条法令，超过14岁的乞丐将会被严厉地杖责，并在左耳上用红热的熨斗打上烙印，除非有人愿意雇用他们两年。超过18岁的惯犯将会被处决，除非有人愿意雇用他们。而第三次触犯法律，则理所当然意味着被处决。16世纪早期，类似的法令几乎同时出现在英国、低地国家以及苏黎世。最后，工人大部分无路可走，别无选择，只能为赚取仅能糊口的工资而工作。

（2）社会关系的物化

资本主义生产方式占统治地位的社会的财富，表现为“庞大的商品堆积”，单个的商品表现为这种商品的元素形式。这是我们直观到的一个基本事实。正是商品这种简单而又神秘的东西隐藏着资本主义的一切秘密。初看上去，商品好像是一种很简单很平凡的东西，然而却充满着“形而上学的微妙和神学的怪诞”。商品是一个可感觉而又超感觉之物。商品的神秘性质不是来源于商品的使用价值，而是由于劳动产品采取商品形式这一点，是从这种形式本身来的。说到底，商品形式的奥秘不过在于：商品形式在人们面前把人们本身劳动的社会性质反映成劳动产品本身的物的性质，从而把生产者同总劳动的社会关系反映成存在于生产者之外的物与物之间的社会关系。商品的拜物教性质不过是借助于商品关系而发生的人与人之间颠倒关系的反映。这种反映是有着两个不可或缺的逻辑环节的。首先是产品转换成商品的过程，也即物的形式与关系转换成社会的形式与关系。其次是社会关系又转变成物的交换与物的占有的关系。作为各不相同的物品来说自然互不相同，具有不同的自然属性，要用不同的尺度来计量，是不能通约的；而作为价值，一切商品在质上等同而在量上不同，因此可以相互计量，可以按照一定的量比例相替换（相交换，可以相互兑换）。价值是商品的社会关系，是商品的经济上的质。作为价值，一种商品按一定的比例同时是其他一切商品的等价物。作为价值，商品是等价物；商品作为等价物，它的一切自然属性都消失了；它不再和其他商品发生任何特殊的质的关系，它既是其他一切商品的一般尺度，也是其他一切商品的一般代表，一般交换手段。作为价值，商品是货币。马克思对商品交换的机制与本质作了精辟的总结：“过程简单地说是这样：产品成为商品，也就是说，成为单纯的交换要素。商品转化为交换价值。为了使商品同作为交换价值的自身相等，商品换成一个符号，这个符号代表作为交换价值本身的商品。然后，作为这种象征化的交换价值，商品又能够按一定的比例同任何其他商品相交换。由于产品成为商品，产品成为交换价值，产品开始在头脑中取得了二重存在。这种观念上的二重化造成（并且必然造成）的结果是，商品在实际交换中二重性的出现：一方面作为自然的产品，另一方面作为交换价值。也就是说，商品的交换价值取得了一个在物质上和商品分离的存在。”①而产品作为交换价值的规定，必然造成这样的结果：交换价值取得一个和产品分离即脱离的存在。同商品界本身相脱离而自身作为一个商品又同商品界并存的交换价值，就是货币。

在资本主义条件下，产品的商品形式所固有的矛盾和以商品形式为基础的资本主义生产方式所固有的矛盾以货币的形式得以发展，它存在产生危机的可能性。货币没有造成这些对立和矛盾；而这些矛盾和对立的发展造成了货币似乎先验的权力；货币并不是产品的商品形式固有矛盾的原因，而是这种矛盾的直接结果，只是这种结果的集中表现而已，但货币一经被普遍化却又加深了这种矛盾。一切商品都是暂时的货币；货币是永久的商品。分工越发达，直接产品就越不再是交换手段。必须有一种一般交换手段，也就是说，必须有一种不依赖于每一个人的特殊生产的手段。在货币上，物的价值同物的实体分离了。货币本来是一切价值的代表；在实践中情况却颠倒过来，一切实在的产品和劳动竟成为货币的代表。在直接的物物交换中，不是每一种物品都能和任何一种物品相交换，一定的活动只能和一定的产品相交换。货币所以能够克服物物交换中包含的困难，只是由于它使这种困难一般化、普遍化了。在市场社会里，人对人的依赖关系变成了人对物的依赖。“活动的社会性，正如产品的社会形式以及个人

① 《马克思恩格斯全集》第 46 卷（上），人民出版社 1979 年 7 月版，第 89 页。

对生产的参与，在这里表现为对个人是异己的东西；不是表现为个人相互间的关系，而是表现为他们从属于这样一些关系，这些关系是不以个人为转移而存在的，并且是从毫不相干的个人相互冲突中产生出来的。活动和产品的普遍交换已成为每一单个人的生存条件，这种普遍交换，他们的相互联系，表现为对他们本身来说是异己的、无关的东西，表现为一种物。在交换价值上，人的社会关系转化为物的社会关系；人的能力转化为物的能力。”①在这种场合下，人们信赖的是物，而不是作为人的自身。但人们为什么信赖物呢？显然，仅仅是因为这种物是人们相互间的物化的关系。商品拜物教直接演变成货币拜物教，因为货币是物的社会关系的符号形式。任何别的抵押品都可以直接对抵押品持有者有用，而货币只是作为“社会的抵押品”才对他有用，但货币所以是这种抵押品，只是由于它具有社会的即象征性的属性；货币所以能拥有社会的属性，只是因为各个人让他们自己的社会关系作为物同他们自己相异化；而人本身，当他把自己的产品交给商品交换与消费的社会链条时，便立刻隐遁其身，不但别人对人本身毫无兴趣，就连他自己也逐渐忘掉了自己，他只关心和记得他的产品如何被别人买走。

这就是唯物史观之“物”的整体肖像以及我们对唯物史观之“物”的基本立场。

在现代与后现代之间：语境

我们尽可以关注传统社会、现代社会的“物”及其展开方式，但更应该立足于现代社会的“物”而指明“物”的未来形态。唯物史观中的“物”是“物”的一般形态；资本主义社会的“物”是“物”的特殊形态；社会主义市场经济中的“物”是“物”的个别形态。我们要基于唯物史观的“物”中介于资本主义社会的“物”而达于对社会主义市场经济的

①《马克思恩格斯全集》第46卷（上），人民出版社1979年7月版，第103—104页。

“物”的规定与判断。这就是从普遍到特殊再到个别，也是我坚持唯物史观又发展唯物史观的理论旨归。

1. 关于资本的原始积累问题

社会主义市场经济条件下的物质生活资料的生产方式（“物”）依然表现为资本的运行逻辑。这种运行逻辑以放大和扩展了的形态再现着马克思时代资本的某些特征，但资本的原始积累方式以及由资本所造成的后果却有很大的不同。因此，在这里，我们所着重的不再是“物”的生产而是“物”的分配。

中国市场经济的原始发生是在与西方完全不同的历史条件下开始的，它既没有使一部分人失去生存资料和充当廉价劳动力，从而失去当下的“安逸”和“安宁”，也不是用血与火的文字叙写编年史的，相反，它是通过改变计划体制的方式进行的，它取得了看似有理性的形式。然而，在一个幅员辽阔、人口众多、地区差异大的国度里，同步走的发展道路被证明为是没有效率的，而允许一部分地区和一部分人先富起来然后带动大家共同富裕的发展战略是较好的选择。但是，先富与共富作为一种公共政策和制度安排却隐藏着明显的制度性缺陷：先富是一种制度性安排，免税和减税是这种安排的直接结果，这在客观上已经使未被列入先富行列的地区和人们利益受损，潜在利益分配上的不公正要比当下利益分配上的不公正造成的后果更为严重。如果这是一种解决效率问题的策略选择，那就必须有后续制度来解决因政策倾斜而造成的贫富差距。而共富却不是政府行为，即不是制度安排，它只是先富起来的地区和人的自愿行为，不具有必然性。更为严重的是，在开发大西北的战略转移中，政府又在制度安排上为先富地区和人们提供了优惠的投资环境，这就使得落后地区和人们在公共政策和制度安排上重复受损。解决先富与共富的根本出路依然在制度方面，这就是作为公共政策的福利政策。当我们用资本原始积累概念比照社会主义市场经济之原始发生的原始积累与资本主义的差异时，同样涉及历史公正问题，亦即世俗合理性和历史合理性问题。

西方原始积累的过程实际上是以历史的方式解决两极分化或贫富差距的。作为先发国家，市场经济是首先从西方发展起来的，其先富与后富的矛盾是自然而然造成的，是自下而上的。[①]而对我们来说，市场经济作为舶来品则是一个自上而下的过程，它是诱致性的制度变迁的过程，制度依赖路径的核心问题是制度的稳定性和可持续性。因为，制度直接决定着公共性资源在哪个群体和阶层分配。事实证明，平均主义的治理道路被视为是低效率甚至是无效率的，要试图有效率就只有采取差别的发展道路。没有差别就没有平等。平均主义只是平等的一种特殊形态，它只在生活资料极为有限的条件下，为着保证种群能有最低数量的个体而必须采取的分配方式。当生活资料有了剩余，依照地位、能力、威信而分得剩余部分成为可能的时候，以差别为基础的平等就成了平等分配资源的主要形态。在这种状态下，追求无差别的前提公平就不利于在主体性资源上占据优势的人或阶层去追求有效率的活动，经济人假设尽管受到了不同程度的批评，但完全取消追求收益最大化的动机安排，追求效率的活动也就很困难。平等是一个相对概念，它指的是或经过博弈或通过制度安排在多个利益主体之间达到的利益均衡。平等就是适度。“在不平等与不平等之间就显然存在一个适度，这就是平等。因为，任何存在着过多过少的行为中也存在着适度。如若不公正包含着不平等，公正就包含着平等。公正的事也就是一种适度。然而平等又至少是两个东西之间的平等。所以，公正必定是适度的、平等的。作为适度，它涉及两个极端（过多与过少）；作为平等，它涉及两份事物；作为公正，它涉及某些特定的人。”[②]所以，公正至少包括四个项目。因为，相关于公正的事的人是两个（至少是两个），相关的事物是两份。而且，这两个人以及这两份事之间，要有相同的平等。因为，两个人相互是怎样的比例，两份事物间就要有怎样的比例。因为如果两个人不平等，他们就不会要分享平等的份额。只有当平等的人占有或分得不

①英国经济学家迈克尔·佩罗曼揭示了原始积累的历史过程，他以《狩猎法》为例说明了原始积累尽管与法律密切相关，但仍有一股来自内部的力量推动着这一过程。（参见［英］迈克尔·佩罗曼：《资本主义的诞生》，裴达鹰译，广西师范大学出版社 2001 年 9 月版，第 30—42 页）

②［古希腊］亚里士多德著：《尼各马可伦理学》，廖申白译，商务印书馆 2003 年 11 月版，第 134 页。

平等的份额，或不平等的人占有或分得平等的份额时，才会发生争吵和抱怨。所以，公正在于成比例。因为比例不仅仅是抽象的量，而且是普通的量。毫无疑问，这种有关平等与公正的分析模式适合于确定资源的分配环境，当人们处在一个低效率或无效率的境遇下，如何使活动有效率呢?

帕累托最优可能给我们一些启示。帕累托最优指的是这样一种社会状态，当且仅当不减少其他人的效用就无法增加任何一个人的效用时，这种状态就称之为帕累托最优。实际上，帕累托最优只是一个“理想类型”，实际生活中的任何一种状态都是相对为优，在不损害其他人或集团当下利益的前提下，可以使另一个人或集团收益增加、生活变好。解决相对为优可能有两条途径，一是通过一部分自己的努力来实现，假定这些人已经全力以赴仍然无法解决时，那就只有第二条途径，通过优惠政策使一部分人在不使其他人变坏的条件下而使自己变好。而这样做的最大困难在于，以什么标准、使哪个集团、哪些个人先富起来。这是一个理论上的悖论：如果找到一个适用于任何个人与集团的标准，就等于原地踏步，无法解决低效率或无效率，因为方法已经用尽；假如找到一个有利于一部分人或一部分地区的激励制度，那么对那些未能得到激励的人就是一种损害。损害不一定是既得资源的减少或丢失，还包括潜在资源的分得。这样一种不具有普遍性的规则取消了前提公平，与公正是相矛盾的。这不仅是一个理论悖论，更是一个实践难题。实践逻辑与理论逻辑总是有差别的。实践难题要通过实践方式来解决，当世俗合理性与历史合理性发生冲突时，历史合理性更具有强大的力量。问题是，当历史合理性走着它自己的路时，它会引发依靠其自身无法解决的矛盾，这就是它造成的严重的世俗的不公正。基于差别之上的追求效率的活动，总是主体性资源占据优势并通过这种优势获得为弱势者所无法获得的可配置性（公共性资源）的个人或集团具有优先性和优益性，经过反复博弈——假如弱势群体能够与强势群体博弈的话——之后，这种优先性与优益性愈发显现出它的后续效应，以致取消了平等竞争的前提，使他们无法在接近的水平上生产、交易和生活。[1]“我们假定那些能够从改革中获利的人为富人，而那些无法从改革中获利而失败的人则处于十分贫穷的生活状态，然后我们就作出金钱的个体价值观念会因人而异的断定，这合理吗？显然，富人所得（以金钱形式）要比穷人所失去的稍微多的事实是缺乏根据的，实际上这里早已存在一种满意与不满意的平稳关系。”[2]正是在这个意义上，帕累托最优具有自身无法克服的缺陷。“如果不分享富人的奢侈荣华，穷人就无法快乐自在，那么，随着一些人的极度贫穷和另一些人的极度奢侈，这种社会状态也可以被称之为帕累托最优。”[3]帕累托最优有时也被称为“经济效率”。从一定意义上讲，这种称谓是恰当的，因为帕累托最优所涉及的仅仅是效用范围内的效率，而不重视效用分配方面的考虑；然而，在另一方面，这一术语又是不幸的，因为这里分析的焦点仍然是效用。解决依靠制度设计与安排造成贫富差距的途径可能有两条：一是先富者自觉自愿地将收益的一部分转移给因制度而造成损失的一方。这是一条人道主义或伦理道德的路径，其困难在于，它不具有普遍性，也不具有强制性，既不是责任也不是义务，是一种自愿行为，是相对命令，对弱势群体来说只是一种祈盼。试图通过这样一种自愿的救助、慈善行为缩短贫富差距无论如何不是一条现实的道路。第二，剩余下来的解决办法就是制度的方式。除了从预先富裕起来的个人和集团那里收取相当比例的税收之外，更主要的是社会保障制度和公共福利政策的设计与实施。公共福利政策和制度能否实施、实施到何种程度取决于两点：一是公共福利价值观。作为学科形态的经济学理应研究与经济有

①中国各阶层之间的贫富差距不是一个危言耸听的感觉问题，而是一个不争的事实。“20 年来，无论是城市还是农村，贫富差距都有了大幅度上升。特别 20 世纪 90 年代以来，贫富差距有加速拉大的趋势。用国际上通用的基尼系数的测量方法，全国城乡居民家庭人均收入的基尼系数大约在 0.46 ~ 0.47 之间，不同的调研数据测算略有一些差异，高的有超过 0.5 的，低的为 0.43 左右，总之，这些数据都超过了国际上通常认为的基尼系数在 0.3 ~ 0.4 之间的中等贫富差距程度。这样，在短短的 20 年时间里，我国已经从一个经济平均主义盛行的国家，转变为超过了国际上中等不平等程度的国家，贫富差距在这样短的时期内迅速拉开，这样巨大的变化在全世界也是不多见的。”（李培林等著：《中国社会分层》，社会科学文献出版社 2004 年 9 月版，第 22 页）

②[美]马克 · A. 卢兹：《经济学的人本化：溯源与发展》，孟宪昌译，西南财经大学出版社 2003 年 4 月版，第 137 页。

③[印度]阿马蒂亚 · 森：《伦理学与经济学》，王宇、王文玉译，商务印书馆 2000 年 5 月版，第 35 页。

关的社会问题：环境、公正、就业、福利，等等，而不是仅仅讨论以效率和公平为原则、以供给与消费为主题的狭义的经济行为。应有中国形态的福利经济学、人本主义经济学。二是政策和制度设计与实施者的正义观。把谁的利益作为制度设计的出发点甚为重要，它直接决定着社会既定资源和潜在资源的分配模式和分配结果。“以人为本”应该具体化为以哪些人的利益为本。

2. 如何让劳动回归伦理世界

我们可以就唯物史观之“物”的传统形态、近代形态和现代形态作事实逻辑上的分析和价值逻辑上的规定，但“物”并不构成终极价值，劳动才是真实的本体，只有让劳动回归伦理世界，也只有让广大的劳动者通过劳动获得财富并在劳动中得到满足，才是我们研究“物”的理论志向。

私有制与资本运行逻辑的“合谋”造成了强意义上的劳动之伦理本体地位的隐匿；公有制基础上的资本运行逻辑造成了弱意义上的劳动之伦理性与伦理基础的消解。对我们而言，如何在公有制基础上让劳动回归伦理世界，乃是理论上的困境和实践中的难题。

理论的逻辑要植根于历史的逻辑，但又不同于历史的逻辑。关于劳动之伦理本体的理论逻辑既是植根于历史的逻辑又是超越于历史的逻辑的。进言之，劳动伦理学既是实然理论又是应然理论。作为现代经济学奠基者和贡献者的大卫·李嘉图、亚当·斯密和马克思，其各自的经济理论可能各有特色，但在劳动价值论上却是一致的，那就是强调劳动在价值中的基础性和根本性作用。尤其是马克思把劳动提高到了伦理本体论的高度，正是在这一点上，无论从立意上，还是对终极价值的追寻上，马克思都远远地站在了李嘉图和斯密之上。马克思曾在《詹姆斯·穆勒〈政治经济学原理〉一书摘要》、《1844年经济学—哲学手稿》、《哥达纲领批判》、《共产党宣言》、《1857—1858年经济学手稿》、《资本论》中，分别论证了劳动与人的本质的关系、劳动与社会的关系、劳动与资本的关系、劳动与价值的关系。然而，依照我的理解，在马克思关于劳动的历史逻辑与价值逻辑之间似乎存在着一种紧张关系，这集中表现在，在提到劳动的伦理本体地位及劳动伦理价值的实现时，马克思多半用到的是假设句：“假如我们作为人来存在”①，“假如劳动不再仅仅作为谋生的手段”。而在《1857—1858年经济学手稿》和《资本论》中，这种假设句式的论证方式发生了微妙的变化，马克思试图站在历史的逻辑之上看待劳动的价值逻辑，比如在《资本论》中，与早期著作相比，马克思对劳动的分析，理性的、冷静的科学的论证多了，伦理的、道德的吁求少了。于是，人们对马克思关于劳动之伦理性与伦理基础问题的论证逻辑，似乎有了两种倾向性的结论：早期马克思伦理动机胜于科学分析；晚年马克思科学分析代替伦理情怀。我以为，马克思从未放弃过对美好理想的追求，包括让劳动回归伦理世界，但马克思也从来没有不顾历史逻辑的客观要求而把理想自动地当成现实。马克思是伦理动机与科学分析相结合的光辉典范。

问题不在于，马克思在劳动之伦理本体地位问题上的伦理动机与科学分析孰轻孰重，而在于，在劳动之伦理本体地位问题上，是否存在价值逻辑与历史逻辑的内在张力。我以为，马克思当年殚精竭虑所试图解决的伦理本体地位问题是否是一个真问题、基础性和根本性问题是问题的关键。毫无疑问，劳动之伦理本体这个真问题、基础性和根本性问题，以扩展的现代性或后续的现代性的方式向我们走来，我们必须以科学的观点、人性的立场正视它、接受它、研究它、解决它。

在理论上，我们必须考虑的问题是，马克思在《詹姆斯·穆勒〈政治经济学原理〉一书摘要》中所讲到的，“假如我们作为人来存在”才能充分实现劳动的伦理性，我们可以把“假如我们作为人来存在”看作是实现劳动伦理性的伦理基础。那么这个基础在哪里呢？如何实现它呢？我们试图站在人类社会实践的基础上回答这些理论问题。

理论上的困境实际上是实践难题的思想形态。关于劳动之伦理本体地位的历史实践难题，实际上是私有制、资本与如何显现劳动之伦理价值之间的悖论。关于公有制与私有制的严格边界，也不是亘古不变的。人们

① 《马克思恩格斯全集》第42卷，人民出版社1979年9月版，第37页。

对这种边界的认识与判断也有一个变化的过程。资本主义条件下的私有制是完全的私有制，资本的运行逻辑是建立在生产资料完全私人占有基础上的；而社会主义条件下的资本是在公有制基础上运行的。然而此种公有制已经不是纯粹的或计划经济条件下的公有制。资本本身就已经是市场化的产物，没有成熟的市场便不可能有资本的运动，市场是一个向资源私人占有者开放的社会空间。正是在市场这个特有的社会空间内，资源占有者已经被隐去了身份，直接表演的是商品与货币，而资本正是通过不断变换商品和货币而实现其自身的。于是，资本便具有了隐去劳动者和劳动性质的功能，它只把“物”的关系保留了下来，让商品与货币在市场这个大舞台上跳舞，而商品的卖者和买者充其量不过是一些伴奏者，劳动者及其劳动充其量也不过是一些背景，他们是可有可无的元素。这就是为什么在资本的运行逻辑中，劳动之伦理本体地位得以丧失的最后秘密。如何解决资本与劳动之伦理本体地位丧失之间的悖论呢？显然，仅有公有制一项是不够的，因为公有制只是从根本上解决了极端化的异化劳动问题，却不能解决劳动者在其生产过程中和劳动产品中看到自己的本质力量，得不到来自他者的认同与感恩的问题。

解决悖论的根本道路有两条：一是现实的，这是政治的方式；一是历史的，这是社会的方式。作为政治方式的现实道路，指的是要通过公共政策和制度的方式重新确立劳动价值论。什么是决定商品价格的根本要素很值得研究，如果根据技术含量和供需关系而不是根据马克思所说的一般人类劳动来决定价格，那就无法体现劳动者的劳动地位以及劳动的重要性。不能完全根据市场的力量去决定劳动者的社会地位以及劳动的重要性，国家通过政策与制度的方式给劳动者以应得，同时要完善社会保障体系。中国的农民或主动或被动地参与了改革开放事业，却较少地分享到改革开放的成果。他们能够改变的只是劳动的环境和条件，却没有改变身份，他们无法通过政治的方式进行意志表达。于是，其劳动过程与劳动成果无法通过对象化和对象性的形式得到反观、认同和确证。只有让农民从根本上摆脱农民的身份，而以劳动者的身份并有足够的政治条件进行意志表达的时候，劳动的伦理价值才能得到真正的体现和实现。

让劳动回归伦理世界，政治解决问题的道路只是结果上的，它无法强制所有享用劳动果实（财富）的人都有感恩之心，像马克思所说的那样，在你享受或使用我的产品时，我直接享受到的是：既意识到我的劳动满足了人的需要，从而物化了人的本质，又创造了与另一个人的本质的需要相符合的物品。对你来说，我是你与类之间的中介人，你自己意识到和感觉到我是你自己本质的补充，是你自己不可分割的一部分，从而我认识到我自己被你的思想和你的爱所证实。解决这个问题的根本道路不是政治的、经济的而是社会历史的方式。对此，马克思曾深刻地指出："设想有一个自由人联合体，他们用公共的生产资料进行劳动，并且自觉地把许多个人劳动力当作一个社会劳动力来使用。这个联合体的总产品是社会的产品。这些产品的一部分重新用作生产资料。这一部分依旧是社会的。而另一部分则作为生活资料由联合体成员消费。因此，这一部分要在他们之间进行分配。这种分配的方式会随着社会生产机体本身的特殊方式和随着生产者的相应的历史发展程度而改变。"[①]在自由联合体中，劳动时间将起着关键作用，即是说，劳动过程将优先于劳动结果。作为劳动过程之持续形式的劳动时间将起着决定性作用。"仅仅为了同商品生产进行对比，我们假定，每个生产者在生活资料中得到的份额是由他的劳动时间决定的。这样，劳动时间就会起双重作用。劳动时间的社会的有计划的分配，调节着各种劳动职能同各种需要的适当的比例。另一方面，劳动时间又是计量生产者个人在共同劳动中所占份额的尺度，因而也是计量生产者个人在共同产品的个人消费部分中所占份额的尺度。在那里，人们同他们的劳动和劳动产品的社会关系，无论在生产上还是在分配上，都是简单明了的。"[②]

在自由联合体中，劳动、劳动过程的伦理意义直接表现为劳动时间的人类学意义。劳动意义的回归以及剩余时间的合理使用，从根本上说来，取决于对造成劳动异化和剩余时间滥用的前提的彻底改造。在私有制和交换价值为主要形态的商品社会里，劳动首先是私人劳动，而要使他的个别的、特殊的私人劳动对他来说具有意义，成为他获得必要生活资料的基

①马克思：《资本论》第1卷，人民出版社1975年6月版，第95页。

②同上，第95—96页。

础，就必须使他的私人劳动一般化，亦即商品化和货币化；必须首先造成对自己来说是异己的“物”的依赖性，才能使自己作为劳动者和消费者而存在。这是一个矛盾：单个人的劳动就是他用来直接购买产品即购买自己特殊活动的货币；但这是一种只能用来购买这种特定产品的特殊货币。为了直接成为一般货币，单个人的劳动必须一开始就不是特殊劳动，而是一般劳动，也就是说，必须一开始就成为一般生产的环节。在这种前提下，“不是交换最先赋予劳动以一般性质，而是劳动预先具有的共同性决定着对产品的分享”。[①]马克思把两种不同前提下的交换过程作了比较：“在以单个人的独立生产为出发点的第一种情况下，——不管这些独立生产通过自己的互相联系而在事后怎样确立和发生形态变化，——媒介作用来自商品交换，交换价值，货币，它们是同一关系的表现。在第二种情况下，作为生产的基础的共同性是前提。单个人的劳动一开始就成为社会劳动。因此，不管他所创造的或协助创造的产品的特殊物质形式如何，他用自己的劳动所购买的不是一定的特殊商品，而是共同生产中的一定份额。因此，他不需要去交换特殊产品。他的产品不是交换价值。这种产品无须先变成一种特殊形式，才对个人具有一般性质。在这里，交换价值中必然产生的分工不再存在了，代之而建立起来的是某种以单个人参与共同消费为结果的劳动组织。”[②]

如果用不着以商品、货币和交换价值为媒介就可实现交换，那就得取消造成资本之基本矛盾的前提：私人劳动与社会劳动的对立以及造成这种矛盾的原因——私有制。要想使单个人的劳动同时也使他的产品直接成为货币，成为已经实现的交换价值，那就等于把它直接规定为一般劳动，这就恰好否定了使劳动必须成为货币和交换价值并依赖于私人交换的那些条件。使单个人的劳动直接成为货币的要求，只有在这种要求不再能够提出来的条件下，才能得到满足。因为以交换价值为基础的劳动的前提恰好是：不论是单个人的劳动还是他的产品，都不具有直接的一般性；他的产品只有通过物的媒介作用，通过与它不同的货币，才能获得这种形式。即

①马克思：《资本论》第1卷，人民出版社1975年6月版，第118—119页。
②《马克思恩格斯全集》第46卷（上），人民出版社1979年7月版，第119页。

是说，只有当社会统一组织、分配和使用个体的劳动，而每个人不再亲自以货币和交换价值为媒介去实现自己的目的的时候，人的全面需要和全面发展才有可能，劳动和社会时间也才会真正显现它的人学价值。“如果共同生产已成为前提，时间的规定当然仍然有重要意义。社会为生产小麦、牲畜等等所需要的时间越少，它所赢得的从事其他生产，物质的或精神的生产的时间就越多。正像单个人的情况一样，社会发展、社会享用和社会活动的全面性，都取决于时间的节省。一切节约归根到底都是时间的节约。正像单个人必须正确地分配自己的时间，才能以适当的比例获得知识或满足对他的活动所提出的各种要求，社会必须合理地分配自己的时间，才能实现符合社会全部需要的生产。因此，时间的节约，以及劳动时间在不同的生产部门之间的有计划的分配，在共同生产的基础上仍然是首要的经济规律。这甚至在更加高得多的程度上成为规律。”①

那么，具备怎样的社会历史条件才能使劳动时间具有人类学意义，从而使劳动真正回归伦理世界呢？“只有当社会生活过程即物质生产过程的形态，作为自由结合的人的产物，处于人的有意识有计划的控制之下的时候，它才会把自己的神秘的纱幕揭掉。但是，这需要有一定的社会物质基础或一系列物质生存条件，而这些条件本身又是长期的、痛苦的历史发展的自然产物。”②这将是整个人类的事情。

总之，唯物史观不是简单的教条，也不是直接的信念，而是活的理念。活的理念只有通过把握唯物史观之“物”的流动性和连续性才能体现它的生命力。关注我们之前的“物”更关注我们时代的“物”才是我们坚持和发展唯物史观的根本道路。

（原载《山东社会科学》2011年第6期）

---

①《马克思恩格斯全集》第46卷（上），人民出版社1979年7月版，第120页。

②马克思：《资本论》第1卷，人民出版社1975年6月版，第97页。

辩护与批判

——马克思人类学范式视野中的市场经济

阅读提示： 马克思是以辩护与批判的态度看待资本主义的（市场经济是资本主义的经济形态）。马克思站在整个人类价值的高度，着眼于资本主义的世俗合理性和历史合理性，基于工人阶级的价值立场，考察资本主义的价值性，这是一种人类学范式的思考方式。以此种方式看待资本主义，就具体化为：作为其前提的资本原始积累的二重性；作为其过程的劳动之异化和社会关系之物化；作为其结果的社会时间之节约和人的全面联系与发展之可能。

如同一块银币的两面，市场经济是悖论性的存在物，当人们沉浸在由市场经济带给人们的效率与富足之后，其代价也以模式代价和过程代价的形态不断呈现给人们。其实，早在市场经济产生和发展的初期，一些睿智的思想家就已经注意到了市场经济的价值二重性问题，其中马克思是最为突出的一个。

马克思的人类学范式

作为资本主义起始阶段的见证人，马克思亲身体验了资本主义给人带来的价值，也预感到了由它造成或由它引起的反价值。[①]马克思用一种超出俗人的态度即辩护与批判的态度对待资本主义的价值二重性问题，伦理动机与科学精神结合得如此完美和谐，以至于能够有效地完成价值与事实的统一、分析与规范的结合。近年来，学术界出现的马克思哲学依然在场的讨论，表明了马克思当年用以研究他生活于其中的资本主义社会的立场、方法在今天依然有它的效用。无论是回归、走进还是走近马克思，都表明了思想家的影响不是身体在场而是思想在场，不是我们适应了马克思的思维方式，而是马克思的思维方式适合于梳理由现代化运动造成的现代性所给人们带来的问题，并指明一种解决问题的路向。至少有这样两点是值得讨论的：一是，马克思曾经面对的问题，今天依然存在，甚至更加明显，如类价值的消失，劳动之人学价值的遮蔽；二是用以研究这些问题的致思范式日益显示出它的效用，这就是人类学范式。因此，在经济全球化背景下，不但马克思的问题在场，马克思的人类学范式也依然在场。

人类学与人类学范式是两个既相区别又相联系的范畴。“人类学”源于古希腊文，是一门研究人本身及其文化的横跨自然科学和社会科学的综合性学科。它要研究人的两种基本属性：自然性和社会性，以及在两种基本属性之上的生物性、社会性、文化性和精神性。研究人的生物性就要研究人体结构及其和与人相近的动物的区别。“正确理解人体的结构，和把我们的四肢和器官同别的动物同样的四肢和器官作一番比较，这就要求有解剖学和生理学的基础知识。”[②]在这些知识的指导之下，人类愈来愈清楚了人类区别其他动物而独秀于灵长类动物之上的心路历程，并能够清晰地说出人与猿在手脚、毛发、脑结构、行走、感觉、判断等诸多方面的区

①法国著名经济史学家布劳代尔在《资本主义动力》一书中也谈到了这个问题。布劳代尔认为，马克思没有使用“市场经济”而是使用了“资本主义”，这绝不是由于马克思的智慧所限而未能发现或发明“市场经济”这个概念，因为那时“市场经济”尚未成为一个普遍使用的范畴。而使用“资本主义”这个概念却有两个优势：第一，可以描述资本主义社会的经济活动及其规律；第二，可以从意识形态的高度对资本主义制度作出符合工人阶级利益的评价，这恰好实现了马克思所一直坚持的科学分析与伦理动机的统一。还有，市场经济着眼于以市场为导向而进行的资源配置方式，而资本主义则是一种复杂的社会设置，其含义与复杂性远远超出了经济的意义。

②[英]爱德华·B.泰勒：《人类学：人及其文化研究》，连树声译，广西师范大学出版社2004年5月版，第31页。

别。[①]把整个人视为一个类，他们与其他动物区别开来的东西是为人类中的各个族类所共同具有的，但就人类本身说，可能性上、事实上也确实存在着许多种族。把各个种族或民族区别开来的是它们的生活环境、生活方式、思维方式，而这一切构成了文化学和文化人类学研究的范围。

人类学范式不是人类学与范式的概念拼凑，也不是看待问题的人类学视角，而是一种致思范式和价值立场。在学术界，人类学范式尚无通用的用法，在哲学界有人类学思维范式的提法和应用。哲学作为一种理论自觉乃是一种理性活动，无论其追问世界的方式还是表达其哲学主张都必须是理性的。人类学思维范式的雏形可追溯到维科那里，至马克思则明确地建立起了人类学思维范式，明确将哲学还原为人类生活，归结为对人类生活的反思。人类学思维范式必有其内在的合理性依据，其优势在于，不再拘泥于或客观地或主观地解释世界。因为，若从客观世界出发，便无以合理地通达于自我，若从自我出发，则无以通达于客观世界。人类学思维范式对此问题的解决首先是改变了问题的提法。“人的思维是否具有客观的真理性，这并不是一个理论的问题，而是一个实践的问题。人应该在实践中证明自己思维的真理性，即自己思维的现实性和力量，亦即自己思维的此岸性。关于离开实践的思维是否具有现实性的争论，是一个纯粹经院哲学的问题。”“社会生活在本质上是实践的。凡是把理论导致神秘主义方面去的神秘东西，都能在人的实践中以及对这个实践的理解中得到合理的解决。”[②]人类学思维范式的要义在于这样几点：（1）人类生活永远是人文社会科学的原始文本，任一一种学科的终极性主旨都在于增进人类的幸福；（2）但把谁的利益、谁的幸福作为人文社会科学研究的终极目的却直接决定着此一学科的价值立场；（3）把最大多数人的利益与幸福作为经济分析之人类学范式的终极目标是我们根本的价值立场。海德格尔指出：“‘人类学’这个名称并不是指某种关于人的自然科学研究。它也不是指在基督教神学中被确定下来的关于受造的、堕落的和被拯救的人的学说。

①参见［英］爱德华·B．泰勒：《人类学：人及其文化研究》，连树声译，广西师范大学出版社2004年5月版，第31—48页。

②《马克思恩格斯选集》第1卷，人民出版社1972年5月版，第16、18页。

它标志着那种对人的哲学解释，这种解释从人出发并且以人为归趋来说明和评估存在者整体。”[①]人类学范式是由资本的世界运行逻辑所导致的人类思维方式的变迁。当代人类学所关注的是整个人类的生存境况，以及造成诸多问题的社会根由。在此种意义上，马克思哲学至少在以下两点上充分展现了人类学范式的理论魅力：它不再拘泥于哲学前提的设定，而是试图显现资本主义的原始发生；它不再停留于一般性地对资本主义的义愤之上，而是把为无产阶级服务的价值立场立于历史生成论之上。马克思对资本主义之人类学范式的考察集中表现在三个方面：作为其前提的资本原始积累的二重性；作为其过程的劳动之异化和社会关系之物化；作为其结果的社会时间之节约和人的全面联系与发展之可能。

资本原始积累：世俗合理性与历史合理性

资本是资本主义得以运行的灵魂，而关于资本的缜密分析则构成了对资本主义研究的逻辑前提：资本原始积累构成了历史前提；对资本之根本性的研究则构成了资本理论的前提。资本原始积累的历史过程对所有人来说绝不是一个积累财富的、愉快的、幸福的过程，相反，它是使大量善良的弱势者失去生产资料和生活资料从而走向苦难的历程。[②]“而对他们的这种剥夺的历史是用血和火的文字载入人类编年史的。”[③]马克思曾用了相当的笔墨描述了封建者是如何通过强制手段使大批城市里的学徒、侍从和农民离开土地而成为无产者的。[④]关于资本原始积累的人道主义立场在其他的经济学家和经济史学家那里也有较为充分的表达，他们从历史的、法律的角度再现了资本“原始积累的秘史”。马克思没有停留于对资本原始积累

①海德格尔：《世界图像的时代》，《海德格尔选集》（下），孙周兴译，上海三联书店 1996 年 9 月版，第 903 页。

②参见［英］迈克尔·佩罗曼：《资本主义的诞生——对古典政治经济学的一种诠释》，裴达鹰译，广西师范大学出版社 2001 年 9 月版，第 2—3 页。

③马克思：《资本论》第 1 卷，人民出版社 1975 年 6 月版，第 783 页。

④参见马克思：《资本论》第 1 卷，人民出版社 1975 年 6 月版，第 784—832 页。

的历史叙述上，而是从世俗合理与历史合理及其悖论的视角探讨了资本原始积累的二重性问题。

如何评价资本原始积累的价值无疑是一个极为困难的事情，原因在于历史合理性与世俗合理性的内在冲突。我们一直主张，经济行为绝非一种简单的劳作、交换、消费等事项，而是一种基于经济活动之上的政治、技术、文化和精神过程，包括习俗、禁忌、伦理、宗教、法律在内的社会文化和精神体系都逐渐地构建出来，并一经被构造出来就以其特有的方式影响着经济活动，当这些物质的、经济的、文化的力量组合在一起，构成一个庞大的“看似有理性结构”时，所有的财产、利益、产权以及建立其上的世界观、宗教观、伦理观等都包含其中。这就是世俗合理性。世俗合理性会使人们形成一种特定的体验、经验的生成方式和累积方式，对现存的事物形成一定的认同感、亲近感，它们共同决定着人们对待新事物的态度和取舍方式。

然而，人们生活于其中的这个意义世界并非总是如此，它不断地由一种状态转向另一种状态。其根由在于人类是一个不断通过其外化活动创造意义的存在物。“人类存在从本质上说，是不可避免的外在化活动。在外在化的过程中，人向实在注入了意义。每一个人类社会都是外在化了的、客观化了的意义大厦，它总是力图成为一个有意义的整体。每一个社会都在建造一个在人看来是有意义的世界，这是一项永不会完结的事业。秩序化或宇宙化，意味着把这个对人来说具有意义的世界，等同于世界本身，前者以后者为基础，并在基本结构上反映它或来源于它。”①而每每构造一个新的意义世界都会造成对已有意义结构的改造，它毁灭了、丢失了一些意义，同时也产生了新的意义。然而创造意义的过程不是无成本和代价的，它总要牺牲一部分人群或某个阶层的利益，使他们失掉意义或对现有的世界感到无意义甚至失望、绝望。而每一次有意义的社会转型都累积了新的内容，这对整个人类来说是必要的，也是必然的。这就是历史合理性。

当我们站在世俗合理性的角度评价原始积累时，它就是一个使农民失

① [美] 彼得·贝格尔：《神圣的帷幕：宗教社会学理论之要素》，高师宁译，上海人民出版社 1991 年 7 月版，第 35 页。

去生活资料的过程，一个失掉已有意义世界的过程；而从历史合理性的立场去看待原始积累时，它可能开启了人类走向现代社会的历程，但这种历程是伴随着某种暴力、某种卑鄙甚至龌龊的。“对直接生产者的剥夺，是在最声名狼藉、最肮脏、最卑鄙、最可憎的欲望的支配下，伴随着最无情的野蛮手段进行的。” 康芒斯在分析了决定资本主义产生与发展的若干要素之后，把起关键作用的因素归结为“物质的、经济的和道德的力量”。他说道：“以上所述使我们能区分前面提到的三种力量，事实上它们是不可分割的，但是在不同的问题上它们突出的程度也是不同的。第一个是物质力量，也就是暴力的力量，统治者赋予臣民的特惠权就是以此为基础并受到保护。这是封建时代所见到的主要力量。第二个是经济力量，它只在物质力量已经受‘合法程序’限制的时候，以及商业革命使财产权树立起来的时候才开始形成；而且即使在那个时候，也一直要等到现代经济情况已经出现财产力量后，经济力量才显露出来，财产力量是指仅仅抑制别人所需而并不属于他们所有的力量。第三个是道德力量，然而这种力量也可以‘不道德地’加以使用；这是一种不凭借暴力或经济力量的个人影响的力量，这种力量只有当不平等的物质和经济力量消灭以后才会出现。就是这三种具有相对重要性的力量，才能区别三大类型继续经营的机构。这些机构中包括政府——它是以害怕物质力量或暴力为基础的；工商业——它是以害怕经济力量或贫困为基础的；各种显然不同的现代文化、宗教或道德机构——它们是以害怕舆论为基础的，由于害怕暴力或贫困，这种舆论是受不到支持的。”[①]在马克思人类学范式视野中，资本原始积累以及后续的资本运行具有丰富的人类学内涵。

---

①［美］约翰·R. 康芒斯：《资本主义的法律基础》，寿勉成译，商务印书馆2003年4月版，第83—84页。

作为过程而存在的劳动分离与异化

1. 资本的运行是劳动本身与劳动结果的分离过程

具有人类学意义的劳动范畴在马克思那里占有十分重要的位置，它是揭示人之活动秘密的一把钥匙。劳动是人的一种品质，但又不仅是一种品质，它还是一种能力。借助于劳动这种品质与能力，人创造出了一个属人的世界。在人类学范式的视野内，劳动原本是人的本质力量的对象化，它造成了两种对象性关系：一是人与其产品之间的印证关系；二是人与人之间通过满足需要而建立起来的认同与证明关系。你作为人同我的产品有一种关系，你需要我的产品，因此，我的产品对你来说是作为你的愿望和你的意志的对象而存在的。但是，你的需要、你的愿望、你的意志对我的产品来说却是软弱无力的需要、愿望和意志。换句话说，你的人的本质，也就是同我的产品有必然内在联系的这种本质，并不是你支配这种产品的权力，并不是你对这种产品的所有权，因为我的产品所承认的不是人的本质的特性，也不是人的本质的权力。相反，你的需要、你的愿望、你的意志是使你依赖于我的纽带，因为它们使你依赖于我的产品。这实际上是一个悖论：每个人都是片面的，每个人都面临着依靠其自身无论如何都无法解决的矛盾：需要的多样性与生产满足这些需要的能力的有限性之间的矛盾。合作是每个人从根本上解决这一矛盾的唯一途径。合作除了能够产生合作剩余之外，还能相互提供各自需要的东西，这种东西便是产品。而一旦产品成为连接两个人的中介或纽带时，就存有产品是目的而把产品生产者视为手段的危险。这时，我们不是因为每个人都是片面者因而需要相互合作和相互支撑而发生关系，而是为了谋得你的产品而发生关系。因此，我们彼此把自己的产品看作是一个人支配另一个人而且也支配自己的权力，这就是说，我们自己的产品顽强地不服从我们自己，它似乎是我们的财产，但事实上我们是它的财产。我们自己被排斥于真正的财产之外，因为我们的财产排斥他人。在此种情况下，“我们彼此进行交谈时所用的唯一可以了解的语言，是我们的彼此发生关系的物品。我们不懂得人的语言了，而且它已经无效了；它被一方看成并理解为请求、哀诉，从而被看成屈辱，所以使用它时就带有羞耻和被唾弃的感情……我们彼此同人的本质相异化已经到了这种程度，以致这种本质的直接语言在我们看来成了对人类尊严的侮辱，相反，物的价值的异化语言倒成了完全符合于理所当然的、自信的和自我认可的人类尊严的东西”。[①]在异化的环境里，劳动作为基础或前提性的活动，丧失了它的人性的、美的、伦理的意义，它仅仅变成了人们进行谋生的手段。当人们使用或消费我的产品时，唯一能够感觉到的或记得起的是我的产品给他带来的快感、愉悦，仅此而已。我的个性留存于产品中的印记早已在交换的过程中被清除掉了。我可以自娱自乐地玩味我的产品映现给我的个性、我个性的特点，但仅仅是孤芳自赏。当我不能从我的产品的使用者或消费者那里得到肯定和赞美时，劳动及劳动产品的人性、美学、伦理意义便不能通过社会的形式得以完成，人与人之间的认同与赞美已不再可能。人与人之间原本可以指望借助于善的、五光十色的产品而完成人性的沟通、意义的交流，而今，恰恰由于产品横亘于我们之间，才使得我们相互见面却无法照面，我们都变成了符号：产品的生产者和产品的消费者，仅此而已。个性、个性的特点已被抹平，我们都变成了生产者一般和消费者一般。人们只注意那些光怪陆离、千姿百态的商品，既无心思也无能力体悟那些浸透在商品中的商品生产者的智慧和艰辛，只有当人们去领略文化遗存时才少许有这样的感觉。另一方面，由于劳动失去了原始的意义，从而也使人们置身于一个没有自由并试图逃避的“荒谬世界”。劳动产品与劳动者不再是证明、反观、印证关系，而是制约和统治关系；在此基础上，劳动过程、劳动资料、劳动者与人性之间（个人与类之间）均变成了非人的关系。马克思的这种分析与结论并非主观想象，也并非一种主观价值判断，它是通过商品生产与商品交换来实现的，是毋庸置疑的历史事实。

① 《马克思恩格斯全集》第 42 卷，人民出版社 1979 年 9 月版，第 36 页。

2. 商品生产与商品交换：社会关系的物化

资本主义生产方式占统治地位的社会的财富，表现为“庞大的商品堆积”，单个的商品表现为这种商品的元素形式。这是我们直观到的一个基本事实。正是商品这种简单而又神秘的东西隐藏着资本主义的一切秘密。初看上去，商品好像是一种很简单很平凡的东西，然而却充满着“形而上学的微妙和神学的怪诞”。商品是一个可感觉而又超感觉之物。商品的神秘性质不是来源于商品的使用价值，而是由于劳动产品采取商品形式这一点，是从这种形式本身来的。说到底，商品形式的奥秘不过在于：商品形式在人们面前把人们本身劳动的社会性质反映成劳动产品本身的物的性质，从而把生产者同总劳动的社会关系反映成存在于生产者之外的物与物之间的社会关系。商品的拜物教性质不过是借助于商品关系而发生的人与人之间颠倒关系的反映。这种反映是有着两个不可或缺的逻辑环节的。首先是产品转换成商品的过程，也即物的形式与关系转换成社会的形式与关系。其次是社会关系又转变成物的交换与物的占有的关系。作为各不相同的物品来说自然互不相同，具有不同的自然属性，要用不同的尺度来计量，是不能通约的；而作为价值，一切商品在质上等同而在量上不同，因此可以相互计量，可以按照一定的量比例相替换（相交换，可以相互兑换）。价值是商品的社会关系，是商品的经济上的质。作为价值，一种商品按一定的比例是其他一切商品的等价物。作为价值，商品是等价物。商品作为等价物，它的一切自然属性都消失了，它不再和其他商品发生任何特殊的质的关系，它既是其他一切商品的一般尺度，也是其他一切商品的一般代表，一般交换手段。作为价值，商品是货币。马克思对商品交换的机制与本质作了精辟的总结：“过程简单地说是这样：产品成为商品，也就是说，成为单纯的交换要素。商品转化为交换价值。为了使商品同作为交换价值的自身相等，商品换成一个符号，这个符号代表作为交换价值本身的商品。然后，作为这种象征化的交换价值，商品又能够按一定的比例同任何其他商品相交换。由于产品成为商品，产品成为交换价值，产品开始在头脑中取得了二重存在。这种观念上的二重化造成（并且必然造成）的结果是，商品在实际交换中二重性地出现：一方面作为自然的产品，另一方面作为交换价值。也就是说，商品的交换价值取得了一个在物质上和商品分离的存在。”[①]而产品作为交换价值的规定，必然造成这样的结果：交换价值取得一个和产品分离即脱离的存在。同商品界本身相脱离而自身作为一个商品又同商品界并存的交换价值，就是货币。

在资本主义条件下，产品的商品形式所固有的矛盾和以商品形式为基础的资本主义生产方式所固有的矛盾以货币的形式得以发展，它存在产生危机的可能性。货币没有造成这些对立和矛盾；而这些矛盾和对立的发展造成了货币似乎先验的权力；货币并不是产品的商品形式固有矛盾的原因，而是这种矛盾的直接结果，只是这种结果的集中表现而已，但货币一经被普遍化却又加深了这种矛盾。一切商品都是暂时的货币；货币是永久的商品。分工越发达，直接产品就越不再是交换手段。必须有一种一般交换手段，也就是说，必须有一种不依赖于每一个人的特殊生产的手段。在货币上，物的价值同物的实体分离了。货币本来是一切价值的代表；在实践中情况却颠倒过来，一切实在的产品和劳动竟成为货币的代表。在直接的物物交换中，不是每一种物品都能和任何一种物品相交换，一定的活动只能和一定的产品相交换。货币所以能够克服物物交换中包含的困难，只是由于它使这种困难一般化、普遍化了。在市场社会里，人对人的依赖关系变成了人对物的依赖。“活动的社会性，正如产品的社会形式以及个人对生产的参与，在这里表现为对个人是异己的东西；不是表现为个人相互间的关系，而是表现为他们从属于这样一些关系，这些关系是不以个人为转移而存在的，并且是从毫不相干的个人相互冲突中产生出来的。活动和产品的普遍交换已成为每一单个人的生存条件，这种普遍交换，他们的相互联系，表现为对他们本身来说是异己的、无关的东西，表现为一种物。在交换价值上，人的社会关系转化为物的社会关系；人的能力转化为物的能力。”[②]在这种场合下，人们信赖的是物，而不是人自身。但人们为什么信赖物呢？显然，仅仅是因为这种物是人们相互间的物化的关系。商品拜

①《马克思恩格斯全集》第46卷（上），人民出版社1979年7月版，第89页。

②同上，第103—104页。

物教直接演变成货币拜物教，因为货币是物的社会关系的符号形式。任何别的抵押品都可以直接对抵押品持有者有用，而货币只是作为“社会的抵押品”才对他有用，但货币所以是这种抵押品，只是由于它具有社会的即象征性的属性；货币所以能拥有社会的属性，只是因为各个人让他们自己的社会关系作为物同他们自己相异化；而人本身，当他把自己的产品交予商品交换与消费的社会链条时，便立刻隐遁其身，不但别人对人本身毫无兴趣，就连他自己也逐渐忘掉了自己，他只关心和记得他的产品如何被别人买走。

然而，恰是把人们的社会关系给以物化的市场社会（资本主义）在给人们造成异化的同时，又蕴含着突破其自身而向更高阶段迈进的条件。“在世界市场上，单个人与一切人发生联系，但这种联系又不以单个人为转移，这种情况甚至发展到这样的高度，以至这种联系的形成已经同时包含着突破它自身的条件。”①

市场经济的人类学后果

马克思在《资本论》第二版跋中公然申明自己对待资本主义的思维方式：应该历史地辩证地看待商品生产与交换的普遍化的二重价值，这就是建立在世俗合理性与历史合理性分析之上的、关于市场经济之人类学后果的考察。

1．自由个性的迁移

由以物的依赖性为基础的人的独立性向建立在个人全面发展和他们共同的社会生产能力成为他们的社会财富这一基础上的自由个性的迁移如何可能？

---

①《马克思恩格斯全集》第46卷（上），人民出版社1979年7月版，第108页。

市场经济为实现自由、平等、所有权和个人利益提供着更多的基础和环境。人类无论以何种方式组成社会，也无论采取何种样式的技术手段和经济组织方式，有一点是共同的，那就是，每个人总以一定的方式占有社会权力，也即占有社会提供给人们的可配置性资源。在市场经济条件下，“每个个人以物的形式占有社会权力。如果你从物那里夺去社会权力，那你就必须赋予人以支配人的这种权力”。黑格尔以市民社会的概念描述了市场经济状态下的个人与社会的关系。“具体的人作为特殊的人本身就是目的；作为各种需要的总体以及自然必然性与人性的混合体来说，他是市民社会的一个原则。但是特殊的人在本质上是同另一些这种特殊相关的，所以每一个特殊的人都是通过他人的中介，同时也无条件地通过普遍性的形式的中介，而肯定自己并得到满足。这一普遍的形式是市民社会的另一个原则……在市民社会里，每个人都以自身为目的，其他一切在他看来都是虚无。但是，如果他不同别人发生关系，他就不能达到他的全部目的，因此，其他人便成为特殊的人达到目的的手段。但是特殊目的通过同他人的关系就取得了普遍性的形式，并且在满足他人福利的同时满足自己。由于特殊性必然以普遍性为其条件，所以整个市民社会是中介的基地；在这一基地上，一切癖性、一切秉性、一切有关出生和幸运的偶然性都自由地活跃着；又在这一基地上一切激情的巨浪，汹涌澎湃，它们仅仅受到向它们放射光芒的理性的节制。受到普遍性限制的特殊性是衡量一切特殊性是否促进它的福利的唯一尺度。”①马克思把“以物的依赖性为基础的人的独立性”即产品采取交换价值的形式与先前的社会形态以及未来的社会形态关联起来考察“交换价值”的合理性。“人的依赖关系（起初完全是自然发生的），是最初的社会形态，在这种社会形态下，人的生产能力只是在狭窄的范围内和孤立的地点上发展着。以物的依赖性为基础的人的独立性，是第二大形态。在这种形态下，才形成普遍的社会物质交换，全面的关系，多方面的需求以及全面的能力的体系。建立在个人全面发展和他们共同的社会生产能力成为他们的社会财富这一基础上的自由个性，是

①黑格尔：《法哲学原理》，范扬、张企泰译，商务印书馆 1979 年 2 月版，第 197—198 页。

第三个阶段。第二个阶段为第三个阶段创造条件。因此，家长制的，古代的（以及封建的）状态随着商业、奢侈、货币、交换价值的发展而没落下去，现代社会则随着这些东西一道发展起来。”[①]以交换价值为主要形态的市场经济历史合理性就在于，它打破了人们原有的狭小的生产、交往和生活的界限，而使人们走进一个全面交往和联系的社会状态，为个人的自由而全面发展创造了条件。其根本原因在于，这种经济组织方式为人们提供了一个极为广泛的分工与协作的空间。交换与分工互为条件。因为每个人为自己劳动，而他的产品并不为他自己使用，所以他自然要进行交换，这不仅是为了参加总的生产能力，而且是为了把自己的产品变成自己的生活资料。以交换价值和货币为媒介的交换，诚然以生产者相互间的全面依赖为前提，但同时又以生产者的私人利益完全隔离和社会分工为前提，而这种社会分工的统一和相互补充，仿佛是一种自然关系，存在于个人之外并且不以个人为转移。普遍的需求和供给相互产生的压力，促使毫不相干的人发生联系。对此，马克思不无肯定地说，“平衡代替了实际的共同性和普遍性。”人们说过并且还会说，美好和伟大之处，正是建立在这种自发的、不以个人的知识和意志为转移的、恰恰以个人相互独立和毫不相干为前提的联系即物质和精神的新陈代谢上。“毫无疑问，这种物的关系比单个人之间没有联系要好，或者比只以自然血缘关系和统治服从关系为基础的地方性联系要好。同样毫无疑问，在个人创造出他们自己的社会联系之前，他们不可能把这种联系置于自己支配之下……这种联系是各个人的产物。它是历史的产物。它属于个人发展的一定阶段。这种联系借以同个人相对立而存在的异己性和独立性只是证明，人们还处于创造自己社会生活条件的过程中，而不是从这种条件出发去开始他们的社会生活。这是各个人在一定的狭隘的生产关系内的自发的联系。”[②]交换价值蕴含着向高级社会阶段跃迁的条件与基础，这就是劳动之美学意义和伦理意义的回归，以及由剩余劳动造成的剩余时间的产生，时间具有了人类学意义。

①《马克思恩格斯全集》第46卷（上），人民出版社1979年7月版，第104页。
②同上，第108页。

2. 社会时间的人类学意义

没有一个人不生存在时间里。时间是生命的延续形式，拥有了足够的时间就可以延长生命，并使生命更加亮丽，因为时间为使人的生活成为美好的生活提供了条件与机会。时间赋予每个人以同样的意义，时间面前人人平等。每个人可能由于其各自的背景存有差异，使用社会时间的途径与方式不同，但就整个人类说，日益发展的社会分工和科学技术为提高劳动效率创造了条件，因而也才有了必要劳动时间和剩余劳动时间之分别。人无法改变自然——物理时间，使其多一分钟或少一分钟。但在自然时间里，除去用于恢复体力保持生命所需要的必要的自然时间（如睡眠、饮食）之外，还有人们可根据需要所支配的时间，这就是社会时间。社会时间是在保证人的健康基础上用于生产、交往和生活的时间。以交换价值为核心的商品社会里，资本的构成以及资本的运行使社会时间分成了必要劳动时间和剩余劳动时间。劳动时间始终是商品与货币的基础，无论商品和货币怎样彰显其拜物教式的魔力从而遮蔽劳动的基础作用和人学意义，都无法取消劳动的基础性和原初性。马克思详尽地论述了劳动时间、商品与货币三者之间的内在关联。

首先，劳动时间是商品与货币的基础。“特殊商品同货币相交换的比例，即一定的商品量可以转化的货币量，决定于物化在商品中的劳动时间。作为一定的劳动时间的体现，商品是交换价值；在货币上，商品所代表的劳动时间份额，不仅被计量，而且包含在它的一般的、符合概念的、可以转换的形式中。”[①]亚当·斯密说，劳动时间是用来购买商品的最初的货币。在非交换的场合下，凝聚在产品中的劳动是被感受的、体验的，而不是计量的，劳动及其产品都以独一无二的形式存在着，作为劳动之结果的产品似乎不是产品，而类似于工艺品，因为它是独一无二，不可重复的，劳动者生产其产品时的心智特征似乎从其产品中依稀可见，产品的使用者在享用时总是赞叹生产者的高超技艺和劳动艰辛。因此，工艺品是创

① 《马克思恩格斯全集》第46卷（上），人民出版社1979年7月版，第114页。

造出来的，而不单纯是生产的过程。即便普遍交换的背景下，劳动，按其本质说是不能通约的，劳动只能相似而不能相同。不同类型、不同质的劳动是无法进行比较的，如果非要进行比较的话，唯一的途径也只能在于用劳动的自然形式即过程的流动即时间作为标尺，用劳动时间比较劳动乃是比较劳动的一种强制形式，而只有人们非得进行交换时，劳动的比较才成为必然和必需。“劳动时间本身只是作为主体存在着，只是以活劳动的形式存在着。从劳动时间本身可以交换（本身是商品）来说，它不仅在量上被规定了，而且在质上也被规定了，并且，不仅在量上不相同，而且在质上也不相同；它绝不是一般的、自我等同的劳动时间；作为主体的劳动时间同决定交换价值的一般劳动时间不相符合，正像特殊的商品和产品同作为客体的劳动时间不相符合一样。”[①]当同类物品被批量制造出来，其间几无差别时，工艺的性质就消失了，产品的个性被磨平，留存下来的只是一个消费品而已。这就是交换价值成为主流形态的商品社会的本真状态。它虽然抹去了凝结在产品中的劳动者的个性、思维和艰辛，但它却把劳动时间置于前所未有的核心的位置。“与劳动时间不同的货币的必然性，正是由于下述原因产生的：一定量的劳动时间不应当表现在自己直接的和特殊的产品上，而应当表现在某种间接的和一般的产品上，即表现在与含有同一劳动时间的其他一切产品相等和可以兑换的那种特殊商品上；——这种劳动时间不是包含在一种商品中，而是同时包含在一切商品中，因而包含在代表其他一切商品的一种特殊商品中。”[②]这种特殊商品就是货币。但劳动时间本身不能直接成为货币，换句话说，这等于要求每个商品应当成为它自己的货币。正因为劳动时间实际上始终只是存在于特殊产品中：作为一般对象，劳动时间只能象征性地存在，它恰好又存在于成为货币的那种特殊商品中。劳动时间并不是以一般的、与商品的自然特性相脱离和相分离的交换对象而存在。然而，要直接实现货币的条件，劳动时间又必须作为这样的交换对象而存在。正是劳动——交换价值中所包含的劳动时间——的一般性即社会性的物化，使劳动的产品成为交换价值，使商品具

①《马克思恩格斯全集》第46卷（上），人民出版社1979年7月版，第118页。

②同上，第115页。

有货币的属性，而这种属性又意味着有一个独立存在于商品之外的货币主体。劳动时间、商品、货币是不同类型的存在，其间包含着矛盾，而这种矛盾恰是通过劳动时间被物化为商品和货币来解决的。一定的劳动时间物化在具有特殊属性并与需求发生特殊关系的一定的特殊商品中；而作为交换价值，劳动时间必须物化在这样一种商品中，这种商品只表现劳动时间的份额或数量而同劳动的自然属性无关，因而可以变形为——即交换成——体现着同一劳动时间的其他任何商品。这是一个悖论：劳动时间要实现其自身必须通过商品和货币，而一旦采取后两种形式，劳动时间的意义就被遮蔽了，它只有通过遮蔽的形式才能显现其自身。但劳动时间的核心地位并未取消。

其次，资本具有双重功能：扩大所使用的活劳动和缩小必要劳动。劳动时间、商品、货币之间的矛盾本身包含着解决其自身的契机，这就是劳动在资本的运行下被分割成必要劳动和剩余劳动，劳动时间被划分为必要时间和剩余时间。也正是在这个意义上，商品的普遍化亦即交换价值的确立又为使劳动还原其原初意义创造了条件。

“因为剩余劳动或剩余时间是资本的前提，所以资本是建立在下面这样的基本前提上的：在维持个人和繁殖后代所必需的劳动时间以外还有一个余额……随着生产力的发展，必要劳动时间在减少，因而剩余时间在增加。”[①]“财富就是可以自由支配的时间，如此而已”。剩余时间有两种涵义：一是作为工作日中我们称为必要劳动时间的那部分以外的余额而存在的；二是作为同时并存的工作日的增加而存在的，这是由于劳动力的数量的增加而带来的工作日数量的增加。而资本本身就蕴藏着增加剩余劳动的趋势。“我们已经看到，资本的规律是创造剩余劳动，即可以自由支配的时间；资本只有推动必要劳动同工人进行交换，才能做到这一点。由此产生了资本要尽量多地创造劳动的趋势；同样也产生了资本要把必要劳动减少到最低限度的趋势。”[②]由于剩余价值主要来源于购买劳动力即可变资本那部分，因此，在不变资本已经给定的情况下，减少必要劳动、缩短必

①《马克思恩格斯全集》第46卷（上），人民出版社1979年7月版，第376页。
②同上，第378页。

要劳动时间就成了增加剩余价值的关键。资本的趋势是既要使人的劳动过剩，又要使人的劳动无限增加。价值只是物化劳动，而剩余价值只是超过再生产劳动能力所必需的那部分物化劳动而形成的余额。这就是“以物的依赖性为基础的人的独立性”阶段的社会劳动与剩余时间的性质与状况。要使人的劳动的原初意义回归人的生活世界并使剩余劳动时间真正具有人类学意义，只有彻底消灭私有制从而使个人的全面发展和他们共同的社会生产能力成为他们的社会财富才有可能。

再次，共同劳动与人类学意义的社会时间。劳动意义的回归以及剩余时间的合理使用，从根本上来说，取决于造成劳动异化和剩余时间滥用的前提的彻底改造。在私有制和交换价值为主要形态的商品社会里，劳动首先是私人劳动，而要使他的个别的、特殊的私人劳动对他来说具有意义，成为他获得必要的生活资料的基础，就必须使他的私人劳动一般化，亦即商品化和货币化；必须首先造成对自己来说是异己的物的依赖性，才能使自己作为劳动者和消费者而存在。这是一个矛盾：如果用不着以商品、货币和交换价值为媒介就可实现交换，那就得取消造成资本之基本矛盾的前提：私人劳动与社会劳动的对立以及造成这种矛盾的原因——私有制。要想使单个人的劳动同时也使他的产品直接成为货币，成为已经实现的交换价值，那就等于把它直接规定为一般劳动，这就恰好否定了使劳动必须成为货币和交换价值并依赖于私人交换的那些条件。使单个人的劳动直接成为货币的要求，只有在这种要求不再能够提出来的条件下，才能得到满足。即是说，只有当社会统一组织、分配和使用个体的劳动，而每个人不再亲自以货币和交换价值为媒介去实现自己的目的的时候，人的全面需要和全面发展才有可能，劳动和社会时间也才会真正显现它的人学价值。“如果共同生产已成为前提，时间的规定当然仍然有重要意义。社会为生产小麦、牲畜等等所需要的时间越少，它所赢得的从事其他生产，物质的或精神的生产的时间就越多。正像单个人的情况一样，社会发展、社会享用和社会活动的全面性，都取决于时间的节省。一切节约归根到底都是时间的节约。正像单个人必须正确地分配自己的时间，才能以适当的比例获得知识或满足对他的活动所提出的各种要求，社会必须合理地分配自己的时间，才能实现符合社会全部需要的生产。因此，时间的节约，以及劳动时间在不同的生产部门之间的有计划的分配，在共同生产的基础上仍然是首要的经济规律。这甚至在更加高得多的程度上成为规律。”[①]说到底，要使劳动回归美学的和伦理学的意义，并使社会时间具有人类价值，就必须重构一种使其可能的社会设置，一种制度安排和资源分配方式，社会主义市场经济也许就是这样一种社会设置。

可以说，马克思能够在一百多年前非常敏锐地体察到资本主义（市场经济是它的经济组织形式）包含的内在矛盾，且非常深刻地揭示出资本主义内在地蕴藏着的解决自身矛盾的条件与可能，关于社会时间的人类学审视更具有前瞻性。资本主义就如同一块银币的两面，当它用血与火的文字书写它的带有几分残暴、掠夺、剥削的历史的同时，也把整个人类推进到了建立全面联系从而蕴含着人的全面需要和全面发展的可能性空间。

（原载《天津社会科学》2006年第1期）

①《马克思恩格斯全集》第46卷（上），人民出版社1979年7月版，第120页。

第二编
价值哲学与现代价值问题

生活世界：实践、意义促创与生命体验

阅读提示：生活世界首先表现为一种实存，人无论以怎样的方式去想象，也无论想象到何种程度，他都不能超越人之生存所需条件设置给他的物理界限，在此意义上，生活世界便是人的生命存在及其活动的物理空间或边界。生活世界的意涵绝不仅限于实存，更指一种意义的世界。意义世界是一切生命形式所需要的，但人之外的生命形式却在既定的物理空间内去“体会”极为有限的意义，即便体会到意义也“说”不出意义的妙处。本质上，人的意义世界是人自己创造出来的，人通过自己诸多样式的对象化活动促创出了一个对象性的、属人的、意义的世界。实践是人的生活世界何以可能的活动基础。人创造意义世界的过程就是人的生命的展开形式，人的生命的量和质突出地表现为这种生命的显现方式和显现业绩，这也是为何把实践视为人之根本的存在方式的缘由。但这绝不意味着作为对象化活动之过程与结果的意义世界就是人的生命的丰富性本身，由意义世界向人的生命的丰富性的回归尚有诸多环节，其中有两点是至关重要的：认同—反观—确认；对意义的感悟需求与感悟能力。人不但倾其全力促创意义、实现（体验）意义，还要追问、反问意义是什么；人不止是存在者，更是追问存在的存在者，追问存在就是追问意义世界。实践—意义促创—生命体验乃是人的生命形式—生活世界的演进逻辑。当各逻辑环节出现问题，不能提升与还原，当它们不再是生命本真的流动形式，或被阻隔或被中断，而变成了一系列问题从而成为一个课题时，生活世界就成了哲学问题，演变为哲学的对象。哲学揭示生活世界真谛总是悲情的，它以揭示当下生活世界之无意义的方式而指向一个更有意义的可能的生活世界。

意向意识与实践活动——生活世界之成为可能的现实基础

“世”作为单体字指的是一个空间，在这个空间里，不同的人自我照面并相互映现，当一个人出现在“世”里我们就说他“出世”（“入世”）、“在世”。一个“出世”或“在世”的人无论以何种方式显现“在世”的形态，他一定以可以度量的重量和体积呈现给自己更呈现给他人，让别人感觉到他在那里。我也以同样的方式感觉到与我类似的他在那里，我想象着那些与我相似的他与我有同样的“内视域”和“外视域”，他们与我有相似的感知系统、记忆、回忆、联想、想象、知觉、构造等，在日常的生活中，我还时时感觉到，我与那些与我类似的他们相遇、遭遇。不断重复进行的相遇和遭遇证明，我无法离开那些不同于我的物和他者。有时我们表达着相似甚至相同的判断，在情感上取得共鸣，达到视界融合。“我们中的每一个人都有自己的经验表象，但在通常的确定性中，每个在场者（Anwesende）都能经验到同一个事物，并且都能在他所经验到的东西的可能进程中去认识具有类似性质的同一个事物。因此，这就涉及到了我们正常的实践的生活整个地得以进行的那个日常的共同世界。所有那些被我们在此当作现实存在着的东西，恰好由于共同的经验，总是被理解为了对所有的人存在着的东西。”①当然，在场者之间有时又是极为不同甚至完全矛盾的。就是这样，在“世”上有诸多相似但却不同的“在世者”或冲突或和谐地交织在一起，构成一个有相对边界的领域，这就是世界。“在世的边界”这一提法虽不能准确指称世界的本质，但它却把捉到

①胡塞尔：《生活世界现象学》，倪梁康、张廷国译，上海译文出版社2002年6月版，第251—252页。

了世界之“在世”的意涵。当我们追问谁的世界的时候，立刻就出现了我的世界和我们的世界两种提法，在实体的意义上，二者是有区别的。我的世界仅限于指称由我的“内视域”和“外视域”合于一起构成的物理空间和意义空间。我们的世界从外延上指的是我们的生存、生命和生活立于其上的介于蓝天与大地之间的空间，地球是迄今为止我们能够生存其中的唯一家园；从内涵说，我们的世界便是由我们构造的并生存于其中的社会，在社会里有政治、经济、文化、制度、风俗、信仰，有山川、楼宇、乡村、城市等诸多事项，它们超出了我的能力所及的界限，是我们共同构造的。在此意义上，我的世界和我们的世界就演变成了“个人”与“社会”的关系。也由于此，在人与社会何以可能的解释上便有了原子主义和整体主义两种范式。实际上，我的生活世界与我们的生活世界的关系决非像人们已经指明的那样简单，仅就我和我的生活世界而言，就不仅仅是一个伦理学（整体主义）、经济学（原子主义）、心理学（先验主体的现象学方法）的问题，而毋宁说它是一个综合性的问题。我们以为，从终极性或价值性角度说，我的生活世界具有先在性，由我们的生活世界构成的社会乃是使每个人的生活变得更好的条件和环境；从现实性视角看，社会的经济、政治、制度具有逻辑上的先在性，尽管它们是人的对象化活动过程及其结果，但它们一经形成便成了人们以何种方式进行生产、交往和生活的前提，于是，人的生活世界何以可能的问题总是先于生活世界是什么以及什么样的生活才是好生活的追问。

“在世”一定与“生活”相关，尽管世界首先表现为实存，但却不是一般的实存，因为人以外的他物（包括动物）也是实存，都以特定的方式存在着，在这里、在那里，总之以一定的体积和样子存在着。无生命存在者自在地在那里，而有生命存在者则需要他物，因它不是自足的，必须从身外获取它所需要的绝大部分资料，通过物质、能量与信息的交换使我获得存在下去的“质料”。有生命存在者自在地是对象性的存在物，不仅以他物为对象而且以自身为对象，失去任何一种对象都将不再是其自身而变成他物。但人作为对象性存在物却与人以外的其他动植物不同，尽管人与他种动植物一样首先得生存即存在着，进而表现为相对独立的生命形式，生存与生命是人与他种动物相同的，把人的对象性与他种动物的对象性从根本上区别开来的在于人的意向意识和对象化活动，前者是认识论根据，后者是实践论基础。

意向意识使人具有了“思”的特质：人不但思着思的对象（“内视域”和“外视域”），而且思着思本身。思之对象与思本身交织在一起，构成不断被“充盈”又不断被“清空”的流动，这是一个接受知识又不断形成知识的过程。[①]思的特质使人超越了人的身体与生命的界限，人把类似于动物的受动性变成了能动性、积极性和创造性，人在理智上复现自己的功能使人对身外的对象和身体具有了足够顺应性和引导性。向后思索（反思）方法的确立以及前摄意向[②]的形成，使人能够借助于回忆、感知和想象机制把过去与未来变成当下显现，它使人的一个极为重要的机能——构造得以产生。构造机能使人成为主体，主体地位的确立，使人依照内视域的特定结构（意向）去选取符合其需要的材料，并将这些材料统摄到属于其自身的模式中，构造出类似于韦伯的“理想类型”的“虚拟世界”、“想象世界”，然后再去找寻实现这种“想象世界”的条件和环境。活动目的的逻辑先在性显示了活动的选择性和超越性。“劳动过程结束时得到的结果，在这个过程开始时就已经在劳动者的表象中存在着，即已经观念地存在着。它不仅使自然物发生形式变化，同时他还在自然物中实现自己的目的，这个目的是他所知道的，是作为规律决定着他的活动的方式和方法的，他必须使他的意志服从这个目的。”[③]

---

①对此胡塞尔描述道：“外感知是一条时间性的体验流，在这条体验流中，现象和谐一致地相互过渡，成为一个相合的统一，一个与意义系统相符合的统一。我们学会了将这条河流理解为一种不断进行着的意向充实活动的系统构成，当然另一方面，已经充实的意向在此同时又一个一个地被清空(Entleerung)。感知本身的每一个瞬间都是由一部分充实、一部分空乏的意向所构成。因为，在每一个感知阶段中，我们都具有真实的现象，这就是已充实的意向，但它们只是在某种程度上得到充实的意向，因为这里还有一个未被充实的并且可确定而又不确定的内视域。除此之外，在每一个感知阶段中都包含着一个完全空乏的外视域，它趋向于得到充实，并且在向某个进展方向的过渡中以空乏前期望的方式去达到充实。”（胡塞尔：《生活世界现象学》，倪梁康、张廷国译，上海译文出版社 2002 年 6 月版，第 52—53 页）

②“在已看到的东西中就已包含着向前摄取（Vorgreifen）的意向。”（胡塞尔：《生活世界现象学》，倪梁康、张廷国译，上海译文出版社 2002 年 6 月版，第 50 页）

③马克思：《资本论》第 1 卷，人民出版社 1975 年 6 月版，第 202 页。

意向意识、反思、前摄意向、选择、超越等诸种特质使人这个原本一般性的存在者超越了实存、生命的物理限制，而把实存和生命提升为生活。“生活”不是“生命活动”的缩略语，也不仅仅是生命在时间里的绵延和在空间里的拓展，而是使生命变得光彩夺目，对自身满足、满意的过程，觉得“在世”是一件幸事，而不是不幸，尽管绝大多数人很少对原本已经满足的生命活动感到满足，但他总是朝着这个方向努力，并能够感觉得到幸福的缺失与来临。即便与动物相似的看似本能式的需要，人也总是把它们变成社会的文化的存在，或以社会的或文化的方式把它们变成真正人的需要，把它们变成生活，使之成为追求意义并成为有意义的存在。性的需要是人的最为原始的需要，但在基督教那里，性却以婚姻的形式成为一种“圣事”。[①]在一些理想主义的婚姻论者看来，“性生活尤其是婚姻的起源不在于生物体主要追求保持自身在种中的存在，而在于有机体世界的另一个更加高尚的追求——追求发展，追求完善，追求生活的完美”。[②]除了那些饮食生活之外，还有政治的、经济的、文化的、精神的生活。然而诸多样式的生活不是自在的，它们奠基于人的更为根本的活动之上：生产实践与交往实践。

决定人之生命活动与动物之生命活动之区别的除了人的意向意识之外，更在于人的存在方式。尽管人与其他动植物一样都依赖于身外的他物，但人却是依靠自身的，人是依赖对象而依赖自身的存在物。外界只提供了人生产用于满足自身各种需要所需的质料，将这些质料变成人所需要的价值物的过程便是生产。生产本质上是一种创制过程，通过改变物质的结构（或分解或组合）形成新的结构形式，继而具有新的功能。功能是一种潜质、一种属性，它对需要它的生命物质具有某种效用，这种效用是价值得以产生、得以实现的最为根本的要素，价值又是意义的基础，而价值

①据基督教教义，圣事是为了让上帝与人得以建立永远借着基督的身体（教会）保持一体而建立的制度。天主教和正教承认七件圣事：洗礼、坚振、领圣体、告解、婚配、终傅、神品。天主教会以婚配为圣事，因为它是由上帝所创立，象征基督与教会的结合，是蒙上帝的恩惠结合的永不破裂的关系。

②［俄］特洛依茨基：《基督教的婚姻哲学》，吴安迪译，河北教育出版社 2002 年 7 月版，第 2 页。

和意义则是人的生活世界的核心。[①]

生产实践作为人的基础性活动，起自人的非完满性、非自足性，人只有不断地进行生产才能保证自己的存续，以至于劳动成了人不可逃避的事情。通过生产整个世界人才创造了自己的全部生活，通过创造对象而生产自身。而生产劳动在通常情况下都不是单个个体独自进行的，尤其是在社会分工高度发展的今天，合作与协作已经成了生产劳动得以进行的根本出路。每一个体因其需要的多样性与其生产满足其需要之生活资料的能力的有限性的矛盾，使得每一个体必须以类的形式存在，[②]只有借助合作与互助，生活资料的总供给量才能最大化，人的生活世界的丰富性才有可能。通过合作，个体延长了自己的身体和工具系统，扩大了自己的活动空间。在重复进行的博弈中游戏规则（风俗、惯例，道德、法律）得以达成，不同形态、不同层次的规则体系既承载了不同的价值又保证了价值的存在和实现，进而使生活世界成为可能。另一方面，在重复进行的主体间的交往中，主体间性的逐步确立，使得共同感得以生成，共同感在主体间的认同、确认、过渡中起着至关重要的作用，它使幸福的分享和痛苦的分担成为可能。主客体间与主体间的混合形态，使生产与交往交织在一起，同时也使人们之间的和谐与冲突成为必然。

宽泛地说，生产与交往都是人的生命活动的显现方式和展开形式，因而都是人的生活本身，因为它们本身具有意义而且造成不同于劳动本身的另一意义系列：劳动产品。劳动产品是我的本质力量的对象化，是我的个性与能力的确认，特别是我的产品被别人消费从而对别人产生作用、具有价值时，我的感觉就更是如此。[③]

---

①有人把价值等同于效用、属性，有人则把价值视为纯粹的主观体验，这种或客观主义或主观主义的思考路向值得进一步讨论，只有引入意义概念才能准确地说明价值范畴，具体分析将在本文第二部分进行。

② 20 世纪 60 年代中期西方生物学界发生了一场革命，以乔治·威廉姆斯和威廉·汉密尔顿为领军人物，试图为人的自私提供生物学辩护。我以为，人的自私性不是一个有无问题，而是一个程度问题。人的自私性的程度取决于特定语境及其游戏规则的承受程度或宽容程度。有关人的自私与互助关系的精彩论述参见美国学者麦特·里德雷的《美德的起源——人类本能与协作的进化》第一、二章，中央编译出版社 2004 年 1 月版，第 1—48 页。

③关于劳动者、劳动产品与消费者之间的确证关系，参见《马克思恩格斯全集》第 42 卷，第 37 页。

意向、实践、交往都是人的构造物，成为生活世界的重要内容，“它们在本质上都涉及人类的现实性和潜能性，因此都还属于这个生活世界的具体的统一体。由此可见，生活世界的具体性要比‘事物’的具体性达到得更远”。[①]但从终极性和价值性角度观之，生产实践与交往实践只是价值与意义的创设过程，实现价值、体悟意义才是生活的真义。当然，实现价值与体悟意义的过程并非就是简单的消费行为。

意义促创与生命体验——生活世界的真义

首先需要确定的是，这里的生活是个体的人的生活，各种类型的共同体——家庭、学校、工会、社团、政府、政党、社会都是作为个体的人的生活的寓所，构成他的生活的条件与环境，但却不是生活本身。当人们理智地考问什么是生活时，述说生活是什么的人总是在诉说他自己的感受，或快乐、幸福或沮丧、痛苦的感受，它不会超出述说者的“内视域”，不会超出他的精神世界规定给他的边界。我们可以给他的身体活动之方式与范围以明确的计量，但却不能量化他的内心的精神世界，每个人都有属于他自己的生活视界，这也印证了，为什么相同的价值物在不同的人那里却具有不同甚至相反的意义。

理解生活世界的真义不是一件简单的事。我们的分析从几个概念的辨析开始。效用、价值、意义在概念的层次上是属于同一系列的，在活动的系列中则属于不同的环节，具有演进、递进关系。在近年来的价值哲学研究中，有学者把价值等同于效用，把价值定义为特定的事物对价值主体的效用、作用；有学者认为价值是价值客体与价值主体之间的满足与被满足的关系。我以为价值是间性概念，它描述的是效用与需要之间的特定关联，它以特定之物的功能、效用、功用以及特定生命形式的需要为其两极，因主体需要的存在才映现出某物具有某种功能与效用，物所显现以及显现方式都带

①胡塞尔：《生活世界现象学》，上海译文出版社 2002 年 6 月版，第 268 页。

有被给予的性质，物所展示的“去—存在”（Zu—sein）与一种在原本中“被意识到的—去—存在”（Bewusst—zu—sein）[①]是同时发生的，它们是“一物两体”的关系，价值的原始发生尽管起自物与需要的存在，但价值绝不是它们各自的存在本身，它们的构合，表现为物之功用向需要主体的过渡与渗透，需要主体之意向朝向物之功用的覆盖，价值意义的瞬间生成与流动，在这种流动中，一种或多种内容便得以生成，这些内容超越了物与需要各自的片面性，成为一种“合作剩余”，这些内容不是别的，正是意义。

意义作为学术范畴，有两种用法。认识论、心理学以及语言学的，意指一个物象、动作、符号所意涵的内容，作为含义、内涵，意义就是意味着，主要是用来揭示物或符号之本真的意思。解释学中的客观主义的主张也主要是解决文本的本真意涵问题，通过穷尽意涵揭示文本之全貌。面对同一文本不同解释者之所以作出不同甚至完全相反的结论，主要在于解释者知识背景和认知结构的差异，所以解释学中的心理主义主张，解释者在经验结构、知识背景、偏好类型上的差异，使求得一致性的解释极为困难。

意义的另一种用法是价值论的，它描述的是，当特定价值物通过满足特定主体的需要而造成的双重效应：一是特定主体之不足、匮乏、过量之状态的解除；二是价值物之功效的消费，通过解除与消费特定主体所得到的快乐与幸福的体验。意义是瞬间生成的，它是主客体间或主体间在特定语境下完成的一个事项，通过构合它们都实现了自身：物之功能与效用成了这种意义的条件性，它具有逻辑上在先的性质，没有日益丰富的价值世界便没有现实的更加丰富的意义生成过程以及意义世界；然而物之功效向需要主体的渗透与覆盖不是纯自然的朴素的过程，它包含着需要主体对功效的选择、构造和激发，因而当我们说某物具有价值时，一方面是说该物之功效以特定的方式显现着，另一方面，这种显现所具有的内容以我的感知和统摄性的“内视域”为限，这是一种需要主体的构造过程，[②]应该

①胡塞尔：《生活世界现象学》，上海译文出版社 2002 年 6 月版，第 61 页。

②关于意义的生成问题，胡塞尔不无深刻地指出：“在任何一个瞬间中，外在对象都不会在它的原本自身中被朴素地拥有。原则上它只是通过统摄性的展示并且在不断更新的展示中才显现出来……我们无法想象，一个像空间对象那样仅仅通过作为映射性感知的外感知而获得其原初意义的东西，能够通过内感知而被给予，无论是对人类的智慧还是对超越人类的智慧而言被给予。”被给予性综合了主体感知系统和需要系统。

说，价值始终与主体相关而不仅仅与主观相关，强调意义的构造性和主体性并不必然地得出价值与意义是纯主观的结论。于是，意义的促创过程就在两个环节或两个层面上展开。其一是意义的创造过程，这就是，人类个体或组织依照自己的需要结构在意义生成之前创造价值的过程，其实质是借助或改变原有事物的结构或构造新的事物的形式创设诸多功能、属性、效用，这些效用可能会给需要它的人带来愉悦之感，没有这种创设过程便没有意义得以生成的前提，因此劳动在人类的生活世界中乃是基础性或前提性的工作；其二是意义的生成和体验过程，它把潜在的价值变成了意义的生成过程，通过整合生成了既不属于效用与需要又与它们不可分离的内容，这是一个集主体与客体、主体性与客体性于一身的过程，它构成了人的生活世界的主体形态。

于是，从空间维度看，人的生活世界便有了物理空间与意义空间两种形态。物理空间形态的生活世界表现为生活主体的活动范围与他所拥有的理论上能够带来快乐与幸福的财富，它们构成意义生成的可能性的条件。人类在解决生活资料的过程中也不断地在借助科学技术的形式（交通工具、网络通信等）扩大生活主体的活动空间。活动空间的拓展，使生活世界的物理边界不断被打破，这使生活世界变得日益丰富成为可能。但物理空间的宽狭并不必然地与生活世界的丰富性相联，意义空间的奠基才是根本的。

意义空间是指人的基于需要结构之上的由经验、体验和想象构成的“内视域”系统。与生活世界的物理空间相比，生活世界的意义空间具有明显的特点。其一，超时空性。人无法在生活世界的物理空间结构里超越时空的限制，他总是此时此在的，具有一维性和当下性；而人在意义空间内则可以通过回忆和想象把过去与将来在当下显现。其二，现实性与虚拟性。意义空间由经验（通过回忆持存）、感知（当下经历）和前摄（通过想象得来）三部分内容构成。由于意义空间是流动的，作为价值实现方式的经验和体验不断成为过去，但意义的瞬间生成却并没有随着经验和体验的结束而丢失，它以记忆的形式被累积到“内视域”中，成为统摄当下与未来经验与体验从而进行价值判断的要素。但无论是回忆还是想象都是在当下进行的。

基于想象之上的对于未来意义生成的超前经验与体验使需要主体经常处于虚拟享用之中。人是立于当下而指向未来的存在物，虚拟享用不同于当下享用，唯其是虚拟的，不受当下条件的限制，可以加诸许多当下不存在的甚至永远不存在的内容，使想象者处于意义饱满的虚拟之中，获得想象的快乐与幸福。然而人之生活世界的当下性却使人陷入意义饱满的虚拟世界与当下生活世界之意义的有限性的矛盾之中。构造虚拟的意义世界使人超越了当下的有限性，徜徉于自由的、意义饱满的想象世界中，然而正是这种构造使人陷入痛苦、烦恼、忧伤之中，人越是追问存在和意义就越是陷入痛苦和失望之中。人原本是有限的存在物，非完满性和未完成性是他的基本的性质，人永远走在途中，然而人却总是试图把无限的意义注入到有限的世界中去，以使原本有限的世界成为无限的意义世界。被构造出来的意义饱满的虚拟世界给人带来了双重结果：幸福与烦恼、满足与惆怅。这样一来，意义世界就不仅仅指生理、心理和精神之不足、匮乏状态的解除，主体本质力量的对象化，还包括因意义的缺失得到的痛苦、烦恼、惆怅的经验与体验，这种经验与体验在实际的生活过程中甚至比因需要得到满足而得到快乐与幸福的体验还要来得深刻、难以释怀，它推动着人去构造能够解除不足、摆脱惆怅的可能世界。

经验与体验作为意义的生成和实现过程及其结果构成了意义促创的重要方面。当作为价值之承担者的价值物已经给定之后，意义的稀疏与饱满就取决于需要主体的“内视域”结构，[①]进言之，意义是少于价值还是大于价值就取决于需要主体的意义促创质量。一个“内视域”丰富的人可能从有限的价值物中开掘出更多的意义来，而“内视域”匮乏的人即使面对极为丰富的价值物也会把它变得极为简单而直白，尤其是精神价值物。这也给我们这样的信念，提高人的生活世界的质量，促创丰富的意义世界的根

①在胡塞尔那里，“内视域”主要指认知主体的认知结构，感知、回忆、联想、想象、直觉、直观等等，它们构成先验主体的主要因素。我以为，除去此种意指之外，“内视域”还指由经验、知识、教养、天赋等要素构成的需要结构。一如认知结构决定认知活动的角度、速度、广度和深度那样，需要结构决定需要主体的价值取向，包括价值活动与价值判断，使之成为偏好和价值定势。

本出路在于精神产品的生产以及人之体悟意义能力的培养，而不再是自然资源的无度开掘、物理空间的无边际拓展，物质需要应该有它合理的边界。

生活问题与问题生活——生活世界的当代境域

生活世界是具体的历史的，人总是在给定的条件下，以属于他那个时代的方式生活着。因此，生活世界的现象学考察只是理解生活世界的理论前提，只有把这种考察还原为当下的生活过程，理论研究才是有生命的。

只要有人存在，只要人愿意生活下去，生活问题就在所难免。每一时代的人们都在倾其所能地解决生活问题：解决生活资料的来源（以效率为原则）、提供制度设计与安排（以正义为原则）、为生活提供意义支持（信仰、信念、精神产品——以自由为原则）。这些活动虽不能说就是生活本身，但却是人的生活成为可能的前提，它们构成生活的必要条件。要想能够生活、要想使生活成为好生活，人就必须首先解决生活的前提问题。人原本就是问题性的存在物，不仅有从未知、少知到有知、多知的问题——表现为疑问、不解、疑惑，更有使生活世界变得有意义的问题——表现为难题、困境、烦恼、痛苦。人类历史就是一部感知问题、生成问题和解决问题的过程。那么我们面对怎样的生活问题和生活难题呢?

现代化及其后果。追求美好生活的动力起自虚拟的意义世界与当下有限生活世界的冲突，虚拟的需求总量常常大于实际的供给量，为着解决这一历史性的难题，人类不断地在寻找着方法与途径。西方近代以来的现代化运动为解决生活问题提供了前所未有的契机，但同时也把生活变成问题性的世界。

支撑现代化运动的条件可能很多，但有三个条件是必不可少的，这就是作为动力的日益膨胀化的需要、作为手段的科学技术和作为环境的市场体制。作为人的构造物，科学技术原本是在人与人、人与物之间以及物与物之间完成的一种设置，旨在解放人的体力与智力，同时也是为了提高活动效率，包括时间的节约和生活资料的最大化。从来源和本质说，科学技术是植根于生活世界之中的，是使生活世界的真理得以显现的方式。“如果说科学提出并回答了某些问题，那么，从一开始，并且会必然如此，这些问题都是建立在这个预先被给予了的世界的基础之上的，即都是对这个预先被给予了的世界的存在来说的，因为这些问题的生活实践和所有其他的生活实践一样，恰好都是保持在这个预先被给予了的世界之中的。”[①]然而，作为自然科学之意义基础的生活世界却在科学技术的突飞猛进中被遗忘了，数学、物理学理论的原本的、原始的真正意义被遮蔽了，并且必定仍然是被遮蔽的。“早在伽利略那里就已经开始以奠基于数学中的观念性的世界来偷偷地替代那个唯一现实的、在感知中被现实地给予的、总能经验到并且也能够经验到世界，即我们的日常生活世界了。”[②]科学技术几乎可以分解一切又可以合成一切的神奇功效，助长了人们科学技术可以产生一切的“迷信”。营养学家不断地给人们提供据说是科学的食谱以及饮食方式，迅即又改变饮食谱系；医生们也津津乐道地告诉你据说是可以成为天才并可以长寿的“药方”，不一而足。似乎只有按照科学所给定的方式思考和生活才是科学的，然而生活世界的本义却在科学技术面前被丢失了。科学技术的祛魅功效使一切神秘的东西无所遁其身，它使生活世界的不可物质化的需要与意义变得无足轻重。科学技术的双刃剑性质日益凸现出来：“由于技术具有既是价值的携带者又是价值的破坏者这样的特性，言词与现实之间的矛盾乃不可避免。”[③]汤因比不无深刻地指出，对人类来说，知识与技术成就非常重要，但它们本身并不重要，只有当这些成就迫使人类正视并且认真思考道德问题的时候，它们才显得重要。现代科学因此提出了意义重大的道德问题，但它尚未也不可能在解决这些问题上面做出什么贡献。人类所必须回答的最重要的问题也正是科学无法提供答案的问题。[④]在近代以来的科学技术那里，“生活世界”问题被作为了客观科学一般问题中的局部问题，对此胡塞尔批判道：“生活世界问题与其说是局

①胡塞尔：《生活世界现象学》，上海译文出版社 2002 年 6 月版，第 258 页。

②同上，第 237 页。

③［美］丹尼斯·古莱特：《靠不住的承诺——技术迁移中的价值冲突》，邾立志译，社会科学文献出版社 2004 年 1 月版，第 286 页。

④同上，第 288 页。

部问题倒不如说是一个哲学的普遍问题。”因为“客观的理论必须植根于它的逻辑的意义之中，必须建立在生活世界以及从属于生活世界的原始的明见性的基础之上。由于这种植根活动，客观的科学就具有与这个世界的持久的意义关联，由于我们总是生活在这个世界之中，并且我们也是作为科学家以及在所有人的共同体中也是作为共同的科学家而生活在这个世界中的，因而客观的科学也同样具有与这个普遍的生活世界的意义关联”。①

市场化是现代化得以进行的社会途径和环境。一方面，收益最大化愿望的实现均需通过市场来完成，进言之，作为人的构造物的产品只有首先变成商品，其价值才能实现。而市场的成熟化必然造成货币的大量存在和广泛应用，货币使用的普遍化和经常化造成的直接后果便是：人原本就是一个构造虚拟世界的存在物，通过想象构造出诸多需要来，作为各种预期，它们推动着人们殚精竭虑地创造条件去实现这些预期。货币的广泛使用不但使各种预期成为可能也使虚拟的意义世界成为可能。货币作为一种符号系统，首先它意味着财富，其次意味着享用。存储货币就是积累财富，然而积累财富与存储货币不同，财富总是某种可视见、可度量、存在边界的价值系列，而货币却是虚拟的财富，它有无限伸展的特质，只要具备足够的信用体系，它可以兑换成各种财富，它把人的占有欲和存储欲激发到了前所未有的程度，欲望如果缺少了合理的边界就会使人欲壑难填，问题生活的大量存在不能说与欲望的无度膨胀无关。货币作为享用的符号，把人们的需要的满足变成了可支配的事情，在创价与满足之间加诸了足够的时空：或把分散的需要集中满足；或把当下的需要推到遥远的将来，也可以把将来的需要提到当下加以满足。人们的消费欲望也被空前地激发了。

愈益平面化的生活结构。有人把现代化的过程称之为世俗化的过程。其实世俗化是现代化的副产品，它指的是“看似有理性结构”的被解构过程，首先是宗教结构，其次是精神结构。物质主义的价值取向，以及科学技术的祛魅功效使人们的精神生活和精神世界被拉平，要么被取消，要么

①胡塞尔：《生活世界现象学》，上海译文出版社 2002 年 6 月版，第 268 页。

被还原成生理的需要，精神产品的宣传只有转换成能够唤醒人们的生理需要的话语时才有人过问，讨论信仰和信念变成了可笑的事情，好像人们除了生理的需要别无其他的需要了。物质生活资料的日益丰富与精神生活的贫乏并存的事实已昭然若揭，汤因比把它称之为一个社会中的文化水平与技术成就的程度之间的颠倒关系。由于任何人类群体的精力都毕竟有限，如果将大部分精力用于解决技术问题的话，就不会有太多的精力用于美学的精神领域的真正的文明创造。用于提升人们心灵与教养的精神价值物日益贫乏，人们用于意义促创的“内视域”逐渐萎缩，生活世界愈来愈简单而直白。我们真的进入了一个问题生活的境域之中。也许人们遍尝了技术化和物质化的所有后果之后才会真心而全力地正视它并解决它。

（原载《河北学刊》2004年第2期）

价值的原始发生与价值哲学的研究方法

阅读提示：目的决定方法，方法为目的服务。价值哲学的研究方法决定于价值的本质，而价值总是与有生命物质相关的。一切价值之原始发生均奠基于非自足性之上，价值是解决非自足性的一种根本方式。而一切生命物质均具有非自足性，这就意味着，价值并非仅适用于人之非自足性的范畴，相反，它原本包括一切有生命物质在内。然而，在一切有生命物质之中，只有人要求着并完成着定义价值和研究价值的各种事项，结果许多人就以此断言，价值只对人有效，而对其他有生命物质无效，因为它们没有反思和批判价值的能力，因而无须定义价值和研究价值。相反，我们以为，只有人才具有定义价值和研究价值的能力并不是人垄断价值甚至任意对待价值的理由，反而应该成为人类合理创造价值并合理使用价值的根据。对人而言，价值并非是终极性的存在，它只是使人获得快乐与幸福的条件，意义才是快乐与幸福的体现。由价值进达意义需要人的诸种努力，只有不但创造着价值而且养成着创造意义并体悟意义的兴趣与能力，快乐与幸福才能到来，合理追求快乐与幸福的方式才能生成。然而，近代以来，价值与意义出现了严重的分离。考察价值以及现代价值的原始发生旨在从存在论的层面发掘价值哲学的研究方法，理清价值真理论与价值责任论的内在关联，找寻价值与意义合一的可能路径。

价值的原始发生

凡是用以研究与人有关的现象的人文社会科学都是分析的与规范的，价值哲学研究就更是如此。这是因为，价值哲学研究总是相关于人的这样三个根本问题而展开其逻辑的：我能做什么、我应该做什么和我想望什么。这三个命题实际上是两个逻辑的问题：事实逻辑和价值逻辑。两种逻辑及其内在关联决定了价值哲学研究必定是分析的和规范的。分析的要求来自事物的内在逻辑，一种事实之能够出现并不取决于人的愿望，愿望只构成使某一事实之能够出现的动力；规范的要求来自研究者的价值观和立场，价值中立只是方法上的要求，而不是立场上的要求。事实逻辑描述的是一个事实在何种条件下依照何种模式组合才能出现。价值虽与生命物质的需求相关，但它首先是一种事实，只是这种事实与纯粹的事实不同，是包含有用性和需求者的目的于其中的。狭义上的价值逻辑是指需求者之需求的实现方式和实现程度。在事实逻辑和价值逻辑的交织中，行动者的能、该和想蕴含其中。因此，关于价值的任何一种研究都不可能是无立场的，必定包含着言说者的价值判断，也就是包含着什么事实是有价值的，什么事实是无价值、反价值的，有价值的事实有多大价值。正由于价值概念所描述的是一种关系状态、一种境遇，是需求者与被需求者的特定关系，所以价值哲学研究极易出现两种倾向：主体主义和客体主义。其实这两种倾向存在着相同的错误，就是把特定的境遇和关系状态原子化和结构化。原子化和结构化是原子主义和结构主义思维方式被极端化的一个后果。在我看来，原子主义和结构主义思维方式是人们进行科学研究的一般方法，这种方法的最大优势在于，首先找出某一类现象的构成要素，也就是原子化，然后再发现各原子间的内在关联。如结构主义先驱、瑞士著名语言学家索绪尔所提出的语言的结构主义模式，强调研究语言的同时性结构比研究语言的历时性结构更重要，语言的意义依赖于一个符号与其他符号的关系，如上下文的关系，而不依赖于它和外界事物的关系。原子主义和结构主义的研究方法在我国近些年的价值哲学研究中也被广泛使用，然而我们并没有很好地使用这种方法，反而把这种方法极易产生的缺陷推向了极端，主体主义和客体主义是这种缺陷的直接表现。

为着研究某个或某类事物，首先要在思想的领域把这类事物原子化和结构化，这是必要的环节，也是进行科学研究所必需的环节。但我们不能停留在这个环节之上，更为要紧的工作，是把原子和结构还原为事物的本真状态，只有最接近于事物本真状态的原子化和结构化才是可取的。而在我们近些年的价值哲学研究中，却常常停留于原子化和结构化的环节而不能还原。主体主义抓住了需求者的需求在价值生成中的重要地位，却忽视了甚至完全忘掉了需求对象在价值生成中的优先地位，断言价值就是客体对主体所具有的意义，客体是否具有意义、有多大意义，完全取决于主体对客体之意义的给予过程，边际效用理论是主体主义的经济理论形态。可以说，主体给予意义的行为是有特定条件的，主体无论具有怎样的给予意义的能力和愿望，都不能取消被给予之物的先在性。客体主义则走向了另一个极端，主张主体无论具有怎样的给予能力和愿望，都是在客体的规定下完成的。物质本体论是界定价值所必须坚持的原则。某物是否具有价值、具有多大价值根本不取决于主体的愿望、感受和体验，价值是自在的，无论需求者怎样地享用价值物，都不会使它的价值元素多一些或少一些。客体主义和主体主义的研究方式，其共同缺陷是明显的。那么能否找到一种最接近价值之本质的理论和方法呢？发生学的方法也许是这种理论与方法之一。

关于价值的原始发生可有两种致思范式：系统奠基和生成奠基。[①]系统奠基的典型代表是笛卡儿和康德。笛卡儿通过普遍的怀疑找到了最为原初的本体：我思。一切命题和结论都是“我思”的展开方式。康德通过对人的实践理性的全面批判，确立了一个使人成为人的本体：理性与善良意志。尽管“我思”和“善良意志”仍需进一步论证，但笛卡儿和康德从未怀疑过“我思”和“善良意志”的普遍有效性。生成奠基的典型代表是胡塞尔和福柯。胡塞尔在《生活世界现象学》中非常细致地描述了主体、主体间性的原始发生过程。福柯通过大量的历史事实阐述了规训与惩罚、疯

①参见倪梁康为舍勒《伦理学中的形式主义与质料的价值伦理学》写的译后记。

癫与文明、压抑与反常的发生过程。相较于系统奠基，生成奠基更少强制感，而优于历史感和灵动感，至少看上去和读出来较为可信。而在对价值的研究中，系统奠基和生成奠基则是必不可少的。

系统奠基在价值研究中的效用表现在对价值何以可能的追问上，进言之，价值概念是对谁有效的。在系统奠基的视野下，我们把“非自足性”和“稀缺性”作为类似于笛卡儿的“我思”这样的本体，简约地说，一切价值均奠基于“非自足性”和“稀缺性”之上。美国社会学家詹姆斯·S. 科尔曼用社会学术语表达了类似的观点：“最基本的系统由两种元素组成，这些元素按两种方式联系在一起。第一种元素是行动者，第二种元素是某种事物。行动者控制着这些事物，并从中得到利益。根据不同情况，本书称这些事物为‘资源’或‘事件’。行动者和资源之间是控制关系与利益关系。”[①]价值作为关系状态和境遇就是“控制关系”和“利益关系”。而这些关系之能够发生则决定于价值概念所指向的那些特定存在物：有生命物质。正是有生命物质的存在状态和存在性质才决定了“控制关系”和“利益关系”。之所以有发生“控制关系”和“利益关系”的必要，乃是由于“非自足性”和“稀缺性”这两点，而这两点恰是与一切有生命物质相关的。所谓非自足性是指一切有生命物质经常处于不足和匮乏以及由内向外的释放状态，这种状态决定了两种指向：由外到内的摄取、占有，由内到外的释放与表现。此种状态和指向决定了有生命物质若要维持自身的生命状态，就必须与外界进行物质、能量和信息的交换过程，依赖性是一切生命物质的基本特性。然而，生命物质所依赖于外界的并不是随便的什么质料，而是那些于它们的生命有用的东西。这些有用的东西可称为生活资料或价值物，生活资料或价值物乃是稀缺性的存在物，它们是大自然赐予生物的天然礼物，它们既非遍地都是也非珍贵之极，生命物质不至为着日常生活资料而劳累致死。正是生物的“非自足性”和生活资料的“稀缺性”才使价值现象得以产生，价值概念对无生命物质来说是无效的，因为它们无需外界，它们是自足的，只是这种自足无任何意义。可以肯定地

①［美］詹姆斯·S. 科尔曼：《社会理论的基础》（上），邓方译，社会科学文献出版社 1999 年 10 月版，第 34 页。

说，价值现象存在于一切有生命物质对外界的依赖关系中，而并不仅用来指称人对外界的依赖关系。毫无疑问，系统奠基在说明价值得以发生的原初根据时，其效用是明显的，但要进一步说明价值是如何发生的，就得求助于生成奠基的研究范式了。

生成奠基所描述的是价值之原始发生的内在逻辑，关于这种内在逻辑的陈述我们分成两个环节进行：价值物的生成和价值的实现。

我们在底线的意义上给出了价值现象之能够发生的根据：非自足性和稀缺性，这是一个对所有有生命物质都适用的条件。当我们进一步考察具有稀缺性的价值物时，就立刻显现出有生命物质的不同种类以及不同种类之间的明显差别。我们把有生命物质分成人类以及人类以外的其他生命物质。这两种有生命物质的本质区别不在于它们共同的“非自足性”，而在于它们与价值物或生活资料之间的关系。确切地说，人以外的其他生命物质的价值物是既成的，由于它们没有创生价值物的能力，因而只能适应环境，适者生存，优胜劣汰。人以外的动植物只能通过改变自身而适应环境，而不能相反。人则不同，人恰是通过创造价值物或生活资料而创造人本身的。人作为自在与自为的存在物，在两个层面上构造着世界：精神上的构造与物质上的构造。精神上的构造是一种先行构造，是人类借助于足够的想象力，通过所指减去能指的剩余量（语言符号）去构造于人有用的世界，我们把这个世界称之为属人世界，因为它是一个完全合意的世界，蕴含人的意愿、愿望、意志、快乐、幸福于其中。然而这却是一个虚拟的世界，它不能使实际的价值要素多出任何一个分子，人不能徜徉于虚拟世界而不能自拔。要使虚拟世界变成现实世界，人必须行动，劳动是人的所有行动中的基础性的行动。通过劳动，人创造了自己所需的物质生活资料和精神生活资料。通过精神构造与物质构造，人类表现出了他超拔于其他动植物而独秀于灵长类之林的优势。借助于这种优势，人类不仅创造了被其视为基本价值的系列，这些系列是用于满足人的衣食住行用的需要的，而且创造了用于满足社会需要和精神需要的社会价值系列和精神价值系列。

价值物之原始发生是价值之原始发生的必要前提，没有价值物便不可能发生任何价值。但这绝非意味着价值物就是价值本身，价值物只是价值得以发生的一个必要性的要素，除此还有其他的要素，从要素到结构，从结构到功能，从功能到意义尚有诸多环节。价值就是在诸多要素有机结合的过程中而生发出来的，因此，只有深刻揭示价值的原始发生方能见出价值的本质来。在这一步骤中我们仍需借助系统奠基和生成奠基。从结构的角度看，价值物与需求者构成价值的两端。如果这两端永不搭界，便不可能有价值概念。一个物件、一个事实、一个现象、一个关系、一种设置、一套规范，其所以被认为是有效用的，那一定是相对于需要这些效用的需求者而言的。一个面包之被称为食物，是因为它含有足够的热量，而这些热量恰是需要食物的需求者所意欲的。在价值物与需求者这两个端点中，需求者具有逻辑上的优先性。只要存在一个需求者，就必定存在一个需求行为，需求的目的就是要找到具有某种效用的事实。而一般的价值物却不会自行地寻找需求者，以证明自己是价值物。那么价值是如何发生的呢？

价值是价值物与需求者之间的构合以及由这种构合所产生的效用。这个效用是从两端来看的。从价值物方面看，价值便是价值物之效用的显现，其显现的结果是载体的消失和效用的转移，当然这只是就物质价值物而言的，与物质价值物经常是一人一次消费不同，精神价值物可以多人多次消费，且可以产生倍加的和扩展的效用。因此，比较而言，精神价值物要比物质价值物更有效率。从需求者方面看，价值是需求者享用价值物时所产生的快乐与幸福的体验，之所以会有此种体验，是由于价值物之效用的转移解除了需求者的不足和匮乏。我们把由于不足和匮乏状态的解除而产生愉悦之感称之为“意义”。如果说价值是价值物与需求者之间的一种双向运动过程，那么意义就是这种运动过程在需求者方面的效用，意义是价值在需求者方面的实现，价值就是意义的瞬间生成。在现象学的意义上，意义就是价值的被给予性。一个物件、事实、现象、关系、规范，等等，之被称为价值物，被说出是有价值的，分明意味着，它的功能、效用被需求者给呈现出来，从遮蔽的状态进到澄明的状态中。由此可以说，关于价值的哲学研究可以是分析的，但价值的实现—意义却是不可分析的，它是直观和直感，是经历、感受，总之是体验。而就作为意义的瞬间生成的价值来说，其预备过程是相当艰难而漫长的，而它的产生却又那么快捷。任何人都无法长时间地停留于意义的瞬间生成之中，既是瞬间的就不是长久的。意义的生成是瞬间的，但这绝不意味着，其存在是短暂的，它的作用是长久的。

以此观之，由质料到价值再到意义是一个相当复杂的过程。在实际的生活中，价值的原始发生与意义的原始发生并非一一对应关系，进言之，它们不是函数关系。两个变量x、y，对于某一范围内的x的每一个值，y都有一个或几个值和它相应，y就是x的函数。这种关系一般用y=f（x）来表示，x就是自变量，y就是因变量。我们可以把附着在价值物之上的某种功能、效用称之为自变量，因为只要有某种价值存在就有可能产生某种意义，尽管不一定总是产生某种意义，但没有价值肯定不会产生某种意义。要而言之，意义不是价值的函数，对于某一范围内的价值的每一个值，意义不一定都有一个或几个值和它相应。这是由于，价值是单项事实，而意义则是两项或多项事实。然而，无论在理论推理还是实践推理中，人们总是这样设想：创造价值的过程就是创造意义的过程，价值愈丰富，意义也就愈饱满，其实不尽然。作为功效、效用、功用之体现的价值只是产生某种意义的前提、条件，由价值进到意义须得经过主体的意义构造。意义的构造与意义的体悟是价值能否实现出来以及实现到何种程度的关键。意义的构造和体悟低于价值总量，就会产生意义小于价值甚至没有意义的后果，有价值没意义的现象并不少见；意义的构造与体悟大于价值总量，有可能从少量的价值中创造出饱满的意义来。然而，在实际的生产、交往和生活实践中，人们常常忽略了意义的构造和体悟，而专注于价值的创造活动，而且在人们的日常意识中，创造价值就等于创造意义，积累财富就等于追求和获得幸福。

作为研究价值现象和价值本质之学科的价值哲学，就不能仅仅研究价值的原始发生，而应该进一步研究意义之原始发生的机理，而且要在现代化、现代性和现代主义的背景下，考察价值与意义相分离的根源，并指明一种使价值与意义相和谐的可能之路。

现代价值的原始发生

价值哲学固然要研究价值一般或一般价值，但一定要在研究者所生活于其中的特定社会环境中进行研究，学术研究的道路不是从一般到特殊，而是从特殊到一般。只有研究现代价值的原始发生，才能更好地理解一般价值的原始发生。是何种原因导致了人们产生这样的日常意识：创造价值就是在生成意义；积累财富就等于获得幸福。又是何种社会设置造成了价值与意义的分离，造成了人们把几乎全部精力投放在了价值的创造中，而忽视了意义的创造与体悟。

自现代化以来，有这样一种颠倒的逻辑值得深入研究。依照人的生活逻辑，追求快乐与幸福是其全部活动的意识起点，同时也是其一切活动归之于它的终极目的。然而，这样一种生活逻辑若是缺少了那个能够给他带来快乐与幸福的创造活动，即生产生活资料的活动，便是难以为继的。正是在这个意义上马克思才说，生产生活资料的活动是人的全部活动中的首要活动。如此一来，生活实践的逻辑必须转换成生产实践的逻辑，否则便无法实现其自身。而生活实践的逻辑与生产实践的逻辑则是刚好相反的两件事情：生活实践是以追求快乐和幸福为终极目标的，这是一个通过享用价值物而生成意义的过程；生产实践是以追求“庞大的商品堆积”为目的的。于是，以追求意义为根本目的的生活实践和以追求价值为直接目标的生产实践就会发生严重分离，其实，它们原本就是分离的，或者说，生活与生产原本就存在着发生分离的危险。把这种危险变成现实的完全是那个并不出于人们的意愿然而却出于人们追求财富的目的的生产实践，以及把这种生产实践商品化的社会设置，这套设置完全是由资本的运行逻辑所直接造成的。

我们直观到的一个基本事实是：人是一个二元性的存在，他首先是一个物质性的存在，具有空间性（体积）和时间性（生命），需要同外界进行必要的物质、能量、信息的交流，借以维持自己物质性的存在。然而，人又不仅仅是物质性的存在，除了物质力量之外，尚有心志力量，除了衣食住行用等物质需要之外，尚有信知情意等精神需要。人的这种二元结构决定了人必须进行两种生产、交往和生活：物质的和精神的。一如西蒙所确证的那样，人作为有限理性的存在物，其精力也同样是有限的。人类如何将有限理性和有限精力同物质生产、交往与生活，以及精神生产、交往与生活相匹配，取得帕累托效率佳度，无疑是整个人类的事情，也是永恒的难题。有这样一种历史现象值得注意，当人类与自然相比处于弱势情形之下，人类似乎超乎寻常地发掘了自身的心志力量，进行了大量的精神活动，创造了大量的精神产品，诸如原始的宗教、巫术、绘画、舞蹈、祈祷、朝拜、祭奠，等等，即便是物质性的狩猎、采集、出征、生产，也要涂抹上浓郁的精神色彩。时下，社会科学家们热衷于把不同国家的不同国民或民族进行比较，以确定不同收入或相同收入之间在幸福感指数上的差异，但人们却不能把不同时代的人们在幸福感指数上进行比较。不过，我们可以作出这样的推测：幸福感指数一定和国民或民族的精神结构和文化传统相关。①

当人类把主要精力投放在对外界环境的改造上且卓有成效时，其用于发掘自身心志力量的精力必然减少。但人类很少去反思这样一个问题：忽略精神活动和精神生产究竟会产生何种后果，只有当这些后果明明白白地摆在人类面前的时候，他才会去考虑；如今这些问题似乎已经到来了。正如人类历史不可重复一样，人类活动也是不可实验的，不可以反复进行的，因此人类一切活动都是充满风险的，只是今天的风险超过以往，是世界性的、全面的，这便是风险社会的来临。

近代以来，随着“世界图像时代”（海德格尔语）的到来，人类产生了一种可怕的幻想：人类靠着科学和技术可以改造一切、完成一切，包括人自己。给我物质，我将告诉你地球是怎样生成的；给我知识与工具，我将告诉你一个人造的世界是怎样生成的。人们不但在实践中更在观念中建立起了这样一种根深蒂固的认识：创造财富意味着创造幸福；获得财富

①幸福感指数是研究价值与意义问题的一个可实验和可测度的方面。倘若幸福感指数与财富没有必然联系或直接联系，那它与何种事项有关呢？如果不能通过积累财富的方式提高幸福感指数，那么通过精神活动和精神产品的方式是否可行呢？谁来引导精神活动和精神生产呢？这是一个饶有兴趣的问题。

等于获得幸福。在此种观念的支配下，全球范围内的生产革命和消费革命开始了。经济全球化同时也是消费全球化，而完成这一革命的不是人本身，而是由人发明出来却又不由人驾驭的外在力量：资本的运行逻辑及其人类学后果。资本在世界范围内的胜利并没有如人们所愿的那样，通过创造一个庞大的物的世界创造一个精神世界，进而创造一个意义的世界和幸福的世界。非但没有实现人类的幻想，反而引发了新的问题：精神与物质的颠覆、价值与意义的分离。[①]为着对近代以来价值与意义的分离作出适当的分析，我们必须对人类对象化活动的两种基本方式——物质活动与精神活动——进行比较。人本质上是一对象性的存在物，人的对象性存在是通过对象化活动实现的。而人的对象性活动主要表现为物质活动和精神活动两种方式，这两种方式有很大的不同。物质活动尽管浸润着活动者的心志力量，也不问活动过程多么复杂，当以创造出为人所需的产品为目的。亦如马克思所说，当我的产品被别人享用时，他感受到的是我的力量、我的本质，但事实上，当人们以购买的方式消费别人的产品时，被他能够记起的可能是通过等价交换而实现的满足感，恰好不是印记在产品中的劳动者的伦理价值和美学价值。进言之，物质性的对象化活动存有与劳动者相分离的危险，这就是马克思在分析劳动异化时所强调的四个方面：产品异化、过程异化、关系异化和类本质异化。资本的运行逻辑恰好造成了劳动产品与劳动者的分离，而产品只有与其生产者相分离才能实现其价值。实际上，在资本的运行逻辑中，商品的使用价值与价值都被归并在价值的系列中，它们构成了商品生产与交换的物质基础和社会基础，其目的与结果就是“庞大的商品堆积”，也就是日益增加的物质财富。与之相匹配的是原子主义与计算主义的思维方式和行为方式，一切事物是否具有价值，有多大价值，都得通过物质的标准与手段来进行，货币凭借其五大职能成功地完成了这一任务。因此，资本绝非是一种简单的能够带来剩余价值的价值，分明是一种包含商品、货币、生产、交换、分配、消费等诸种要素在

①关于资本的世界逻辑及其人类学后果，参见晏辉：《资本的运行逻辑与消费主义》（《中国人民大学学报》2005年第6期）、《虚拟享用：伦理辩护与批判》（《中国社会科学》2005年第6期）、《经济行为的人文向度：经济分析的人类学范式》（江西教育出版社2005年12月版）。

内的社会设置。经济依赖性是公共交往和公共生活的直接前提。资本这种复杂的社会设置造成了两个直接的后果：物质性的生产与消费达到了前所未有的程度，但本质上是价值系列的生产、积累与消费；商业文化成为了文化的主流形态，人们的心志结构和精神境界并未随之达到与物质生产相匹配的高度，相反，传统意义上的宗教、民俗、家庭的文化在消失。总之，价值与意义的分离是所有现代问题中的核心问题。

精神活动是人的对象化活动的另一种方式。与物质性的对象化活动相比具有明显的特征：第一，直接性。无论作为过程还是作为结果，精神活动或精神产品的生产者与享用者具有原始同一性，精神活动过程与精神产品在最为原初的意义上是为着自己的，而不是用来交换的，因此，只有首先被创造者理解和享用了的精神过程和精神产品，才有可能被他者理解和享用。正是精神活动和精神生产的原始同一性才保证了价值与意义的原始合一，创造精神价值的过程也就是理解、体悟意义的过程，一面是各种仪式，如祈祷，一面是心灵深处的激越、净化与愉悦。令人称奇的是，当精神过程和精神生产结束，意义的创造和体悟过程却并未终止，而是在人们的心理和精神上继续着。物质生产是一个消耗和消费的过程，而精神活动是一个净化和累积的过程。第二，累积效应。物质产品的消费本质上是排他性的，一个具体的产品常常只能是一人一次消费，且不可重复使用，稀缺性是其本质特征。无论是生产物质产品所用的质料，还是物质产品本身都具有明显的稀缺性。与物质生产是对外界的开发不同，精神过程与精神产品是对人本身之精神力量的开发，人的精神力量以及人类开发精神力量的兴趣构成精神活动和精神生产的自变量，而精神过程和精神产品则是因变量。于是在精神活动范围内，价值与意义构成了一个函数关系：$y=f(x)$。意义是价值的函数，在一定范围内，精神价值的任一一个值，都有一个或几个意义与之相对应。而且，价值与意义的原始合一不会因为某个人消费或享用而减少，或排除了他者的享用，也不会因为此次享用而排除了以后的享用，它们可以反复享用，只要你有能力和兴趣。第三，给予性与被给予性。胡塞尔在现象学的意义上指明世界意义的被给予性，也许世界本身具有意义，也许根本就没有意义，但无论怎样，世界的意义都得通过人的活动得以生成和显现。这种结论尽管含有人类中心主义的危险，但也确实存在通达世界的桥梁。通过物质生产，通过改变物质的结构，通过分解与合成，创设人类所需的产品；通过附加，把人类自己的心性与理想刻画到外面世界中。于是给予性便有两种可能：通过最少的消耗创设饱满的意义；通过极度的浪费产生较少的意义。近代以来的现代化过程恰恰把后者变成了现实。

资本运行逻辑的第一个后果就是把人们的占有欲望和显现欲望激发到了前所未有的地步。欲望作为原动力必然促发人们寻找实现欲望的环境与条件，15世纪以后，人类找到了这样的环境与条件：科学技术为手段，市场经济为环境。第二个后果就是世俗与祛魅。在可计算的商品与货币面前，一切神秘的东西都无所遁其身。假如在17、18世纪，一切事物的合法性须得通过理性的确证的话，那么20世纪以来，一切价值须得通过货币的衡量与评估。于是我们便处在被物的世界包围的环境之中。一切高尚的东西，一切乌托邦构想似乎都得通过激发人们原始的欲望才能被人问津。价值与意义的分离已经到了非解绝不可的地步。

价值与意义该如何发生

价值哲学本质上是实践哲学、生活哲学，因此指明什么是好生活、怎样过上好生活，是价值哲学的学科使命。

重建价值观是首要的事项。必须转变价值即是意义、财富就是幸福的观念。追求快乐与幸福是每个人无须论证的权利；尊重他人、尽到自己对他人和社会的义务与责任是每个人的天职。那么，财富与幸福具有怎样的关系？如何获得幸福？值得进一步研究。

1. 财富与幸福

美国著名心理学家赛利格曼提出了一个幸福的公式：总幸福指数=先

天的遗传素质+后天的环境+你能主动控制的心理力量，其英文的表达是：H=S+C+V。总幸福指数是指一个人的较为稳定的幸福感，而不是暂时的快乐与幸福。偶尔极度快乐或幸福，但在绝大部分的时间里处在沮丧、郁闷、压抑的状态中，其总幸福指数小于偶尔较为快乐或幸福，同时在绝大部分时间里也保持积极向上的生活态度，努力参与各种有益活动，且满意度较低的情况。运气往往与幸福无关，幸福不是一种品质，不是物的堆积如山，而是合于德性的实现活动。幸福感是一个人稳定的、持续的幸福感觉，包括对现实生活的总体满意度，对自己的生命质量的评价，是对自己生存状态的全面肯定。中年妇女罗斯平时总是处在情绪低落之中，不幸的离婚状况更加重了这种情绪。为了让自己的生活有希望，她20多年来一直坚持每个星期用5美元购买一种彩票。突然有一天，她中了2200万美元的大奖，她几乎兴奋到了极点。于是便辞去洗衣工的工作，购置了有18个房间的别墅，把孩子送到最好的私立学校去学习。然而她幸福的心情不到一年便消失了，很快又恢复到了往日的抑郁之中。

金钱和财富的总体水平与幸福人生的关系并不像人们认为的那样密切。赛利格曼等心理学家从各个国家抽取了1000人的样本进行研究，比较不同文化背景和经济水平条件下的个人的主观幸福感指数。

不同国度千人幸福感调查表

国家	购买力	生活幸福感
保加利亚	22	5.03
俄罗斯	27	5.37
罗马尼亚	12	5.88
匈牙利	25	6.03
土耳其	22	6.41
日本	87	6.53
尼日利亚	6	6.59
韩国	39	6.69
印度	5	6.70
西班牙	57	7.15

德国	89	7.22
阿根廷	25	7.25
中国	9	7.29
意大利	77	7.30
巴西	23	7.38
智利	35	7.55
挪威	78	7.68
美国	100	7.73
加拿大	85	7.89
丹麦	81	8.16
瑞典	96	8.31

调查表明，人性中对好运气和成功具有心理适应性。当好事发生后，人们很快会适应它，并认为这个好事是合理的，没有什么可珍惜的。处在贫困状态下，会认为拥有财富是多么令人幸福的事情。而一旦拥有了财富，这种想象的幸福感并没有长久地保持，反而被更大的欲望所代替，便又处在不满足当中。随着财富和成功的增加，目标也在水涨船高，所以财富和成功都不能令人永葆幸福。通过对调查数据的比较我们发现，幸福感与一个国度或民族的消费文化有着极大的关系，与攀比、模仿和比较的强弱程度有关。幸福感与贫富程度虽有相当密切的关系，但也有不相符合的情况。巴西、阿根廷和中国人的幸福感或生活满意度比其实际的经济收入水平预期的要高出一些，而俄罗斯和东欧国家的幸福感则比其实际的经济收入水平预期的要低一些。而与收入反差最大的是日本，其国民经济收入水平很高，但其幸福感却很低。日本人的幸福感与巴西、中国相差不多，表明收入与幸福感有时不成正比。根据赛利格曼的观点，财富只是缺少时才对幸福有较大影响，一个特别贫穷的人不会感到幸福，可当财富增加到一定水平以后，财富与幸福的相关程度就小多了。那么世界上最贫穷的人的幸福感和生活满意度如何呢？调查表明，最贫穷的人的生活幸福感并不是特别差，他们的幸福感与中等收入的人比只是稍微低一些。贫穷并不必然使人精神上痛苦，贫穷是一种社会状态，是就业、教育和经济发展不平

衡造成的，与心理—精神结构上的关系不大。相比于金钱本身，你看待金钱的态度对你的实际影响更大，一个对金钱特别看重的人会对收入有较少的满意度，对于生活的总体满意度也就相对低一些。

在亚里士多德看来，幸福固然与财富有关，但更与德性相联。幸福是因其自身而不是因某种其他事物而值得欲求的实现活动，它是一种合德性的实践活动。“德性与奴斯是好的实现活动的源泉，而这两者并不取决于是否占有权势。如果这些人没有对纯净的、自由的快乐的喜好，而只是一味沉溺于肉体快乐，我们就不应当把这种快乐看作是最值得欲求的。”[①]而幸福与人的智慧、勇敢、公正、节制的品质直接相关，沉思是幸福的最高状态。如果说，幸福在于合德性的活动，我们就可以说它合于最好的德性，即我们的最好部分的德性。“我们身上的这个天然主宰者，这个能思想高尚（高贵）的、神性的事物的部分，不论它是奴斯还是别的什么，也不论它自身也是神性的还是在我们身上是最具神性的东西，正是它的合于它自身的德性的实现活动构成了完善的幸福。”[②]

2. 获得幸福的根本方式

获得幸福的根本方式不是占有更多的财富，而是基于责任与义务之上的实现活动，其根本道路是构造意义世界。依照舍勒的说法，幸福在于一种有根基的体验方式，形成一种稳定的、积极向上的态度，而不是无法填平的欲望之壑。我们不过是多种物类中的一种，即便我们与他物不同，能够通过生产创造我们所需的物，但也永远不会达到为所欲为的程度，开发人的灵魂的资源而不是一味地向外界挑战和索取，可能是重返人类家园的根本之路。构建和谐社会，重建人文生态是根本性的工作。

构建和谐社会之根本道路乃在于构造意义世界的过程。构造意义的过程就是一个创造文化和感受文化的过程。被称为“人类学之父”的英国人类学家爱德华·泰勒在其传世之作《原始文化》开篇便说道：“文化，或

①［古希腊］亚里士多德：《尼各马可伦理学》，廖申白译，商务印书馆 2003 年 11 月版，第 304 页。
②同上，第 305 页。

文明，就其广泛的民族学意义来说，是包括全部的知识、信仰、艺术、道德、法律、风俗以及作为社会成员的人所掌握和接受的任何其他的才能和习惯的复合体。”①依照泰勒关于文化或文明的定义，作为一种复合体，文化既包括人化自然（人以外的自然和人本身的自然）的过程，又包括人化自然的结果。然而，始于近代的现代化运动，将人化自然的过程仅仅定义为人化人之身外自然的单一行为，其结果便是生产文化和消费文化成为文化的主流形态，相反，人化人之自身自然的过程却被大大削弱了，甚至变得可有可无。于是，作为人化自然的结果，剩余下来的也就只有可计算、可识见的物质生产与物质消费了，一切用于创造意义的行为似乎都已边缘化了，仪式、祈祷、敬拜、祭祀等都被快速的生产和消费所取代了。这是一个非常危险的历史过程，因为，人在绝大多数情况下，是通过精神生产和精神过程而获得意义支持的，正是通过心灵的沟通人才可以相互理解和相互支撑，继而获得吉登斯意义上的本体安全和信任。物像世界是无法沟通更无法通约的，只是因了人的精神性的过程或精神性的尺度，物像世界才获得了可通约性。一如使用价值那样，各种使用价值是形态各异、无法让渡的，只是因了人的社会劳动、抽象人类劳动或作为一般人类劳动之凝结的价值，才使使用价值可以相互比较和让渡。确切地说，作为价值尺度的货币不是物质性的存在，相反，它是社会性和精神性的存在，是一种作为统一性尺度的精神符号。然而，货币却与其他的社会性和精神性的存在极为不同，它无法承担起充当意义载体的历史重任，它只是价值载体，因为它意味着财富和消费，而不是意义载体。

人在本质上是独立的，甚至是孤独的，因而是悲情的。这是由人的需要的多样性与人的能力的有限性之间的矛盾决定的，解决矛盾继而解决悲情的根本出路在于人与人之间的合作。这种合作并不限于当下的个人与个人之间、个人与集体之间，还包括与传统的历史连接。人是通过创造价值而创造自身的，但人更是通过创造意义而生活于世间的。意义世界基本上可分为两大类：活动与结果。作为活动，意义的创造表现为一个过程，

①［英］爱德华·泰勒：《原始文化》，连树声译，广西师范大学出版社 2005 年 1 月版，第 1 页。

这是一个合意义的创造与意义的体验为一体的过程，这是一种生成和经历的过程，它并不留有一个客观的作品在那里，而是通过精神的活动把意义创造出来，供活动者享用，仪式、祈祷、祭奠、舞蹈、巫术，就属此类。通过一种一律化的祈祷仪式，活动者组成一个精神共同体，且获得一个作为公共物品的“合作剩余”：意义世界。通过创造一个可以共同分享的意义世界，每一个活动者均获得了“本体安全”、意义支撑和生活想望，活动者相互之间获得了情感寄托和生活呵护。作为结果，意义世界表现为形态各异的精神产品：器物、遗存、书画、磁带、音乐，等等。作为结果的意义世界，其功效在于唤醒或唤起人们的认知、情感和意志，以使人们求真、向美、趋善，摆脱孤独与无聊。人原本生活在经验的世界里，通过精神的过程与结果，人又创造了一个超验的世界，这是一个无法言说但却能真切地感受到的世界。人不能没有这样一个世界。

而要创造这样一个超验的意义世界并充分发挥它的作用，必须集中精力做两件事情：意义世界的创造与体悟。然而，一如舍勒所说，近代以来的“工商精神”代替了传统的亲缘宗教精神，以自然情感和宗教情结为基础的生活共同体逐渐缩小其边界，并逐渐被以经济依赖性为基础联结起来的联合体所替代。于是，精神过程与精神结果、人们体悟意义世界的兴趣与能力逐渐弱化，其结果是现代化使人们创造了一个丰富的价值世界，却造成日趋贫瘠的意义世界。如何看待和对待现代化进程中的价值与意义的悖离，理应成为价值哲学的研究主题。

价值的原始发生与价值哲学的研究方法

宽泛地说，只要有人存在，只要人们愿意生活下去并愿意过上好生活，价值与意义问题就在所难免，正由于此，自打人类能够进行思想以来，价值与意义问题就没有离开过思想家的视野。苏格拉底、柏拉图、亚里士多德、伊壁鸠鲁所讨论的问题，虽没有直接以价值与意义的论题出现，但实际上是价值与意义问题。把价值与意义作为明确的主题加以研究是近代以来的事情。哈特曼、洛采要对价值是什么作出明确规定。在我国，价值哲学是同市场社会的发展与完善一起发展起来的。关于价值是什么、价值具有何种结构等问题的讨论始终没有中断过，因为这直接涉及价值哲学的研究方法问题。方法论虽然受制于本体论，但在一定程度上，方法决定着方向，决定着立场。在我国近些年的研究中，虽然很少有人明确表达自己之价值哲学的研究方法，但实际上已经显露出其研究方法上的指向：客体主义、主体主义、结构主义、解释学、心理主义，等等，这从言说者对价值的定义、分类上完全可以体会出来。但价值问题本质上不是一个认识问题，而是一个实践问题，是相关于人的生存境遇的社会历史问题，因此价值的原始发生对于价值哲学来说乃是具有本体论意义的问题。如果要给价值的原始发生以一个名分的话，这便是价值现象学。

价值现象学要义有二：价值与意义的原始发生；价值与意义现象的历史还原。就价值与意义的原始发生看，有两个核心环节：直观与意向性。直观是对价值与意义进行现象学考察的主体性要求，研究者要把有关价值与意义的主观性要素（成见甚至偏见）、具体的社会历史条件暂时悬置起来，直击价值与意义的“真理”，考察价值与意义之原始发生的一般逻辑或逻辑一般。意向性是对创造价值与意义并消费价值、体悟意义的人（此时的人被称为主体）之本真状态的直观把握。意向性[①]范畴表达着作为主体的人的两种状态与指向：其一，不足与匮乏的状态，以及由此决定的由外向内的摄取指向；其二，过量的状态，以及由此决定的由内向外的释放和表达状态。正是因了作为主体的人的特定状态和指向才决定了人的意向性本质，指向性、倾向性与选择性是意向性的另外几种言说形式。当然，并不像机械唯物主义者所想象的那样，认识或实践之原始发生是非常简单的，即便各种心理活动是存在的，也是分别发生的。在价值现象学看来，事情则刚好相反，任何认识活动的发生都伴随着复杂的心理过程，不但具有意向性、倾向性和选择性，而且伴随着复杂的体验（das Erleben），这已为认知主义心理学所证明。体验是与意向性一同发生的生命过程：经历

①我们只是借用了胡塞尔的“意向性”范畴，而与他本人对意向性的规定与使用有所不同。

与体悟。如果说在价值的创造过程中，意向与体验是隐藏着的，那么意义的创造与体悟就是意向与体验本身。

关于价值与意义的现象学考察并不仅限于对价值与意义之原始发生的一般性考察，更为重要的工作在于考察特定历史条件下的人们是如何创造价值与意义，又是如何消费和体悟价值与意义的，这就是所谓的现象学还原。价值与意义的现象学还原需要完成两个事项：其一，将悬置起来的各种要素重又放回到事实中去，其实，各种要素原本就在事实中，我们无法在事实上将这些要素从事实中清除出去，但我们可以在观念上做到这一点，这是理论的需要，也是理论的优点。被还原到事实中的要素既有客观的，如自然环境、社会设置、科学技术、人口数量，又有主观的，如需要结构、消费倾向、价值观念，等等。我们要在这些已经给定的历史条件中考察价值与意义的原始发生，诸如传统社会的人们创造价值与体悟意义的方式就不同于现代的人们。其二，考察特定时代的人们在创造价值与体悟意义的过程中所产生的问题。比如，胡塞尔的现象学本身恰是现代化的一个理论后果。“构造”、“意向”与“体验”恰是现代性的核心词。胡塞尔的现象学以及现象学所呈现的内容都是现代性的一个表征。

考察价值与意义的原始发生对于价值哲学的研究方法来说，具有如下两个参考价值：第一，经过十数年，中国价值哲学研究不能仅停留于概念的界定和结构的分类上，理应深入到社会历史的深处考察近代以来价值与意义的原始发生及其问题。第二，价值哲学若不与其他相关学科、理论相比较和交流，就只能停留于表面化的讨论中。关于现代化、现代社会、现代性、现代主义的研究已经为价值哲学的深入发展提供了材料和观点，价值哲学只有得到社会哲学和历史哲学的支持，并与其他相关学科相结合，才能深入和拓展。关于价值与意义的发生学方法，其意旨并不在于讨论价值哲学的研究方法，而在于指明价值哲学进一步发展的一种可能的方向。

（原载《学术月刊》2008年第1期）

过程代价论

阅读提示： 代价是创价的另类形态，是人类力求减少或规避的无价值或反价值。创价附着在创价活动之中，无任何成本和付出的完全创价是不存在的。代价主要有模式代价和过程代价两大类，而在具体的历史实践中，二者又紧密结合在一起，具体表现为共时性形态的价值冲突和历时性形态的价值冲突，市场经济便是这样一种充满创价与代价的经济组织方式。人类只有通过提高自身素质、发明科学技术、建立制度供给与制度变迁的途径以规避代价。人类必须树立正确的代价观。

代价问题是近年来价值哲学讨论中的热点问题，是价值理论研究进一步深化的重要标志。它意味着人们开始运用立体思维，研究人们在进行各种创价活动时出现的无价值、负价值甚至反价值现象。人们愈来愈清楚地认识到，创价活动不能只着眼于能够给人类或个人带来什么，而应该考虑在带来某种价值的同时，失去了什么，如环境代价和代际代价问题，规避代价是创价活动不可缺少的组成部分。代价意识和代价理论的逐步确立，使价值哲学成为植根于生活世界之中的价值理论。一如价值哲学研究一样，研究代价基本理论是推进代价理论研究的基础性工作，当这一前提性工作基本完成以后，就应转入对现实的社会历史过程中的代价现象和代价问题的分析，这是代价理论和生活实践所共同要求的。因此，我们试图用社会历史哲学的分析方式去讨论创价与代价、模式代价与过程代价的具体关系及其实现方式，而放弃过去那种脱离现实生活的纯结构主义的分析范式；我们主张把从前的元价值哲学还原为生活哲学，或找到一种人性化和生活化的价值哲学范式。在社会转型的背景下，在创价与代价、模式代价与过程代价的相互关联中，探讨现实生活中的代价问题，或许是实现这种努力的一种形式。

创价与代价

创价与代价的人学基础在于人的特殊的存在状态和存在性质，在于人在需要上的无限性与价值对象的有限性、个体需要的多样性与其创造价值对象之能力的单一性之间的矛盾。

人始终处于不足和匮乏状态，具有摄取和释放的性质，在同化与异化的指向上与一般有机物具有共同的性质，均依赖于周围的他物，借助于摄取和释放使自己处于平衡状态，没有了生存于其中的环境，便没有了自身。但就是这样的状态和指向，人与其他有机物却有本质的差异，人以外的他物因未能发展出与人相同的创造的能力和反思的特质，而只能完全地依赖于他物，只能在环境给定的条件下生存，改变的是自身，适应的是环境，因而它们是既定的存在物，是纯粹有限的存在物。人则不同，尽管人也依赖于他物，但人是通过创造适应于人自己的环境而创造自身的。人天然要求自然界满足人，而自然界却天然不能满足人。自然只提供给人用以生产他所需的生活资料的质料，而不是直接的生活资料。只有依靠自身的体力、智力和情感力，借助于对象化的活动，人才能生产出所需的各种生活资料，人是依赖对象而依靠自身的，因而人是生成的存在物，他始终处在不断的生成之中，具有未完成性和敞开性。依靠自身是把人与动物区别开来的重要基础，也是人与其他物相比较而存在的优势。但这种优势不应成为人类无视甚至践踏其他有机物之存在权利的理由，相反，它应当成为人类负起责任的根据，只有在神性和物性关照下的人性才是全面的，应把人性概念推及人所生存于其中的整个环境。

但不论人怎样地依靠自己，都不能取消依赖自然这一点，无法取消自然的先在性，他永远都不能无中生有。人能够做的只是改变质料的存在状态以及不同质料间的结合方式，从而生成新的功能和关系态，这恰是创价活动的实质。创价活动本质上是人依靠自己的体力、智力、情感力通过改变物质结构、物质结合方式而造成和谐状态和结果的过程。创价活动就是追求价值。作为过程，价值表现为物与物、人与物、人与人的于价值主体来说的相宜状态；作为结果，价值表现为载有某种功能的存在物即价值物的生成。作为过程存在的价值具有时间性和此在性，过程一结束，价值也就终结了，留存下来的只有对价值的体验；作为结果存在的价值具有空间上的流动性和时间上的延续性，是可以转让的。对人来说，他既需要价值过程，也需要价值结果。无论价值以何种形态存在，有一点是可以肯定的，作为相宜关系和相宜状态，都只是事物之多种存在方式中的一种，物的存在状态和结合方式有多种，但不是所有的方式都对人有利，创价活动就是要借助各种手段通过各种途径找到其中较好的那种。然而，在创价活动中，可供人改造和利用的质料乃是稀缺的，人用以进行创价活动的主体能力如体力、智力和情感力也是稀缺的，由两种稀缺性所决定，尽管人面对着广阔的可能性空间及抱持同时完成多种事情的愿望，但在特定的时空背景下，人只能完成多种可能性活动中的一种。于是，人必须进行成本—收益计算，将有限的自然资源和主体资源进行有效分配，投入到最能带来收益的领域和活动中去。创价活动本质上蕴涵着效率概念，效率从正向看就是多多益善，就是节约，从反向看就是代价最小。代价是无效甚至负效的一种表现形态，是无价值、负价值甚至反价值。追求价值而规避代价是人的创价活动的基本原则。

代价有广义与狭义之分。广义的代价包括成本在内，是指为完成某件事不得不付出以及不该付出的东西，包括客体形态的原料、资金等，主体形态的体力、智力、情感、意志等。帕雷托效率最佳作为一种分析模型和理想类型，尽管是在经济领域提出并用来分析经济现象的，但在分析代价问题上依然有它的效用。假如一特定的创价活动所需的条件均已给定，且能做到各要素最优配置，其过程与结果应视为成本最小，因为资源利用最大化、收益最大化，尽管在实际的创价活动中，这只是一种理想类型，但它却告诉人们应该朝着什么方向努力。这样，我们就给创价活动以一个代价底线，这就是，无论采用何种技术形式、通过何种途径都无法减少的最低费用，是不得不付出的部分。显然，把代价最小作为首要原则的模型要比创价最高而代价也最高的模型更符合人类可持续发展的战略要求。减少最低费用的努力只有通过科技创新和制度创新来完成。

狭义的代价是指由于错误的观念或故意的行为所造成的超出最低费用之上的损失，如贪污腐败，按照现有的技术规则和制度体系，是不该付出的部分。这些不该付出的部分从承担主体来看，有自我承担和他人承担两种形式。由于决策失误，或未能全力以赴，使创价活动归于失败，造成损失和浪费，原则上应由创价活动主体承担，实际上也确实承担了，这是一种自我承担形式的代价方式。他人承担形式的代价方式较为复杂。政府或组织决策者由于玩忽职守，缺少职业能力，或根本没有决策能力而做出了错误的决策，导致创价活动归于失败，决策者未从中获益，政府与组织毫无缘由地蒙受了损失，这是一种最为严重的代价方式。另一种是由于机会主义动机或完全的个人利益最大化，决策者有相应的决策能力和管理水平，且实施了科学决策，但却把收益毫无缘由地据为己有，无偿地占有了属于组织或他人的利益份额。最可怕的代价方式是玩忽职守与贪污腐败相结合的方式。严格说来，上述几种代价方式属于微观形态的代价模式。而就人类历史演进的宏观背景来说，人类所经历和面对的代价模式是更为广泛和复杂的。实质上，人类演进的历史既是一部追求价值最大化的历史，又是寻找规避代价方式的历史，具体表现为共时性形态的模式代价和历时性形态的过程代价，亦即模式代价和过程代价，而在具体的历史活动中，二者又总是交织在一起的。

模式代价与过程代价

无论整个人类还是每个人，在具体的创价活动中都面临着模式代价和过程代价问题。对整个人类来说，采取何种样式的生产方式、交往方式和生活方式既决定着创价活动的类型也决定着代价的具体形态。任何一个社会形式都要解决三大问题，即生活资料问题、社会秩序问题和生活意义问题，由此决定有三大基本的活动领域，或者说都必须进行三种基本活动，即用以解决生活资料的经济活动，用以解决社会秩序的政治活动，用以解决生活意义的文化活动。从理论上说，三种活动形式之间的关系有三种组合方式：由政治活动统合经济和文化活动的方式；由经济活动统合政治和文化活动的方式；由文化活动统合经济和政治活动的方式。这种逻辑的历史似乎符合历史的逻辑，这就是前市场经济（前工业社会、前现代社会）、市场经济（工业社会、现代社会）和后市场经济（后工业社会、后现代社会）。在前现代社会，其经济组织方式为自然经济和计划经济，社会运作的轴心为权力和地位，社会结构是以政治统合经济和文化的结构模式，人们是为自己的需要而生产，社会整合是通过原始宗教、风俗习惯、家庭伦理和政治情结而实现的；在现代社会，其经济组织方式是以市场为导向进行资源配置的市场经济，社会运作的轴心是机器、资本和技术，社会结构是以经济为隐形核心的结构模式，货币几乎成了衡量一切价值的尺度，人们是为他人而生产，社会整合是借助于理性和理性化的反思性的制度得到实现的；在后现代社会，其经济组织方式是市场与调控相结合的经济类型，公平将成为优先的价值原则，社会运作的轴心是知识和人才，人们是为人的需要而生产，社会劳动和社会产品要在整个社会内分配，社会结构将是以文化作为隐形核心统合经济和政治，社会整合将采取多样化的形式：社会理性、后现代宗教、后家庭伦理等。

历史地看，尽管任何一个社会都以效率、公平和自由为三大基本价值原则，但前市场经济、市场经济和后市场经济在实现这三大价值原则的程度和方式上却是不同的。相比较而言，市场经济相对于前市场经济、后市场经济似乎有它鲜明的优势，而且许多人也有这样的感觉和认识，一些人甚至认为市场经济可以解决一切，而把从前的一切经济组织方式视为无效的，继而予以摈弃。事实上，事情并非如人们想象和感觉到的那样简单。可以这样说，历史上出现的任何一种生产方式、交往方式和生活方式都有其历史合理性，总会在一方面或多方面给采取这种方式的人们以满足。当我们逐步地经历了多种方式之后，我们发现，任何一种方式都有其为其他方式所不可替代的优势，又有为其他方式所没有或者已克服掉的劣势，伟大的优点总是同伟大的缺点相伴而生的。这就是模式代价之能够存在的社会历史根据。

作为人类种族中的组成部分，不同民族具有共同的“人性”，这种共同的“人性”是不同民族之能够交往和交流的人学基础，但这并没有取消他们在生产方式、交往方式和生活方式上的差异性，也无法取消各自的文化类型和精神特质。可以说，任何一个民族的生存方式和精神特质都是该民族在特定的时空背景下所能够找到的相对较好的一种方式，这种方式是人类诸多可能的生存方式中的一种，它为人类多种多样的生存方式提供了可资借鉴的类型。而任何一种生存方式都仅是可能的方式中的一种，而不是全部。一个民族或国家能够做的只是根据自身的地理环境、文化资源、心智力量选择一种适合于本民族的生存方式，而不是集所有民族之“优越性”于一身的生存方式。从可能性来说，不同民族生活在同一时间里，其各自优点可在同一时间结构里并存，但却是在不同的空间结构里，并存并不等于共存。这便是共时性形态的模式代价。20世纪中叶以后，落后国家和发展中国家，为了尽快摆脱落后局面，纷纷效仿西方先发国家早已发展起来的市场经济模式，这种经济组织方式被认为是迄今为止较有效率的一种，并大规模引进西方的资金、技术、管理甚至教育模式，走上了一条追赶型的现代化道路。乐观地说，这可能是实现进步的一个根本出路；悲观地说，这可能是西方文化殖民的开始。我们以为，选择何种生存模式，不是想象的产物，而是长期实践的结果。衡量一种生存模式对一个民族的效用，应以解决该民族的根本问题以及带来的实际效用包括生活感、幸福感为标准，而不应以符合引进的模式的程度为依据。

简单地说，所谓共时性形态的模式代价，是指当创价活动主体面对多种生存模式时所做出的艰苦抉择，选择意味着放弃，是人们在选择一种经济组织方式连同其上的政治组织方式和文化组织方式时，因放弃其他方式所必须丢失或放弃的价值，这种价值是另一种生存方式所具有的功能。

诸多模式在特定的时空背景下具有不可兼得性，当把一种模式变成现实时，其他模式客观上就不再可能实现，尽管各种模式之间都有一定程度的相容性，但绝不会相容到完全合一的程度。一种情况是，多种生活方式不可能在同一个社群或一种传统中同时出现，另一种情况是，“不同的生活方式崇尚不同的善与美德”，而“被一种生活方式所称赞的会被别的生活方式所谴责”。“人类能够实现的善的生活不可能全部包含在一个社群或传统中，这是因为人类之善过多地为冲突所阻碍。”[①]每一种模式都有其个性范围，如果生硬地将两种本质上不相容的模式杂糅在一起，就会以伤害各自的个性为代价。

而任何一种模式都如同一块银币的两面，在给人们带来创价的同时，又有其不可去掉的代价，这就是历时性形态的模式代价。历时性形态的模式代价是指，当人们选择了一种创价方式时也就同时选择了附着其上的代价方式，在这种方式下，创价活动的展开形式也就是代价的生成过程。创价模式与代价模式是一个实践活动的两种效应，代价就附着在创价之上。人们总是想象着、企盼着一种去掉代价的创价形态，这不但不可能，反而形成了一种根深蒂固的错误观念和行为方式，即一种逃避代价和责任的行为方式。趋利避害始终是人的一种偏好，但偏好无法改变创价与代价共存于一个统一体中这一事实。我们能够做的也应该做的，首先是不仅有价值观更要有代价观，在选择一种模式的时候要有承受与该模式一同而来的代价和承担相应的责任的准备，要培养起承受代价的能力。其次，要努力通过科技规则和制度安排，减少代价程度，趋于代价的底线。

市场经济相对于自然经济和计划经济是一种相对有效率的经济组织方式，但市场经济依然有其不可去掉的代价方式；[②]后市场经济相对于市场经济是更有效率的方式。在这种社会的结构性变迁中，每一次社会转型都增进了新的内容，也累进了传统的资源，但它无法承继传统中一切有价值

---

①［英］约翰·格雷：《自由主义的两张面孔》，江苏人民出版社 2002 年 1 月版，第 6 页。

②关于市场经济的伦理价值的详细讨论，参见晏辉《市场经济的伦理基础》第一章“市场经济的伦理辩护”、第八章“市场经济的伦理批判”。（山西教育出版社 1999 年 12 月版，第 25—93 页、第 261—277 页）

的东西，包括后市场经济在内。我们可以构想出一个后市场经济的美好蓝图，作为“理想类型”它克服了从前一切经济组织方式的代价方式，而将创价方式集于一身，而实际的历史过程呈现给我们的总是创价与代价相混合的方式。这就要求人们必须用历史的、反思的、批判的态度研究具体的社会组织方式。

由前市场经济、前工业社会、前现代社会进到市场经济、工业社会、现代社会，再进到后市场经济、后工业社会、后现代社会，体现了社会进步的梯级结构。在这种历史演进的背后体现的是人的逐步解放的心理历程。“人的依赖关系（起初完全是自然发生的），是最初的社会形态，在这种形态下，人的生产能力只是在狭小的范围内和孤立的地点上发展着。以物的依赖性为基础的人的独立性，是第二大形态，在这种形态下，才形成普遍的社会物质交换，全面的关系，多方面的需求以及全面的能力体系。建立在个人全面发展和他们共同的社会生产力成为他们的社会财富这一基础上的自由个性，是第三个阶段。”[①]但每一次转型又都产生了新的价值问题。马克思就是用辩护与批判的态度对待这种历史进步中的价值二重性的。资本主义作为市场经济实现其自身的一种形态，在创价活动中又造成了新的无价值甚至反价值。“资产阶级在它不到一百年的阶级统治中所创造的生产力，比过去一切时代创造的生产力还要多，还要大……过去哪一个世纪能够料想到有这样的生产力潜伏在社会劳动里呢？”[②]但资本主义却存在着似乎挥之不去的沉重代价：劳动异化以及建立在异化劳动之上的生活异化和人性异化。在异化劳动下，由于劳动不再是人显现其“真理”的形式，不再是“自由的生命的表现”，不再是“生活的乐趣”，“我的个性同我自己疏远到这种程度，以致这种活动为我所痛恨，它对我来说是一种痛苦，更确切地说，只是活动的假象”。[③]在异化劳动的环境下，既没有创造出用于提升人性的意义系统，更没有培养起人们体悟意义、享受意义的感觉系统。“因为任何一个对象对我的意义（它只是对那个与它相

① 《马克思恩格斯全集》第46卷（上），人民出版社1979年7月版，第104页。
② 《马克思恩格斯选集》第1卷，人民出版社1972年5月版，第256页。
③ 《马克思恩格斯全集》第42卷，人民出版社1979年5月版，第8页。

适应的感觉说来才有意义）都以我的感觉所及的程度为限。”“忧心忡忡的穷人甚至对美丽的景色都没有什么感觉。”[①]商品交换的普遍化，使作为交换之媒介、财富之符号的货币成了价值的核心，获得了超验的话语权力。它使人们之间的全部关系都澄明了、简单了，这就是“金钱关系”。“资产阶级在已经取得了统治的地方把一切封建的、宗法的和田园诗般的关系都破坏了。它无情地斩断了把人们束缚于天然首长的形形色色的封建羁绊，它使人和人之间除了赤裸裸的利害关系，除了冷酷无情的‘现金交易’，就再也没有任何别的关系了。它把宗教的虔诚、骑士的热情、小市民的伤感这些情感的神圣激发，淹没在利己主义打算的冰水之中。它把人的尊严变成了交换价值，用一种没有良心的贸易自由代替了无数特许的和自力挣得的自由。”[②]

共时性形态的模式代价与历时性形态的模式代价，是从空间与时间两个维度来看的，而在实际的历史发展中，二者是交织在一点上的。另一方面，无论是哪种形态的模式代价都要通过过程代价体现出来。任何一种创价活动以及连同其上的代价方式都是具体的、历史的，都在生成着和发生着，人们在经历着和体验着它们。因之，模式代价要通过过程代价体现出来，并最终表现为过程代价。

过程代价是指，当选定一种社会的组织方式和一种生存方式之后，除了放弃另一种模式的“好处”之外，还必须承担和承受与所选择的方式不可分离的代价模式。在这个意义上，历时性形态的模式代价也就是过程代价。

市场经济与过程代价

我们可以研究任意一种创价模式的过程代价，如自然经济、计划经济，但有实践意义的是社会主义市场经济这种创价模式的代价问题。

---

① 《马克思恩格斯全集》第 42 卷，人民出版社 1979 年 5 月版，第 126 页。

② 《马克思恩格斯选集》第 1 卷，人民出版社 1972 年 5 月版，第 253 页。

对于后发国家和发展中国家来说，关于市场经济似有一种幻觉：市场经济是万能的。有了这样一种“成见”，在建立和推行市场经济过程中出现的各种问题似乎就有了被合理解释的根据。市场经济的历史实践表明，一如所有的经济组织方式那样，市场经济也有其不可去掉的过程代价。在把创价带给人们的同时，也把代价或显现地或隐性地带给了人们，突出地表现在科学技术的价值二重性，人与自然、人与人、人与自己的疏离化以及意义的迷失与追寻三个方面。

1. 科学技术的价值二重性

真正的科学技术发展于近代，与市场经济的发轫与发展似乎有着必然联系。市场经济的首要原则是追求效率，而带来效率的主要途径便是科技创新和制度创新。科学技术与市场经济的魔力使人们在全力追求创价的同时，忘记了过程代价的可能与现实。现代科技几乎可以分解一切又可以合成一切的功能，使人类形成了科技可以解决一切价值问题的幻想。“给我一个支点，我将撬起整个地球”，“给我物质，我将告诉你世界是怎样形成的”。然而正是这种实践与观念使人类走到了愈来愈受技术理性奴役的地步。人们开始反思，技术到底是什么？技术为着什么？

技术是人在自己与自然之间完成的一种设置，这种设置是人借助于自己无机的身体以及无机身体的替代形式——符号系统，所完成的物与物之间、人与物之间的组合。人类为何要借助于科技竭尽全力地完成这种组合呢？人类发明技术可能有许多打算，但有两点是至关重要的，一是存在论的，一是认识论的。存在论上的目的是为着借助于科技，通过设置一种于人有利的关系结构，造成对人有用的价值过程或价值结果，以满足人们日益发展起来的各种需要。科技作为一种设置过程，证明了人是一个依赖自然而依靠自身的，是自在而自为的存在物。“只有当物按人的方式同人发生关系时，我才能在实践上按人的方式同物发生关系。”[①]借助于科技所完

①《马克思恩格斯全集》第42卷，人民出版社1979年5月版，第124页。

成的设置，人类愈来愈掌握了世界，自然在人面前愈来愈“裸化”，在科技面前，一切神秘的东西都无所遁其身，它满足了人孜孜以求地了解世界本质的愿望。简言之，科技是一种去蔽方式，是一种祛魅过程。“科学和技术，即创造知识的两种形式，也就是揭示事先未知事物的两种形式。”① 在近代，科学的迅猛发展，技术的快速挺进，使人们产生了一种以真理形式出现的理念：“知识就是力量”，“我思故我在”。笛卡儿的认识论承诺连同先前的本体论承诺同培根的技术理性一起为科技的合法性提供了哲学依据。在他们看来，科技的真理就在于揭去自然神秘的面纱并为人带来他所需要的一切。此种科技真理观强劲地支持着科技的发展和广泛应用。

一如人类近代以来执着地追求技术理性是一种片面的实践方式一样，把科技看成人在自己与自然之间的设置乃是一种片面的真理观。因为科技作为“去蔽的方式可有不同的特征。自然可能遭到科学与技术的挑战，或者受到它们的呵护”。然而，近代的人们恰恰把科技看成是“向自然提出的挑战，看成是对自然挑战式的设置，为的是使技术作为贮备，让它服务于人的目的”。②海德格尔将技术对自然无所顾忌的设置看作人与自然之真理的危险错置。因为在这里真理只是作为一种设置、人的工具，而不再是在其所是的丰富性上显示自身。现代技术是对自然施加的暴力，而不是顺从作为自然的存在在其增长过程中的去蔽形式：技术作为现代化的标志就是，形而上学得到自我表现和自我实现，就像计算理性完成了旨在占有和支配自然的计划，而这种被占有和支配的自然本身也就失去了自然本来的意义。但是我们作为自为的存在者，却远没有借助技术的方法成为自然的主宰，相反，我们自己作为自然的一部分也服从技术的要求。人类中心主义价值观和技术理性的推动，使人们只注意技术和工具对存在的作用，这是对待自然的一种非培育的方式，因为它从不注意对象的本来存在。“它只是通晓其活动的主要作用的聪明，却没有洞察其行为副作用的智慧。它不顾及存在的反作用，而存在自身有它的自身权利（eigenrecht）及自身秩序。”③

解决技术的合理性问题，其通过取消技术以使人返璞归真的路径显然

①②［德］彼得·科斯洛夫斯基：《后现代文化》，中央编译出版社 1999 年 1 月版，第 3 页。
③同上，第 7 页。

不现实，较为可行的道路可能有两种：文化的和技术的。文化的方式亦即理念的方式，使技术这种去蔽方式变成一种文化活动，它不再是挑战而是培育。给技术以文化的基础的理念在亚里士多德那里便有了初级形态，他严格地区分了实践和创制这两种活动形式。“实践所具有的理性品质不同于创制所具有的理性品质，两者并不相互包容。实践并不是创制，创制也不是实践。营造术就是一种技术，并且是创制的理性品质。如若不具备理性品质，创制也就不是技术，这种品质不存在，技术也就不存在。所以，技术和具有真正理性的创造品质是一回事情。”[①]在古希腊，德性概念并不仅限于人以及人的行为，自然也有德性，在某种意义上自然的德性便是其存在的合理性，不知从何时起，德性专归人所有了。与此同时，技术也成了人实现其本质的工具。不应把交往概念仅用来指称人与人之间的关系，而应扩大到——准确地说是回归到人与自然的关系那里去，人与自然是交往关系而不是生产关系、主客体关系。毫无疑问，人以外的其他存在物都不具有人那样的理性和能力，因而无法从事实践活动和创制活动，更无法从事科学和实验，但其他存在物并没有因此而失去其存在的合法性，人有理性和能力并不能成为人挑战自然甚至破坏自然的根据，恰恰相反，人应该为其理性和能力的结果负责。人应该依照善与美的价值标准而不应该仅以功利标准亦即实践理性去对待自然。与现代人们主张科学技术的本质在于使世界“祛魅”的观点相反，后现代的科学家和哲学家则主张科学技术的“返魅”。科学技术的“返魅”的过程是要重新确立一种科技真理观，以使这种真理观成为后现代科学技术的价值基础。“鉴于现代科学导致了世界的祛魅和科学本身的祛魅，今天，一些因素正在聚集起来，形成一种后现代的有机论；在这种有机论中，科学和世界都开始返魅。后现代的有机论除了为解决主要源于祛魅而产生的现代性的特殊问题提供了依据外，还在理解科学本身的统一性方面为科学提供了比以往更好的依据。”[②]后现代宇宙论要求我们对科学技术的性质及其应用进行反思，既要给科学技术的理解以伦理的基础，又要给科学技术的应用以伦理的限制。基因移植技术

①《亚里士多德全集》第 8 卷，中国人民大学出版社 1994 年 3 月版，第 123—124 页。
②［美］大卫 · 格里芬：《后现代科学》，中央编译出版社 1998 年 1 月版，第 43 页。

已成为现代生物学的尖端技术，特别是人类遗传基因密码的破译，为人们的生产和生活提供了生物经济和医疗经济方面的支持。基因移植既可以在发现疾病并提供治疗方面作出努力，也可以通过技术干预人类自身的生殖过程而减少弱智和残疾的数量，人们甚至设想，让那些在体力、智力、情感和意志方面均占优势的人集中进行人口生产，并集中进行哺育和看管；人工繁殖技术还可以使生命的发生过程分阶段地进行，其结果可能使孩子具有多重父母，建立在血缘关系之上的家庭伦理将会弱化。“由于基因和生殖工程的发展而引起的忧虑之根源在于下述事实：通过它们得以实现的干预所涉及的不是随便一种中性价值的物质，而是关系到一向被视为‘神圣’的、具有自身道德和美学价值的人的自然体，亦即人的本质。尤其这些技术侵入了这种人的本质中特别‘敏感’的性行为和繁殖这一部分，所以变得更加严重。”基因伦理学强调说：“绝对不能把这样一个原始的过程当作一个简单的从内向外的空间位移突然之间予以取代。它涉及到人类历史中的一个根本性的转折。无论你怎样巧妙地把生物学的后果减至最低，这种位移最终还会在感情、文化和社会方面引起深刻的反响。”[①]科学技术的发展逻辑与人类价值的发展逻辑的悖离是科技代价的直接根源。

2. 三种疏离化

（1）人与自然的疏离化。自然既是人类生产他所需生活资料的对象、原料，又是进行这种生产的环境。在自然经济中，天、地、人是统一着的，尽管这是一种原始的统一。受实践能力和认识水平的限制，人们对自然的改造和利用是极其有限的，因而生态问题还远没有成为一个重大的社会问题，生态、生态伦理、生态经济学、生态哲学等范畴和思想也没有产生。这主要是因为在自然经济中，农业是最主要的经济活动，手工业尽管已有相当程度的发展，但本质上还是直接为农业生产服务的，为农业生产提供必要的生产工具。农业与工业不同，农业本质上是一种“生

① [德]库尔特·拜尔茨：《基因伦理学》，华夏出版社 2001 年 1 月版，第 126—128 页。

态经济”，其生产对象（谷物和蔬菜）要么是自然界原本就有的，要么是通过一定的技术嫁接而成的，但它始终没改变与外界进行光、气、水等多种要素交换的过程，即是说，要保证农业生产的成功必须保持一定的生态平衡。而工业却不同，工业生产本质上是一种合成过程，它需要高度发展的生物工程技术、化学工业技术等。但有一点是清楚的，人类无论怎样合成，它都必须从自然界获取最原始的质料；合成过程与农作物的生长过程不同，后者必须始终与外界环境保持平衡，而前者却不一定这样；工业生产的结果是合成出了自然界所没有的“新产品”，这些“新产品”可能含有既对环境有害更对人有害的物质。所以有人说，工业造成了三度破坏和污染：获取原料、生产过程和消费结果。

在西方，市场经济、工业化和现代化大体上是同一的历史过程。在经历了两次工业革命以后，人们的生产能力和生产技术大大提高了，并在这种提高中获得了极大的满足，一时间人们沉浸在对自然胜利的喜悦之中。20世纪中叶以来，人类曾一度任意改造、随意攫取的自然以其特有的“无声无息”的形式惩罚了人类：空气污染、植被破坏、河水泛滥、资源匮竭、怪病丛生，自然以惩罚的形式告诫说，人原本是自然的一部分，因此他的想法和活动必须限定在自然所规定了的界限内。现代生活中的自然环境问题固然不能直接归在市场经济的名下，但它总是和市场经济有内在联系的。从人与自然关系的历史结构来看，它们经历了和正在经历着三种形态：人依附自然的原始合一状态、人征服自然的对抗状态和人共处自然的发展和谐状态。开始于近代的大规模地征服自然和对抗自然的活动，在经历了几十年甚至上百年的历程之后，由这种征服和对抗所造成的反伦理性才逐渐地暴露出来。直到这时人类才对自己的行为进行反思，试图给出一个正确处理人与自然关系的伦理基础。现代生态伦理观是建立在对近代以来的、曾支撑了工业化过程的生态观的批判基础之上的。

人类中心主义是近代开始的现代化过程的观念基础。人类中心主义的哲学基础是贯穿于至19世纪西方哲学中的世界本原论和人类理性论。从古希腊的泰勒斯开始直到黑格尔止，哲学家们要么通过经验的途径要么借助理性的方式，执着地探究着世界的本原问题。无论哲学家们把世界的本原归结为“始基”、“原子”还是“精神”，他们的前提是共同的，那就是都承认“世界是有本原的”。人何以能够把握世界的本原呢？理性主义者认为，人凭借至上的、无限的理性可以做到这一点。“我思，故我在。”在由人以及人的活动所构成的世界，人永远是主体，人以外的他物永远是被认识、改造和利用的对象。在近代开始的现代化进程中，观念形态的人类中心主义又通过物质的方式即科学技术的方式得到了证明和实现。现代科技极大地提高了人的生产能力，机器和生产工具延长了人的身体，使人的活动领域在广度和深度上达到了前所未有的程度；活动效率的提高和活动领域的扩大，进一步满足了人们日益发展起来的物质和精神需要，而这种满足本身又近一步地激发起了人的获取欲、占有欲和满足欲。这一切又进一步地强化了人类中心主义的信念。“现代人没有感到自己是自然的一部分，而感到自己命定是支配和征服自然的一种外来力量。”[①]人们向自然开战，在现代化的进程中，这种面向自然的战争进行得很顺利，使他们产生了力量无穷的幻觉。“科学技术的惊人成就滋长了这种力量无穷的幻觉。”[②]人类更加相信自己，他“可以合成一切、创造一切、支配一切，给我理性和技术，我将给你造出一切来。”

“自然无价值”论是近代随意开采、占有、利用以至破坏自然资源的一个观念基础。随同市场经济一起发展起来的西方近代经济学，不论是强调流通领域重要的重商主义者，还是看中生产领域的劳动价值论者，都未给自然资源以足够的重视，用以进行生产和交换的成本中不包含资源，资源只是作为生产中的一个要素来看待的，他们似乎倾向于“把我们自己没有创造过的一切东西都看成是无价值的”，不但一些经济学家这样认为，而且绝大多数的实利主义者（工厂主、企业家）也是这样做的。英国经济学家舒马赫对此批评说：“现在我们的确已经努力创造了有助于我们进行生产的部分资本——大量科学、技术及其他知识；复杂的物质基础结构；无数种先进的基本设备；等等。但所有这些只不过是我们正在使用的全部资本中的一小部分。更多得多的资本是自然界提供的，不是人提供的，然

①［英］F. E. 舒马赫：《小的是美好的》，商务印书馆 1984 年 5 月版，第 1—2 页。
②同上，第 2 页。

而我们竟然没有看到这一点。这一部分较大的资本目前正以惊人的速度在耗尽。”[①] “世界是无限的、资源也是无限的”观念，以及“资源不是人通过劳动创造的因而是没有价值的”观念，是近代以来自然环境遭到严重破坏的最为直接的观念基础。

资源的耗费、能源的枯竭、环境的破坏，自然以其自在的、被动的方式惩罚着人类，人们日益感到，曾给人类的生存与发展以雄厚基础和强大支持的自然与自己疏远了，这个原本是人化了的自然却非人化了。实际上，不是自然疏远了人，而是人疏远了自然，是人通过自己狭隘的甚至是错误的观念和行为使熟悉的、须臾不可分离的自然变成了陌生的、异化的自然；人类认识到，要还自然、自然界中的动植物以应有的权利，在人与自然的关系上，要给人的观念与行为以必要的和必需的伦理基础。

在舒马赫看来，为着使近代以来的人与自然的对立转变为人与自然的和谐，必须重建一种生活方式，这种生活方式包括物质的和精神的两个方面。“在工业方面，我们可以把注意力放在发展小型技术、比较非暴力性的技术、‘具有人性的技术’上。”[②]

1968年4月，在意大利罗马林赛科学院集会上成立了“罗马俱乐部”，并通过了“人类困境”研究报告。该报告以大量内容丰富的实际材料，在客观上证实了在发达资本主义社会的条件下，科学技术发展的后果——对人类和人类的未来所造成的威胁。《增长的极限》、《人类处在转折点上》、《重建国际秩序》、《关于财富与福利的对话》、《微电子学与社会》等报告，均以翔实的材料和明确的观点表达了正在走向后工业社会的人们强烈要求过一种人与自然、人与人和谐相处生活的愿望。

（2）人与人的疏离化。市场经济条件下，生产的社会化和交换的普遍化，使人们建立起了普遍的物的依赖关系；个人收益最大化的愿望以及一切都要借助物的货币尺度确定和衡量其价值的社会关系的确立，使人与人之间的立体的社会关系平面化了。这是一个繁化与简化的矛盾：一方面，分工、生产、交换日益复杂化；另一方面，人与人之间的关系日益简

①［英］F. E. 舒马赫：《小的是美好的》，商务印书馆 1984 年 5 月版，第 2 页。
②同上，第 7—8 页。

单化，以至于一眼望尽。澄明生活并不意味着把生活变得毫无秘密。人们发现，人们之间的经济联系强化了，而情感的、伦理的、精神的纽带弱化了。当人们斩断了曾严重束缚人们的伦理的、宗教的桎梏的时候，一时间似乎获得了前所未有的自由，然而很快又陷入了物的依赖性关系的束缚中。物的依赖性使人们的普遍交往获得了一定的物质基础，然而它又阻隔了人们之间深度意义的交往。人们感到很熟悉，却又感到陌生，人们以物的形式出现又以获取物的目的而终结。平面化的人际关系必然造成个人生活的平面化。

（3）人与自身的疏离化。依靠伦理的和精神的纽带把人们整合起来和依靠经济的依赖性把人连接起来，其结果是大不一样的。后者表现在人的生活上必然是需要结构和生活结构的平面化和片面化。具体言之就是生产和交易活动的短期行为、急功近利、利己主义，生活上的及时行乐和膨胀消费。人不仅对他人和社会陌生，对自己也感到陌生，愈来愈不认识自己，于是在高度发展了物质文明的现代社会重又提出了“人是谁？”“我是谁？”这样的本体论命题。人不但需要生活更需要对生活的价值解释和意义支撑，这就是人文关怀或终极关怀。而能够成为终极关怀的恰恰不是可直接视见的、可计算的商品或货币，而是那些把人们的生活和命运联在一起的伦理的或类似于宗教的精神，只有超物质的东西才能成为共同的和普遍的东西。然而，这种精神性的东西却随着现代化进程而开始的世俗化过程逐渐消失了。美国当代伦理学家麦金太尔把现代伦理生活称之为“德行之后”。那么作为“德性之后”的伦理生活是一种怎样的状况呢？

第一，原有道德价值结构的拆解。在中世纪，基督教伦理是社会意识形态的核心；计划体制下，共产主义道德是社会意识形态的核心，它们曾依凭政治的力量把人们的观念、心理和行为给统合起来，并形成由原则、规范和范畴组成的层级结构；市场体制下，这个结构被逐渐拆解，人们的行为和观念由先前的大众化、一律化转变为个人化和多样化。第二，道德语言系统中关键词的隐匿与消失。计划体制下，集体主义是最基本的道德原则，其下还有诸多规范和范畴，如“全心全意为人民服务”、“为着集体利益而无条件地牺牲个人利益”、“义务”、“良心”、“幸福”等等。这些原则、规范和范畴曾被理解、认同和践行，达到了理论和实践的统一，因而具有普遍有效性。市场体制下，往日那个依凭政治的权威而形成的生活共同体逐渐被依靠经济依赖性而维持的共同体所替代，以集体主义为核心的道德话语似乎失去了社会整合的效力，仅是充当了日常生活中伦理批判的手段。相反，“利己主义”、“拜金主义”、“个人享乐主义”倒是成了现代道德话语系统中的常用词。第三，统一的道德评价尺度的消失。当人们面对着一个共同的道德尺度的时候，其行为的伦理性才是可通约和公度的。市场体制下，共同尺度的消失，人们似乎失去了一个共同依执的标准。而物质利益的追求与享受又是不可让度、不可共同分享的，它不会像道德那样具有公度性。麦金太尔说：“我从一开始就注意到当代道德言语的两个核心因素，一是概念的五花八门，并且明显地不可同约；二是分歧双方若欲结束争论，就得独断地使用最终原则。”道德变成了见仁见智的个人问题，人们成了道德生活的他者。道德语言是道德价值系统的直接表达形式，也是人们在伦理层面进行沟通、理解和评价的重要媒介，借着道德语言可以形成普遍有效的道德判断。

3. 意义的迷失与追寻

人是唯一能够要求意义、创造意义并体悟意义的存在物。借助现代科学技术而发展起来的物质生产，无疑地给人们能够健康生活、幸福生活提供了前提，但生活的前提并不就是生活本身。会有这样的情况，当人处于艰难境地为着他心中的“灵异”所指给他的方向而“拼搏进取”时，他感到充实而饱满；而他所需要的生活资料“应有尽有”时反倒觉得失去什么似的。实际上他并未失去什么，只是由于他的需要发生了指向的转移，那就是超越于物的世界之上的精神系统的追寻，包括信仰、关怀等。而包括信仰与关怀在内的意义系统只有通过精神生产才能得来。而精神生产与物质生产具有不同的主体要求和运行规律，它是人性潜质的开发，是心境与体悟能力的提升。用以完成此任的人必有社会时间保证，足够的心志力量和强烈的对象化愿望。在现代化运动中这些条件似乎未能随着科技的发展、经济的挺进和物质需要的满足而一同发展起来。意义的迷失与追寻将成为继现代化之后人类所面对的主要的事情。

于是，伴随着现代化进程而来的过程代价就既有人与自然的关系、人与人的关系，又有人与人类精神的关系。

（原载《天津社会科学》2003年第2期）

虚拟享用：伦理辩护与批判

阅读提示：虚拟享用是人在需要及其满足方式上的一个重要环节，同时也是一种心理机制和实践行为。借助虚拟享用，人的占有、显现和创造的欲望被极大激发起来，从而使人的生活世界变得丰富多彩，提升人的幸福感。但虚拟享用却是一个悖论性的存在：在使人的各种需要得到满足的同时，可以使个体同自然、社会和自己和谐相处；也可以使人的占有、消费和炫耀的欲望得到神圣的激发，以致超出同代和代际规定给它的伦理界限，造成奢侈和浪费。虚拟享用本身无善恶之分，但虚拟享用的实现方式却有好坏之别，关键在于社会给出的是一种何种样式的设置。资本在世界范围内的运转是我们直观到的一个基本事实。本质上，资本并不是简单的商品和货币，而是一套复杂的社会设置，资本原本是在追求快乐与幸福的推动下、在商品—货币设置的保障下、在科学技术的支持下而被发动起来的，然而资本这辆战车一旦被发动起来，便沿着属于自己的运行轨迹前行，它靠着自己强大的惯性把人们带入一个不知疲倦地生产—消费、再生产—再消费的境地，生产—消费、再生产—再消费的运行逻辑使人来不及考虑消费的合理边界。分析资本的运行逻辑，考察虚拟享用的运行机制，指明一种引导虚拟享用朝着合理方向发展的社会安排，是本文的核心任务。

虚拟享用何以可能与如何可能：一种现象学考察

需要、欲望和虚拟享用是密切关联的范畴，其间具有起始于需要、中经欲望而生发虚拟享用的演进逻辑。为着把握虚拟享用的实质以及它与需要和欲望的关联，我们暂时将引发虚拟享用的社会设置和环境悬置起来，直面需要、欲望和虚拟享用本身，借以现出它们的本真状态，这是一种现象学的方法，对理论研究来说，这是可能的也是必要的。需要、欲望、需要意识是相互关联但却有区别的概念，有学者未加区分视为同一个范畴。此种思路可能导致两种逻辑结果：一是把需要、欲望和需要意识视为实体范畴，继而把价值看作是完全物质化、量化、可计算的“成分”，结果取消了价值的主体性即意义内涵，取消了人类活动的基于生物性（物质性）之上的社会性和精神性特质。事实上，快乐与幸福的质量与物质财富的积累不是亦步亦趋的关系，人可以在少量的物质财富中创造并体会出许多意义来。二是把需要归结为主观性的欲望和需要意识，视价值为主观体验，使价值成为无法衡量、不可让渡的“主观效用”，这种逻辑的极端形式有可能是将一些虚假的、过量的、奢侈的需要意识或欲望视为合理的存在，从而使需要越过了身外的自然、人自身的自然规定给人的界限。事实上，需要与需要意识（欲望）是不同的。需要是指生命的一种存在状态，表现为不足、匮乏、释放的状态，以及由此造成的由外向内、由内向外的摄取和外化的指向。当生命机体经验到这种状态和指向时，就会形成一种需求。人在把有边界的需要变成需求、欲望这些需要的主观状态时，常常使原本有边界的需要变成了倍加的、日益膨胀的心理能量，加之人有一种在现实满足需要之前预先满足的特质，这种预先满足乃是一种想象体验，而非真实体验，会加诸一些少有的或根本没有的成分，这种想象满足又一次扩张了需要的原初广度与力度。澄明需要的存在论层面与认识论层面的区别与关联，旨在揭示人是如何使需要从有边界的存在变为无边界的欲望的，以及由此引发的一系列问题。

需要与需要意识或需要感是不同的。人与人以外的生命物质一样，只有与外界进行物质、能量与信息的交换，才能使自己存活下去。这是自然界给有生命物质规定的限制，自然界中的一切事物都不能超出自然规定给它们的界限。其一，人不但处在不足、匮乏、摄取、释放的状态，而且处处感受到这种状态，并把这种状态置于思考之下。感受到了的且作为表象存在的不足、匮乏和释放的状态就是需要感或需要意识。观念的或表象化的存在一定与存在本身有所不同，“观念的东西不过是移入人脑并在人的头脑中改造过的物质的东西而已”。但毕竟经过了移入的过程。经过移入和改造，不足、匮乏和释放变成了脱离原初状态的观念存在，观念的存在可以在观念的范围内被重新分解和组合。因此，通常说来，需要感或需要意识总比需要本身来得多样化和强烈。而这种结果是靠了人的理智作用。其二，理智使需要的殊多化成为可能。它把人的需要按照由低到高编排成由物质需要进达精神需要的序列；根据环境的变化和自身的偏好作出策略最优选择，见出优势需要和次优需要、首要需要和次要需要的序列。同时，理智试图为殊多化的需要找到多样化的满足方式和手段。同一种类型的需要因满足方式和手段不同，体验也就有别。满足需要之手段的多样性与需要的殊多化之间具有对置性的关系，经过理智“特殊处理”了的需要便以表象的方式存在着，需要演变成了具有心理取向的偏好和趣味，亟须得到满足的似乎不是需要本身而是具有主观色彩的“主观意见”了。“趣味和用途成为判断的标准，因为需要本身也受其影响。必须得到满足的，终于不再是需要，而是意见了。”①由于存在着可以将需要转变成表象式的“主观意见”这样的机制，“主观意见”便可以超出需要的限制，或集中或分散地存在着。“主观意见”更显心理的、主观的倾向，具有明显的定向机制，我们称之为“欲望”。“欲”就是想，而“望”便是期待、期盼；“欲”起于心意以内的由己性，而“望”则期盼某种东西快速到来。欲望总是针对某类或某个需要，而不是所有的需要，尽管各种需要在人的身上同时存在着。“需要的殊多化就包含着对情欲的抑制，因为如果人们使用多数东西，那么他们对任何一种可能需要的渴望心理，便不会那末强。这就表明需要本身一般说来不是那末迫切的。”②欲望与需要有

①② [德] 黑格尔：《法哲学原理》，范扬、张企泰译，商务印书馆 1979 年 2 月版，第 206 页。

所不同：需要是非自足性存在物的一种不足、匮乏和需要释放的状态，无论是否感受着它，它都是客观存在的；而欲望则把这种不足、匮乏和释放引到外界，使它指向某个东西，但这些东西到底是何物，还是模糊的。欲望又与虚拟享用不同，欲望尚未把某个或某类东西具体化到某个确定的价值物，进言之，它还没有进到把价值物与需要关联起来的程度，更没有达到因享用某个价值物而体验快乐、幸福或失望、不幸的程度。在欲望的领域里，需要、手段和价值物还是分离的，尚未构成一个整体的运动，而虚拟享用则不同，它在想象的基础上，把与需要的满足相关联的诸多要素构成了一个整体的和连续的运动，更重要的是，它使需要者置身于由于享用而带来的各种体验当中，尽管这种体验是想象的，而非实际上的。因此，虚拟享用更相关于由于不足和匮乏的解除而带来的快乐感、幸福感或失望感、痛苦感。满足感是虚拟享用的直接后果，当然这种满足感是想象出来的，而非实际的，因为它未使任何价值物发生变化，发生变化的是人的内心世界，而非实际上的人与物的关系。

匮乏感与满足感是人的体验历程的两个端点：起于匮乏而止于满足。满足是需要的解除，是新的匮乏的起始。满足的心理表现形式是舒适，追求舒适是人的终生的一个事项，但是否得到舒适却常常不取决于追求者。舒适不是一个一个的孤立者，舒适是一个流动。“（舒适的）是某种完全无穷无尽的和无限度前进的东西，因为每一次舒适又重新表明它的不舒适，然而这些发现是没有穷尽的。因此，需要并不是直接从具有需要的人那里产生出来的，它倒是那些企图从中获得利润的人制造出来的。”①照理，舒适是不能通过制造得来的，它原本是需求者的需求得到满足的那一刹那的体验，是一个瞬间，唯其是一个瞬间，难以得来，又难以留住，人们才格外地重视它。而在这个瞬间到来之前，舒适就已经进入到了体验的序列，不过这不是真实的体验，而是想象的体验，是一种虚拟的享用。“虚拟享用”中的“虚”不是虚无，不是不存在，它是一种客观的存在状态；“拟”带有构造的性质，是人基于想象力而构造出来的不足、匮

① [德] 黑格尔：《法哲学原理》，范扬、张企泰译，商务印书馆 1979 年 2 月版，第 206—207 页。

乏、释放的解除，以及对这种解除的体验。尽管它是人为的，或想象出来的，并未使物质价值物发生任何的变化，但却使人的生理和心理发生事实上的变化，或兴奋、愉悦，或沮丧、苦恼，因为它已经在主观上经历了享用的过程。虚拟享用是人的一种心理机能，同时又是一个事实上的实践行为即体验过程。由于这种虚拟享用纯粹是人为的结果，我们才把它视为“制造”。参与制造的人有两个，一是需要者本人，二是需要对象的提供者。需要者制造舒适是通过想象的心理机能完成的，在真实地进入舒适之前已经在观念上预先地进入了舒适的状态。这种预先进入有两个后果，第一，它把舒适这种瞬间给延长了：通过想象让舒适提前到来，通过回忆使舒适得以封存起来，成为人们追忆美好过去的“质料”。于是，人总是凭借想象（指向将来）、体验（指向当下）、回忆（指向过去）把自己置身于一个舒适的流动之中。第二，人的这种置身工作却是双重的：可以沉浸在虚拟的享用之中，而对实际的享用却不那么重视，它包含着在有限的世界里构造无限的意义世界的可能性；也有可能把这种超出了实际需要的享用变成对实际资料的疯狂占有，从而把人带入一个不知疲倦地占有一消费的序列里。需要对象之提供者制造舒适的方式与需要者的自我制造不同，他是为着利润的目的，通过让需要者购买、消费他的产品达到求得利润的目的。如何才能促使需求者购买他的产品呢？他要制造一个虚拟享用和舒适，通过联想和想象诱使消费者进到由他所设计的享用当中来。尽管可以说，虚拟享用和舒适毕竟不是实际的享用和舒适，包含着某种虚假的成分，因为人们经常在虚拟享用中添加一些实际上并不存在的享用内容，虚拟享用中的自欺欺人不是无知的结果，而是出于追求无限的需要。但他人制造的虚拟享用于需求者的风险常常大于自我制造的虚拟享用，因为自我制造者总是立于我的实际需要之上的，而售卖者是立于我的利润之上的。更为可怕的是，当两种类型的虚拟享用的“制造”结合在一起的时候，风险的几率就会更大。

但人无论怎样地构造舒适和虚拟享用，他毕竟要通过实际的条件和过程来完成，虚拟性只有建于现实的基地之上并作为对现实有限性的超越和补充时才有意义。“需要和手段，作为实在的定在，就成为一种为他人的存在，而他人的需要和劳动就是大家彼此满足的条件。当需要和手段成为一种抽象时，抽象也就成为个人之间相互联系的规定。这种普遍性，作为被承认的东西，就是一个环节，它使孤立的和抽象的需要以及满足需要的手段和方法都成为具体的、即社会的。”①虚拟享用只在有限的范围内才有效。作为社会性的存在物，构造虚拟的方式、被构造出来的虚拟的内容都是具体的、社会的。我必须配合着别人而行动，普遍性的形式便由此而来。所谓普遍性的形式也就是被社会所认知、理解和认同了的需要类型和满足需要的方式。其实，需要的普遍性的形式还不止是一个认同问题，它是通过劳动及其产品达到认同的。我既从别人那里取得满足的手段，我就得接受别人的意见，接受别人通过产品和服务给我的意志。与此同时，我也不得不生产满足别人的手段，如此一来，彼此配合，相互联系，一切个别的东西就这样地成为社会的。需要本身与满足需要的手段，连同消费观都是在交互作用中确立下来的，相互影响和诱导是形成时尚的一个重要根源。这一环节无论对于手段自身及其占有来说，还是对满足需要的方式和方法来说，都成为特殊目的的规定者。由于需要及其满足是在交互作用中进行的，便生成了很具代表性的需要心理：平等化的要求和特殊化的追求。平等化的要求表现为地位和机会上的均等，尽管客观上不可能趋同，但在意识上总是要求着这种平等，这种平等的要求表现在日常行为上就是向别人看齐，亦即摹仿、攀附。摹仿和攀附的心理在消费行为上起着重要的推动作用。除了平等化的要求之外，在这里同样存在着另一个要求，即特殊化的追求，即用某种突出标志肯定自己。正是这两种需要使得需要本身得以扩张，黑格尔说：“这两种需要本身就成为需要殊多化和扩张的现实泉源。”②劳动以及劳动之外的交互作用对个人的需要起到了两种作用：一是，在何种意义上，主观的、幻想的、虚拟的甚至任性的需要成为人的需要；二是，对自然而然的需要的解放作用，它把直接受自然性决定的需要引入到了一个“意见”的境域。于是，在自然需要和社会的“意见”之间便架起了一座桥梁，这个桥梁就是社会需要。“社会需要是直接的或自

①②［德］黑格尔：《法哲学原理》，范扬、张企泰译，商务印书馆 1979 年 2 月版，第 207 页。

然的需要同观念的精神需要[①]之间的联系，由于后一种需要作为普遍物在社会需要中占着优势，所以这一社会环节就含有解放的一面，这就是说，需要的严格的自然必然性被隐蔽了，而人就跟他自己的同时也是普遍的意见，以及他独自造成的必然性发生关系，而不是跟仅仅外在的必然性、内在的偶然性以及任性发生关系。”[②]关于需要、欲望、虚拟享用的现象学考察，不是完全撇开它们得以发生的社会条件和环境，而是考察具有社会性的需要、欲望和虚拟享用是如何发生的，需要的原始发生已经预先地将社会性的因素纳入到了需要的内容中，而之所以将这些非常具体的社会条件暂时“悬置”起来，目的在于见出那个隐蔽着的需要的“原生形态”。指明“虚拟享用”的真实性，具有相当重要的意义：其一，我们有充足的理由指出，人的需要、欲望和虚拟享用具有自发的合理性，因为只要有人存在，只要人们愿意生活下去并试图过上好生活，就一定有需要、欲望和虚拟享用在。因此，一切社会设置和制度安排，都是为着使人的需要的满足最大化，提升幸福感；它是符合伦理标准的，也是我们为之进行伦理辩护的根据。其二，尽管需要、欲望和虚拟享用一般是合理的，但满足的方式和程度却是具有伦理边界的，我们明确批判的是那种超出伦理界限而达于过量、奢侈甚至浪费的消费观念和消费方式。其实，虚拟享用的二重性决定了可以引导人们使用最小的物质资源而升迁到足够快乐、幸福之境界的可能性，其关键在于我们能否找到这种理念和社会安排。资本便是这样一种社会设置，然而资本追求利益最大化的天性，却把人引导到了生产—消费、再生产—再消费的简单序列，其不良结果是明显的。

---

①需要指出的是，黑格尔这里的“精神需要”不是现代意义上的“精神需要”概念，如信仰、信念、认知、情感和意志等需要，而是指于一定的社会环境下生成的需要类型和满足需要的方式、方法与手段，是一种普遍化了的“趣味”，它是一种时尚、时髦。这种时尚和时髦可能与自然的需要相对应，或是其变形，也或许与自然需要毫无关系。

②［德］黑格尔：《法哲学原理》，范扬、张企泰译，商务印书馆 1979 年 2 月版，第 208 页。

资本、商品、货币与时尚：虚拟享用的社会设置

我们虽不能把现代人类社会的过度消费甚至浪费完全归结为资本的出现，资本成了现代社会之一切罪恶的渊薮，但总是与资本的魔力有着某种关联。而资本不过是人类能够找到的释放人类潜在能量，实现占有一切、支配一切之愿望的一个工具而已；但资本又不仅仅是一种工具，应该说，资本与商品、货币和时尚一起构成了一套社会制度、一种社会设置、一组行为方式，它们为虚拟享用提供着共同的基础，提供着把虚拟享用引至片面发展方面去的可能性。

看待消费的方式有两个：一个是作为资本运行逻辑的一个环节；一个是作为实现增殖之目的的手段。关于消费在资本增殖中的作用，马克思是把它作为一个重要环节来看待的。生产，创造出适合于需要的对象；分配，依照社会规律把它们分配，交换，依照个人需要把已经分配的东西再分配；最后，在消费中，产品脱离这种社会运动，直接变成个人需要的对象和仆役，供个人享受而满足个人需要。把四个环节关联起来就形成了一个运动："生产表现为起点，消费表现为终点，分配和交换表现为中间环节。"[①]当我们把消费与资本的运行逻辑和运行目的关联起来加以考虑，消费的作用就表现为以下三个方面：第一，消费对产品来说，是实现其价值的重要过程。在资本主义生产方式占统治地位的社会，财富表现为"庞大的商品堆积"，与这种"庞大堆积"相对应的是"庞大消费"。第二，消费创造出新的生产的需要。随着科技的发展、人之能力的提高，人类创造出了远远超出其基本需要的产品和满足需要的方式，由此也创造出了各种各样的新式需要，这些需要不是必要的、基本的，换言之，不是先天的，而是培养起来的，人类不仅创造着新的世界，而且创造着新的需要。消费不仅创造出新的生产的需要，而且是以观念的形式为生产提供内在动机。"消费创造出生产的动力；它也创造出在生产中作为决定目的的东西而发生作用的对象。如果说，生产在外部提供消费的对象是显而易见的，

① 《马克思恩格斯全集》第46卷（上），人民出版社1979年7月版，第26页。

那么，同样显而易见的是，消费在观念上提出生产的对象，把它作为内心的图像、作为需要、作为动力和目的提出来。消费创造出还是在主观形式上的生产对象。没有需要，就没有生产。而消费则把需要再生产出来。”① 第三，消费是衡量增殖的重要指标。由于资本的现代逻辑是以货币为其起点，以商品为其中介，以增殖为其终点的，其目的不是商品的“庞大堆积”，而是作为财富之虚拟形式的货币的“庞大堆积”。拥有货币就拥有了财富和消费，继而拥有了支配事物的权力。特别是，当把销售量作为一个几乎是唯一的衡量收益的指标被组织和政府确立下来的时候，消费就取得了无须论证的自身合法性。消费不是直接的，它非得借助货币这一环节不可，而货币的真实性与超越性又进一步强化了虚拟享用。

我们的视野不能停留在货币的日常意识和日常行为上，而是要发现货币与消费具有怎样的逻辑关系。在学术研究上，关于货币至少有这样几种写作方式：货币史、货币经济学和货币社会学。马克思、西美尔、尤卡·格罗瑙等思想家对货币的研究并不仅限于经济学的视野，而是把它视为一个社会现象，与资本、权力、现代文化、趣味、时尚、奢侈、现代生活风格关联起来，展现了货币、金钱在现代生活中的现象学面貌。我们则试图研究货币作为一种财富与享用的符号形式，是如何把人们带入一个虚拟享用的世界，并在虚拟享用的推动下实际地消费、享用，甚至奢侈与浪费。

就其存在形式说，货币具有二重性，既是物质又是观念。货币一旦脱离了一般商品的队伍，就获得了似乎超越一切的幻象。其实，这种幻象并不来自货币本身，而是来自商品自身具有的可通约性。“商品并不是由于有了货币才可以通约。恰恰相反。因为一切商品作为价值都是物化的人类劳动，它们本身就可以通约，所以它们能共同用一个特殊的商品来计量自己的价值，这样，一个特殊的商品就成为它们共同的价值尺度或货币。货币作为价值尺度，是商品内在的价值尺度即劳动时间的必然表现形式。”② 但实际上，不同的商品，就其各自不同的使用价值说是不能比较的，也是不能让渡的。然而人可以找到这样一种东西，把它作为超越个性之上的共

①《马克思恩格斯全集》第46卷（上），人民出版社1979年7月版，第28—29页。

②马克思：《资本论》，第1卷，人民出版社1975年6月版，第112页。

性确立下来。产品作为商品进行交换，并能够交换取决于人的一种原初结构：非自足性以及由此决定的类性，亦即交往性和交换性。合作是使每个人能够生存下去并生活得好的唯一途径。通过交往，人类建立起了基于共同生活基础之上的共同感或共通感，从而达到关于某些事情、某些行为的视界融合；交换是在视界融合基础之上的关于两件物品之共同性的认同，是一种“默契交易”。在实体的意义上，任何物品都是个别和特殊，而人却可以超出个别和特殊之上给出一个共同的普遍的东西，可以说，这种普遍的东西是人给予的、是植根于人的精神性之中的。借助于精神性之上的普遍性，人们找到了由此达彼的桥梁和基础，正是由于这个基础和桥梁，不同的物品才可以通约和让渡。人之愿意交往和交换而又能够交往和交换，人才弥补了自己的缺陷，使人成为了不断扩展着和延展着的存在物。商品和货币都是人类能够找到的扩大交往与交换的一种手段和方式，它们也不过是一种特殊的物质而已，然而它们在性质上却是基于人类精神性之上的普遍性的对象化形式，是人类精神之外化的产物，它在物质与精神两个层面发挥着特殊的作用。在实物的意义上，“作为价值尺度和作为价格标准，货币执行着两种完全不同的职能。作为人类劳动的社会化身，它是价值尺度；作为规定的金属重量，它是价格标准。作为价值尺度，它用来使形形色色的商品的价值变为价格，变为想象的金量；作为价格标准，它计量这些金量”。[①]正是货币的真实性与超越性使得货币的所有者可以想象地集聚它和分割它，并通过想象将自己置身于虚拟享用之中，而且把这种享用同别人加以比较，借以见出自己的优势，满足炫耀的需要。

金钱竞赛、金钱观、消费观、奢侈与浪费不仅仅与资本的运行逻辑和货币的普遍化相关，更与社会基本结构的特定安排密切相联。

民主与平等的社会安排为金钱竞赛和普遍消费提供了社会基础。主体性资源的差异决定着人们获得社会可配置性资源的差异，这种差异在前工业社会是以一致性的方式存在和展开的：地位—权力—财产权—消费水平—荣誉，其间具有某种对等关系。尽管如凡勃伦所说，“不论在什么地

①马克思：《资本论》，第1卷，人民出版社1975年6月版，第116页。

方，只有建立了私有财产，哪怕是在极低级的发展形态下，在经济体系中就有了人与人之间对商品占有进行竞争的特性。”[①]但竞争的结果是等级的确立，与地位、权力和财产权相对应的是消费水平和消费方式的差异，“有闲阶级”就是用来描述这种差异的一个概念。就“有闲阶级”的原始发生说，是起因于主体性资源的差异及其社会差异的最终确立，它构成了一种制度和习惯。在凡勃伦看来，竞赛的表现形式很多：“取得财富和积累财富的动机是在于企图在金钱地位上力争上游，胜过别人，从而猎取荣誉，赢得同侪的妒羡；但绝不可把这番话理解为取得财富和积累财富的动机再没有别的了。在近代工业社会积累财富的每一阶段，关于增进物质享受以及为了防免困窘而预测安全这类愿望，总是作为一种动机而存在的；虽然这些方面的满足标准，又大大地受到了金钱竞赛的习惯的影响。”[②]但有闲阶级与劳动阶级毕竟不同，尽管劳动阶级也有参与金钱竞赛的愿望，但它只能通过劳动的方式或节俭的途径。随着地位、权力的分化，消费的分化也开始确立下来，而且这种分化被认为是一种惯例和制度。消费分化的制度化以及由此形成的价值观，加之劳动者阶级缺少有闲的经济基础，奢侈品的消费主要集中于有闲阶级，且被认为是光荣的事情。一切奢侈品和生活上的享受用品是属于有闲阶级的，在禁律之下，某些食料，尤其是某些饮料，是严格规定由上层阶级享用的。然而，不事生产而从事消费是光荣的：首先这是勇武的标志，是人类尊严的必要条件；其次，这种消费行为，尤其是对比较有价值的事物的消费，其本身在实质上就是光荣的。这着实是一个悖论：有闲阶级靠着原初的优势获得了较之他人为多的地位、权力、财富和消费，不事劳动却过着奢侈的生活，而劳动者创造了奢侈品却无权利享用它们，其不平等性毋庸置疑。但另一方面，能够有闲的阶层毕竟是少量的，他们的消费、奢侈、浪费尚未超出自然和社会所能承受的程度。当消费和奢侈成为一种普遍的生活方式的时候，消费和奢侈所带来的问题就十分严重了。资本主义的发轫和资产阶级的生产，把民主和

①［美］凡勃伦：《有闲阶级论——关于制度的经济研究》，蔡受百译，商务印书馆 2002 年 6 月版，第 21 页。

②同上，第 27 页。

平等作为首要价值确立下来，而资本主义的本质又决定了追求消费、时尚将成为普遍化的行为方式。与此相伴随的是，消费和时尚在等级上开始由上向下推移。“在现代文明社会中，社会各阶级之间的分界线已经变得越来越模糊，越来越不确定，在这样的情况下，上层阶级所树立的荣誉准则很少阻力地扩大了它的强制性的影响作用，通过社会结构一直贯穿到最下层。结果是，每个阶层的成员总是把他们上一阶层流行的生活方式作为他们礼仪上的典型，并全力争取达到这个理想的标准。”①明显有闲和明显消费日益平民化。在高度组织起来的工业社会，荣誉最后依据的基础依然是金钱力量；而表现金钱力量从而获得或保持荣誉的手段是有闲和对财物的明显消费。因此，在等级上一直向下推，在任何等级中，只要有可能，这两种手段总是流行的。而奢侈、浪费、炫耀又总是通过时尚这一重要环节来表现和实现。

时尚是联结市场经济与消费文化的重要纽带，它使经济行为变成了一种文化现象，同时也让文化行为具有经济性质。时尚使得虚拟享用获得了合法与合理的身份，它掩盖了由虚拟享用而引发的过量、奢侈与浪费，由于时尚的美学意义使人们弱化了对奢侈与浪费行为的反思与批判。德国社会学家齐美尔在1895年写成的一篇文章《时尚心理的社会学研究》中，深刻地分析了时尚的本质及其人性根据：“以下这一点对于时尚来说是根本性的。一方面，就其作为模仿而言，时尚满足了社会依赖的需要；它把个体引向大家共同的轨道上。另一方面，它也满足了差别需要、差异倾向、变化和自我凸显，这甚至不仅因为时尚内容的变化——正是这种变化将今日时尚打上一种昨日和明日时尚的个性化烙印，而且也因为这些事实：时尚总是阶级时尚，较高层次的时尚与较低层次的时尚截然有别，而且在后者养成较高层次的时尚时，便抛弃这种时尚。通过某些生活方式，人们试图在社会平等化倾向与个性差异魅力倾向之间达成妥协，而时尚便是其中的一种特殊的生活方式。”②时尚是与现代消费文化相伴而生的，与享乐主

① [美] 凡勃伦：《有闲阶级论——关于制度的经济研究》，蔡受百译，商务印书馆 2002 年 6 月版，第 64 页。

② [德] 西美尔：《金钱、性别、现代生活风格》，顾仁明译，学林出版社 2000 年 12 月版，第 94—95 页。

义消费群体相关。“新的享乐主义消费群体已经形成，他们的需求不再受到‘需求经济’的约束，而是受到‘欲望和梦想经济’的约束，或者对新事物和新体验的渴望的约束。”①参照社会学家和心理学家的观点，可以把现代时尚的特点归结为以下几点：（1）时尚减少社会的复杂性，同时，又由于它的作用方式，时尚又引起社会的复杂性，比如使社会区别更加微妙。（2）在什么是“时髦”这一问题上，时尚具有非常明确的规范。然而在运转过程中，时尚又破坏所有的传统和默认的规范。（3）时尚一方面不在乎物质和实际的东西，另一方面又离不开具体的东西。（4）今天的人们对待时尚的态度包括积极参与和超然两种对立的情绪。（5）时尚包含责任和逃避责任。（6）时尚是可及的，又是不可及的。时尚原本是现代经济的产物，但时尚的意义却不止经济一种，还反映了它的文化意义和人性意义。

由于经济推动和商业炒作，时尚已经偏离了它的真理、精神，因为，时尚通常要通过时髦表现出来，具有标新立异的特征，由于模仿的人多了，时髦变成了时尚，经过实践体验证明的标新立异被确证为一种能够接受的审美标准。时尚通过时髦表现出来但不停留于时髦，它要把时髦背后的深刻的东西沉积、保留和延续下来；时尚是植根于人的心理—精神结构之上的借助于饮食、衣装、布置等物的形式而完成的一种设置，是海德格尔意义上的解蔽过程，是使真理显现其自身的方式。时尚是被发现的，而不是被追求的；发现时尚可能用物和技术的形式，但绝不是它们本身，而发现时尚是一种艺术；从原始发生看，时尚是基于劳动之上的创造美的过程，是人的心理—精神结构的外显。然而，将时尚变成经济行为的厂家和商家却常常不理会人的心理—精神结构，也许根本就没有能力和素养去体会这种结构，他们关心和能够做的就是不断创造新奇、猎奇，乃至低级趣味，期望把他们的产品变成体现时尚的物品。经济对文化的侵蚀和文化还原为经济，造成了庸俗—时髦—时尚结构的模糊性，审美情趣和审美需要的低级化和庸俗化是消费文化的主要特征。经济行为的文化取向从根本上消解了生产与消费之间的紧张关系。时尚的强化，即它向新领域的延伸和

①［芬］尤卡·格罗瑙：《趣味社会学》，向建华译，南京大学出版社 2002 年 5 月版，第 90 页。

在旧领域作用的增大，是消费者社会的最典型的特征。这样一来，一个消费者社会——或富足社会——就是一个时尚社会，尤其是一个大众时尚的社会。把我们和以往世纪分离开来的就是时尚的循环更快，新的和有用的东西被耗尽和转化成旧的无用的东西的速度更快。新的风格接踵而来，没有任何预先的模型或理想。这样一个社会实际上根本不能发现和解决过度和多余消费的问题，因为不可能存在任何客观标准来衡量何为真正需要、何为多余。而且，这样界定的消费者社会必然总是一个短缺的社会，因为其社会成员永远得不到满足。结果，现代消费享乐主义者对时尚和它对新潮的永久供应持乐观态度。他们既愿意又急不可待地在商业化生活的所有领域称赞和消费“最新”的东西。追求时髦和时尚的欲望总是大于能够体现他们的物品，只要有这样的东西，它立刻就会捕捉得到。如此一来，消费文化就借助于时髦和时尚而与增殖关联起来：“（a）消费在本质上是一个受他者引导的活动；（b）在其中起支配作用的是社会地位的保持或提高；（c）消费背后的潜在动机是模仿和争胜，处在低级阶层的人仿效高层阶层团体显示的样式；（d）精英阶层（天生就受‘新潮’吸引）为了维持他们的优越地位，必须不断地接受新奇的时尚和消费新奇的商品。”①

时尚是一种典型的社会构造，它把相对的两种力量——简单与复杂、统一与特殊——结合起来。时尚带来新奇，新奇的魅力就是一种纯粹的审美上的愉悦。时尚是社会生活的一种娱乐形式，具有日常性和可模仿性；时尚既停留于某种审美和愉悦之上，又超越它们指向新的审美与愉悦，它使人的生活陷入不确定性之中，又使人的生活充满了希望，它指给了人一个走向新奇和愉悦的可能性空间；以时髦和时尚出现的这些“微不足道的”因素和“转瞬即逝的”社会生活形式既不能还原为也不能服从于某种理性的道德法则或客观的经济利益。时尚由经济引发但却是对审美文化和精神世界的追求。时尚的魅力不在于经济而在于求得社会认同和个性的展现。在西美尔看来，时尚中同时存在着对社会差别和身份认定的追求。一个人的活动受到两个互相对立的社会力量和目标的促动。一方面，人们愿

①［美］柯林·坎贝尔：《求新的渴望》，参见罗钢、王中忱主编：《消费文化读本》，中国社会科学出版社 2003 年 6 月版，第 270 页。

意通过模仿他人融入一个社会群体，取得认同与归属；另一方面，他们又希望将自己和别人区别开来，通过采取别人没有的新东西来凸显其个人性和独立性。于是，时尚就成了一个自我推动的过程，因为塑造个性和模仿他人这两个对立的阶段会自动互为因果。新潮一旦被所有人选择就不再成其为新潮，必须由另一个“真正的”新潮取代。这样，创新和模仿永不停息地互动，引发新一轮模仿和创新，时尚之机制就如一个旋转木马，或者更形象地说，像一台永动机，这就是消费经济的文化基础。

虚拟享用：伦理后果、伦理批判与伦理建设

虚拟享用、消费、奢侈、浪费、时尚曾一同推动了资本主义的发展，而发展起来的资本主义又进一步推动了消费、奢侈和时尚，因为，资本主义经济的增殖目的必然要通过消费、奢侈以至浪费实现。关于消费与奢侈的体验、经历与认识，有三个不尽相同的视界：个人、政府与学术。由于消费和奢侈经常要落实到个体的生活状态、样式、质量上，而个体又天然具有追求快乐与幸福的动力，通过消费和奢侈来满足需求从而求得快乐与幸福便是基本的途径和方式，追求消费和奢侈与个体的求得快乐的动力具有天然的一致性，因此，指望个体对消费和奢侈有一种自发的批判和反思的特质是困难的。只有当个体感受到盲目的消费和奢侈并不能满足他追求幸福的要求的时候，他才会反思和批判，单纯的物质享用并不能带来心理和精神上的快乐与幸福。就政府而言，无论是先发国家还是后发国家，一旦采用市场经济这种经济组织方式，都毫不犹豫地把开发、生产和消费，进一步地把GDP和消费指数作为衡量经济增长的重要参数，有增长就有发展，有发展就有进步，这是主流形态的政府价值观。由于政府是一个组织，一种依照制度和目标建制起来的集合体，是虚拟的个人，因而没有类似于个体那样的知、情、意精神结构，继而也就没有失望与快乐、痛苦与幸福的体验，它的使命是为个体提供日益增多的生活资料和良好的生活环境。在它看来，消费和奢侈是实现政府目标的重要途径，也是个体追求

幸福的基本方式，因此，来自现代政府的对消费与奢侈的反思与批判也是极为困难的。其实，个体与政府对待消费与奢侈的方式可能不同，但有一点却是一致的：生活的条件和环境就是生活本身。这是一种错觉或者是幻象，由消费和奢侈进达幸福需要若干环节，二者绝非直接的对等关系。思想家看待生活的方式与具有自发性的个体和追求经济指标的政府不同，他要在人类的高度、灵魂的深度、幸福的目的方面着眼于生产、消费和幸福的关系。对现代化、现代性和现代消费主义的反思与批判早在20世纪初就已经开始，时至今日，这种批判性的指导性的工作还在进行着。然而思想与学术并没有阻止人类对自然和自身的消费、奢侈与浪费，因为，消费和奢侈已经变成了一种普遍化的文化现象，“我消费故我在”已经成为主流形态的价值观。由现代消费观以及推动消费的社会设置引发了一系列的伦理后果。

消费是现代社会的一大景观，有人用“消费社会”（让·波德里亚）来概括，有人用“消费者社会”（艾伦·杜宁）[①]来指称。无论对自然还是对社会，虚拟享用，过量、奢侈、挥霍的消费都造成了可怕的后果。

杜宁根据消费者人均消费的自然资源、排放的污染物和破坏的动植物栖息地的数量，把世界上的消费者分成三个生态等级：消费者阶层、中等收入阶层和穷人。其中穷人约有11亿，家庭成员的年收入少于700美元，主要是生活在农村的非洲人、印第安人和一些南亚人。他们食用的完全是谷物、块茎作物、蚕豆和其他豆类食品，饮用的主要是不清洁水；他们居住在茅草屋或贫民窟里，靠双脚步行；他们的大多数财产是用石块、木头和其他地方环境所能提供的东西制造的。这些占世界人口1/5的穷人只挣得世界收入的2%。33亿中等收入阶层的人们，家庭成员的年收入在700～7500美元之间，他们大多生活在拉美、中东、中国和东亚。他们总共挣得了世界收入的33%。消费者阶层人口11亿，他们把世界总收入的64%带回家中，

① “只有人口增长能与高消费相匹敌成为生态恶化的原因，但至少世界上的很多政府和人们已经把人口增长看作是一个问题；与之相反，消费却几乎一直被普遍看作是好事——确实，消费增长是国家经济政策的首要目的……他们体现了一种盛行的人类社会新形式：消费者社会。”（[美]艾伦·杜宁著：《多少算够》，毕聿译，吉林人民出版社2000年7月版，第4—5页）

比穷人多32倍，主要是分布在北美、西欧、日本、澳大利亚和香港、新加坡的城市居民以及中东的石油酋长国公民。在被称为消费者社会的美国，1/5最高报酬的消费者所得到的比其他4/5人口得到的报酬还要多；公司上层管理人员的收入是他们所雇用的工人的93倍。富人所得到的越多，消耗的自然资源就越多，也就比一般消费者更多地干扰了生态系统。消费者社会产生以来，全球范围内的消费进入了快速发展的状态。20世纪中叶以来，铜、能源、肉制品、钢材和木材的人均消费量大约增加了1倍；轿车和水泥的人均消费量增加了3倍；人均使用的塑料增加了4倍；人均铝消费量增加了6倍；人均飞机里程增加了33倍。

迄今为止，地球依然是人类唯一的家园，人类生存的限度取决于地球提供的总的资料：生产资料、生活资料和生存环境。在主流形态的经济学那里，经济效率概念基本不包括代际公正问题。“经济效率作为一个概念，包括三个相关但又明显不同的组成要素，即技术效率、产品选择效率和配置效率。”①在效率的三个组成要素中根本不包括把一代人作为一个整体考虑它给下一代人的预先条件问题。意大利经济学家帕累托用“帕累托最优状态”概念描述资源配置的相对为优状态：只要任何一个人有可能按照自己估计的条件更加富裕，而同时使其他人还保持在他们估计的原来水平上，就意味着没有达到社会资源分配的最佳状态，这就意味着，只要不伤害其他人的利益与幸福，追求一种相对为优的资源配置是可能的。然而在“帕累托最优状态”概念中所考虑的也仅仅是同时代的他人，根本没有考虑下代人的利益与幸福问题。在公平概念中也是如此：“对某些人说来公平意味着平等地分享一切；而另一些人则认为公平应该是按需分配；还有人把公平看成是把最大份额分配给贡献最大的人，奖励勤奋工作的人，愿意承担风险的人及有特殊技能的人；另有些人认为公平是按照人们对份额的支付愿望来分配份额。”②在讨论承担成本时，也是在同代人内部进行的。近年来有学者从世界环境史的角度呼吁应把代际公正问题考虑到经济学和公共政策之中。“今天在诸多的环境问题上历史意识首先意味着正视

①[英]朱迪·丽丝：《自然资源：分配、经济学与政策》，蔡运龙等译，商务印书馆2002年版，第163页。
②同上，第187页。

从整个人类历史中完全透析出来的现代经济模式的特点，这种经济模式以一年的时间将历经百万年才得以形成的地下能源载体通过燃烧的方式释放到宇宙空间，而根本不清楚这一过程可能产生的后果，更别说采取什么防治措施了。”[①]也有经济学家从代际公正立场讨论了可持续发展的内涵：“本质上讲，可持续性标准指的是，因为前几代人对资源的使用，后代人就不能再用。只要后代人维持在所有前几代人同样的水平上，前几代人就有权使用这些资源。另一方面，假如从后代人手中转移资源导致后代人的福利低于前几代人享受的水平，那么这种转移就违背了可持续性标准。”[②]根据可持续性定义，只要后代人的利益可以保护，就可以使用这些资源，甚至是耗尽资源。我们的制度为后代提供了足够的保护了吗？难道所有的有效分配都是可持续性的吗？这里应该充分考虑到，除了可供开发的资源之外，还有一个因过度开发、挥霍造成的代价问题，因为有些致人疾病的污染、土地肥力下降只有经过若干年之后才能表现出来。由前一代人的过度开发和挥霍浪费而造成的代价由下一代人来承担是不公平的。解决消费、奢侈和浪费问题，完全依靠消费者个人是不可能有效的，只有通过组织和政府的制度安排才会有成效。在这个意义上说，构建和谐社会的主张不止是一种经济和政治制度安排，更是一种合理而健康的消费观和生活观。

桑巴特比较了前资本主义人与资本主义人在消费伦理观上的差异：前者是自然人，没有头足倒立，双足牢牢地站在大地上；资本主义人是脱离自然的、用手奔跑的人。在桑巴特看来，现代人的精神主要是对契约的信实和勤俭，这是一种“特殊的处世哲学”。资本主义精神有内外两个层面：外在层面指社会伦理的合理化和契约化，相当于韦伯所说的理性化过程；内在层面即诚实、勤俭、禁欲的德性。韦伯更是把禁欲主义作为资本主义精神的一个核心的基础确立下来，但禁欲主义并不是一种极端的生活态度和行为取向，否则追求财富的努力根本就不可能发生，他所反对的是

① [德] 约阿希姆·拉德卡：《自然与权力：世界环境史》，王国豫、付天海译，河北大学出版社2004年4月版，第286页。

② [美] 汤姆·泰坦伯格：《环境与自然资源经济学》，严旭阳等译，经济科学出版社2003年6月版，第93页。

那种超出伦理限度的享乐主义："仅当财富诱使人无所事事，沉溺于罪恶的人生享乐之时，它在道德方面是邪恶的；仅当人为了日后的穷奢极欲，高枕无忧的生活而追逐财富时，它才是不正当的。但是，倘若财富意味着人履行其职业责任，则它不仅在道德上是正当的，而且是应该的，必须的。"[①]资本主义经济史表明，在资本原始积累阶段，创业者如果没有勤俭、节约的伦理精神，穷奢极欲、铺张浪费、大肆挥霍，增殖的目的根本无法实现。然而资本的运行逻辑又必须通过消费、奢侈和浪费来实现，否则所有的消费者均有勤俭和节约的伦理精神，资本主义无论如何也不会发展起来，也不会有资本的世界逻辑的发生。资本主义不仅造成了"商品的庞大堆积"，同时也生产了将庞大堆积的商品消费掉的欲望。可以说，资本主义本身包含着抽掉它的伦理基础的功能。"自从禁欲主义着手重新塑造尘世并树立起它在尘世的理想起，物质产品对人类的生存就开始了一种前所未有的控制力量，这力量不断增长，且不屈不挠。今天，宗教禁欲主义的精神虽已逃出这铁笼（有谁知道这是不是最终的结局？），但是，大获全胜的资本主义，依赖于机器的基础，已不再需要这种精神的支持了。启蒙主义——宗教禁欲主义那大笑着的继承者——脸上的玫瑰色红晕似乎也在无可挽回地褪去。天职责任的观念，在我们的生活中也像死去的宗教信仰一样，只是幽灵般地徘徊着。当竭尽天职已不再与精神和文化的最高价值发生直接联系的时候，或者，从另一方面说，当天职观念已经转化为经济冲动，从而也就不再感受到了的时候，一般地讲，个人也就根本不会再试图找什么理由为之辩护了。在其获得高度发展的地方——美国，财富的追求已被剥除了其原有的宗教和伦理涵义，而趋于和纯粹世俗的情欲关联，事实上这正是其常常具有体育竞争之特征的原因所在。"[②]新生代的资产者是理想的消费者，他们坚持借贷和浪费基础上的享乐主义消费观念。在所有的本质方面，这一新生的阶层与古典资产阶级完全背道而驰：后者禁欲节俭，宁愿牺牲现在而着眼未来；前者欲望膨胀，宁愿牺牲将来而着

①［德］马克斯·韦伯：《新教伦理与资本主义精神》，于晓、陈维纲等译，生活·读书·新知三联书店 1987 年 12 月版，第 127 页。

②同上，第 142—143 页。

眼现在。旧的义务道德，建立在快乐和善的对立基础之上，导致对迷人的和有吸引力的事物的普遍化的怀疑，对快乐的恐惧，产生对肉体的“节制”、“中庸”和“克制”，并把任何被禁止的冲动的满足与罪恶联系起来。而在享乐主义价值观占主导地位的现代消费社会，对过量的、虚拟的需要既缺少来自人本身的反思，也缺少一定的文化类型对消费进行引导。

有人以为财富是获得快乐与幸福的唯一源泉，许多思想家和经济学家也是这样承诺的，但实际状况是，财富既不是构成快乐与幸福的必要条件，也不是充分条件，而只是基本条件。由财富进达快乐与幸福是一个极为复杂的过程，既取决于人要求快乐与幸福的标准和境界，还相关于体悟快乐享受幸福的能力。快乐与幸福是生成和创造的，而不是给定的，因此，追求快乐和幸福本质上是生理—心理—精神过程，而不纯粹是一个消灭物的过程。从人与社会的必然联系的角度看，构成快乐与幸福的要素就分成了道路和创造两个方面：重建人文生态和构建和谐社会是通往幸福的道路；创造和体验快乐与幸福是幸福得以生成的源泉。

德国经济学家戈森的享受规律和边际效用理论给了我们这样几点启示：（1）同一类型的享受是有限度的。超过这种限度，同类物品的效用就会减少，随着饱和度趋于零，物品的效用也趋于零，于是享受者就会放弃对同一类物品的摄取。（2）在不同的时间段，满足同类享受，初始感到的享受量会变小，也会放弃对同类产品的摄取。（3）当多种类型的享受同时存在而人们又不能同时满足享受时，人们会部分地加以满足；在享受总量的范围内，人们会合理地变换享受的类型，且可以做到不因中断而减小。（4）人们总是可以找到或发现一个新的享受，从而扩大享受的总量。如果我们把马斯洛的需要层次理论引入到对人的享受规律的分析中来，我们便会发现：人的享受的迁移是可能的。需要或享受的迁移可以有两个方向：同质迁移和异质迁移。同质迁移是指享受的类型未变，而满足享受的物品发生了变化，如食物、衣装、住所，等等。异质迁移是指享受由低级向高一级享受的升迁，不仅享受类型发生了变化，满足享受的物品也发生了质的变化。在实际的生活中，享受的两种迁移都有可能发生。相对而言，同质迁移更容易发生，因为，保持一种类型的享受是容易的，无须投入成本即可以延续下去，如衣、食、住、行、用等，而且如黑格尔所说，社会可以把同类享受细致化，市场经济恰是这样一种经济类型，它可以不断地变换满足同一类型享受的物品，但却没有把人的享受提升到更高的层次。正是同类享受的细致化才使奢侈、浪费成为可能。然而，就人作为人来说，是不能仅停留于物质需要的满足的，它们是必要的需要，而非充足的需要。充足的需要是指社会需要（归属、爱/友爱/被你接受、自我尊重和他人尊重）和精神需要（爱、真理、正义、完美、充实），它们表现为非物质化的过程：满足享受的对象是非物质化的存在，满足的方式是非物质化的过程，不像物质需要的满足那样，是一定物质的占有和消耗。

由物质享受向社会需要和精神享受的升迁是享受的最为典型的异质迁移。依照戈森定理，这种迁移是非发生不可的。然而，相对于同质迁移，异质迁移要困难得多。其一，用于满足社会需要和精神需要的产品的生产与供给往往不像商品那样有明显的收益；其二，用于提升人的心志力量的精神活动和精神产品需以一定的理解能力和体悟能力做基础。而近代以来，这两个方面都面临着危机。由享受的同质迁移转变为异质迁移遇到了困境，其结果是鲍曼意义上的碎片化和舍勒意义上的精神丧失。

着眼于资本运行逻辑之上的需要、欲望、虚拟享用，达于发现造成奢侈、浪费的消费观和社会设置，指明一种趋向和谐发展的可能形态，是伦理批判的终极目的，也是伦理建设的核心内容。在伦理建设上至少有这样几个方面：首先可以如虚拟享用那样，通过一种更为健康而完善的社会设置，将想象享用引导到情感与精神需要的享用上来；也可以通过一种社会机制，形成一种追求限定物质享用而提升精神素养的文化时尚，对此，组织和政府承担着极为重要的责任。重建全面的幸福观，占有、享用物质财富只是人们获得幸福的一个基本领域，创造并享用用于满足信仰、认知、情感、意志的精神产品才是更高级和稳定的一种。创造幸福生活的前提，只是创造可能形态的幸福生活，创造幸福生活本身并体悟幸福生活才是生活幸福的真谛。

（原载《中国社会科学》2005年第6期）

现代性语境下公共性问题的哲学批判

阅读提示：在人的实际生活中，并不存在公共性的有无问题，存在的只是公共性如何构成和如何实现的问题。人对公共性的需要奠基于人的片面性和非自足性而又试图过一种完整的生活这一矛盾之上，交往与合作是解决这一矛盾的根本出路。而公共性就是通过交换、交往，简言之通过合作所产生的“合作剩余”。“合作剩余”是公共性的重要标志，同时也是人的丰富性、全面性和多样性的重要表现。人类发展史就是一部不断创造公共性和实现公共性的过程。然而近代以来的现代化过程，却使公共性成为了一个问题。不过这个问题具有两面性：在使公共性之传统的构成方式（机械的构成方式）发生转变的同时，又使公共性的构造变成了有机的方式，即公开且充分运用理性的过程。在现代性语境下，公共性的有机构成表现为起始于经济形态、中介于政治形态而达于精神形态的客观逻辑过程。然而现代性语境下的公共性却是悖论式的，它带来了价值形态的公共性，却没有造成日益丰富的意义形态的公共性，而后者于人的生活而言恰是终极性的价值。人对公共性的需要是我们对公共性问题进行哲学分析的逻辑起点；现代性是我们对公共性进行哲学辩护和哲学批判的社会基础；为重建公共性提供一种可能形态的谋划是这种批判的理论旨归。

对现代性语境下公共性问题进行哲学批判必须满足两个要求：一是对公共性为何发生和如何发生进行前提考察和过程分析，这是我们立于公共性角度对现代性进行辩护的理论依据；二是对现代性语境下作为问题出现的公共性作出价值判断并找出社会根据，这是我们对现代性语境下公共性问题进行哲学批判的现实基础，并就公共性的重建问题给出可能的解决方案。前者满足的是分析的要求，后者满足的是规范的要求，分析与规范的统一是我们对公共性问题进行哲学批判所必须坚持的原则。

作为人类问题一般的公共性

在人类的实际生活中并不存在公共性的有无问题，存在的只是公共性的多少和如何构成的问题，因此，如何生成一种同人的全面发展相匹配的公共性始终是人类的一个难题。

每一个体因其需要的多样性与其生产满足其需要之生活资料的能力的有限性的矛盾，使得每一个体必须以类的形式存在，只有借助合作与互助，生活资料的总供给量才能最大化，人的生活世界的丰富性才有可能。在重复进行的博弈中游戏规则（风俗、惯例，道德、法律）得以达成，不同形态、不同层次的规则体系既承载了不同的价值又保证了价值的存在和实现，进而使生活世界成为可能，不同个体间的共同活动不但创造了一个价值世界，更创造了一个意义世界。另一方面，在重复进行的主体间的交往中，主体间性的逐步确立，使得共同感得以生成，共同感在主体间的认同、确认、过渡中起着至关重要的作用，从而生成了一种可以共同分享的公共精神。我们试图从性质、类型和构成三个层次规定和分析公共性。

（1）从性质看，存有一组公共物品，从性质上或从归属上看，这组公共物品原则上不能为个人独占，要么为其所有者同时享用，要么为其所有者先后享用。当然依照此种理解方式，公共性就不仅仅指公共物品须共同分享这样一种性质，还指人们对这类物品就其性质而言的理念，因为，在人类历史的任何阶段，类似于须共同分享的物品始终存在，但人们并未始终认为它们是必须向所有人开放的公共物品，如公共权力，可以说，真正的公共性概念是起自近代市场社会发展的需要。

（2）具有公共性的实体和物品。公共性的实体形态就是各种组织。组织是人们为了有效地达到特定目标，在一定宗旨指导下，在一定制度规约下，所组成的共同活动的集体。就今天的生活而言，最为基本的组织是家庭，在传统的意义上，家庭具有生育、经济、教化、关怀功能。本质上，家庭是以两性关系和血缘关系为纽带而建立起来的生活共同体。家庭与其他营利性组织不同，尽管是以自利为目的而建立起来的，但却由于特殊的社会关系（两性关系）和血缘关系而采取了明确的超功利的行为方式，黑格尔把家庭称之为个人之外的最为直接的伦理共同体。婚姻和家庭作为家庭主要成员的“合作剩余”，其剩余价值是毋庸置疑的。唯其家庭成员之间是通过感情和共同意志来构造和维持家庭的，而不是通过公开运用理性完成的，因此，家庭的公共性和公共价值都是个体生活中的最为基础或基本的价值。除了家庭之外，另一类就是具有经济依赖性的组织，这些组织通常处在家庭与政府组织之间的广阔领域。这个广阔的领域就是所谓的市民社会。“市民社会是处在家庭和国家之间的差别的阶段……在市民社会中，每个人都以自身为目的，其他一切在他看来都是虚无。但是，如果他不同别人发生关系，他就不能达到他的全部目的，因此，其他人便成为特殊的人达到目的的手段。但是特殊目的通过他人的关系就取得了普遍性的形式，并且在满足他人福利的同时，满足自己。由于特殊性必然以普遍性为其条件，所以整个市民社会是中介的基地；在这一基地上，一切癖性、一切秉赋、一切有关出生和幸运的偶然性都自由地活跃着；又在这一基地上一切激情的巨浪，汹涌澎湃，它们仅仅受到向它们放射光芒的理性的节制。受到普遍性限制的特殊性是衡量一切特殊性是否促进它的福利的唯一尺度。”[①]显然，处在广阔领域的市民社会中的诸多组织，通常是竞争性、营利性组织，它们与家庭不同，是充满自利性的联合体，在一个合法界定的条件下，每个成员原则上是自愿进入和退出的，但其意愿必须获得普遍

①［德］黑格尔：《法哲学原理》，范扬、张企泰译，商务印书馆 1979 年版，第 197—198 页。

性的认可，这种普遍性必须是公共性或公共价值的体现，人们是为着这些公共价值才愿意加入各种组织的。在现代社会，这些组织作为各个成员之共同利益的体现，必须考虑每个成员的意愿和意志，因此，它们本质上是通过充分、公开地运用理性而被建立起来的。除了家庭和各种营利性组织之外，最大的组织是政府。由于政府提供着同时也控制着最大的公共性资源——公共权力和潜在资源的分配规则，与每个公民密切相关，因此，政府具有最大的公共性，它应该向所有公民开放。“国家是伦理理念的现实——是作为显示出来的、自知的实体性意志的伦理精神，这种伦理精神思考自身和知道自身，并完成一切它所知道的，而且只是完成它所知道的。”[①]然而，国家作为伦理精神的实体形式，尽管知道其使命，但国家必须通过可操作的政府组织完成其使命。倘若政府不能知道伦理精神，即使知道却故意不去实现伦理精神，那么，公民就会或以个人形式或以组织形式要求政府实现伦理精神。

公共性的物品形式表现为有形与无形两种形态。其一，与物质生活和精神生活相关的公共物品。根据供给者，我们把这类公共物品又分成两大类：由企业供给的物质生活资料。这类公共物品本质上是借助市场通过交换而获得的，而且一经确定归属，原则上就不再是公共物品，因其进入个人消费领域而变成了私人物品，这些物品通常是一人一次消费的，而不能重复使用，即便重复使用也是在私人空间进行的。由市政部门提供的公共物品，包括公共设施、交通、能源、绿地，等等。这些物品原则上是向所有市民开放的，不能为个人独占，它们有些是付费的，有些是免费的。与精神生活相关的公共产品通常是由精神生产者创造的，这类物品可以多人多次享用，它会产生递增而不是递减的效应。其二，与规约人们的行为和分配未来资源密切相关的制度体系、与民族和国家的命运密切相关的精神。关于这种精神，黑格尔不无深刻地指出：在复多个别性中实现了的普遍性才是真正的伦理精神，“伦理实体，在这种规定下，是现实的实体，是在实际存在着的意识的复多性中实现了的绝对精神；这个规定下

① [德]黑格尔：《法哲学原理》，范扬、张企泰译，商务印书馆 1979 年版，第 253 页。

的绝对精神，是公共本质（或共体），它，在我们考察一般理性的实际形成时，对我们来说，是绝对的本质，而现在，在它的真理性中，对它自己来说，则已成为有意识的伦理的本质，而且对于我们现在所论述的这种意识来说，已出现而为（这种意义的）本质。这个共体或公共本质是这样一种精神，它是自为的，因为它保持其自身于作为其成员的那些个体的反思之中，它又是自在的，或者说它又是实体，因为它在本身内包含着这些个体。作为现实的实体，这种精神是一个民族，作为现实的意识，它是民族的公民。这种意识，其本质是在单纯的精神中，其自我确定性是在这种精神的现实中亦即在整个民族中；而且其真理性也直接就在这里，所以它的真理性不在某种没有现实性的东西里，而在一种实际存在着的和有效准的精神中”。[①]不难看出：无论是以组织形态、物品形态，还是以精神形态，公共性作为必然性、普遍性要求，作为实际存在的和有效准的精神，乃是公共的善或共同的善，是可供分享的公共价值，它们是与人的理性、意识、需要和活动密切关联的存在物；作为一种可能性，公共性潜存于个体的现实的意识和活动中；作为一种现实性，公共性就是充分实现了的个体性和个别性。通过初步分析，公共性就有了内容与形式两个方面的规定：从内容上看，公共性实质上就是公共活动、公共精神（公共理性与共同信念）和公共价值（公共规则与公共物品）。公共活动构成公共性的社会基础；公共精神是公共性得以发生的主体性条件；公共价值是公共性的内容形态。从形式上看，公共性所表现的实际上是公共活动、公共精神和公共价值的普遍性和共通性，是公共活动区别于私人活动、公共精神区别于个体精神、公共价值区别于个别价值而为这些活动、精神和价值所特有的性状。用最简捷的哲学语言去表达，公共性一方面是伦理实体，它是包容个体于其中的类本质，它规定了个体、限制了个体，同时又成了显现个体价值的存在物，个体是通过共通价值而体现个体价值的；另一方面，公共性又是个体对伦理共同体的意识和设定，它似乎是一种概念，表现为公共理性和公共精神，作为一种实践的过程就是公共理性，就是实践理性，作为

① [德] 黑格尔：《精神现象学》（下卷），贺麟、王玖兴译，商务印书馆 1987 年版，第 6—7 页。

一种结果或状态就是公共精神。作为伦理实体，公共性表现为历史的逻辑；作为公共理性和公共精神，公共性表现为逻辑的历史。

（3）公共性的发生方式。公共性的发生方式主要有两种：机械的方式和有机的方式。公共性之机械的发生方式是指这样一种社会状态，具有公共性的组织，公共性之合理基础的论证，作为伦理实体的国家，通常都不是通过讨论、协商的方式而获得的，它们是由权威者集团（权力集团或精英集团）借助预先设定好的所谓权威解释而供给的。我们发现，有两种形式截然不同的社会团结："前一种类型是意识的相似性和观念与情感的共同体所带来的结果。另一种类型则相反，是功能分化和分工的产物。可以说，前一种类型的结果，就是通过混同和相互关注把各个心灵结合起来，以组成一个聚集而成的人群，除了进行集体活动以外，不再有其他能力。在后一种类型中，专门功能相互依赖所造成的结果，是每个人都拥有自身的活动领域，即使当他与其他人分不开的时候也是如此。正因为后一种形式的团结让我们意识到了能够把高等动物的各个器官结合起来的力，所以我们把它称为有机团结，而对前一种团结来说，我们则为其贴上了机械团结的标签。"①德国社会学家藤尼斯对共同体与社会的差异似乎表达了不同的看法。在涂尔干看来，像家庭这样的组织是一种机械团结的结果，而像企业这样的诸多的社会组织则是有机团结的产物，藤尼斯则认为：血缘共同体、地缘共同体和精神共同体是通过本质意志、记忆和心灵的一致性而建立起来的，有着牢靠的情感基础；而社会作为一种联合体则是以选择的意志为其基础，体现的是利益相关性，像经济联合体和政治联合体不过是因了根本利益的关系才结合成的联合体，因而是机械的，脆弱的。②我们虽然在大的类型上把公共性的构造方式分成机械的和有机的两种方式，但在实际社会活动中，要对这两种方式作出恰当的评价还是相当困难的，我们的基本看法是，两种方式都是一种悖论式的构造方式。社会究竟主要采取何种构造方式取决于具体的历史条件、人们构造的社会设置、人们的理性水平和需要结构。但构造方式的合理性程度决定于此种构造方式比别一种

①［法］爱弥尔·涂尔干：《乱伦禁忌及其起源》，汲哲等译，上海人民出版社 2003 年版，第 366 页。
②［德］菲迪南·藤尼斯：《共同体与社会》，林荣远译，商务印书馆 1999 年版，第 64—65 页。

方式更能提供公共性和公共价值，“合作剩余”的多少是确定其合理性程度的主要依据。

依照事物本身的客观性以及人的需要的本质，类似家庭这样的组织，主要应该采取藤尼斯所主张的“有机的”方式；而类似于经济联合体和政治联合体这样的公共性组织，主要应该采取涂尔干主张的“有机团结”的方式。

比较而言，家庭提供给人类的进一步发展的可能性空间是相当有限的，尽管两性关系和血缘关系是被嵌入在社会结构和社会行动之中的，但家庭因其具有为其他组织所不可替代的性质而保持着它的特殊性；相反，人类以社会的形式所能够做的事情却是相当广泛的。毫无疑问，以“有机团结”的方式构造经济联合体和政治联合体，是一种相对较好的方式。在一个无须充分利用理性的条件下，权威集团若能供给一套最大化的公共性和公共价值，就必须具备两个必要条件：权威者知道它所知道的（伦理精神）；穷尽一切办法完成它所知道的。前者取决于权威者集团是否具有智慧；后者取决于权威者集团是否具有德性。而这是一个充满风险的渴望，事实证明，民众的渴望总是难以完全实现。相反，若使每个成员充分利用其理性，一方面可能扬弃他的主观性甚至任性，因为只有被公共性或普遍性检验的个别性和特殊性才是合理的；另一方面，正是借助个别性或特殊性，普遍性或公共性才被呈现出来，被证明为实际存在的、有效准的伦理精神。公共性是所有参与者创造出来的共同业绩，作为“合作剩余”，共同业绩为所有的参与者所享用。这个共同业绩不但是自己的个别性的实现，也是其他所有个别性之共同性的实现，甚至只有首先实现其他个别性之共同性才能实现自己的个别性。①那么，是何种社会设置才能为产生出最

①公共性不是个别性的机械相加，而是在现实的活动和关系中建立起来的有机统一：“结合本身是真实的内容和目的，而人是被规定着过普遍生活的；他们进一步的特殊满足、活动和行动方式，都是以这个实体性的和普遍有效性的东西为其出发点和归宿。”包含并实现个别性的公共性与体现并实现公共性的个别性的有机统一构成了“合理性”这个概念。“抽象地说，合理性一般是普遍性和单一性相互渗透的统一。具体地说，这里合理性按其内容是客观自由（即普遍的实体性意志）与主观自由（即个人知识和他追求特殊目的的意志）两者的统一；因此，合理性按其形式就是根据被思考的即普遍的规律和原则而规定自己的行动。”（[德]黑格尔：《法哲学原理》，范扬、张企泰译，商务印书馆1979年版，第254页）

大的公共性提供社会安排呢？是市场社会。正是资本运行逻辑中的普遍交换和全面联系，才造成了马克思所说的“多方面的需求以及全面的能力的体系”。然而现代性语境下的公共性却成为了一个问题，不过这个问题是双重的：在改变传统的公共性的同时又为创造更大的公共性提供了可能性空间。

现代性语境下公共性问题的哲学辩护

在前现代社会，人们很少思考公共性问题，正是公共交往和公共生活才要求着公共性，生成着公共性，同时也造成着公共性问题。因此，只有在现代性语境下关注公共性问题才是有根基的，也才有针对性。①关于现代性可能有各种各样的定义方式和描述方式，依照本文的要求，我们把现代性规定如下：现代性作为一个总体性概念，它所描述的是这样一种社会性状：由资本的运行逻辑所推动的，以追求效率、公平和自由为基本价值目标，以满足欲望从而追求快乐与幸福为终极价值的社会形态。这种社会形态有三个支点：欲望的神圣激发和最大满足，它解决的是动力问题；科学技术的快速发展和广泛运用，它提供的是手段；以市场为导向进行资源配置的社会安排，它解决的是社会环境问题。当这三个要素被并置在一起并构成一个不断自我更新的社会运动时，现代化运动或市场社会便开始了。同传统社会相比，市场社会为公共性建设提供着更大的空间和深厚的社会基础。

①对公共性而言，作为其背景的现代性包括思想文本和历史文本两个方面。作为思想文本，以阿伦特、哈贝马斯、泰勒等为代表的思想家，就公共性问题提出了颇有创建的观点和主张，这些观点和主张既构成了现代性本身，又是公共性本身；而历史文本则是由资本的运行逻辑所引发的现代化运动。于是，关于现代性语境下公共性问题的研究就有了两种基本类型：学术批评和问题研究。本文属于后者，主旨在借鉴和吸收上述思想家关于“公共性”之理论成果的基础上，对作为社会历史事实的“公共性”进行研究。基于这种考虑，就必须把近代以来西方政治哲学中的核心范畴“公共性”加以改造和扩充，使之延伸到经济领域和精神领域，进而在经济哲学、政治哲学和精神哲学三个层次上考察现代性语境下的公共性问题。

1. 经济形态的公共性

在今日社会条件下，公共性是一个“重叠式结构”：经济形态——资本（商品与货币是资本的两个重要环节）、政治形态——行政权力与制度、文化—精神形态——公共理性与公共精神。事物的全面性要求于我们的是：要基于经济形态之公共性的分析、中介政治形态之公共性的研究而达于文化—精神形态之公共性的预设。这同时也是现代社会发展的客观逻辑，如果说马克思所面对的主要是经济形态的公共性——资本、商品、货币、交换价值，政治公共性和文化—精神公共性还是尚未展开的历史逻辑的话，那么今天，公共性则以整体的形态向我们走来。经济形态的公共性为人们的生活创造了物质基础；政治形态的公共性为人们的生活提供了秩序保障；文化—精神形态的公共性为人们的生活提供了意义支撑。[①]

市场社会从根本上改变了已有的交换模式，以消费品作为交换的出发点与归宿同以货币作为交换的出发点和归宿不同，它把生产、分配、交换、消费变成了相互关联的环节，正是借助这四个环节，陌生的、不相干的人走在一起了，或合作、或竞争、或交换，于是便在基于特殊的社会关系和血缘关系之外的领域建立起了功利性的社会关系。而且，社会分工愈是发展，人们就愈是片面，而愈是片面就愈是依赖。“交换和分工互为条件。因为每个人为自己劳动，而他的产品并不是为他自己使用，所以他自然要进行交换，这不仅是为了参加总的生产能力，而且是为了把自己的产品变成自己的生活资料。以交换价值和货币为媒介的交换，诚然以生产者互相间的全面依赖为前提，但同时又以生产者的私人利益完全隔离和社会分工为前提，而这种社会分工的统一和互相补充，仿佛是一种自然关系，存在于个人之外并且不以个人为转移。普遍的需求和供给互相产生的压力，促使毫不相干的人发生联系。”[②]人们在反复进行的生产与交换中，确

---

①在哲学的意义上，公共性就是包容个别性和个体性于其中的具有普遍性和共通性的伦理实体以及个体对这个伦理实体的自觉和构造，但在社会活动的意义上，公共性集中表现为经济活动（形态）、政治活动和文化活动的公共性。尽管题材不同但性质是相同的，都包含公共活动、公共理性和公共价值三个环节。

②《马克思恩格斯全集》第46卷（上），人民出版社1979年7月版，第104页。

立了一个可以公度一切的根据和尺度，这就是货币。在货币上，物的价值同物的实体分离了。货币本来是一切价值的代表，在实践中情况却颠倒过来，一切实在的产品和劳动竟成为货币的代表。也许人们会问，“纸币”何以能够承担“一般等价物”的重任？我倒是以为“纸币”是“难以承受之轻”。“纸币”不是一般的物，它不需要重量，也不需要体积，轻重对于纸币没有意义，它的重量在于确认和认同。作为一种符号，货币是被人们确认、认可了的力量，这个力量不是货币本身的，而是人赋予它的。一如马克思所说，金银天然不是货币，而货币天然是金银。换言之，拿什么作货币符号的象征并不重要，重要的是人类确实需要这样的符号。这个符号是“一”，这个“一”是根据，是尺度，一切物都要在这个“一”面前得到衡量，然后被公度、通约和让渡。那么又是什么力量使得人们有这样的兴趣和能力不断地创设这个“一”，又不断变化这个“一”呢？这倒是一个关乎人的根本的一个问题。说到极处，不是别的，正是人的意欲过上好生活的欲望和进行合作的愿望，才使得人们愿意去构造“一”并能够构造“一”。因此，货币作为符号，作为“一”，是被深深地嵌入在人心灵深处的“共同感”、“共通感”之上的，货币、符号、“一”不过是人类基于“共同感”、“共通感”之上所能够找到的对象物而已。就“一”的可能形态说，有物质形态的，如货币；有规则形态的，如道德、法规、习惯、惯例、禁忌；有精神形态的，如宗教、信仰、精神境界；等等。就人类的本性说，它需要不同形态的“一”。但在具体的历史活动中，人们却很难创设并保持所有的“一”，而只能以某种形态的“一”为主要形式，这是一种显性的“一”，而其余的则为隐性的“一”，甚至有些“一”尚处在萌芽状态。市场社会条件下，“一”以物的依赖关系以及用以表达这种关系的货币为重要形态，这是物的形态的“一”。

商品生产与交换的普遍化和经常化，在公共的意义上造成了两个后果：普遍联系和公共价值。资本的运行逻辑，把若干不相干的、有着各自目的的人联结在一起，其集体行动的逻辑不是起自亲人间的自然情感、朋友间的友谊、思想上的共鸣，而是各自收益最大化的目的。这种以社会形式出现的集体行动，作为理性行为的产物，其公共性体现在三个方面：

（1）确立了用以比较商品之交换价值的尺度——货币；（2）确立了用以保证交易行为之可预期性的游戏规则；（3）创造了可供多人享用的“公共物品”。

但基于经济依赖性之上的公共交往之能够原始发生且可持续地进行，必须有足够的社会秩序作保障，而作为“公共物品”的公共秩序通常是在经济联合体以外提供的，其提供者是拥有公共权力的政府，进一步地说，由资本的运行逻辑所造成的公共性必须以政治形态的公共性作保障。经济形态的公共性不但要求着而且促成着政治形态公共性的产生。

2. 政治形态的公共性

由资本的运行逻辑所导致的在政治上的一个后果就是，对政治形态之公共性的价值诉求。自由、平等、所有权和利己心既是资本运行逻辑的基本价值，也是它的基本特征。这些价值和特征必然要求同时也必然造成公平地分割政治权力并有效率地使用政治权力的后果。由于市场的开放性是有边界的，它要借助商品和货币以外的力量以保证和约束它的开放性，这种力量就是政治资本。政治资本是被嵌入在社会活动和社会关系结构中的资源投入，这种投入既给政治权力所及的公民、人群和组织带来收益，也给政治权力机关以及行使行政权力的官吏带来收益。政治权力被视为最大的、最有效力的“公共物品”，但政治权力却有着与资本（经济权力）完全不同的运行逻辑，它是公民和社会之根本利益的构成与运行理念及其规范化形式，简约地说，政治是关于根本利益的理念和体制，政治还是对社会价值进行权威性分配的过程。但必须指出，将政治定义为有关根本利益的理念和体制也不完全是理性的、技术的要求，同时也是规范性的定义。求得政治权力的合法性依然是追求政治合理性的首要任务，最大化地体现和实现公民意志或意愿仍然是政治的首要价值。公共领域和公共舆论是这种价值得以显现和实现的两个重要领域。

（1）公共领域。关于“公共”问题我们在前面已经作了初步分析。“公共领域”中的“领域”既指一个由相对有效的边界构成的物理空间，更指由若干基于自然感情、特殊需求、经济依赖、精神通感的人构成的共同体，以及共同体成员之间的互动方式。在政治哲学的意义上，“公共领域”表达的是以公民身份表达其意志的社会空间。在各自表达其意志的“公共领域”中，每一个表达者一定是出于自己的意愿，即便是以公意的名义也一定是合于自己意愿的公意，因此起于心意以内的由己性是公民进入“公共领域”的直接动因。然而当若干个“由己性”交织在一起的时候，势必发生矛盾以至冲突，消解冲突的唯一途径不是逃避，而是于殊多性中构造出某个统一性来，这个“统一性”可称之为“公共性”、“公意”，它是去掉不能相融的主观性之后的客观性，作为一种“剩余”，“统一性”、“公共性”、“公意”、“客观性”的表现形式就是“公共舆论”。

（2）公共舆论。公共舆论是置于私人领域与政治权力之间的社会空间以及通过这个空间呈现出来的公共性（公意、统一性、客观性）。公共舆论在两种意义上构造并体现了公共性：

其一，个别意见与绝对普遍的东西。公共舆论虽起于公民的个人意志、意愿，但绝不是各种意见的杂拌，相反，它要在诸多意见、意志的冲突与博弈中见出真理来。这个真理是实体性的真正表达，只有实体性的东西才是具有历史必然性的东西，也才是合乎理性的东西。关于公共舆论的真正本质与价值，黑格尔精辟地说道：“公共舆论是人民表达他们意志和意见的无机的方式。无论哪个时代，公共舆论总是一支巨大的力量，尤其在我们时代是如此，因为主观自由这一原则已获得了这种重要性和意义。现时应使有效的东西，不再是通过权力，也很少是通过习惯和风尚，而确是通过判断和理由，才成为有效的。因此，公共舆论不仅包含着现实的真正需要和正确趋向；而且包含着永恒的实体性的正义原则，以及整个国家制度、立法和国家普遍情况的真实内容和结果。”[①]我们需要的是那种善于发现并表达具有历史必然性的、合乎理性的意志，而能够言说历史必然性的人才能够成为人民意志的代表。“公共舆论中有一切种类的错误和真

①［德］黑格尔：《法哲学原理》，范扬、张企泰译，商务印书馆 1979 年版，第 332 页。

理，找出其中的真理乃是伟大人物的事。谁道出了他那个时代的意志，把它告诉他那个时代并使之实现，他就是他那个时代的伟大人物。他所做的是时代的内心东西和本质，他使时代现实化。谁在这里和那里听到了公共舆论而不懂得去藐视它，这种人绝做不出伟大的事业来。”[①]公共舆论又值得重视，又不值一顾的特点，决定了对公共舆论进行辩护和批判的必要性。以此观之，公共领域和公共舆论的形成只是形成政治形态之公共性的条件和环境，只有当公民既考虑自己的个人意志更考虑人民的普遍意志并表达这种普遍意志时，真正的政治公共性才会形成。

其二，公共舆论与政治权力之间的公共性。确认历史发展的必然性，或确认有一种实体性的正义原则，绝不是一种简单的理论预设，而是人类在其演变中向自己提出的历史任务。我们将政治权力视为最大的公共物品并非意味着，它像一般的商品那样可以进入市场，供人们合理分配和分享。相反，政治权力的运行必须借助于一种组织化的形式，这就是国家。尽管从理论和原则上说，国家由于具有最大的公共性，因而必须向全体公民开放，但公民批判国家的形式要么是暴力的形式，要么是和平的方式。前者是国家与公共舆论相互协调失败之后的结果，而后者则是国家与公共舆论相互容许的一个范例。显然，在市场化的条件下，人们追求的是一种和平的、相互容许的方式。在此种意义下，国家的合理性程度在于它满足人民普遍意志，亦即体现历史合理性的程度。尽管可以说，某个人、某个集团以及国家都力图借助公共舆论表达其自身的意志，也就是操控公共舆论，但只有符合历史合理性、满足人民普遍意志的治理才是有效的。与此相关的重要问题便是国家与政治的关系问题。

（3）国家与政治。尊重并体现公共舆论，设置平等分配权力、机会和收益的社会秩序，乃是政治形态之公共性的第一种要求，也就是国家的责任伦理问题。政治权力不再仅仅是一种能够排除各种抗拒以贯彻其意志而不问其基础为何的力量，相反，既合法又合理的政治权力才是合乎理性的，这是一种不但能够排除各种抗拒以贯彻其意志而且必问其基础为何的

---

① [德]黑格尔：《法哲学原理》，范扬、张企泰译，商务印书馆 1979 年版，第 334 页。

可能性。如此一来，在关于政治权力的这种陈述中已经蕴含着对政治权力的规范性要求，这就有可能超越对政治权力的技术理性的狭隘理解。“一个政治系统如果仅靠赤裸裸的技术来保住权力，它甚至过不了一个时代就会崩溃。这种观念是政治领域的有机组成部分，因为没有权威，就没有政治，没有信念伦理，就没有权威。”[①]“权威”被看作是政治秩序之正当性的显现。政治权力绝非仅是通过技术理性而完成的责任伦理，它还有信念伦理的要求。信念伦理的核心在于，国家的首要价值在于对个体之尊严与人格的尊重与确认，其次才是技术理性支配之下的社会设置。这也是为什么黑格尔把国家视为“伦理理念”的现实的深刻原因。“国家是伦理理念的现实——是作为显示出来的、自知的实体性意志的伦理精神，这种伦理精神思考自身和知道自身，并完成它所知道的，而且只是完成它所知道的。”[②]国家所知道的东西就是历史的必然性和社会的合理性，这种必然性和合理性一定和每一个人的尊严、人格和权利密切相关，它们共同构成了权威得以存在的正当性基础；在技术理性的意义上，国家就是要造成一个公民表达其意见与意志的公共领域，通过反复的博弈过程，各种意见、意愿、意志就会借助公共舆论见出真理来。因此，责任伦理和信念伦理既是政治形态之公共性的表达形式，又是它们的实现方式。责任伦理只是国家在操作、技术上的要求，只有将这种操作伦理立于国家之伦理实体的基地之上，进言之，只有把人类生活中的根本性的、共通性的，也就是普遍性的东西发掘出来，并最大限度地实现出来，国家才尽到了它的责任，这是于责任伦理或操作伦理之前而存在的始基，于责任伦理或操作伦理之中而出现的真理，作为始基和真理也就是信念伦理。作为内容，信念伦理表达的是历史的必然性和人民的共同意志；作为形式，信念伦理是合法与合理之社会设置的设计；作为目的，信念伦理在于最大化地实现人民的普遍意志与意愿；作为愿望，信念伦理在于为人们的生活提供意义支撑。以此观之，政治形态的公共性就有两种形态：体现工具理性的社会设置和具体操作；体现价值理性的终极价值的设定。后者构成了精神形态之公共性的核

① [德] 卡尔·施米特：《政治的概念》，刘宗坤等译，上海人民出版社 2005 年 6 月版，第 58 页。
② [德] 黑格尔：《法哲学原理》，范扬、张企泰译，商务印书馆 1979 年版，第 253 页。

心问题。

在公共性的构成方式上，三种形态的公共性是有区别的。在共同的生产和经营活动中，每个参与者都是为着自身利益的，其终极目的不是创造公共利益，只存在可供分享的共同利益。然而个人利益的实现必须以共同利益形式出现。每个参与者都同时出场，他看见、听见若干他者站在与他不同的立场上，从不同的角度做着相似的事情。于是，并非出于首先考虑然而却是客观地生成了公共性：共同的价值尺度（货币）、共同遵守的规则和可供分享的共同利益。从性质上说，经济形态的公共性是自利—竞争的公共性，但却产生了公共价值和公共规则。如马克思所说："正因为人人只顾自己，谁也不管谁，所以大家都是在事物的预定和谐下，或者说，在全能的神的保佑下，完成着互惠互利、共同利益、全体有利的事业。"①而政治形态的公共性所指称的是这样一种场景，在一个由各种传媒所构成的公共领域里，公共权力被公民置于共同讨论或批判的位置之上，只有首先给公共权力以正当性基础，并找寻到有效运行的模式，每个公民才能获得公共的善，继而分享这种公共的善。因此，政治形态的公共性乃是一种共同讨论和批判的公共性，公共的善或公共价值具有优先性，类似于公共意志或公共舆论这样的力量才能形成。而精神形态的公共性则集中表现为集体活动或公共活动，其主旨不是获得作为手段的善，而是活动本身，活动本身的善就是目的。或通过仪式（祈祷）或通过分享（精神产品）而达至身心和谐、人人和谐。

从人的需要结构以及需要发展的内在逻辑来看，经济形态的公共性和政治形态的公共性只构成使人能够快乐与幸福生活的基础与保障，但却并不构成真正的幸福生活本身。若欲达到终极性的目标，精神活动（精神生产、仪式过程等等）是根本的途径与方式。通过精神产品的生产以及仪式过程，人们不但创造了用于满足精神需要的精神产品，还会产生出用于满足终极关怀的价值来。精神形态的公共性对人而言更具终极性，也是最大的"价值剩余"。因此，建基于经济形态和政治形态的公共性之上的文

---

①马克思：《资本论》第1卷，人民出版社1975年6月版，第199页。

化—精神形态的公共性要求，不但是政治发展的逻辑，也是人类需要发展的必然要求。然而，市场社会的发展并未促进公共性的全面提升，资本在世界范围内的胜利，科学技术在更广阔的时空内的发展，都未能像进步主义者所期许的那样，带给人们心志力量的提升和幸福生活的来临。相反，却引发了于公共性上的一些问题。

现代性语境下公共性问题的哲学批判

对现代性语境下的公共性问题进行哲学批判，其理论旨趣一定有别于一般性的批判，如文学的、历史学的或社会学的批判，而在于从终极价值的高度亦即从人性的意义上进行这种批判工作，具体就是从合理性或正当性意义上对作为问题的公共性进行分析。对公共性之正当性基础进行考察可以有两个层次，一个是价值，一个是意义。从价值角度看，现代性语境下的公共性无疑是人类社会发展至今天相对完备的形态，而从意义的视角审视，它又是问题性的公共性。对人的生存、生活而言，价值构成了使人们过上好生活或生活得好的前提和基础，而意义才是好生活本身，而这既需要价值，又需要将价值提升为意义的主体性素养。因此，价值与意义是我们分析现代性语境下公共性问题的哲学基础。

1. 关于意义总体问题

依凭直觉，人们都会承认，建立市场社会以来，人们的生产总值、生活资料的数量与质量、活动空间的广度和深度都无疑地超过了前市场社会，因此理应过着一种追求更高的善的生活。然而，人们的幸福感指数并未随着财富的积累和物品的消费而提升到相应的程度。这着实令人费解。于是，我们必须站在更高的层次上，借用价值与意义概念，对公共性问题本身以及现代性语境下的公共性进行哲学批判。我们在公共性的基本样式中，从类型学的角度把公共性划分为物品、规则、价值观和精神四种形态。倘若把对公共性问题的思考贯彻到底，我们发现，这四种类型的公共性属于同一个系列，它们要么是为着创造价值的，要么就是价值本身。相对于人的生活而言，它们都具有工具、手段或环境的意义，而不构成终极价值。现代性带给人们的最大问题就是使人们产生了成问题的生活观：生活就是创造价值、占有价值和消费价值。事实上，生活本身是一种实践，一种活动，一种过程。幸福是合于德性的实现活动，假如德性不止一种，那就是合于最好的德性的实现活动。基于生活真义的考虑，必须在价值之上引入意义概念。公共性是包含价值与意义两个事项的，因此，只有首先厘定价值与意义的关系，才能规定价值形态的公共性和意义形态的公共性，前者属于价值总体概念，后者属于意义总体概念。

价值是价值物与需求者之间的构合以及由这种构合所产生的效用。这个效用是从两端来看的。从价值物方面看，价值便是价值物之效用的显现，其显现的结果是载体的消失和效用的转移。当然这只是就物质价值物而言的，与物质价值物经常是一人一次消费不同，精神价值物可以多人多次消费，且可以产生倍加的和扩展的效用。因此，比较而言，精神价值物要比物质价值物更有效率。从需求者方面看，价值是需求者享用价值物时所产生的快乐与幸福的体验，之所以会有此种体验，是由于价值物之效用的转移而解除了需求者的不足和匮乏，领悟到了生活的真谛，体会到了生活的意义，把握到了期盼和愿望所立于其上的根基。我们把由于不足和匮乏状态的解除而产生的愉悦之感称之为“意义”。如果说价值是价值物与需求者之间的一种双向运动过程，那么意义就是这种运动过程在需求者方面的效用，意义是价值在需求者方面的实现，意义是在瞬间生成的。在现象学的意义上，意义就是价值的被给予性。一个物件、事实、现象、关系、规范，等等，之被称为价值物，被说出是有价值的，分明意味着，它的功能、效用被需求者给呈现出来，从遮蔽的状态进到澄明的状态中。由此可以说，关于价值的哲学研究可以是分析的，但价值的实现—意义却是不可分析的，它是直观和直感，是经历、感受，总之是体验。而就意义的瞬间生成来说，其预备过程是相当艰难而漫长的，而它的产生却又那么快捷。任何人都无法长时间地停留于意义的瞬间生成之中，既是瞬间的就不是长久的。但这绝不意味着，意义的生成是瞬间的，其存在是短暂的，但它的作用却是长久的。

由质料到价值再到意义是一个相当复杂的过程。在实际的生活中，价值的原始发生与意义的原始发生并非一一对应关系，这是由于，价值是单项事实，而意义则是两项或多项事实。然而，无论在理论推理还是实践推理中，人们总是这样设想：创造价值的过程就是创造意义的过程，价值愈丰富，意义也就愈饱满，其实不尽然。作为功效、效用、功用之体现的价值只是产生某种意义的前提、条件，由价值进到意义须得主体的意义构造。意义的构造与意义的体悟是价值能否实现出来以及实现到何种程度的关键。意义的构造和体悟低于价值总量，就会产生意义小于价值甚至没有意义的后果，有价值没意义的现象并不少见；意义的构造与体悟大于价值总量，有可能从少量的价值中创造出饱满的意义来。然而，在实际的生产、交往和生活实践中，人们常常忽略了意义的构造和体悟，而专注于价值的创造活动，而且在人们的日常意识中，创造价值就等于创造意义，积累财富就等于追求和获得幸福。这是一种很成问题的日常观念。

价值本质上是问题，而意义则是难题。问题可以靠着科学技术来解决，如价值物问题，而难题则关涉到人的全部智慧。问题表现为疑惑、疑问，是对某一领域的事情（包括价值物）不知或知之甚少，其旨趣在于明白某事或某物是什么、怎么样和应当怎样，实质是某些知识的匮乏和技术的缺乏。而难题则同人的感觉和体悟能力有关，是人对某些矛盾、冲突、境域的困惑，在此意义上，问题就不再是疑惑、疑问，因为他对事物、事情是什么、怎么样是清楚明了的，而是因其价值理念和生活旨趣无法实现甚至严重缺失所得到的苦恼，是由于意义的迷失而产生的无意义感，是痛苦的体验，于是问题不再是问题而是难题，难题是与人的情感、意志和意义直接相关的，因此难题是生活形态的，是人的生活的丰富性的对象化。一旦人的生活丰富性的对象化的通道被堵塞或失去对象，难题和苦恼就在所难免。问题表现为疑问，难题呈现为追问，但难题常常又以知识的形态出现。“一个问题的产生是由于我们知道得太少而极欲知道得太多；一个难题的产生是由于我们知道得太多，而各种知识却相互矛盾冲突。问题是好奇心的产物，难题则反映了知识的困境。”[1]关于问题与难题的关系，美籍犹太哲学家赫舍尔进一步精辟地指出，提出一个问题（question）是一种理智的活动；而面对一个难题（problem）涉及整个人身的一种处境。一个问题是渴求知识的产物；而一个难题则反映了困惑甚至苦恼的状态。一个问题寻求的是答案，一个难题寻求的是解决方案。

从价值与意义的内在关联可以看出，就人的生活真谛而言，除了具有一组价值形态的公共性之外，一定还有一个意义形态的公共性，我们把后者称之为“意义总体”或“总体性的意义”。“意义总体”所描述的不是那些个别的、偶然的意义事项，如享用美食、欣赏衣装、研读作品、观赏自然，等等，它们都有可能造成意义的瞬间生成，从而带来某种愉悦和幸福，但它们均无法承担起支撑整个人生意义的重任。相反，“意义总体”所描述的是那些在一个共同体中经常而普遍进行的创设意义和体悟意义的集体行动，包括血缘共同体活动、宗教共同体活动和政治共同体活动，创设意义和体悟意义构成了这种集体行动的逻辑。经济合作和政治合作也是集体行动，但它们本质上不是创设意义和体悟意义，而是制造公共物品，包括物品、规则、价值观和精神，等等。就“意义总体”的原始发生看，它不是从占有或享用某个价值物中产生的，而是在相互交流、共同进行的仪式中产生的，本质上是行动和过程，是某种信仰、信念和信任。这种集体行动虽然不是时时进行的，但却产生时时而普遍的意义，这些意义构成了生活的根基和信仰的支点。这些意义仅靠个体是不能产生的，它们必须在集体行动中产生，但却必须通过个体的分享来实现。一个饱满的“意义总体”倘若没有任何个体进行分享，那它就没有了意义。依照人的生活本身的要求，价值形态的公共性与意义形态的公共性理应协调发展，然而现代化运动以来，二者却出现了分离，一方面是价值形态公共性的高度发展，另一方面却是意义形态公共性的迷失。

---

① [美]赫舍尔：《人是谁》，隗仁莲译，贵州人民出版社 1995 年版，第 1 页。

2."意义总体"的迷失与体悟能力的下降

自现代化以来，有这样一种颠倒的逻辑值得深入研究。依照人的生活逻辑，追求快乐与幸福是其全部活动的意识起点，同时也是其一切活动归之于它的终极目的。然而，这样一种生活逻辑若是缺少了那个能够给他带来快乐与幸福的创造活动，即生产生活资料的活动，便是难以为继的。正是在这个意义上马克思才说，生产生活资料的活动是人的全部活动中的首要活动。如此一来，生活实践的逻辑必须转换成生产实践的逻辑，否则便无法实现其自身。而生活实践的逻辑与生产实践的逻辑则是刚好相反的两件事情：生活实践是以追求快乐和幸福为终极目标的，这是一个通过享用价值物而生成意义的过程；生产实践是以追求"庞大的商品堆积"为目的的。于是，以追求意义为根本目的的生活实践和以追求价值为直接目标的生产实践就会发生严重分离。其实，它们原本就是分离的，或者说，生活与生产原本就存在着发生分离的可能性。把这种可能变成现实的完全是那个并不出于人们的意愿然而却出于人们追求财富的目的的生产实践，以及把这种生产实践商品化的社会设置，这套设置完全是由资本的运行逻辑所直接造成的。

我们直观到的一个基本事实是：人不仅仅是物质性的存在，除了物质力量之外，尚有心志力量，除了衣、食、住、行、用等物质需要之外，尚有信、知、情、意等精神需要。人的这种二元结构决定了人必须进行两种生产、交往和生活：物质的和精神的。人作为有限理性的存在物，其精力也同样是有限的。人类如何合理地分配有限的力量，在创造丰富的价值的同时也创设出一个意义饱满的世界来，无疑是整个人类的事情，也是永恒的难题。有这样一种历史现象值得注意：当人类与自然相比处于弱势情形之下时，人类似乎超乎寻常地发掘了自身的心志力量，进行了大量的精神活动，创造了大量的精神产品，诸如原始的宗教、巫术、绘画、舞蹈、祈祷、朝拜、祭奠，等等，即便是物质性的狩猎、采集、出征、生产，也要涂抹上浓郁的精神色彩。当人类把主要精力投放在对外界环境的改造上且卓有成效时，其用于发掘自身心志力量的精力必然减少。但人类很少去反思这样一个问题：忽略精神活动和精神生产究竟会产生何种后果？只有当这些后果明明白白地摆在人类面前的时候，他才会去考虑。如今这些问题似乎已经到来了。

精神活动是人的对象化活动的另一种方式，与物质性的对象化活动相比具有明显的特征：第一，直接性。无论作为过程还是作为结果，精神活动或精神产品的生产者与享用者具有原始同一性，精神活动过程与精神产品在最为原初的意义上是为着自己的，而不是用来交换的，因此，只有首先被创造者理解和享用了的精神过程和精神产品，才有可能被他者理解和享用。正是精神活动和精神生产的原始同一性才保证了价值与意义的原始合一，创造精神价值的过程也就是理解、体悟意义的过程，一面是各种仪式，如祈祷，一面是心灵深处的激越、净化与愉悦。令人称奇的是，当精神过程和精神生产结束，意义的创造和体悟过程却并未终止，而是在人们的心理和精神上继续着。与物质生产是一个消耗和消费的过程不同，精神活动是一个净化和累积的过程。第二，累积效应。物质产品的消费本质上是排他性的，一个具体的产品常常只能是一人一次消费，且不可重复使用，稀缺性是其本质特征。无论是生产物质产品所用的质料，还是物质产品本身都具有明显的稀缺性。与物质生产是对外界的开发不同，精神过程与精神产品是对人本身之精神力量的开发，人的精神力量以及人类开发精神力量的兴趣构成精神活动和精神生产的自变量，而精神过程和精神产品则是因变量。于是在精神活动范围内，价值与意义构成了一个函数关系：$y=f(x)$。意义是价值的函数，在一定范围内，精神价值的任意一个值，都有一个或几个意义与之相对应。而且，价值与意义的原始合一不会因为某个人消费或享用而减少，或排除了他者的享用，也不会因为此次享用而排除了以后的享用，它们可以反复享用，只要你有能力和兴趣。第三，给予性与被给予性。胡塞尔在现象学的意义上指明世界意义的被给予性，也许世界本身具有意义，也许根本就没有意义，但无论怎样，世界的意义都得通过人的活动得以生成和显现。这种结论尽管含有人类中心主义的危险，但也确实存在通达世界的桥梁。通过物质生产，通过改变物质的结构，通过分解与合成，创设人类所需的产品；通过附加，把人类自己的心性与理想刻画到外面世界中。于是给予性便有两种可能：通过最少的消耗创设饱满的意义；通过极度的浪费产生较少的意义。近代以来的现代化过程恰恰把后者变成了现实。市场社会以来，似乎一切价值都要得到货币的衡量与评估，一切高尚的东西、一切乌托邦构想似乎都得通过激发人们原始的欲望才能被人问津。价值与意义的分离已经到了非解绝不可的地步，重建公共性的任务已经相当迫切。

重建公共性的诸种谋划

对我们来说，重建公共性具有双重任务：价值形态公共性建设和意义形态公共性建设。从历史逻辑着眼，价值形态公共性建设具有优先性，因为一个经济上没效率、政治上没民主、文化上没自由的社会，无论如何不能算是一个相对友好的社会。但如果把价值形态公共性建设推至极端而完全忽视了意义形态公共性建设，其结果就是我们造就了一个生活资料极大丰富的世界，却没有带来意义饱满的世界。中国作为一个后发国家，起步就可以借鉴西方先发国家的经验和教训，将两种形态之公共性建设有机地统一在一起。树立科学发展观和构建和谐社会正是这种有机统一的一种努力。

1. 价值形态公共性建设

价值形态公共性建设包括物品生产、规则生成和精神养成三个方面，而这三个方面恰好对应经济形态的公共性、政治形态的公共性和精神形态的公共性。关于前两种形态我们在前面已经作了初步的分析，在此我们主要讨论精神形态的公共性。其实，现代性语境下诸种形态公共性的生成似乎都得益于被称之为“现代精神”的那种东西。我们可以从外部特征上描述这种精神：主体精神、理性精神、法律与伦理精神，等等。对这种精神的哲学沉思可称之为“精神哲学”。关于精神哲学的使用必须慎重对待，因为它极有可能把人们引向对黑格尔《精神哲学》的向往和体认上去。不过，黑格尔的《精神哲学》对我们理解人类的精神现象确实是重要的，尤其是对理解现代性语境下的精神现象更是如此。我们在两个相对有别的意义上使用精神概念：（1）作为观念总体性的精神；（2）意义状态（关于这点，我们将在稍后的部分进行论述）。在关于精神的观念总体性的研究中，我们力争接近黑格尔关于精神的思想；在对精神之意义状态的考察中，我们将努力揭示人们在现代性语境下的生活状况。而把精神这两重含义密切关联在一起的则是现代性问题。我们试图以现代性为思考背景，从前提、过程和结果三个环节上考察作为观念总体性的精神和作为生活状况的精神。而这种考察必须从方法论的高度借鉴黑格尔在精神哲学上的学术遗产。

在黑格尔那里，作为精神哲学之研究对象的“精神”有其特殊的内涵和边界。精神哲学作为一门真正的科学，既不是抽象地推论精神的本质，也不是对发现的精神的现象进行外在的描述，而是要在精神活生生的发展中去认识精神的本质或概念，以及精神自身从一个环节到另一个环节、从一个阶段到另一个阶段、从一种形态到另一种形态的必然性，也就是它成为一个自我实现、自我认识了的有机整体的必然进展。这是一个在人类对精神的认识史上从未有人提出过的空前艰巨的任务。“关于精神的知识是最具体的，因而是最高和最难的。”①黑格尔在论“精神的概念”部分集中阐释了精神的本质：“精神是知自己本身的现实的理念。”②而理念借以成为精神的规定性就在于它既不同于逻辑理念，也不同于自然，“必须把观念性，就是说，理念的异在的扬弃、理念从它的他物向自身的回复和回复到了自身，称为精神概念的与众不同的规定性”。③精神作为观念性的东西，它不是一个类似于物那样的一个实体，“作为哲学的思维，精神由于认识到构成事物的共同原则的永恒理念在中呈现自己的种种确定的方式而完成了对事物的观念化”。④理念由自在的逻辑理念外化为与自然的对立然后回复到自身，其一以贯之的内在性就是精神，精神使自身、自然观念化

①［德］黑格尔：《精神哲学》，杨祖陶译，人民出版社 2006 年 2 月版，第 1 页。

②同上，第 10 页。

③同上，第 11 页。

④同上，第 15 页。

并切实地知道这种观念化。通过观念化，精神将自身以及与自己有别的自然包含于自身，精神与自然的区别不是自然力量的结果，而是精神自己设定自己为自然以作自己的他物。“属于精神概念的这种对外在性的扬弃，就是我们曾称之为精神的观念性的东西。精神的一切活动都无非是外在东西回复到内在性的各种不同的方式，而这种内在性就是精神本身，并且只有通过这种回复，通过这种外在东西的观念化或同化，精神才成为而且成为精神。——如果我们稍微更仔细地考察精神，那我们就发现精神的最初的和最简单的规定就是：精神是自我。自我完全是一个简单的东西、普遍的东西。当我们说自我时，我们想到的大致是一个个别的东西；但因为每个人都是自我，从而我们只是说出了某种完全普遍的东西。自我的普遍性使得它能够从一切事物、甚至从它的生命抽象出来。但是，精神不仅是这种同光一样的抽象简单的东西，精神是一个不顾其简单性而自身内有别的东西；因为自我把自己本身与自己对置起来，使自己成为自己的对象，并从这个起初诚然是抽象的、还不具体的区别回复到与自身的统一。自我在其自相区别中的这种在自己本身中的存在，就是自我的无限性或观念性。但这种观念性只有在自我与它面对的无限多样材料的关系中才得到证实。”[1]精神的本质规定是它的显示，“精神的规定性因而是显示。精神并不是任何一个规定性或这样一种内容，其表现或外在性只会是与内容不同的形式；所以精神并不显示某个东西，相反地，它的规定性和内容就是这显示本身。因此，精神的可能性直接是无限的绝对的现实性”。[2]

通过黑格尔这些思辨的语言，我们能够体会到什么呢？实际上，黑格尔通过哲学的概念和语言呈现给我们的恰是现代性语境下的观念总体性，或称之为“现代精神”。现代社会是一个通过一套复杂的社会设置使“自我”成为一个不断显示着的本体。它从一个简单的但却是普遍的规定出发，将自己区别为与自己不同的他物——身外的物和若干与自己相似的他者，然后扬弃他者而回到自身。自我的这种不断流动，不断转换自己的样式，但却始终保持自己的内在性，这就是精神；自我不断地由主观性经由

①［德］黑格尔：《精神哲学》，杨祖陶译，人民出版社 2006 年 2 月版，第 15 页。
②同上，第 21 页。

客观性然后回到绝对性，这种不断流动的内在逻辑就是精神。更为要紧的是，自我不但客观地这样显示着，而且自觉到知道这种显示。作为个体，自我的精神表现为由简单的自我同一到自我的分离再到自我统一；作为类，自我的精神表现为整个民族、国家乃至整个人类不断地超出自己而面向自然，然后回到自身。这种现代精神表现为个体的思维方式便是原子主义，表现为伦理实体就是功利主义，表现为终极目的就是欲望的神圣激发和欲望的极大满足。这种现代精神表现在社会形态上便是经济上的极大丰富、政治上的民主制度、文化上的自由与个性。现代精神作为观念的总体性或总体性的观念，如何从根本上改变了个人的思维方式、交往方式和生活方式，从而支撑了现代社会的发展，又如何变成了整个人类的思维方式和生活方式，这从当下大量的、正在发生着的经验材料可以看得出来。然而，二百多年后的今天，现代精神逐渐暴露出它的诸多缺陷，人们开始从全身心地拥抱现代性走向对现代性的怀疑、反思和批判，重构后现代性的诸种谋划都表明，人们开始从理论理性和实践理性的高度超越现代性的各种缺陷。然而从《法哲学原理》和《精神哲学》中我们似乎看不出黑格尔对现代精神抱有某种批判性态度。但我们并不因此就断言，黑格尔的精神哲学失去了思想的意义，相反，黑格尔在《精神现象学》和《精神哲学》中都讲到了自我在显示的道路上可能存在的三种方式：你死我活的方式、主奴关系的方式和相互包容的方式。一如马克思在《资本论》中说过的，资本主义的普遍交换关系恰好包含着超越资本主义片面性的要素，在现代精神中也同样蕴含着超越其自身的要素，其中一个重要方面就是，在构建现代精神的同时，必须高度重视意义形态公共性建设。价值形态的公共性表现为相对固定的善，而意义形态的公共性则表现为流动的善。

2. 意义形态公共性建设

这种形态的公共性建设包括共同体建设和集体行动的安排。（1）共同体建设。意义的瞬间生成尽管表现为个体对意义总体的领会和体悟，但它必须植根于共同体之上和发生于集体的行动之中。经济合作与政治合作可以产生经济联合体和政治联合体，但它们与人的生活的关系是间接的，为生活提供物质基础和秩序安排，因此本质上是价值性的。而血缘共同体、信仰共同体和思想共同体则为人的生活提供意义支撑。血缘共同体表现为家庭以及家庭的扩展形式——家族、宗族。在一个缺少统一的宗教的国度里，家庭承担起了创造意义的重任，为每个家庭成员提供本体性安全，家庭尽管也承担了两种生产的任务，但更是一种精神家园。在家庭成员之间实行的各尽所能按劳分配的分配原则，这种利他主义的思维和行为，保证了各个家庭成员之间的认同感和归属感。信仰共同体是由具有共同信仰对象的信众所组成的共同体，主要有宗教信仰和社会信仰两种形态。在我们目前所进行的社会实践中，重建社会信仰是重建意义总体的重要道路。宗教信仰表现为信众所共同进行的宗教仪轨、祷告、诵经活动。与宗教信仰不同，社会信仰则表现为由政党或政府所设计的对美好社会和美好生活的向往，以及在这种向往范导下所进行的广泛而持久的群众实践。思想共同体是由有社会良知的知识分子群体通过精神产品给出的精神实践活动，它指示给人们，什么是好生活，怎样才能过一种好生活。（2）集体行动的逻辑。促使人们采取集体行动的动机可能有经济的（金钱）、政治的（权力），这是现代性语境下人们采取集体行动的主要逻辑，但还有一种创设意义和体悟意义的集体行动，这就是精神产品的生产活动和精神活动。精神产品与精神活动不同，它以物品的形式存储下来，但目的不是这些物本身，而是把物视为载体，使精神价值附着于物之上，以满足人们的知、情、意需要。有些精神产品的精神价值与物是混为一体的，如建筑、陵园、庙宇等等，它们后来成了文化遗存。而有些精神产品则要作为商品进到商品交换的行列，由于产品提供者的目的是增殖，因而存在着超越心理—精神健康底线的风险，尤其是对未成年人的影响更是致命的，文化产业化必须有严格的精神健康标准。假冒伪劣的精神产品与假冒伪劣的物质产品不同，后者损害的是人的生理健康，它可以通过药物治愈而恢复，前者损害的是人的心理—精神结构，其后果可能造成认知、情感和意志（行动）之人格结构的分裂，这是用药物无法治愈的疾患。因此生产健康向上的精神产品是重建意义形态公共性的重要途径。精神活动是为着满足人的信仰、情感、意志、审美、伦理的需要而进行的活动，目的是造成心理—精神上的净化和愉悦。但无论是精神产品还是精神活动，其终极目的是满足心理—精神需要，获得终极关怀，产生理智感、审美感和道德感。终极关怀和诸种感觉会给人造成愉悦的心情，这是亚里士多德所说的超越物的满足之上的快乐与幸福。

人们借助于精神生产和精神活动所得到的是心情的愉悦和幸福的体验，是人的心志力量的提高和心灵境界的提升。从外部看，是社会和他人对我的尊严、自由、个性和权利的尊重与确证；从内部看，是我对终极价值的执着追求，对理智感、审美感、道德感、愉悦和幸福的体验，这种体验使我感受到了生活意义的存在，它使我超越了生产的疲惫和物欲的牵累，这是一种心境、一种和谐。以此观之，意义总体就表现为精神产品和精神活动的丰富性、多样性，多种样式的精神产品和精神活动之间保持最大程度的相融性；它是主体间的信任、确证、倾听、呵护、支撑关系；它在行为方式上就是从容，从心所欲而不逾矩，在心态上是自信而不自傲、尊重而不献媚、享用而不媚俗。创设意义和体悟意义总体的集体行动表现为一个时代的精神气质，人类、组织和个人是这种精神气质的体现者和承担者。这种精神气质代表特定时代的文化类型，它有两个方向：以什么作为最高的价值对象，其他价值需得到最高价值的规定和确认，它构成了人们看待事物和对待事物之方式的文化原点，这是它的第一个方向。另一个方向是心态结构，它是人的内心世界的一种稳定结构，是模式化和和倾向化的认知模式、情感类型和意志品质，人的心态必须通过人的体验结构来把握。在舍勒看来，心态是世界的价值秩序的主体方维。于是，在信仰世界（神话、上帝、真主、理想社会）、价值秩序和心态之间就形成了一种逻辑关系。

意义形态公共性的重建需落实在政府的作为和个体的努力之上。政府要通过政策设计和制度安排，引导人们在满足基本物质需要的基础上去从事精神产品的生产和集体精神活动的进行。个体要在重塑健康心态的基础上加强理智德性和道德德性的修为。可以说，重建意义形态公共性已经变成了整个人类的事情，中国将在自身的社会实践中提供世界经验。

（原载《哲学研究》2011年第8期）

论精神公共性危机及其重建

阅读提示：由人的本质所决定，在人的实际生活中，并不存在公共性的有无问题，存在的只是公共性的多少和实现方式问题。考察公共性的原始发生有两个基本的路径：系统论的奠基；生成论的奠基。前者讨论的是公共性何以可能的问题，亦即根据问题；后者研究的是公共性如何可能的问题，亦即环境与条件问题。在系统论奠基的视野内，公共性的需要奠基于人的片面性和非自足性之上；在生成论奠基的框架内，公共性表现为通过交换、交往，简言之通过合作所产生的“合作剩余”。“合作剩余”是公共性的重要标志，同时也是人的丰富性、全面性和多样性的重要表现。人类发展史就是一部不断创造公共性和实现公共性的过程，实质上，公共性的生成论奠基乃是系统论奠基的历史展开形式，这种历史展开主要有机械和有机两种方式；而就公共性的表现形态看，有经济形态、政治形态和文化—精神形态三种形式，经济形态的公共性是基本的，政治形态的公共性是核心的，精神形态的公共性乃是终极的。无论何种形态，公共性的内容便是公共价值，而生成公共价值必须公开且充分运用公共理性。在市场社会，三种形态的公共性具有逻辑上的一致性。在世界交往不断普遍化和深化的背景下，尽管经济的和政治的公共性存在着诸多问题，但精神形态之公共性的危机却是根本性的、全局性的。

在学理层面，关于公共性问题的讨论至少涉及公共性之前提、本质与形态，在此我们只集中讨论精神形态公共性的生成、危机与重建问题。

精神共同性·精神创造·精神价值·精神生活

我们试图用“原始发生”这样一种方法描述精神形态的公共性问题，这是一种为着把握精神形态的公共性而进行的奠基工作。就精神形态之公共性的原始发生看，有两种不同但相互关联的发生道路：一是，在人的精神结构中存在着精神共同性，这是一种系统的奠基工作，其理论旨趣在于言说人的精神公共性是何以可能的；[①]二是，人类拥有依照这种精神共同性创造精神公共产品从而创造精神公共价值的愿望和能力，这是生成论的奠基工作，其理论旨趣在于陈述人的精神公共性是如何可能的。

在生活的意义上，在过一种好生活的视野下，每一个体都是价值性的存在物，即需要着因而必须满足着的存在物。而在诸种能够满足需要的价值中尤以三种善为最基本：身体之善（健康、强壮、健美、敏锐）、外在之善（财富、高贵出身、友爱、好运）和灵魂之善（节制、勇敢、正义、明智）。作为自致地位，外在之善非得经过主体的努力才能获得，但却不必然获得，它们取决于他者的意愿和意志。唯有灵魂[②]之善才是自主和自足的，也才是属人的善。借助灵魂之善，人们构筑了一个出于个体但却包容个体于其中的精神世界，这是一个最大化的“合作剩余”，它既为人们的精神需求提供精神产品，更为人们的生产、交往和生活提供意义支撑。在人类生活的意义上可以说，精神世界是必然要存在的，不同的只是人们构

①限于题材，对此问题的讨论将在适当的地方进行。

②关于灵魂及其与精神的关系问题是哲学也是伦理学中的最为艰深也是十分重要的问题，尽管已有若干讨论，但依然感觉扑朔迷离，莫有定论。亚里士多德总结了其前人关于灵魂的讨论，并在《论灵魂》和《尼各马可伦理学》中充分论证了灵魂的特征、内涵与构成；笛卡儿在《谈方法》和《形而上学沉思》中集中讨论了心灵与身体的关系、构成心灵的诸多元素；黑格尔在《精神现象学》、《精神哲学》中，赖尔在《心的概念》、罗素在《心的分析》中，依本·西那在《论灵魂》、米德在《心灵、自我与社会》中，分别探讨了灵魂问题。

成精神世界的途径与方式，以及不同类型的精神世界于人们生活的意义。

精神世界以物为其基础，因为构造精神世界的单个的人都是具有一定重量、体积以及生命力的实体，笛卡儿说，尽管“我思”、“我怀疑”、“我想象”是区别于我与他物的根本，但仍以“我存在”为前提。但精神却并不直接是实体，而是某种不可视见但可言说的事实，这种事实既是实体某些功能的充分运用，又是这种运用所产生的效用。感觉、知觉、表象、判断、直觉、意识、喜怒、哀乐、爱恨，等等，均属精神现象。这些精神现象分别存在于每一个体之中，它们不可能像一般的物那样以视觉对象的形式摆放在那里，成为公共性的存在，一如产品那样。但它们却又可交流、可言说，好像人们都可以看见所交流的内容似的。不可识见但却可交流，完全得益于每一个体的认识和悟性。正是每一个体在认识和悟性上的相似性甚或相同性，才使得交流能够顺利进行。

在日常的意义上，人们会不加区分地使用“灵魂”与“精神”两个范畴，似乎它们是通假关系。依照黑格尔的思想，灵魂被包含在精神中，是精神的关键元素：“灵魂不仅就自身说是非物质的，而且是自然界的普遍的非物质性，是自然界的简单、观念的生命。灵魂是实体，是精神的一切特殊化和个别化的绝对基础，所以精神在灵魂里拥有其规定的全部质料，而灵魂则始终是精神的规定中遍及一切的、同一的观念性。但是，灵魂在这种还是抽象的规定中仅仅是生命的睡眠；——亚里士多德的那个按可能性是一切东西的被动的理性（‘奴斯’）。”[①]若这种睡眠的、被动的理性尚处在潜在的状态或未展开的状态，它就一定不具有现实性，因而就不成为精神。精神是灵魂的现实的展开方式及其业绩。关于灵魂的研究构成人类学，对精神的探索成为精神现象学或精神哲学。每个平常的人时时刻刻都在运用着灵魂，也构成着精神，但他们不会去研究什么是灵魂，更无须知道什么精神，于他们而言，只要能够正常地使用灵魂，只要有精神，从而过上相对美好的生活，便是一切了。哲学家、思想家不同，他们不能停留于日常意识的水平上，他们要殚精竭虑地知晓那个让人着迷的灵魂，要

①［德］黑格尔：《精神哲学》，杨祖陶译，人民出版社 2006 年 2 月版，第 39 页。

明白那个纷繁复杂的精神。这不是个体的需要而是人类的使命，哲学家和思想家总是以人类的名义追寻着各个领域的普遍性，追寻普遍性[①]成为了各种“家”的命运。

精神现象学或精神哲学要追寻那个精神中的普遍性。“如果我们稍微更仔细地考察精神，那我们就发现精神的最初的和最简单的规定就是：精神是自我。自我是一个完全简单的东西、普遍的东西。当我们说自我时，我们想到的大致是一个个别的东西；但因为每个人都是自我，从而我们只是说出了某种完全普遍的东西。”[②]然而这个普遍性还是一个抽象的普遍性，只是把人人都有的相似性或共同性特征抽取出来加以规定而已，而就每一个自我而言，还是简单的，仅仅是自我内部的丰富性：“A.自在的或直接的；这样它就是灵魂或自然精神，——人类学的对象。B.自为的或间接的，还作为在自己内和在他物内的同一的映现；在关系或特殊化的精神；即意识，——精神现象学的对象。C.在自己内规定着自己的精神，作为自为的主体，——心理学的对象。意识在灵魂中觉醒；意识设定自己为理性，直接对自己进行着知的理性觉醒了，他通过自己的活动向着客观性、向着对自己的概念的意识解放自己。”[③]自我起于自己，起于心意以内的由己性，向着他者外化自己，然后再涵着他者回到自身，于是，自我实现了自己，丰富了自己，使自己不单为自己活着，也向他者存在。这就是每个以自我称谓的个人所尊重、遵循的使命。在精神哲学的意义上，自我经历了主观精神—客观精神—绝对精神的过程：“Ⅰ.在与自己本身相联系的形式中，在它的这个形式的范围内，对于它来说，理念的观念的总体，即那个是它的概念的东西，成为为它的，而且在它看来，它的存在就是在自己内存在，即自由地存在，——这就是主观精神。Ⅱ. 在实在性的形式中，即在作为一个必须由它来产生和已被它产生出来的世界中，在这个世

①普遍性就是“一”：有形而上的“一”，也有形而下的“一”。“道”就是“一”，但又不止于那个具体的“一”。“故恒无欲也，以观其妙；故恒有欲也，以观其徼。”“其”，乃“道”也。形上之“道”乃不可言说，但能观其妙；形下之“道”便是可言说、可交流之“道”：治理之道、经商之道、教学之道、交友之道。

②[德]黑格尔：《精神哲学》，杨祖陶译，人民出版社 2006 年 2 月版，第 14 页。

③同上，第 33 页。

界里自由是作为现存的必然性出现的，——这就是客观精神。Ⅲ.在精神的客观性与它的观念性或它的概念的自在自为存在着的和永恒地产生着自己的统一中，即精神在其绝对的真理中，——这就是绝对精神。”①

每一个体作为现实的自我在展开其精神时，首先是在自我构造的主观（或主体）世界内进行的。关于于个体而言的世界来说，西方主流形态的哲学似乎都坚持心与物的二分法②，由身体及其与身体有关的各种欲望构成的世界可称为物质的世界，由心灵及其与心灵有关的情感、理性、知性构

①［德］黑格尔：《精神哲学》，杨祖陶译，人民出版社 2006 年 2 月版，第 27 页。

②笛卡儿在“我思，故我在”的命题中，尽管强调我思的重要性，但也没有否认我的先在性。“等我一旦注意到，当我愿意像这样想着一切都是假的时候，这个在想这件事的‘我’必然应当是某种东西，并且觉察到‘我思想，所以我存在’这条真理是这样确实，这样可靠，连怀疑派的任何一种最狂妄的假定都不能使它发生动摇，于是我就立刻断定，我可以毫无疑虑地接受这条真理，把它当作我所研求的第一条原理。”在我在与我思之间，我思更是决定性的方面。“然后，我就小心地考察我究竟是什么，发现我可以设想我没有身体，可以设想没有我所在的世界，也没有我所在的地点，但是我不能就此设想我不存在，相反地，正是从我想怀疑一切其他事物的真实性这一点，可以非常明白、非常确切地推出：我是存在的；而另一方面，如果我一旦停止思想，则纵然我所想象的其余事物都真实地存在，我也没有任何理由相信我存在，由此我就认识到，我是一个实体，这个实体的全部本质或本性只是思想，它并不需要任何地点以便存在，也不依赖任何物质性的东西；因此这个‘我’，亦即我赖以成为我的那个心灵，是与身体完全不同的，甚至比身体更容易认识，纵然身体并不存在，心灵也仍然不失其为心灵。”但“我发觉在‘我思想，所以我存在’这个命题里，并没有任何别的东西使我确信我说的是真理，而只是我非常清楚地见到：必须存在，才能思想；于是我就断定：凡是我们十分明白、十分清楚地设想到的东西，都是真的”。我存在是我思的必要条件：无之必不能思想，没有我在这个实体，我思便没有了根基；但若没有我思，我在也就不是属于我的存在。我思建基于心灵之上，而心灵又依托于身体之上。［参见：《西方哲学原著选读》（上），商务印书馆 1981 年 6 月版，第 368—370 页］康德也把人的世界分成二重世界，本体界和现象（经验）界：“道德法则虽然也并不能给我们提供任何展望，却拿出一个绝对不能用我们理性的全部理论的应用范围来解释的事实——这个事实就指出一个纯粹悟性世界，甚至还把这个世界肯定地规定出来，而使我们认识到有关它的某些事情，即法则。这个法则就给予作为感性自然的感性世界（就有理性的存在者而言）以悟性世界形式，即超感性存在形式，而同时并不致破坏前世界的机械作用。但是最广义下的自然就是受法则所控制的事物的存在。一般有理性的存在者在感性世界的存在乃是指他们在受经验制约着的法则之下的存在而言，这种存在在理性看来就是他律。反之，同样存在者在超感性界的存在乃是指他们合乎不依任何经验条件的那个法则的存在而言，因而属于纯粹理性的自律。而且那些单靠认识就可以使事物存在的法则既然有实践力量，所超感性的存在（就我们能设想它而言）不外乎是受纯粹实践理性的自律所控制的一种存在。但是这个自律法则就是道德法则，因而道德法则就是一个超感性存在和一个纯粹悟性世界的基本法则；这个世界的副本必然存在于感性世界之中，但是并因此损害了这个世界的法则。我们可以称前一个世界为原型世界，这个世界，我们只能在理性中加以认识，至于后一个世界，我们可以称它为模型世界，因为它包含着可以作为意志动机的第一个世界的观念之可能结果。因为事实上道德法则就把我们置于一个理想领域之中（在那里，纯粹理性如果赋有充足的自然力量，就产生最高的善），并且决定我们的意志给予感性世界以一种形式，使它仿佛成了理性的存在者所组成的一个全体。”（《实践理性批判》，关文运译，广西师范大学出版社 2002 年 2 月版，第 31—32 页）

成的世界可称为精神的世界。在事实的意义上，前者也可称为物理事实，后者可称为心理事实。作为物理事实，人的身体以及身体的各种运动存在于时空之中，是自己和他者可以识见的，因而是公开的，它服从物理世界的机械法则。而“心灵却不存在于空间之中，它们的活动也不服从于机械法则。一个心灵的活动无法为其他的观察者目睹，它的一生是私秘的。只有我自己才能对我自己的心灵的状态和过程有直接的权威性的认知。因此，一个人的一生有两部并行的历史，一部历史由他的躯体内部发生的事件和他的躯体遇到的事件所构成，另一部历史由他的心灵内部事件和他的心灵遇到的事件所构成。前一部历史是公开的，后一部历史是私秘的。前一部历史中的事件是物理世界中的事件，后一部历史中的事件是心理世界中的事件”。①尽管由笛卡儿和康德所倡导的两个世界理论受到赖尔的强烈批判②，但却对于研究人的心灵以及由心灵所构成的精神世界具有不可多得的价值。在日常观念中，甚至在一些哲学工作者那里，心灵与灵魂是无区别的，亚里士多德则做了细分，心灵是灵魂中最高级的部分，类似于理性或理智。③他在《论灵魂》和《尼各马可伦理学》中都论述了灵魂问题。在总结前人关于灵魂研究的成果的基础上④，把灵魂视为躯体的实体：“灵魂是在原理意义上的实体，它是这样的躯体是其所是的本质。”⑤“灵魂在最首要的意义上，乃是我们赖以生存、赖以感觉和思想的东西，所以灵魂是定义或形式，而非质料或载体。我们已经说过，实体有三种意义，形式、质料以及这两者的结合。其中质料是潜能，形式是现实。由于两者的结合物是有生命的东西，所以躯体并不是灵魂的现实，相反，灵魂是某种

①［英］吉尔伯特·赖尔：《心的概念》，徐大建译，商务印书馆 1992 年 7 月版，第 5 页。

②赖尔在《心的概念》一书中，把以笛卡儿为代表的身心理论称为“官方”学说，并用了一章的篇幅质疑“笛卡儿的神话”，说这种“官方”学说是“荒谬”的，是“范畴错误”。而在我看来，即便这种“官方”学说有着某种错误，也仍不失为一种可资借鉴的理论。（参见《心的概念》，徐大建译，商务印书馆 1992 年 7 月版，第 4—20 页）

③亚里士多德在《论灵魂》第 3 卷的第 4、5、6 章专门讨论了心灵以及心灵与灵魂的关系，因与本文无直接关系，故不拟详述。（参见《亚里士多德全集》第 3 卷，苗力田主编，中国人民大学出版社 1992 年 1 月版，第 75—80 页）

④《论灵魂》共分 3 卷，第 1 卷集中总结了前人的研究，第 2 卷和第 3 卷集中阐述了自己关于灵魂的思想。

⑤《亚里士多德全集》第 3 卷，苗力田主编，中国人民大学出版社 1992 年 1 月版，第 31 页。

躯体的现实。”[①]灵魂虽不是某个具体的能力，但却是现实的能力，是诸多能力的综合运用。有些生物的灵魂只表现为一种或几种，而人的灵魂则表现为营养、欲望、感觉、位移以及思维能力。而思维或思想能力是人在灵魂意义上把自己和其他动植物分别开来的根本。亚里士多德在《尼各马可伦理学》第二卷第五章中更加明确地论述了灵魂，不过是在论德性的意义上进行的：“既然灵魂的状态有三种：感情、能力与品质，德性必是其中之一。感情，我指的是欲望、怒气、恐惧、信心、嫉妒、愉悦、爱、恨、愿望、怜悯，总之，伴随着快乐与痛苦的那些情感。能力，我指的是使我们能获得这些感情，例如使我们感受到愤怒、痛苦或怜悯的东西。品质，我指的是我们同这些感情的好的或坏的关系。”[②]那我们是如何具有灵魂，又是如何让灵魂充分实现其各种能力的呢？亚里士多德和康德都以自然目的论的假设给以回答。有些能力是不学而能的，而大部分则是学而时习之的，“德性在我们身上的养成既不出于自然，也不是反乎自然的。首先，自然赋予我们接受德性的能力，而这种能力通过习惯而完善。其次，自然馈赠我们的所有能力都是先以潜能形式为我们所获得，然后才表现在我们的活动中”。[③]“在一个有机物、一个与生活目的相适应的东西的自然结构中，我们发现这样一个基本原则，就是在这里面没有一个用于一定目的的器官，不是与这一目的最相适合的、最为便利的。”[④]亚里士多德和康德的这种自然目的论思想既为我们研究人的各种潜能、品质和能力提供了哲学假设，也为我们分析人的精神世界提供了理论基础。

当然，我们的目的不仅仅是梳理中外有关构成人的精神及精神世界之诸多元素的各种哲学的、心理学的、宗教学的，乃至文化人类学的思想，更重要的是如何运用这些思想，以现象学的方式直观人的精神及人的精神世界，进一步地呈现人是如何生成精神公共性的，在现代性语境下，三种形态的公共性又是如何相互嵌入、如何构造，又是如何解构的，这种构造

①《亚里士多德全集》第3卷，苗力田主编，中国人民大学出版社1992年1月版，第35页。

②亚里士多德：《尼各马可伦理学》，廖申白译，商务印书馆2003年11月版，第43—44页。

③同上，第36页。

④［德］康德：《道德形而上学原理》，苗力田译，上海人民出版社1986年6月版，第44页。

与解构于人们的好生活意味着什么。

在康德看来，人的心灵有两个先天原则：认识官能和欲望官能。[①]事实上，除了认识与欲望之外尚有其他的潜质，如感觉、情感，等等，但以认识和欲望为最主要。欲望是被把握在表象中的需要，而需要则是有生命者的不足、匮乏、饱和、过量状态，以及为着解除这些状态而产生的占有和释放（表达）两种指向。只有感觉到且意识到了的需要才是欲望，欲望是现实的需要，而需要则是潜在的欲望。若是没有了欲望，人的一切行动便失去了动力，欲望推动着人去做他想做也愿意做的事情。欲望以及与欲望有关的事项的表象，构成了人的内部视域，而表象自身的意识也就成了自我意识，直观自身的“心意”的直观也就成了内部直观。而无论是自我意识还是内部直观均无须使用先天感性直观形式，即时间和空间。但人不可能自我供给和自我满足，他必须依赖外界，需要人的认识官能为人提供事实性知识和价值性知识。而无论何种知识都是以表象的形式存贮下来的，通过被给予性，人把人之外的世界统摄到自己的表象中。而这种统摄乃是因了人的两种“天赋”：先天感性直观形式，即时间与空间；先天综合形式。知性无感性则空，感性无知性则罔，而理性则用范畴处理杂多的感性，以便给出合乎逻辑的知识体系。通过图像化的过程，世界被表象在观念中，意识无非是被把握在观念中的物质的东西而已，而把握的过程便是构造的过程，不是构造了“物自体”，而是构造了关于物自体的知识，这就是规律、逻辑的被给予性。理性、智慧、思想乃是人的精神世界中的最高级部分，可谓精神世界中的精神。亚里士多德、康德和黑格尔对理性、理智、精神、思维、思想的重要地位都给以高度重视。情感世界构成人的精神世界中的非理性部分。人的情绪、感情、意愿、动机、目的、愉悦、怨恨，等等，均发源于此。基于诸种情感形式之上的体验构成了人之精神生活中的基本内容，而诸种体验又进一步地决定着行动者态度、情感取向。简约地说，人的精神世界就其层次和内容构成看，乃由欲望、情感和理性构成，而这三个方面恰与康德的三个理性问题相对应：“我们理性的

①参见：[德]康德：《实践理性批判》，关文运译，广西师范大学出版社 2002 年 2 月版，第 9 页。

一切兴趣（思辨的以及实践的）集中于下面三个问题：1.我能够知道什么？2.我应当做什么？3.我可以希望什么？”[①]第一个问题是知识论的，第二个问题是道德论的，第三个问题是生存论的。这些问题要么以内直观的形式被行动者感觉到或意识到，要么以理论的方式被理性模型化或模式化。当然，在日常生活的意义上，每个人都不会将自己的内部世界或主观世界或精神世界明晰化为三个问题，而是以浑然一体的形态呈现在内直观中。这个精神世界向其拥有者本身敞开着，而对他者则是关闭着的，除非拥有者通过言行传达他的心灵信息，否则，其心灵地图于他者而言就像一部天书。除了行动者不愿、不便向他者“敞开心扉”之外，更重要的是，人与人之间、心灵与心灵之间的交流或沟通是最困难的事情。虽说人与人之间具有相似的灵魂、心灵或精神世界，但其间的差距却是不容否认的。除去遗传的因素，根本的原因在于后天的实践：人通常是怎样想、如何行才使他如此这般。人的心灵会随着生活这条河流不断地宽阔和厚重而不断地丰富和饱满，以至于内部视域与外部视域不断交织在一起，直至形成愈来愈丰富的内心世界。

若人的心灵始终处在孤寂的状态，那么人的精神世界也必定是孤独的。然而人注定是要过集体生活的，因为，为着解决需要的多样性与其能力的有限性的矛盾，每个人必须敞开自己的主观世界与同类的他者进行交换（物品）和交流（情感与精神）。这种交换与交流不仅仅是生活意义上的，更是交往意义上的。在生活的意义上，通过精神交流所能提供的价值物表现为三个方面，一是以物为载体的精神价值物，如音乐、绘画、知识、理论。这种以物为载体的精神价值物，是通过精神生产活动完成的，较之物质生产活动，精神生产要复杂得多，也困难得多，它需要生产者有强烈的社会责任感和强大的心智力量。精神生产者必须起于心灵的个别性而达于精神的普遍性，只有将有差异的心灵在精神的普遍性中联结起来，精神产品才会有价值和意义。精神产品作为物的形态的精神公共性，一经生产出来便具有了超越时空的特性，可以为多人多次消费，具有明显

① [德]康德：《纯粹理性批判》，邓晓芒译，人民出版社 2004 年 2 月版，第 611—612 页。

的开放性，只要精神需求者愿意且有足够的心智力量享用精神产品，它们就会对你有价值和意义。精神价值物的第二种形态是规则系统。就其职能或使命而言，任何一种规则，要么是用于分配资源的，要么是用来规约人的观念和行为的。无论是经济形态的公共性，还是政治形态的公共性，其根源固然在于经济活动和政治活动本身，但用于统摄经济活动和政治活动的规则，却一定来源于人的心智力量亦即理论理性和实践理性。根源不同于来源，任何一种规则都得经过人的心智力量的构造或创设，这便是世界的被给予性。被给予性不等于被生成性，把先天存在于本体之中的“先天法则”呈现出来，此乃理论理性和实践理性的使命。“约束性的根据既不能在人类本性中寻找，也不能在他所处的世界环境中寻找，而是完全要先天地在纯粹理性的概念中去寻找。”①即便先天法则是必然的，也得经过纯粹理性的发掘和呈现、经过实践理性的实践，而这些都得依赖于基于心灵之上的共通感或共同感，这种共通感或共同感才是精神形态之公共性的人性基础，它决定了法则的普遍有效性。即便像经济公共性和政治公共性，其来源也并非在其自身，而是心灵的共同性。经济与政治本身并没有“一”，它们所具有的只是“多”，是人们的心灵把“一”赋予到“多”中。只因有了这个“一”，一切个别才可以公度，可以比较，可以互换。精神价值物之第三种形态乃是仪式、过程——宗教仪轨、巫术仪式、诸种礼仪——包括日常交流。这些仪式和过程所传达的乃是精神世界的某些信仰、信念、禁忌、敬仰，是对某些美好事物的向往。而这些不能识见但却可以想象的内容，依然得益于心灵的诸种功能。这些精神内容为人们的生产、交往和生活提供着坚实的意义支撑。人类不但专心致志地创造着属人的物质世界，更是殚精竭虑地创造着精神世界，一种合理的社会和一种好的生活，应该是两个世界之间的和谐，进言之，就是心灵之序与世界之序之间的和谐。然而，公共性问题于人类而言始终是一个问题。有些是普遍的，任何一种社会形态都会遇到；有些是特殊的，是几个社会形态遇到的；有些是个别的，是某个社会形态遇到的。在资本之世界运行逻辑的推

①［德］康德：《道德形而上学原理》，苗力田译，上海人民出版社 1986 年 6 月版，第 37 页。

动下，一种世界性的市场社会被建构起来，于是，公共性问题尤其是精神公共性危机就变成了世界性的事情。

作为问题的精神公共性：现代性的视野

我们直觉到的一个历史事实是，人类始终致力于构造物质世界和精神世界相和谐的社会，但似乎从未出现这样一个理想的、完满的社会，出现的总是有问题的社会。三种形态的公共性及其论证乃是我们分析社会的一个理论框架和学科视野，亦即价值哲学的立场。然而如果我们舍弃了历史学（时间维度）和社会学（空间维度）的视角，那么价值哲学的分析就必然是空洞无物的。

我们既不能沉浸在对过往生活的怀旧中，更不能徜徉于对未来社会的幻想里。只有坚实地立足于现实的大地才能说清楚自己，只有明白自己才有可能明白他者。我们处在现代社会，这是毋庸置疑的事实，作为社会事实，它是我们研究现代公共性的出发点。现代社会有三个支柱：欲望的神圣激发，它构成了动力因素；市场经济的发现和运用，它构成了环境；科学技术的广泛使用，它构成了手段。当动力、环境和手段被并置在一起的时候，一个由资本的运行逻辑所推动的全面的现代化运动就开始了。这就是现代社会的基本图景。市场社会乃是一个包含着巨大冲击力的社会设置，首先它创造了一个庞大的经济公共性——财富；其次，创造了一个追求自由与民主、平等的政治世界。也许，经济形态和政治形态的公共性过分强大，才造成了社会结构的畸轻畸重：经济与政治的全面覆盖，造成了生活世界的压缩现象；全面的祛魅使宗教、信仰、巫术、禁忌全无藏身之处，一个全面的裸化世界向人们走来；高雅与神圣、圣洁与敬拜，只有还原为或被压缩为物质的、生理的，简言之是低级的需要才会被过问。这倒不是因为人类不再需要一个精神世界以及精神公共性，而是强大的经济公共性和政治公共性将原有的精神公共性解构掉了，出现了信仰危机、信用降低。而从微观处着眼，精神公共性的解构则表现为他者解构和自我解构两种类型。

1. 共同体的解构与市民社会的生成

由欲望、情感和理性构成了相对完满的灵魂，这对每个人大抵是相同或相似的，对不同时代的人们也大致是一样的。那么由不同时代的人们所建构的精神世界或精神公共性怎会如此不同？根本原因在于人们不同的生产方式、交往方式和生活方式，总之在于这些方式的规范化形式：社会结构。中国传统社会的结构是家国同构：国——家！其间并无现代意义上的社会，或西方社会学和政治学中的市民社会。在传统中国社会，家与国之间具有双向互逆结构，而家又具有逻辑优先性：虽说无国可能无家，但无家一定无国。家，包括家庭和家族，以及家的扩展形式，即村社。即使在今天，村社里的人们依然按照血缘关系相互称呼。由家庭、家族和村社构成的领域就是共同体，它既是一个社会空间又是一个生活空间。只有当社会和生活没有界限甚至完全重叠的时候，真正的共同体才会产生。借助于通行有效的儒家伦理，人们把适用于共同体的规则成功地扩展到了国的领域：君臣如父子。而维系不同地位和不同角色的人们的规则，乃是那些基于同质意志之上的规则系统。这就为人们构造一个共同的精神世界奠定了坚实的基础，且这个精神世界是立体的：精神产品、过程仪式、规则系统。这个由产品、仪式和规则构成的精神世界又为人们的生产、交往和生活提供着支撑和解释，因为精神世界乃是一个自足的系统，具有足够的自我解释能力，又具有足够的自治能力，它使得生活在这个精神共同体中的人们具有高度的认同感和归属感。这种认同感和归属感弥补了因财富短缺所导致的物质世界十分简单的不足。这似乎是一个不容否认的历史事实，一个饱满的精神世界可以和一个简单的物质世界有机地组合在一起，却又不使生活世界显得苍白、无力。但这种畸轻畸重的组合方式也使得这个精神共同体具有自身的弱性：精神上的公共性是以个体的无个性、无创造性为代价的，因为只有失去个性或没有个性才能被各种共同体所接纳。

市场社会的建立与发展，在社会结构上的一个直接后果，就是生成了一个广阔的市民社会。“市民社会是处在家庭和国家之间的差别的阶段，虽然它的形成比国家晚。其实，作为差别的阶段，它必须以国家为前提，而为了巩固地存在，它也必须有一个国家作为独立的东西在它面前。此外，市民社会是在现代世界中形成的，现代世界第一次使理念的一切规定各得其所。”[①]市民社会不仅仅是一个物理空间，更是一个社会空间，它含有三个环节：“第一，通过个人的劳动以及通过其他一切人的劳动与需要的满足，使需要得到中介，个人得到满足——即需要的体系。第二，包含在上列体系中的自由这一普遍物的现实性——即通过司法对所有权的保护。第三，通过警察和同业公会，来预防遗留在上列两体系中的偶然性，并把特殊利益作为共同利益予以关怀。”[②]市民社会把人们从先前的共同体中解放出来，将其置于全面需求和全面依赖的体系之中，它以个人为出发点，中介于普遍性，又达于个人的特殊性：“每个人都以自身为目的，其他一切在他看来都是虚无。但是如果他不同别人发生关系，他就不能达到他的全部目的，因此，其他人便成为特殊的人达到目的的手段，但是特殊目的通过他人的关系就取得了普遍性的形式，并且在满足他人福利的同时，满足自己。由于特殊性必然以普遍性为其条件，所以整个市民社会就是中介的基地；在这一基地上，一切癖性、一切禀赋、一切有关出生和幸运的偶然性都自由地活跃着；又在这一基地上一切激情的巨浪，汹涌澎湃，它们仅仅受到向它们放射光芒的理性的节制。受到普遍性的限制的特殊性是衡量一切特殊性是否促进它的福利的唯一尺度。”[③]在市民社会这个广阔的社会空间中，人的占有欲望和表达欲望被合法地放大了，它们非但没有受到批判，反而受到鼓舞，刺激消费乃是维持市场的关键。然而被放大了的欲望不是德性的、精神的，而是与金钱、权力、性有关的方面。是因为有相似或相同的需要人们才连接在一起，在一起并非出于友爱、孝慈、忠恕，而是为了自我的福利、自我的快乐。它不大容易产生认同感和归属感，过度的自由感和自我成就感使与之有关的他者都变成了工具。如

①［德］黑格尔：《法哲学原理》，范扬、张企泰译，1979年2月版，第197页。

②同上，第203页。

③同上，第197—198页。

果说共同体之中的人们是靠“情”的运行逻辑维系的，那么市民社会中的人们则是靠“理”的运行逻辑来维系的，它是一个充分且公开运用理性的领域，而这种运用理性的结果便是建构起了康德意义上的“先天实践法则”。[①]这个“先天实践法则”的形式命题就是，你要按照使你的行为具有普遍规律的方式去行事；它的实质命题就是，把任何人都视为目的，而不仅仅当作手段。然而，康德所殚精竭虑地建构起来的“先天实践法则”也仅仅具有调节功能，是用来调节人们的观念和行为的，以便保证“人人都是目的而不仅仅是手段”这个命题的普遍有效性，它只可以说是一种“操作伦理”，而不是“关怀伦理”。工具伦理永远不同于终极伦理：工具伦理只为一个功利目的服务，而终极伦理则为人们的生活提供意义支撑。毫无疑问，在市民社会中，除了技术规则之外，不可能产生用于终极解释的价值体系。那么，在现代生活中，那个具有终极解释力的精神公共性到何处去寻觅呢?

2. 精神公共性的危机：外在嵌入与自我解构

一如上述，精神世界是极为复杂而深邃的，绝非任何一种实验所能完全说清楚的。在理智界的意义上，亦即在灵魂之善的意义上，每个人都是相对独立的“宇宙”，每个“宇宙”只能保持相对的独立性，若想使自己的生活相对美好，就必须同他者进行交换和交流，市场社会为这种交流和交换提供了广阔的社会空间。扩展了的交换领域和交换对象与被激发了的需要一同被建构起来，每个人的需要都是个别，都是主观，只有“消

①康德对其“先天实践法则”的陈述包括相互包含的三个命题形式：“1. 一种表现为普遍性的形式、道德命令的公式，在这方面，就成为这样的：所选择的准则，应该是具有普遍自然规律那样效力的准则；2. 一种作为目的的质料，并且是自在目的，它对任何准则所起的作用，就是对单纯相对的，随意目的的限制条件；3. 通过以上的公式，对全部规则作完整的规定，这就是：全部准则，通过立法而和可能的目的王国相一致，如像对一个自然王国那样。这一进程也正像意志诸范畴的进程一样，形式的单一性，意志的普遍性，质料的众多性，客体，也就是目的的众多性，及其体系的整体或全体性，在作道德评价时，最好是以严格的步骤循序渐进，先以定言命令的形式作为基础，你行为所依从的准则，其自身同时就能够成为普遍规律。”（[德]康德：《道德形而上学原理》，苗力田译，上海人民出版社 1986 年 6 月版，第 89—90 页）

灭”这种个别和主观，只有被他者认可和满足，才能成为普遍的、客观的。然而被发展起来和被满足的主要限于财富的获得、权力的拥有和名声的竞争，而这些通常都和衣、食、住、行、用等物质需要相关，而用于满足信、知、情、意等精神需要的产品、仪式和交流则明显不足。依照马斯洛需要层次理论和戈森的边际效用理论，随着同类物品的供给，该物品对享用者的效用会降低，以至趋于零。于是，戈森非常自信地认为，随着异类物品的供给，需求者会发生需要迁移，比如由物质需要向精神需要迁移。事实证明，人的享受的迁移是可能的。需要或享受的迁移可以有两个方向：同质迁移和异质迁移。同质迁移是指享受的类型未变，而满足享受的物品发生了变化，如食物、衣装、住所，等等。异质迁移是指享受由低级向高一级享受的升迁，不仅享受类型发生了变化，满足享受的物品也发生了质的变化。在实际的生活中，享受的两种迁移都有可能发生。相对而言，同质迁移更容易发生，因为，保持一种类型的享受是容易的，无须投入成本即可以延续下去，如衣、食、住、行、用等，而且如黑格尔所说，“社会可以把同类享受细致化、多样化”，市场经济恰是这样一种经济类型，它可以不断地变换满足同一类型享受的物品，但却没有把人的享受提升到更高的层次。正是同类享受的细致化才使奢侈、浪费成为可能。然而，就人作为人来说，是不能仅停留于物质需要的满足的，它们是必要的需要，而非充足的需要。充足的需要是指社会需要（归属：爱/友爱/被你接受、自我尊重和他人尊重）和精神需要（爱、真理、正义、完美、充实），它们表现为非物质化的过程：满足享受的对象是非物质化的存在，满足的方式是非物质化的过程，不像物质需要的满足那样，是一定物质的占有和消耗。

由物质享受向社会需要和精神享受的升迁是享受的最为典型的异质迁移。这种迁移并非没有发生的必要，相反，依照戈森定理，它是非发生不可的。然而，相对于同质迁移，异质迁移要困难得多。其一，用于满足社会需要和精神需要的产品的生产与供给往往不像商品那样有明显的收益；其二，用于提升人的心志力量的精神活动和精神产品需以一定的理解能力和体悟能力作基础。而近代以来，这两个方面都面临着危机。由享受的同质迁移转变为异质迁移遇到了困境，其结果是鲍曼意义上的碎片化和舍勒意义上的精神丧失。更为重要的还在于，用于交换的功利主义原则在持续地嵌入到人们的交往中，人们愈来愈少因为友爱而进行情感和精神上的深度交流，而是因为利益相关性才把人们连接在一起。依照福柯的理念，现代社会的价值轴心是金钱、权力和性，它们被深深地嵌入到人们的心灵世界之中。这些轴心元素要么使植根于心灵深处的善良、正义、友爱等优良品质处于拔根状态，要么使原本清晰的实践法则变得模糊不清，总之使人们的精神公共性处在自我解构之中。首先，道德原则与道德规范要么变得模糊不清，要么被工具化。一如康德所言，类似于先天实践法则这样的道德原则，尽管是植根于人们的生活中的，但它必须借助于人们的理性才能澄明出来。本来这个法则是每个有理性者共同制定的，因而每个人必然同时又必须是法则的执行者，但实际上每个人都把自己看成是终极的主体，不是把自己视为法则的践行者，而是看作是受益者。人们并不再像康德所指给人们的那样，将自己的主观性、特殊性消融于法则之中，受法则的检验，通过每个人的自律证明法则的普遍性，再现法则的普遍性；相反，每个人都想把自己的行动规则普遍化。道德共识危机的另一个表现是道德核心词的隐匿甚至消失。任何一套道德范畴和话语一定与人们的生产、交往和生活方式相关，人们选择了何种类型的社会结构同时也就选择了何种类型的道德话语体系。虽然这些范畴和话语是以人们日常的道德理性知识为基础，但它们却不能直接澄明于人们的表象中，必须由智者或权威者宣布出来。然而宣布者若仅仅是制定者或宣布者而不是坚定的实践者，那么，即便是道德真理也不会为人们认同和践行。当权威者和成年人只是向民众和未成年人宣讲道德法则，而自己却不是先觉、先行者，反而是破坏者，那么，任何一种道德法则都不会行之有效。因此，任一种核心价值观的嵌入都必须是科学的、真诚的。科学的嵌入是指被供给的核心价值观乃是历史的命运、民众的心声，若核心价值只是供给者的主观意志，那么它可以被宣布但不会被实践；真诚的嵌入指的是，嵌入者不仅是宣布者，更是践行者，甚至是道德榜样，否则，必定流于形式。

道德工具化或道德资本化也是道德共识危机的集中表现。一如前现代、现代与后现代那样，人们的道德生活史也经历了由前现代的道德本体论向现代的道德工具论再向后现代的道德本原论转向。古代的道德本体论是以善的存在论尤其是属人之善的存在论为基础的，由于雅典城邦和中国的传统社会并未出现共同体与社会的明显分离，因之，德性与规范、德性与幸福、行动者与行动是有机统一的，因而无须对道德基础作广泛而深入的阐明与辩护。相反，市场社会以来，随着德性与规范、德性与幸福、行动者与行动的分离，德性开始从生活中的本体地位转向现象界，似乎德性完全是一种主观事实，为此，康德必须要殚精竭虑地为道德进行形而上学奠基，为任何一种能够出现的道德进行阐明和辩护。康德走着与大众相反的道路：康德要把德性本体化，而民众则在实际生活中进行着现象化或主观化，而把外在之善和快乐体验本体化。毫无疑问，人们不可能长期处在德性与规范、德性与幸福、行动者与行动的分离中，总会找到一种有机结合的方式，这种方式乃是包含杂多于其中的普遍，而普遍也不再是生硬的外在强制。这便是道德本原论的状态。

除了手段或工具意义上之精神公共性的危机之外，一种终极意义上的精神危机更为令人担忧。对生活之终极意义的阐明与辩护变得愈来愈主观化和苍白无力。一种将诸多自我统合起来的精神磁场愈来愈成为问题。只有当人以类的方式不再将全部的心智力量仅仅向外，而是将向外与向内有机统一起来之时，一种将经济公共性、政治公共性和精神公共性有机统一起来的时代才会到来。

重建精神公共性：可能性及其限度

任一个社会的人们都有精神，也都有精神生活，都期盼过一种对幸福有助益的精神生活。然而现代性语境下的人们，其精神以及精神生活都面临着诸多问题。建构一种相对和谐的精神生活，只有在历史所给定的限度内进行才是可能的。

在心灵之序与世界之序之间。一个健全的心灵应该具备足够的自组织能力和自我修复功能。它有一个相对完整的模型或框架，从三要素说就是理智（理法）、情感（体验）与欲望（能力），它们构成一个正立的三角形，理智为顶角，情感和欲望为两个底角。在三要素的模型中还有另一种解释，即康德式的："所有的心灵能力或机能可以归结为三种不能再从一个共同根据推导出来的机能：认识能力、愉快和不愉快的情感和欲求能力。"[①]其中愉快与不愉快的情感作为一种判断力，也同样具有立法能力，它使人的知性向理性过渡得以可能。只有将三种能力充分地发挥出来并保持其间的协调，才能使心灵足够完整和强大。而在健全和健康的意义上，心灵之序乃是四个要素——信、知、情、意的有机统一，缺失任何一个要素都会使心灵的其他要素无法运转。健全而有机的心灵会具备康德意义上的两种功能：建构性或规定性的，意在将特殊性规定在普遍性之下，其所欲求的是自然循以产生的规律；反思性或协调性的，意在将个别行动约束在普遍性之下，其所欲求的是万物应当循以产生的规律。前者是自然必然性，表现为自然规律；后者是自由必然性，表现为道德规律。而作为愉快与不愉快的情感的判断力则把自然规律和道德规律联结起来。当健全而健康的心灵被建构起来以后，心灵就会建构一种内外相互协调的秩序，这便是心灵之序。没有任何人能够拯救人自己的心灵，也没有任何神秘的力量可以救赎人的自我放逐。构建心灵之序当以修身为最根本，其次为四个具体环节，即正其心、诚其意、格物、格物在致知（智）。致知在格物，格物乃指向外与向内两个向度。向外者乃推究事物之理，以求事物道理；向内者乃格心中之私欲，以求人心之道。只有到达当止之处，方有得（德）。"知止而后有定，定而后能静，静而后能安，安而后能虑，虑而后能得。"（《大学》）心灵的这种自行调节的力量乃是知性、理性和判断力充分运用的结果。通过而立、不惑、耳顺、知命，进达从心所欲不逾矩。进言之便是，喜怒哀乐之未发，谓之中；发而皆中节，谓之和。中也者，天下之大本也；和也者，天下之达道也。个体心灵之序对于个体的合理行动、健康生活具有原初性作用。健全而健康的心灵之序也为个体间的

①康德：《判断力批判》，邓晓芒译，人民出版社 2002 年 12 月版，第 11 页。

交往、交流提供了原初性的前提，因为只有相似乃至相同的心灵结构，才会在主体间产生共同感、共通感。个体的心灵之序以及主体间的共同感并不仅仅在个体内心活跃着，它们必须也必然超出个体的界限而外化为公共的精神世界。为诸多个体共有的精神世界不是预先准备好的，它是由诸多个体基于公共感而共同构造的。这个公共的精神世界具有被构造性、被规定性，因而具有被给予性。然而，这个公共的精神世界并不是悬在半空中的，而是立于由物质欲望、物质世界构成的基地上，于是那个在个体那里曾经单纯的心灵会受到各种物质力量的侵蚀，甚或被污染。只要单纯的心灵不被完全泯灭，它就会顽强地以其自身的力量净化那个曾使自己外化但却不听命于自己的世界，以使这个按照它自己的逻辑运行的世界有一个相对完整的秩序。事实就是这样，心灵之序与世界之序既相和谐又相冲突，从而构成了我们生活于其中的社会。

从精神共同体到公共精神生活。尽可以说，个体的心灵有着先天的自我构造、自行调节、自我修复的能力，对于构造共同的精神世界具有原初性，但必须在共同体中展现和实现这种原初力量。[①]在以差序格局为背景的传统社会，（市民）社会是极不发达的，人们的生存与生活空间主要集中于家庭、家族和村社，它们既是人们物质交往和物质生活的领域，也是精神交往和精神生活的共同体。而在共同体中，其成员是朝夕相处的，是典型的熟人社会。构成社会的精神基础乃是人们的同质意志，有共同的生活经历和体验。类似于信、知、情、意，以及理智、情感和欲望等这些心灵元素，基本上是在共同体中养成和展现的。尽管家庭、家族和村社提供着较少的物质资源，却供给着相对丰富的精神财富。匮乏的物质资源和丰富的精神财富的有机结合使得人们的精神世界饱满，精神生活丰富，信、知、情、意的危机似乎难以出现。

市场社会以来，市民社会被逐渐建构起来，而市民社会是根本不同于共同体的，它不是靠同质意志而是靠异质意志维系的，本质上是利益联合体。市民社会最为神奇的地方在于，它通过建立立体的需求体系和全面的

①涂尔干和滕尼斯相对区别了共同体与社会的关系，这种区别对于我们研究精神共同体和精神生活具有方法论意义。

依赖关系，使得社会依赖于每一个人，又使每个人依赖所有的人。然而依靠经济依赖性建立起来的组织很难提供丰富的类似于信、知、情、意这样的精神元素，因为它不能提供认同感和归属感，人们不是“有机团结”而是“机械团结”。相反，类似于血缘共同体、地缘共同体、宗教共同体、友爱共同体和思想共同体这样的组织，才能为人们提供认同感和归属感。然而，在物质主义和个人主义价值观和行为方式占主导地位的现代社会，这些能够提供认同感和归属感的共同体，要么在缩小它的边界，要么被替代。与快速积累起来的物的世界相对的，则是碎片化的精神世界，与日益稀缺的认同感和归属感相伴的则是个人的无意义感。只有当人们全面体验了因过分物质化而造成的精神荒芜之后，才会警醒、自觉，才会重视那些曾支撑了人们的生活的精神共同体的重建问题。因为只有在精神共同体中，基于心灵之上的精神交流才是可能的。

仪式与精神产品。精神公共性除了相似甚或相同的心灵之序和精神共同体之外，一种外在的方式便是仪式和精神产品。所谓仪式是指在人和人之间以语言和体态语形式完成的某种敬畏、尊敬、感恩、认同和归属。就仪式的类型说，有集体形式和个体形式两种。作为集体行动的逻辑，仪式是指向自然的，是人类向自然表达敬拜，借以求得心灵的安宁和身体的无纷扰。以个体形式表达的仪式，乃是指个体通过有声语言或体态语表达对长辈或贤者的尊敬、尊重，借以得到来自他们那里的认同感和归属感。仪式也许出于物，但绝不止于物；它超越了物的限制，而使人达于心灵的深度和精神的高度。浓重的和重复进行的仪式，使得仪式的实施者和接受者共同抵御物的脆弱和现世的风险。

精神产品是由个体或集体创造出来的与人的信、知、情、意需要有关的作品，音乐、绘画、诗歌、小说、论著，等等，均属此类。精神产品是人的心智力量的对象化，是可以多人多次享用的价值物，它可以超越时空，而为后来者享用，精神产品代表着也表达着人类的心灵地图。在物质生产活动和物质需要不甚发达的农业社会，人们的向外的力量受到极大的限制，然而人类却向内发掘出了巨大的潜力，创造了光辉灿烂的精神文明。工业化社会以来，人们创造了丰富多彩的物的世界，却没有创造与之匹配的精神世界。有人以为财富是获得快乐与幸福的唯一源泉，许多思想家和经济学家也是这样承诺的，但实际状况是，财富既不是构成快乐与幸福的必要条件，也不是充分条件，而只是基本条件。由财富进达快乐与幸福是一个极为复杂的过程，既取决于人要求于快乐与幸福的标准和境界，还相关于体悟快乐享受幸福的能力。快乐与幸福是生成和创造的，而不是给定的，因此，追求快乐和幸福本质上是生理—心理—精神过程，而不纯粹是一个消灭物的过程。从人与社会的必然联系的角度看，构成快乐与幸福的要素就分成了道路和创造两个方面：重建人文生态和构建和谐社会是通往幸福的道路；创造和体验快乐与幸福是幸福得以生成的源泉。

德国经济学家戈森的享受规律和边际效用理论给了我们这样几点启示：（1）同一类型的享受是有限度的。超过这种限度，同类物品的效用就会减少，随着饱和度趋于零，物品的效用也趋于零，于是享受者就会放弃对同一类物品的摄取。（2）在不同的时间段，满足同类享受，初始感到的享受量会变小，也会放弃对同类产品的摄取。（3）当多种类型的享受同时存在而人们又不能同时满足享受时，人们会部分地加以满足；在享受总量的范围内，人们会合理地变换享受的类型，且可以做到不因中断而减小。（4）人们总是可以找到或发现一个新的享受，从而扩大享受的总量。如前所述，需要或享受的迁移可以有两个方向：同质迁移和异质迁移。同质迁移是指享受的类型未变，而满足享受的物品发生了变化；异质迁移是指享受由低级向高一级享受的升迁，不仅享受类型发生了变化，满足享受的物品也发生了质的变化。由物质享受向社会需要和精神享受的升迁是享受的最为典型的异质迁移。这也是人之为人的最充足的需要。

着眼于资本运行逻辑之上的需要、欲望、虚拟享用，达于发现造成奢侈、浪费的消费观和社会设置，指明一种趋向和谐发展的可能形态，是伦理批判的终极目的，也是伦理建设的核心内容。在伦理建设上至少有这样几个方面：首先可以如虚拟享用那样，通过一种更为健康而完善的社会设置，将想象享用引导到情感与精神需要的享用上来；也可以通过一种社会机制，形成一种追求限定物质享用而提升精神素养的文化时尚，对此，组织和政府承担着极为重要的责任。重建全面的幸福观，占有、享用物质财富只是人们获得幸福的一个基本领域，创造并享用用于满足信仰、认知、情感、意志的精神产品才是更高级和稳定的一种幸福。创造幸福生活的前提，只是创造可能形态的幸福生活，创造幸福生活本身并体悟幸福生活才是生活幸福的真谛。

（原载《苏州大学学报》2013年第2期）

第三编

伦理学与道德危机

在公共生活与私人生活之间

——传统伦理的现代境遇

阅读提示：在生活空间上，个体经常是依照血缘、地缘和业缘关系被安置的。前现代社会，在业缘关系较弱的境域下，血缘和地缘必相对发达，家庭伦理的扩展与同构将家庭、村社和皇权连为一体。于是，伦理道德便借着风俗、习惯、惯例、禁忌、巫术、政治而实现其自身，因它不是一个公开而充分运用理性的过程，故非反思性和非批判性是它的本质，信念、直观和情感是其存在的基本方式。传统伦理是只着眼于何种规则而不问其合理基础为何的规范系统。在现代社会，资本的运行逻辑把人群依照经济依赖性进行安置，基于各自意愿和自利打算而发生的交往日益普遍化和经常化，一个不同于以血缘和地缘关系为纽带的公共交往和公共生活领域正在生成，这是一个不但充分运用理性且追问规则之合理性基础为何的领域。家庭和村社之核心地位的丧失，引发了私人交往和私人生活及其规范体系的危机。那么，适合于传统社会之血缘和地缘关系的传统伦理能否为今天之生活提供基础呢？这着实是一个真切的、有意义的问题，值得深入研究。

人原本是一个片面的、非自足的存在物，所以是一个依赖他物的存在物，由此决定，人也就是一个群居的存在物，因而是类的存在物，既是类性的存在物就一定以公共生活的形式生活着。[①]所以，说公共生活是人的一个基本属性是符合事实的。然而公共生活的样式和程度却又是极为不同的，这不仅从共时态的不同地区、民族、国度那里的公共生活的差异中辨识出来，也能在同一民族的历时形态的公共生活的差异中体会出来。因此，并不存在公共生活的有无问题，只存在样式和差异问题。这种样式和差异在更为根本的方面决定于社会结构的基本形式和社会资源的配置方式，传统的农业社会和工业社会不仅在公共生活的广度上和程度上不同，而且维持公共生活的伦理基础也极为不同，研究这种不同及其历史性变迁无疑是重要的理论任务。

一、传统社会的公共生活及其伦理基础

任何一种社会类型都是个体借以表现其生命与生活的共同体形式，都是个体展开其活动和表达其意志的形式。但不同类型的社会形态又是那样地不同，不仅共同体的结构不同，支撑共同体正常运行的基础也各异。传统社会是指这样一种社会：农业生产和农业文明居于主导地位；人们在极

①说人一定以公共生活的形式生活着，并非说每个人就没有了任何私人活动空间和意义空间。我们直观到的一个基本事实是，任何人都有不愿、不宜向他人敞开的观点、意志和情感。只向自己而不向任何人开放的活动空间和意义空间是最原初的私人生活或私人领域；仅向知己开放的空间是次一级的私人生活，此种私人生活形式实际上不是个体，而是由少量个体因特殊的关系而形成的共同体。在此种境遇下，个体性已经扬弃了其自身的纯粹的主观性和孤立性，而将个体性消融于共同体之中，共同体因其既限制又认同了不同的个体性便获得了公共性的特质，这种公共性成为了衡量和评价个体性之合理性和有效性的根据与标准。随着个体活动领域的扩展，一种以经济依赖性或功利性目的为主要内容的社会形式就会建立起来，这时私人性或私人生活愈来愈具有公共性主题，接受公共性的检验和监督。可以说，在任何一种社会形式下都存在着公共领域、公共生活与私人领域、私人生活的二元结构，其间的边界有些方面是清晰的，有些方面是模糊的；有些时候是清晰的，有些时候又是模糊的。个体有支配和垄断公共性的意愿；公共性也有同化或侵蚀个体性的力量。在学理的层面上厘清公共生活与私人生活的关系并非没有意义，相反，它是我们研究不同社会历史条件下伦理道德之生成及其运作的理论前提，特别是在传统社会与现代社会之间的比较中，讨论二者的关系更显重要。

为狭隘的地域内生产、交往和生活着；公共交往和公共生活尚不发达，商业生产和交换尚未普遍地发展起来；支撑生产、交换和交往活动的伦理基础主要是家庭、家族、氏族、村社、宗教、国家伦理。传统社会表现在公共生活及其伦理基础上，有这样两个明显特点：

第一，公共生活基本上是熟人基于生活需要而建立起来的熟人社会。以家庭为基本生产单位的自然经济把人们依照家庭和生产的需要安置在不同的地理空间内，由于是自足的生产、分配和消费系统，似乎用不着与熟人圈以外的他者或陌生者进行生产上的合作、产品上的交换。在这一自组织系统内，家庭起着至关重要的作用，家庭、家族和氏族成员之间通常都是建立在特殊的社会关系（夫妻）和血缘关系（兄弟姐妹、父子）之上的，它们不但限定着个体的活动空间，同时也决定着个体的成人方式。家庭伦理在个体生活于其中的这个自组织系统内处于核心的位置，家庭的基本功能——生产、生育、分配、教化、关怀——被完整地保持着，并以自然的方式传承着，这种保持和传承都以家庭伦理为其基础。在一定意义上可以说，家族、氏族，甚至村社都是家庭的放大形式，或者说是同构化的过程①。人的德性的养成、人的德性的实践领域绝大部分都是在家庭以及家庭的放大形式中完成的。《大学》把齐家、治国、平天下的逻辑顺次排列如下："古之欲明明德于天下者，先治其国。欲治其国者，先齐其家。欲齐其家者，先修其身。欲修其身者，先正其心。欲正其心者，先诚其意。先诚其意者，先致其知。致知在格物。格物而后知至，知至而后意诚，意诚而后心正，心正而后身修，身修而后家齐，齐家而后国治，国治而后天

①德国社会学家菲迪南·滕尼斯在《共同体与社会》一书中严格区分了"共同体"与"社会"概念。"关系本身即是结合，或者被理解为现实的和有机的生命——这就是共同体的本质，或者被理解为思想的和机械的形态——这就是社会的概念……一切亲密的、秘密的、单纯的共同生活，（我们这样认为）被理解为在共同体的生活。社会是公众性的，是世界。人们在共同体里与同伙一起，从出生之日起，就休戚与共，同甘共苦。人们走进社会就如同走进他乡异国。在一般意义上，也可以说有一个包括整个人类的共同体，像教会所希望的那样。然而，人类社会被理解为相互独立的个人的一种纯粹的并存。共同体是古老的，社会是新的，不管作为事实还是作为名称，皆如此。共同体是持久的真正的共同生活，社会只不过是一种暂时的和表面的共同生活。因此，共同体本身应该被理解为一种生机勃勃的有机体，社会应该被理解为一种机械的聚合和人工制品。"（《共同体与社会》，林荣远译，商务印书馆 1999 年 2 月版，第 52—54 页）依照滕尼斯的理解，家庭、家族、氏族、村社（农村）都是共同体而不是社会。

下平。自天子以至熟人，壹是皆以修身为本。其本乱而末治者否矣。”在上述八个环节中，致知和修身乃最为核心的环节，而这两个环节的养成或完成恰是在家庭中进行的。用以格物致知的“物”主要是限于家庭以及家庭放大形式中的人伦关系。“人伦关系”与“自然关系”不同，它所意指的主要是人与人之间的看待关系和对待关系，包含着意愿、情感、选择、责任、义务。由于人伦关系比自然关系具有优先性，便养成了实践理性发达而理论理性和创制理性较弱的文化传统。可以说，这一文化传统的养成完全取决于家庭的核心地位。儒家所倡导的“内圣外王”理论也把“致其知”、“诚其意”和“修其身”放到了优先的地位。“所谓治国必先齐其家者，其家不可教而能教人者，无之。故君子不出家而成教于国：孝者，所以事君也；弟者，所以事长也；慈者，所以使众也。”对此，朱熹释义道：“身修，则家可教矣。孝、悌、慈，所以修身而教于家者也。然而国之所以事君、事长、使众之道不外乎此，此所以家齐于上而教成于下也。”（朱熹撰：《四书章句》）一家仁，一国兴仁；一家让，一国兴让；一人贪戾，一国作乱。宜其家人、宜兄宜弟，而后可以教国人。

第二，由家庭和家庭伦理构成的共同体，在性质上具有如下方面：其一，非功利性。由于家庭以及家庭的放大形式（家族、氏族、村社）是非营利性、非竞争性组织，便在分配原则上表现为各尽所能、按需分配，而不是按劳分配。尊老爱幼的伦理文化促成了弱势群体利益优先原则，成员的基本权利和义务是依照特殊的社会关系和血缘关系进行分配和保证的。其二，非对等性。家庭成员之地位的确立决定于自然优先（即年龄优势）原则，长幼有序、尊卑有别。地位的非对等性决定了伦理规则的给定方式，商谈、博弈不适合于特殊的社会关系和血缘关系。由此也就决定了伦理规则的非反思性和非批判性，规则的天然合法性不容置疑，基于平等关系基础之上的相互提出的有效性要求，既无必要也不可能。其三，绝大部分行为的做出不是出于自利性的意愿，而是出于规定或义务。因为，每个个体生活于其中的诸多共同体在你获得生命以及获得理性、进行选择之前即已存在了，这种先在的共同体保证了个体的顺利成长，它们本质上不是一个个体通过成熟的理性、通过选择构造起来的，对个体来说，它们是自然而然的。其四，这是一个信度较高而风险较低的领域。孔子在讲到与人交往应遵循的规则时指出："吾日三省吾身，与人谋而不忠乎？与人交而不信乎？"在这里，"忠"、"信"主要施之于特殊的社会关系和血缘关系之外的社会关系，而在家庭、家族、村社中，它们似乎是无须强调的行为规范，因为它们已经在"社会化"中自然而然地拥有了。为何至此？那是因为，在一个重复进行的博弈行为中，博弈者会随着博弈次数的增加而逐渐成为熟人，从而建立一种熟人关系。家庭、家族和村社原本就是熟人的社会，在日常生活的意义上，是天天时时都要谋面的，违背和冲破已经根深蒂固的行为规则，其成本是无法计算的，一旦被熟人关系和熟人文化驱逐出生活圈，个人的生活简直不可继续。这实在是一个悖论：在一个充满熟人信息的社会里，风险很低，但却限制了个人进行自主选择的可能性空间；相反，在一个充满风险的陌生领域里，选择的可能性却可能较大。总括地说，在血缘共同体、地缘共同体和宗教共同体中，风险较低，这些共同体是建立在有关人员的本能的中意，或者习惯制约的适应，或者与思想有关的共同的记忆之上的，它们不仅仅是它们的各个组成部分叠加起来的总和，而且是有机地浑然生长在一起的整体。

在滕尼斯看来，"共同体是一种持久的和真正的共同生活"，是"一种原始的或者天然状态的人的意志的完善的统一体"。唯其如此，共同体之伦理规则的给出方式、约束方式以及运行逻辑都是独特的，它们与后来人们基于目的、思想和计划之上而形成的社会形式有着明显的区别。

二、市场社会的公共生活及其伦理基础

在生活领域的意义上，市场社会的一个直接结果，就是基于目的、思想和计划之上的社会形式在形成并在扩大着，基于自然意志、情感之上的共同体在缩小它的边界，但尚没有发展到使共同体消失的程度，事实上，人类永远也不会发展到不需要共同体而只有社会形式的地步。

在市场社会环境下，作为建基于目的、思想和计划之上的公共交往以

及作为公共交往规范化形式的社会组织，其运行机制与基于自然需要、情感之上的私人交往及其规范化形式的共同体有着明显的区别，其最为直接的一个方面就是在文化基础上的差异。

（1）用于整合交往者行为的规范以及保障公共资源合理分配的分配原则愈益取决于交往者的博弈形式、质量、过程与结果，而愈少决定于传统的力量和权威者的支配。尽管在一个具体的博弈行为中，我们无法把博弈者的相关背景加以“悬置”，以使他们以一个纯粹的、简单的甚至雷同的行为者参与进来，但我们可以在一个较大的领域内，例如在哈贝马斯意义上的“资产阶级公共领域”内，通过预先的原则设定，使社会的任一成员都有分得必要权利的资格，其结果是，至少在形式上，任一成员都获得了参与分享政治权利的机会和资格。然而这样一种面对较大领域即政治权利的博弈行为，进一步的那个针对交往和分配之规范与原则的预先设定如何发生呢？当传统的力量和基于血缘之上的自然需要与情感起支配作用的时候，“预先设定”的行为是绝对不可能发生的。韦伯把官僚制视为与市场社会一同发展起来的社会治理类型，而把“传统文化型”与“个人魅力型”视为前市场社会的社会治理类型。而官僚制恰是一种在合法界定的范围内依照效率和公平原则分配政治权力并运用权力的社会制度与体制。这样一种制度和体制为何发生在市场社会？这是由于，被后来称为“资产者”的那些人，在桑巴特意义上的“资本主义精神”的推动下，经过艰辛的努力，从社会的最底层一越而成为社会最主要的利益主体，这种利益地位上的跃迁造成了三个后果：其一，使整个社会结构从领域合一走向领域分离，一种以资产者为主体的经济力量，一股以追求自由、平等为主要内容的文化力量开始与封建的政治力量“分庭抗礼”。这种“对抗”的一个社会效应就是，一个狭义的即经济意义上的“市民社会”逐渐成熟起来，它与那个由封建权贵们的利益组成的政治领域相对抗，因此，原初意义上的“市民社会”概念所描述的是一个资产阶级的经济领域与封建贵族的政治领域相抗衡的二元社会结构。其二，倘若这个二元结构始终不能得到解决，那么，追求自由、平等的愿望就不能实现。于是逐渐强大起来的资产者便在两个层面上展开“通约”行为。第一个层面是经济—政治之间的通约。要把日益强大起来的经济力量转换成政治力量，就必须进行“公共领域的结构转型”，主要事项就是，一如把经济领域变成向全社会开放的领域那样，把政治领域也变成这样一个领域，只有把政治的领域变成与经济的领域相匹配的领域时，两个领域之间的通约才能发生。“市民阶级是一些私人，他们自身没有统治权。因此，他们向公共权力提出的权力要求并不是要将必须分开的统治权集中起来；相反，他们是要破坏现存统治原则。资产阶级针对这种统治原则所提出的控制原则，以及公众想要改变的就是这种统治本身。”①第二个层面是基于资本之上的通约行为的发生。由于资本已经不仅仅是能够带来剩余价值的价值，而且，资本已经变成一套复杂的社会设置，它可以兑换成任何一种与它不同的社会要素，唯其如此，它为每个社会成员提供了参与通约行为的条件与可能。②简要地说，市场社会最为本质的特征是可通约性和可互换性。因此，其三，支撑市场社会正常运转的是庞大的市场文化，而公民伦理日益成为市场文化中的基础方面或重要方面。“虽然，政治原则问题几乎总是触及道德层面，但并非所有依据机制定义需要由政治力量决定的问题都具有道德特征……大多数冲突说到底来源于集体利益的抵触，包括只能以妥协来解决问题的分配问题。但是政治问题领域中的分化并不否认道德思考的重要性，也不否认整个政治交往的辩论形式。经验问题往往无法与价值问题区分开来，因此自然也就需要以辩论的方式加以处理。作为某一集体的成员，我们打算如何生活，有关与此的伦理——政治的自我理解，至少必须与道德规范相一致。协商必须以相互交换意见为基础。协商是否达成公平的妥协，主要由协商程序的条件来决定，这些条件必须受到道德的裁决。”③

（2）作为公共交往与公共生活之文化基础的伦理道德，无论从广度

①［德］哈贝马斯：《公共领域的社会结构》，生活·读书·新知三联书店 1998 年版，第 35 页。

②资产阶级不仅创造了一个不同于封建国家的“公共领域”，而且创造了一套保证社会公共性资源向全社会开放的社会设置。这是资本主义社会与以往任何一种社会类型不同的方面，它并没有用一个基于平民之共同愿望之上的“民间组织”（类似于“市民社会”），通过动员全社会的力量，推翻那个统治者集团，用新的二元结构（市民社会与政治领域的对立）代替原有的二元结构，相反它把自由与平等的原则贯彻到生活的各个方面，尽管这种贯彻不可能是彻底的，因此，资本主义运动创造了一种公共精神和公共价值。

③［德］哈贝马斯：《公共领域的结构转型》，学林出版社，1999 年版，第 25 页。

还是从深度上都极大地发展了。首先，它把伦理道德规范建立在多元主体的博弈之上，对每一公民的意愿都给以较为充分的考虑，从而把以往的伦理道德转变成了主体性的伦理。康德要为任何一种道德建基，并非仅仅是思想家的主观愿望和带有偏好性质的理论旨趣，而是逐渐发展起来的市场社会为思想家提出来的时代课题。起于近代的现代化运动来临之前，似乎并无独立的伦理道德系统，有的只是以政治、风俗、习惯、禁忌、宗教等形式出现的政治伦理、家庭伦理、宗教伦理等；或者说，伦理道德是借着政治的力量、家庭的环境、风俗的形式而发挥作用的。当着资本借着科技的力量、商品的形式、货币的魔力通约一切的时候，似乎一切神秘的东西都无所遁其身。“资产阶级在他已经取得了统治地位的地方把一切封建的、宗法的和田园诗般的关系都破坏了。它无情地斩断了把人们束缚于天然首长的形形色色的封建羁绊，它使人和人之间除了赤裸裸的利害关系，除了冷酷无情的‘现金交易’，就再也没有任何别的关系了。它把宗教的虔诚、骑士的热忱、小市民的伤感这些情感的神圣激发，淹没在利己主义打算的冰水之中。它把人的尊严变成了交换价值，用一种没有良心的贸易自由代替了无数特许的和自力挣得的自由。总而言之，它用公开的、无耻的、直接的、露骨的剥削代替了由宗教幻想和政治幻想掩盖着的剥削。”①资本连同科学技术一起引发了一个使世界祛魅的过程，这个过程沿着两个方向行进，一个是世俗化的过程，一个是理性化的过程。世俗化的过程使使用价值凸显出来，理性化的过程使理性成为了衡量一切事物是否合法的尺度。世俗化和理性化在伦理道德上的影响是根源性的，当政治伦理、家庭伦理、宗教伦理均已弱化的时候，人们的伦理行为该如何可能呢？康德通过对实践理性进行批判以及为道德进行形而上学奠基，为伦理如何可能找到了“先天”根据，这就是理性指导下的善良意志。康德是那样地坚定不移，认为理性足可以使人发现那个普遍的实践法则，并按照法则行事。“纯粹理性只对自身有实践力量，并且给予人以一条我们称之为道德法则的普遍法则。”②建基于理性之上的善良意志把伦理行为变成了自律的行

①《马克思恩格斯选集》第 1 卷，人民出版社 1972 年 5 月版，第 253 页。
②［德］康德：《实践理性批判》，关文运译，广西师范大学出版社，2002 年 2 月版，第 19 页。

为，并使自由与责任有了必然的逻辑关系。其次，从大的方面，伦理愈来愈分化成实体伦理和程序伦理。实体伦理解决的是，参与公共交往和公共交往的成员，除了出于自愿之外，还要就人们有何种理由、权利、资格参与交往进行博弈，或者商谈，实质上这是博弈规则的供给问题。规则供给在公共交往和公共生活中具有优先性，它直接决定着公共资源的分配方式和分配比例。程序伦理解决的是公平分配的条件与环境问题，当正义原则被预先给定以后，能否实现公正就显得格外重要了，程序是公开性的直接表现。

（3）基于伦理规范之原始发生和运行之上的交互性。公民伦理作为在公共领域个人或组织以公民身份交往时可以相互提出的有效性要求，最大限度地体现了基于平等和自由之上的交互性。可以说任何一种伦理规范都是相互的，都不是指向一个人的。可能是针对一个人，但绝不是独自发生的，要么是自我提出的，要么是别人提出的。总之，是发生在间性中的，并在间性中实现的。即是说，即使是由我提出要求，也得取得他者的同意，反之，他者提出与我有关的要求，也得征得我的同意。但我们却不能由此得出这样的结论，伦理作为诸种规范既是间性的，那就是交互的，既是交互的就是对等的或普遍有效的。由间性和交互性过渡到对等性或相互有效性尚需三个必要条件：第一，博弈双方或多方需在资格和机会上平等或对等；其二，需有相当的或相同的话语权力；其三，需有对任何人都有利的程序。在具体的博弈过程中，由于博弈双方或多方不可能是同一的、无差别的，相反，他们在智力、体力、情感、支配能力、所控制的社会资源等方面都存在着明显的差别，因而在决定规则的生成以及程序的制定中，各种差别会作为背景参与到具体的博弈过程中，致使规则的相互性即对等性受到影响。那么，追求一种将各种差别性的背景“悬置”起来而直接基于意愿和自愿之上、借助“实体公正”和“程序公正”而发生的博弈如何可能呢？那只有在这样一种情境下才有可能发生：第一，各利益主体间的依存性已经达到这样的程度，被日益激发起来的诸种欲望只有通过与其他具有类似情景的他者进行交换和交往，才能得到最大化的满足，这是一个市场化的社会。第二，出于相互依存的需要而发生的交换和交往，为着交换和交往能够顺利进行，必须将各自的“优势”消融于共同性之上，这种共同性是人人具有且是同质的权利：资格与机会、意愿与自愿。在这些权利的保证下，各自的“优势”非但不是造成话语霸权的前提，反而成为交换与交往之必然发生的条件。互通有无、互惠互利正是以差别为前提的。但要在利益相关者之间互通有无、互惠互利的交往中对伦理规范的生成和生效作出有效性解释却是极为复杂也极为困难的事情，然而对公民伦理之相互性进行论证来说却是最为重要的环节。

人的愿望和意志作为社会现实元素而存在并且以此发挥着现实的作用，这是一个事实。人的行为以其愿望和意愿为指导，当其愿望和意愿与他人的行为方式有关时，他们总是希望这些人也真正实施相应的行为方式。因此，规范作为存在着的意愿的内容同样也成为社会现实元素并能够作为影响行为的手段发挥现实作用，这同样也是一个事实。因此，任意一种规范的产生，都是不同行为人但又是相关行为人在利益上的交换和意愿上的交流的结果。关于基于不同行为人之意愿之上的规范的交互性，可从鲍曼的论述中见出：“有意针对他人行为的意愿行为的内容则是一种规范。如果有人要求行为人采取某一方式的行为，那么这就意味着行为人应该按照此人愿望采取某一特定方式的行为。如果有人希望行为人可以按某一特定方式行为，这就表示行为人不改动按照该人的意愿以某一特定方式行为。向某一行为人表明一种意愿，即他应该或被允许采取某一特定行为方式，这意味着他人作为‘规范制定者’为作为‘规范对象’的行为人确定一种规范。在这个意义上通常可以认为，经验上源于他人意愿而非行为人本人意愿的行为方式的原因是规范确立。如果规范制定者的目标是通过许可或禁止某一特定行为方式而限制规范对象的决策自主权，那么这就是确立‘义务规范’或者说‘行为规范’，反之，如果行为制定者通过明确允许行为人实施一种通常被禁止的行为方式，因此意在扩大规范对象的决策自主权，则是确立‘许可规范’。最后，如果规范制定者要求规范对象要求服从其他行为人的意愿，所确立的规范便称之为‘授权规范’。”[①]

①鲍曼：《道德的市场》，中国社会科学出版社 2003 年 1 月版，第 50—51 页。

可以看出，任何一种规范都是交互性的，至少涉及两个人。既然涉及他人，就必然关涉不同行为人的意愿，不论是违背意愿还是符合意愿。公民伦理作为不同公民之间在相互交往时提出的有效性要求，也必定是针对不同行为人之不同意愿的，但公民伦理的最大优势就在于尽可能地符合不同行为人的意愿，否则便不符合公民伦理的精神。构成市场社会之公共交往与公共生活的公民伦理基础的主体也趋于多元化。当公民以个人形式交往和生活时，责任就个体化；当公民以组织形式实现正当性要求时，责任就组织化；当国家不能实现个人与组织的正当性要求时，政府就必须担当责任。

（4）作为公共权力之分割和运行的伦理基础的政治伦理。依照人们的生活经验和价值判断，在现代社会因政府决策的失误、利益集团腐败以及行政人员的不负责行为所造成的损失远远大于普通公民因不遵守道德规范所造成的损害。人们日益认识到，尽管政府在市场化社会中逐渐缩小其管理边界，尤其是对经济活动，不再像先前那样通过直接干预经济活动来控制经济行为，而是通过价格机制间接管理，通过宏观调控引导投资与消费，但政府在社会运作中的各个时段以及各个领域仍然发挥着为其他社会组织所无法替代的功能。

首先，政府是公共政策的制定者、操作者和责任者。尽管有人主张应该削弱组织的力量，期盼组织化社会的终结时代的到来，但迄今为止，组织依然是每个人能够生活下去并有可能过上好生活的基础。自由资本主义者主张奠基于自利性之上的自由交易而无需政府的干预，然而日益复杂化的社会越来越需要一个强有力且有足够管理效率的政府。现在的问题不是政府的有无问题，而是政府如何有效率地管理社会的问题。由其本质所决定，在现代社会，政府的根本职能是提供公共服务。提供公共服务的一种核心活动，就是公共政策的制定、执行过程和评估过程。然而与许多人想望使其科学化的动机相反，公共政策的制定和执行从来就不是一个科学的过程，本质上是一个政治过程，[①]是各种社会主体运用其所掌握的政治资源，表达其利益要求和愿望，影响政府决策，在以后的决策结果中，使自己的利益偏好得到优先照顾，实现自我利益最大化的过程，是政府决策者运用其掌握的政治权力，对各种社会利益集团的利益需求进行折中和平衡，进行社会价值权威性分配的过程，因此充满着政治冲突。各种利益集团之间、决策者之间的反复博弈、交易和妥协，是公共决策过程中的一个关键特征。科学的知识分析，只是在一定的条件下，有关的决策者和决策参与者为了更有效地运用权力、更好地扮演自己在决策过程中的角色，在各种力量的较量、各种利益的博弈过程中取得主动和优势，所加以运用的一种斗争工具。因此，政府体制的权力结构、决策程序安排、经济和社会机制以及社会力量配置状况，直接影响着决策过程的构造和作为公共决策后果的公共政策的后果。

其次，公共政策决策者的自利性偏好决定了他们有滥用公共权力的可能。经济人假设尽管受到了来自人本主义经济学以及经济伦理学的挑战，[②]但经济人假设的三个命题依然保持着较强的解释力。时至今日，经济人假设似乎已成了无须论证的前提，其合法性和合理性尽管受到来自经济学内部的质疑和伦理学的批判，但它依然是西方主流经济学的基本的逻辑前提。效用价值、边际效用、理性经济人、机会成本、帕累托效率、自由选择、需求排序、自由放任等等已经成为了西方主流形态经济学的关键词。“在微观经济分析中，根据所研究的问题和所要建立的模型的不同需要，假设条件存在着差异。但是，在众多的假设条件中，至少有两个基本的假设条件：第一，合乎理性的人的假设条件。这个条件假设也被称作为‘经济人’的假设条件。‘经济人’被视为经济生活中的一般人的抽象，其本性被假设为是利己的。‘经济人’在一切经济活动中的行为都是合乎所谓理

①“politics”和“political”在西方人的日常生活和日常意识中，既不是我们中文中的“政治”和“政治的”意思，也不是西方政治学中的范畴，而是一个贬义词，因为照他们看来，“politicians”（政治家）都是些不守信的人。“politics”的实际含义是“耍手腕”、“玩把戏”、“搞权术”之类的意思。

②参见：[美]马克·A．卢兹、肯尼思·勒克斯：《人本主义经济学》，西南财经大学出版社2003年4月版；[美]马克·A．卢兹：《经济学的人本化：溯源与发展》，西南财经大学出版社2003年4月版；[印度]阿马蒂亚·森：《伦理学与经济学》，商务印书馆2000年5月版。

性的，即都是以利己为动机，力图以最小的经济代价去追逐和获得自身的最大的经济利益。第二，完全信息的假设条件。这一假设条件的主要含义是指市场上每一个从事经济活动的个体（即买者和卖者）都对有关的经济情况（或经济变量）具有完全的信息。”[①]经济学假设对政治伦理的启发在于，公共政策的制定者和公共权力的行使者存有以权谋私的伦理动机，倘若体制为这种以权谋私提供制度保障，那么他们会在体制的范围内谋得私利，倘若体制设定了某种制约，他们就会在体制内做体制外的事情，倘若没有惩罚机制，这种破坏体制的以权谋私行为就会大量或长期存在。总之，如果没有体制上的限制，指望一个清正廉洁的官吏就只有靠他们的德性修为了。然而这是一个充满风险的心理企盼，只有相信任何人都有利己的动机才有可能制定防范利己行为的规范，反之，相信官吏都是以民为本的决策者、管理者和执行者，就不会有健全的规范体系。

市场社会把三种价值确立为社会运行的基本原则：效率（作为经济活动的价值原则）、正义（作为政治活动的价值原则）、自由（作为文化活动的价值原则）。马克思曾非常简约地概括过市场社会的本质：“劳动力的买和卖是在流通领域和商品交换领域的界限以内进行的，这个领域确实是天赋人权的真正乐园。那里占统治地位的只是自由、平等、所有权和边沁。自由！因为商品例如劳动力的买者和卖者，只取决于自己的自由意志。他们是作为自由的、在法律上平等的人缔结契约的。契约是他们的意志借以得到共同的法律表现的最后结果。平等！因为他们彼此只是作为商品所有者发生关系，用等价物交换等价物。所有权！因为他们只支配自己的东西。边沁！因为双方只顾自己。使他们连在一起并发生关系的唯一力量，是他们的利己心，是他们的特殊利益。正因为人人只顾自己，谁也不管别人，所以大家都是在事物的预定的和谐下，在全能的神的保佑下，完成着互惠互利、共同有益、全体有利的事业。”[②]当人们依照效率、正义和自由原则要求政治权力的分割与运行时，政治伦理必然产生，而在传统社会，政治伦理却始终不能成为伦理学研究的重要内容。在市场社会环境

①高鸿业主编：《西方经济学》，中国人民大学出版社 2000 年版，第 22—23 页。

②马克思：《资本论》第 1 卷，人民出版社 1975 年 6 月版，第 199 页。

下，政治伦理除了通过法律的方式运行之外，还借助日益发展起来的大众媒介把民意充分表达出来。

在现代性语境下，政治伦理和公民伦理是市场社会发展的必然要求。与这种必然要求相匹配的伦理道德系统只能从以公民身份相互交往的个体间，个体与企业公民[①]间，个体、企业公民、公益组织与政府间的反复商谈、讨论中见出，而不能由他者提供，这是由于，“以物的依赖性为基础的人的独立性，是第二大形态，在这种形态下才形成普遍的社会物质交换，全面的关系，多方面的需求以及全面的能力的体系”。[②]普遍的交换、全面的关系、多方面的需求以及全面的能力体系，使得人们愈来愈依赖于所有的人，经济依赖性使不同血缘、地缘和业缘关系的人们联结在一起，组成不断变动着的经济联合体。这些联合体不但提升了人们的理论理性、创制理性，而且发展了他们的实践理性。正是不断完善起来的实践理性以及充分利用实践理性的实践活动，才使人们逐渐确立起了政治伦理和公民伦理。如此一来，以家庭伦理为核心的中国传统伦理体系在市场化的社会历史条件下就陷入了从未有过的困境，是丢弃还是超越，值得深入研究。

① “企业公民”是近几年产生的一个概念。我们的理解是：企业公民指的是以利益共同体而存在的个体公民的集合形式，它以组织的形式拥有权利和担负责任。企业职工尽管以工资或物品的形式从企业那里获得收益，但不以个体公民的形式，而以利益共同体的形式拥有权利并担负责任。美国波士顿学院给出的企业公民定义是：“企业公民是指一个公司将社会基本价值与日常商业实践、运作和政策相整合的行为方式。一个企业公民认为公司的成功与社会的健康和福利密切相关，因此，它会全面考虑公司对所有利益相关人的影响，包括雇员、客户、社区、供应商和自然环境。”世界经济论坛认为，企业公民包括四个方面：一是好的公司治理和道德价值，主要包括遵守法律、现存规则以及国际标准，防范腐败贿赂，包括道德行为准则问题以及商业原则问题。二是对人的责任，主要包括员工安全计划，就业机会均等、反对歧视、薪酬公平等等。三是对环境的责任，主要包括维护环境质量，使用清洁能源，共同应对气候变化和保护生物多样性等等。四是对社会发展的广义贡献，主要指广义的对社会和经济福利的贡献，比如传播国际标准、向贫困社区提供要素产品和服务，如水、能源、医药、教育和信息技术等，这些贡献在某些行业可能成为企业核心战略的一部分，成为企业社会投资、慈善或者社区服务行动的一部分。英国的“企业公民会社”认为企业公民有下列四点：企业是社会的一个主要部分；企业是国家的公民之一；企业有权利，也有责任；企业有责任为社会的一般发展做出贡献。”

② 《马克思恩格斯全集》第 46 卷（上），人民出版社 1979 年 7 月版，第 104 页。

三、中国现代性语境下的传统伦理

一种道德、伦理作为一种信仰、信念、情感和意志，作为一种原则、规范、禁令，作为一种价值，本质上并不取决于人们的主观愿望，而取决于实际生活的需要。尽管每个时代的人们都把幸福作为自足的、终极的目标加以追求，但每个时代的人们追求幸福的方式和满足幸福的程度却极不相同。人们选择了何种样式的生产方式、交换方式和交往方式，人们也就选择了何种样式的生活方式，有怎样的生活方式也就要求着怎样的伦理道德方式，其根本的事项在于社会关系的奠基模式。

现代社会与传统社会的最大区别在于，用社会化大生产代替了村社生产和家庭生产，由生产、分配、交换和消费四个环节构成的连续运动造成了一种复杂的社会设置：普遍的交换、全面的关系、多方面的需求、全面的能力体系。这套复杂的社会设置把先前的纵向的以血缘为轴心的关系变成了横向的以利益为轴心的关系，这种转变造成了两个直接后果：其一，公共领域的扩张。一种或以职业、或以利益相关性、或以思想与情感交流为主要事项的社会交往被广泛地建立起来，为着维持这些交往关系，同时也为着能够从这些社会关系中获得收益[①]，交往者往往要把绝大部分时间和精力投放到非血缘关系的社会交往中。其二，在一个普遍交换和广泛联系

①每个人参与社会资源的分配通常有两种途径：一是在既定分配制度的规约下，获得所谓属于自己的份额，以这种方式被分配的资源一般是可数的、可计算的、具有相对明确归属边界的资源；二是被嵌入在社会关系之中的资源，如身份、地位、声望、信任、认同，等等，这种资源与传统的资本不同，它被称为社会资本。“期望在市场上得到回报的社会关系投资。”（[美]林南：《社会资本：关于社会结构与行动的理论》，张磊译，上海人民出版社2004年版，第18页）为什么嵌入在社会关系之中的资源增强了行动的效果呢？有四个解释：第一，它增强了信息流动。在通常的不完备市场情况下，处于某种战略位置或等级位置中的社会关系，能够为个人提供以其他方式不易获得的关于机会和选择的有用信息。第二，这些社会关系可以对代理人——他们在涉及行动者的决定中扮演着关键角色——施加影响。一些社会关系，由于它们处于战略性位置和地位上，拥有更多的有价值资源并可以对组织代理人的决策施加更大的影响。因此，有时“说句话”在组织决定是否吸收一个人的过程中具有特定的分量。第三，社会关系可以被组织或代理人确定为个人的社会信用的证明，部分社会信用反映了个人通过社会网络与社会关系获取资源的能力。一些人的“后台”使组织或组织的代理人相信这些人能够提供超越个人自身资本之外的额外资源，其中部分或许对组织有用。第四，社会关系可以强化身份和认同感。确信和认识到自己是一个有价值的个体，是一个共享的利益和资源的社会群体的成员，不仅为个人提供了情感支持，而且为个人对某些资源权利的要求提供了公共承认。总之，信息、影响、社会信用和强化是社会资本的四个根本特征。（参见上书，18—20页）

的社会，任何一个人意欲使自己的生活变得丰富多彩，就必须参与到广泛的社会交往中，这样一来，传统意义上的私人领域与私人生活[①]就愈来愈缩小其边界，这就意味着，主要用于家庭（夫妻关系、父母子女关系，以爱情和亲情为基础）、朋友（以友情为基础）、村社（以乡情为基础）的伦理规范也缩小了它的范围、降低了它的效力。尽管可以说，在中国文化的语境下，中国人在处理公共领域里的公共事项时也或强或弱地依照处理私人生活和私人事项的原则来处理，但主要是一个充满计算的领域、充分利用理性的过程。在反复的交往和生活中，交往者会自觉不自觉地把主要适用于公共领域和公共交往中的游戏规则迁移到私人场合，从而大大降低私人领域和私人生活中的情感成分，于是传统社会中的适用于私人生活领域中的爱情、亲情、友情和乡情就会大大降低它的浓度，稀疏和淡薄的情感关系使得人的私人生活和私人关系变得极为脆弱。公共领域和公共生活中的风险也不同程度地延展到私人领域。

总之，在现代性语境下，传统伦理与公共伦理似乎处于二元结构中，这种二元结构也使得人们的生活陷于悖论境地：一方面，人们在实际的交往和生活中，切实地取消着私人领域和私人生活的伦理基础；另一方面，人们又在苦苦地寻觅着支撑私人领域和私人生活的伦理基础。可以肯定，只要人们切实地生活着，只要人们还需要信念的支撑，情感的支持，意志的磨砺，只要还需要爱情、亲情、友情和乡情，那么以家庭为基本单位的私人领域和私人生活就不可避免。

在当下的生活世界中，人们尚不能认清和体会公共领域和私人领域及其伦理基础的本质区别，只有当生活中的伦理问题严重到使生活不能正常进行时，人们才会深深地反思，也才会努力实践，把公共伦理和私人伦理相对地区分开，并努力保持它们的边界。

在学理的层面上，我们可以依照功能和层次把伦理分成操作伦理和关

①人的最为原初或最原始的私人领域是由其意志、情感和思想构成的活动空间和意义空间，它们保持了最大的私人性或隐秘性，它们仅向自己开放。次一级的私人领域和私人生活是由两性关系和亲缘关系构成的共同体，这就是家庭；进一步扩大的私人领域和私人生活就是村社、同事和朋友。以公民身份发生交往的领域被视为公共领域，它们通常被称为社会，它们是选择的结果。

怀伦理。操作伦理所解决的事项是为着获得资源、机会、信息、信任而发生的交往和生活，本质上，操作伦理不提供终极价值，诸如信仰、信念、关心、呵护，等等。关怀伦理是在一个超功利的领域内所发生的对他人的让与、过问、关心，甚至牺牲。关怀伦理也可以发生在以利益相关性为特征的公共交往中，以及由陌生人随机组成的公共生活中（这种生活是随机的、偶然的，不具有重复性和反复性），但主要是发生在由爱情、亲情和友情构成的私人生活空间，由于这是一个朝夕相处的领域，是以生活为主要内容的，因而是一个具有共同命运、情感和意志的领域，本质上是一个生活共同体，而不纯粹是一个利益联合体，它为每个成员提供着最大的安慰、信心和信念。因此，可以相信，在现代性语境下，家庭虽然受到不同的冲击和解构，但它不会丧失其本质，因为它有保持其存在的理由：它为每个人提供着任何其他组织所不能提供的价值。

在实践活动中，个人、组织与政府都有责任为解决公共伦理与私人伦理的二元悖论做出努力。首先，政府与组织应为公平地分配公共资源提供制度安排和利益均衡机制，至少构建一种相对为好的公共领域，在这个领域中，每个公民和组织不但具有形式上的自由出入的可能性，而且具有实质的现实性。划定公共领域与私人领域的清晰边界是十分重要的，在当下的现实生活中，公共领域及其伦理规则以及私人领域及其伦理规则都没有形成相对清晰的边界。许多原本应该依照公共伦理加以处理的事项反而依照私人伦理加以处理，从而伤害了正义原则；而许多本该依照私人伦理加以处理的事项反而应用了充满计算和功利性质的公共伦理加以处理，结果伤害了情感原则。其实，无论是一般的公民还是拥有或使用公共权力的公务员，在实际的生活中都有将公共伦理和私人伦理加以混同的可能性，但根本的原因并不在于这些个体，而在于各种类型的制度或体制，正是体制为将两种伦理规则加以混同提供了内在空间。其次，组织与政府在解决经济与政治问题的同时，还承担着塑造时代精神、提供用以引领个体的健康生活的精神产品的重任。理性地看待中国时下的文化市场，无论是思想文化还是大众文化（广播电视、报纸杂志、网络）几乎没有以重建私人伦理精神为旨归的文化精品。基于日常生活之上指导人们过一种充满爱情、亲情、友情和同情的文艺作品的缺失，反映了人们的生活结构出现了根本性的问题。韩剧在中国的兴起以及可持续地播出，意味着人们对充满人文关怀的健康的私人生活的怀念与向往。如何不再将人类的全部精力投入到利益的创造和追逐之中，而是将人的智慧进行合理配置，创造用以提升人的心志力量和生活情趣的精神活动和精神产品，无疑是历史向组织和政府提出的任务。其次，就每一个体而言，是否能够过一种充满财富、德性与幸福的生活，关键在于自身的理论智慧和实践智慧。试图过一种充满情感的生活乃是一种植根于人的心灵深处的需要，既然这种需要是属人的，那么，每一个体就不应该把充满计算和功利的公共伦理迁移到家庭、家族、私人团体之中，反复进行的生活实践证明，这种将功利主义伦理观普遍化的做事方式是成本最高而代价最大的。因此，与培养公共理性和公共精神相伴而行的，则是提升自身心性修为的生活实践，实践理性（智慧）才是解决公共伦理与私人伦理之悖论的坚实基础。

（原载《中国人民大学学报》2008年第1期）

从德性之美到城邦之善

——论两种善的逻辑及其通约关系

阅读提示：在伦理学的学科内，具有内在价值和自足性的事物，其本身就值得追求，之后确定我们应当做什么，这是我们需优先考虑的问题，至于是把幸福还是把善良意志确立为具有内在价值和自足，则是在此之后才进行研究的题材。与此相关的是德性之美与城邦之善之间的内在逻辑关系问题，尽管个体的德性是城邦之善的基础，但却无法从德性之美推论出城邦之善来。道德的个人和缺失道德的政府以及道德的政府和不道德的个人都可能是存在的。一个基本的事实是，一个缺失道德的政府比不道德的个人所造成的危害可能更大。然而长期以来，政府的“德性”（或城邦之善）如何可能的却没有真正成为伦理学深入讨论的对象。如果说个体的德性取决于个体的“善良意志”或“优良品质”，那么城邦之善则决定于精英集团的集体智慧和公共理性，也更取决于政治家和公务员的德性结构。分别讨论个体德性的结构和政府德性的生成，继而分析连结二者的逻辑环节，无疑是重要的理论任务。

关于如何实现从德性之美到城邦之善的问题，至少涉及三个相互关联的问题：伦理学的基本问题与个人追寻美德的意义；个人的德性之美如何可能；从德性之美到城邦之善如何可能。

最高的善与幸福

1. 伦理学的基本问题与善

为何要有伦理学这门学科？其基本考虑是，人是以追求各种善为目的的有理性存在物，而在所有被追求的善中必有某种善为最高的善。“如果在我们活动的目的中有的是因其自身之故而被当作目的的，我们以别的事物为目的都是为了它，如果我们并非选择所有的事物都为着某一别的事物（这显然将陷入无限，因而对目的欲求也就成了空洞的），那么显然就存在着善或最高善。那么，关于这种善的知识岂不能对生活有重大的影响？如若这样，我们就应当至少概略地弄清这个最高善是什么，以及哪一种科学与能力是以它为对象的。看起来，它是最权威的科学或最大的技艺的对象。而政治学似乎就是这门最权威的科学。因为正是这门科学规定了在城邦中应当研究哪门科学，哪部分公民应当学习哪部分知识，以及学习到何种程度。”①在亚里士多德那里，最高的善就是人的好生活或幸福，关于好生活或幸福应该由最高的科学即政治学来把握。这一点在今天看来似乎非常怪异，但在古代希腊人那里却非常自然。在古代希腊人看来，一个人只有在城邦中才能获得他的幸福或事业上的成功。在亚里士多德看来，人生来是政治性的动物，而政治性的动物注定要过一种社会性的、集体性的生活，并且要在一个旨在促进每个公民的福利、组织良好的社会中，获得他的善。于是政治学就有了两个任务：一个是要研究什么是人的幸福，人的幸福是占有财富、靠运气，还是灵魂合于德性的实现活动，亦即在于实践

① [古希腊] 亚里士多德：《尼各马可伦理学》，廖申白译，商务印书馆 2003 年 11 月版，第 5—6 页。

生命的活动；另一个是要研究何种政治、体制能最好地帮助人过一种良好的生活，并为维持这种好生活提供物质基础和制度安排。而要说明前者，就得研究人的习惯、德性；要研究后者就得考察哪种政治、体制适合于这些习惯和德性。关于德性的学问就是伦理学；关于良好政治、体制的学问就是政治学。而关于德性与体制的关系问题，实质上是德性论与正义论的关系问题。在二者的关系上可能有三种样式：德性优先于正当；正当优先于德性；德性与正当具有共时性，互为根据。与此相对应的社会形态可能是：道德的社会与道德的个人；道德的社会与不道德的个人；道德的个人与不道德的社会；不道德的社会与不道德的个人。比较而言，第四种形态较少出现，因为在此种形态下，社会秩序以及人的正常生活绝不可能。于是，伦理学的基本问题就被简约为："何谓最高的善"？"德性"与"正当"何者优先？

2. 最高的善：幸福与实践法则

元伦理学的开创者摩尔在《伦理学原理》一书的序中直接指出，伦理学有两个问题是基本的，需首先给以考虑："第一类问题可以用这样的形式来表达：哪种事物应该为它们本身而实存？第二类问题可以用这样的形式来表达：我们应该采取哪种行为？我已力求证明：当我们探讨一事物是否应该为它自身而实存，一事物是否就其本身而言是善的，或者是否具有内在价值的时候，我们关于该事物，究竟探讨什么；当我们探讨我们是否应该采取某一行为，它是否是一正当行为或义务的时候，我们关于该行为，究竟探讨什么。"[①]在关于何种事物具有内在价值因而本身就值得追求的问题上，在西方伦理学上主要有两种观点，一种是幸福论的伦理学，一种是义务论的伦理学。幸福论的伦理学把幸福视为最高的善，它是自足的，本身就值得追求。但必须指出的是，亚里士多德虽然把幸福视为最高的善，"我们把幸福看作人的目的……如果有些实现活动是必要的，是因

① [英]摩尔：《伦理学原理》，长河译，商务印书馆1983年12月版，第1页。

某种其他事物而值得追求，有些实现活动自身就值得追求，那么，幸福就应当算作因其自身而不是因某种其他事物而值得欲求的实现活动。因为，幸福是不缺乏任何东西的、自足的。而那些除自身之外别无他求的实现活动是值得欲求的活动。合德性的实践似乎就具有这种性质。因为，高尚（高贵）的、好的行为自身就值得欲求。”①但亚里士多德的幸福论的伦理学是德性论的伦理学，因而也是规范伦理学。②对于大众来说，实践所能达到的最高的善，不消说，似乎都同意是幸福，无论是一般大众，还是那些出众的人，都会说这是幸福，并且会把它理解为生活得好或做得好。但是关于什么是幸福，人们就有争论，一般人的意见与爱智慧者的意见就不一样了。“因为一般人把它等同于明显的、可见的东西，如快乐、财富与

① [古希腊]亚里士多德：《尼各马可伦理学》，廖申白译，商务印书馆 2003 年 11 月版，第 303 页。

②关于德性伦理和规范伦理及其关系我们必须给以清楚的表达，否则会产生很多误解甚至是错误的认识，特别是在本文中。规范伦理学是相对于元伦理学而言的，从时间上说，元伦理学的产生是大大晚于规范伦理学的，其标志是英国伦理学家摩尔在 1903 年发表的伦理学名著《伦理学原理》一书，1911 年又出版了《伦理学》一书，进一步地、比较通俗地说明《伦理学原理》一书的中心思想。摩尔严肃地指出，以学科或科学出现的伦理学到底该研究什么，是伦理学或道德哲学首先加以解决的问题。摩尔把伦理学的研究对象归结为两大类：“第一类问题可以用这样的形式来表达：哪种事物应该为它们自身而实存？第二类问题可以用这样的形式来表达：我们应该采取哪种行为？我已力求证明：当我们探讨一事物是否应该为它自身而实存，一事物是否就其本身而言是善的，或者是否具有内在价值的时候，我们关于该事物，究竟探讨什么；当我们探讨我们是否应该采取某一行为，它是否是一正当行为或义务行为的时候，我们关于该行为，究竟探讨什么。”([英]摩尔：《伦理学原理》，长河译，商务印书馆 1983 年 12 月版，第 1 页）规范伦理学概念所意欲表达的是：一个伦理学者在陈述“道德”、“德性”、“义务”、“应当”等等的时候，是在作伦理判断，亦即价值判断。在这一点上，摩尔已经作了肯定：“在极大多数情况下，在我们的陈述中，包含‘德’、‘不德’、‘义务’、‘正当’、‘应该’、‘善的’、‘恶的’这些术语中任何一个的地方，我们就是在作伦理判断。”(同上书，第 7 页）义务论的伦理学和幸福论的伦理学都是规范伦理学，它们都探讨德性问题，但在德性的效用问题上，进言之在德性的终极价值上，二者是不同的。幸福论的伦理学认为，幸福是一个自足的概念，其本身就是善的，幸福是真正的为它自身而实存的事物；义务论的伦理学则认为道德才是自足的为其自身而存在的事物。但无论是以幸福还是以道德（善良意志）作为具有终极价值的事物，它们都以德性为轴心，在这个意义上，幸福论的伦理学和义务论的伦理学又都是德性论的伦理学。在目前关于元伦理学和规范伦理学之关系的讨论中，许多学者过分地强调了它们的差异，而未能很好地领会元伦理学的精神实质。比如摩尔，他从来就不是一个只对“什么是善的”进行语义分析的伦理学家，他从来没有轻视过伦理判断的重要性，问题在于，在日常活动和日常语义中，一个人、一个组织经常在作伦理判断，表达什么是应当的，什么是不应当的，这是可以接受的事实，因为作出伦理判断的人大多不是伦理学家，他们既没有义务、能力，更没有兴趣告诉其他人，什么是善，什么是应当，什么是好人，什么是坏人。最多是，其他人要求判断者给出应当与不应当的理由来，而用不着指出这些概念意味着什么，因为这些概念的日常语义，人们是比较清楚的。然而，对于一个专以善及其相关问题为研究对象的伦理学者来说，要求就不那么简单了。摩尔十分严厉地批评说，“什么是那个既具有普遍性，又具有特殊性的东西？而对于这个问题，负盛名的伦理哲学家们提出了一些异常不同的答案，并且也许其中没有一个是完全令人满意的。”(同上书，第 7 页)。

荣誉。不同的人对于它有不同的看法，甚至同一个人在不同的时间也把它说成不同的东西：在生病时说它是健康；在穷困时说它是财富；在感到自己的无知时，又对那些提出他无法理解的宏论的人无比崇拜。”①在亚里士多德看来，有三种生活都和幸福相关：“有三种主要的生活：刚刚提到的最为流行的享乐的生活、公民大会的或政治的生活，和第三种，沉思的生活。一般人显然是奴性的，他们宁愿过动物式的生活。不过他们也不是全无道理，许多上流社会的人也有撒旦那帕罗那样的口味。另一方面，那些有品位的人和爱活动的人则把荣誉等同于幸福，因为荣誉可以说是政治的生活的目的。然而对于我们所追求的善来说，荣誉显得太肤浅。因为荣誉取决于授予者而不是取决于接受者，而我们的直觉是，善是一个人属己的、不易被拿走的东西。此外，人们追求荣誉似乎是为确证自己的优点，至少是，他们寻求从有智慧的人和认识他们的人那里得到荣誉，并且是因德性而得到荣誉。这就表明，德性在爱活动的人们看来是比荣誉更大的善，甚至还可以假定它比荣誉更加是政治的生活的目的。”②然而牟利的幸福和荣誉的幸福都不是真正的幸福，只有沉思的生活才是真正地行得好或做得好。“如果幸福在于合德性的实现活动，我们就可以说它合于最好的德性，即我们的最好部分的德性。我们身上的这个天然主宰者，这个能思想高尚（高贵）的、神性的事物的部分，不论它是奴斯还是别的什么，也不论它自身也是神性的还是在我们身上是最具神性的东西，正是它的合于它自身的德性的实现活动构成了完善的幸福。而这种实现活动，如已说过的，也就是沉思。”③作为沉思的幸福：（1）幸福是终极的、自足的；（2）幸福的生活自身就令人愉悦；（3）沉思不含有痛苦；（4）这种实现活动最完善，又最愉悦；（5）沉思的快乐最纯净。沉思的生活乃是一种智慧在理智的德性中处于最为优越地位的生活。沉思的生活之所以是最完善的，是终极的，乃是因为：首先，沉思是最高等的一种实现活动（因为奴斯是我们身上最高等的部分，奴斯的对象是最好的知识对象）。其次，

①［英］摩尔：《伦理学原理》，长河译，商务印书馆 1983 年 12 月版，第 9—10 页。
②［古希腊］亚里士多德：《尼各马可伦理学》，廖申白译，商务印书馆 2003 年 11 月版，第 11—12 页。
③同上，第 305 页。

它最为连续。它比其他活动更为持久。第三，我们认为幸福中必定包含快乐，而合于智慧的活动就是所有合德性的实现活动中最令人愉悦的。我们可以认为，那些获得了智慧的人比在追求它的人享有更大的快乐。第四，沉思中含有最多的我们所说的自足。智慧的人靠他自己就能够沉思，并且他越能够这样，他就越有智慧，有别人一道沉思当然更加好，但即便如此，他也比具有其他德性的人更为自足。第五，沉思似乎是唯一因其自身而被人们喜爱的活动。而在实践的活动中，我们或多或少总要从行为中寻求得到某种东西。第六，幸福似乎还包含着休闲。

无论亚里士多德怎样地将幸福与德性结合起来，他仍然把快乐与幸福看作是具有内在价值因而本身就值得追求的东西。因而，亚里士多德的伦理学仍然是目的论的、幸福论的伦理学。与此不同，康德则坚持义务论的伦理学。“在世界之中，一般地，甚至在世界之外，除了善良意志，不可能设想一个无条件善的东西。理解、明智、判断力等，或者说那些精神上的才能勇敢、果断、忍耐等，或者说那些性格上的素质，毫无疑问，从很多方面看是善的并且令人称羡。然而，它们也可能是极大的恶，非常有害，如若那使这些自然禀赋，其固有属性称为品质的意志不是善良的话。这个道理对幸运所致的东西同样适用。财富、权力、荣誉甚至健康和全部生活美好、境遇如意，也就是那名为幸福的东西，就使人自满，并由此经常使人傲慢，如若没有一个善良意志去正确指导它们对心灵的影响，使行动原则与普遍目的相符合的话。”[①]在康德看来，具有终极价值因而是最高善的东西，不是起自人的感受性的快乐与幸福，也不是那些被称誉为美德的诸种品质，如亚里士多德所说的勇敢、节制、慷慨、大方、大度、温和、友善、诚实、机智、羞耻、公正、明智、智慧、好的考虑、理解、体谅，等等，它们都不足以保证一个行动是出于实践法则的，因而其本身就是善的，只有善良意志才是自足的，不待他者而自身就是值得追求的东西。“善良意志，并不因它所促成的事物而善，并不因它所期望的事物而善，也不因它善于达到预定的目标而善，而仅是由于意愿而善，它是自在

① [德]康德：《道德形而上学原理》，苗力田译，上海人民出版社1986年8月版，第43页。

的善。并且就他自身来看，它自为地就是无比高贵。”[①]

康德与亚里士多德的最大区别，不在于是把幸福还是善良意志作为自足的、具有内在价值因而本身就值得追求的事项，而在于实现幸福、追寻美德的实践力。

个体美德如何可能

在亚里士多德看来，促使人的德性成为可能的是人的灵魂的特殊结构。一如幸福作为最高的善是自足的那样，人的灵魂也是自足的。亚里士多德在《尼各马可伦理学》第一卷第13章以“德性引论”为题总括地讨论了德性与灵魂的关系，在第六卷又分章具体讨论了灵魂与德性的关系。在古希腊哲人的讨论中，善的事物已被分成为三类：外在的善，包括财富、高贵出身、友爱和好运；身体的善，包括健康、强壮、健美和敏锐；灵魂的善，包括节制、勇敢、公正和明智。而只有灵魂的善才是最恰当意义上的、最真实的善，所以灵魂的善才是属人的善。唯其如此，政治家就更需要了解和研究灵魂的本性。[②]在与灵魂和逻各斯的关联中，人的道德德性是如何可能的呢？（1）德性与自然。“德性在我们身上的养成既不是出于自然，也不是反乎于自然的。”[③]在某种意义上可以说，人只是一种可能的存在物，比如德性就是一种可能性。自然赋予了我们接受德性的能力，但这种能力只是一种可能性，它并不直接地成为德性，它必须通过人的良好的习惯才能养成和完善，故曰“德性不出于自然也不反乎于自然。人的良好的习惯也就是人的好的行为，它养成和完善了人的德性能力，这种不

①出于题材的限制，在此我们不准备详细讨论亚里士多德关于灵魂学说及其具体构成的详细内容，只想指出四个核心观点，借以论证德性的可能性问题。(1) 灵魂、逻各斯与德性的关系（[古希腊]亚里士多德：《尼各马可伦理学》，第32—34页）。(2) 道德德性的获得问题（同上书，第35—37页）。(3) 灵魂的三种状态问题（同上书，第42—45页）。(4) 灵魂肯定和否定真的五种方式问题（同上书，第169—171页）。

②[古希腊]亚里士多德：《尼各马可伦理学》，廖申白译，商务印书馆2003年11月版，第36页。

③同上，第173页。

是先天具有的，而是反复去做它要求做的事情，我们才获得了它。一如我们只有经常做好事才能被称为好人那样，而不是我们先天就是好人。（2）德性、实践与逻各斯的关系。人的灵魂分为没有逻各斯和有逻各斯两个部分，人的德性虽不是逻各斯本身但却有逻各斯。德性既是一种品质又是一种能力，只是这种品质和能力不是出于自然而是在反复的实践活动中养成和完善的，于是实践便成了德性得以形成的基础。不是为了了解德性，而是为使自己有德性，我们必须研究实践的性质，研究我们应当怎样实践，因为，我们是怎样的就取决于我们的实践活动的性质。实践的事务总是相对于那些可因我们的行动而改变的事务，是因我们的努力而改变了的事物。这样，实践总以某种目的为其动因，这种目的既可以是自身之外的，也可以是自身之内的。但无论以哪种目的作动因，都要按照正确的逻各斯去做。那么怎样才能按照正确的逻各斯去做呢？是明智。“明智是一种同人的善相关的、合乎逻各斯的、求真的实践品质。”①总的来说，在亚里士多德那里，人的德性是自足的，尽管政治学规定了个人在城邦里应当做什么和不应当做什么的根据和标准，但德性的养成和完善还是决定于人自己的实践活动。因此，人的德性如何可能的追问是多余的。这种多余的思虑得益于德性之美与城邦之善之间的和谐。雅典城邦基本上是一个在合法界定的基础上由熟人构成的伦理共同体，基于这种共同体之上的，也必定是人的德性与幸福的内在统一。这种统一也直接决定了亚里士多德对“幸福是合于德性的实现活动”这一命题充满希望与自信。

然而，当德性与幸福发生严重分离，以至德性与幸福已无必然关联的时候，人的德性如何可能呢？这就是康德所面临的伦理困境和伦理学难题，康德要殚精竭虑地解决这个社会历史难题。②在康德看来，一个行为之被称为是道德的，至少有三个要件：善良意志、实践理性、实践法则。一个道德行为，当且仅当是指：一个在善良意志的保障下，借助于实践理性

①一些批评者严厉谴责康德道德哲学的非人道主义性质，指出，在康德的善良意志中，为着保证善良意志的纯粹性，他不得不以牺牲人的快乐与幸福为代价。事实上，康德并非真的出于主观意愿将幸福从他的道德视野中清除掉，而是康德所生存于其中的那个社会已经使德性与幸福发生严重分离了。思想的逻辑是植根于历史逻辑之上的。

②［德］康德：《道德形而上学原理》，苗力田译，上海人民出版社 1986 年 8 月版，第 49 页。

而实现实践法则的行为必然性。康德用三个命题和四个定理来表述“道德形而上学原理”。“道德的第一个命题是：只有出于责任的行为才具有道德价值。第二个命题是：一个出于责任的行为，其道德价值不取决于它所要实现的意图，而取决于它所被规定的准则。从而，它不依赖于行为对象的实现，而依赖于行为所遵循的意愿原则，与任何欲望对象无关。”①“第三个命题，作为以上两个命题的结论，我将这样表述：责任就是由于尊重规律而产生的行为必然性。”②比较而言，对规律的尊重或敬重是道德得以发生的关键，对此有人曾质疑康德，说康德是反对道德起源上的情感主义的，那么对规律的敬重不正是一种情感吗？对此，康德明确地解释道：“虽然尊重是一种情感，只不过不是一种因外来作用而感到的情感，而是一种通过理性概念自己产生出来的情感，是一种特殊的、与前一种爱好和恐惧有区别的情感。凡我直接认作对我是规律的东西，我都怀着尊重。这种尊重只是一种使我的意志服从于规律的意识，而不须通过任何其他东西对我的感觉的作用。规律对意志的直接规定以及对这种规定的意识就是尊重。所以，尊重是规律作用于主体的结果，而不能看作是规律的原因。更确切一点说，尊重是使利己之心无地自容的价值觉察。所以既不能被看作是对对象的爱好，也不能看作是对对象的恐惧，而是同时两者兼而有之。所以，尊重的对象只能是规律，是一种加之于自身的东西，并且是必然加之于自身的东西。作为规律，我们毫无个人打算地服从于它；作为自身加之于自身的东西，它又仍然是我们意志的后果。在前一种情况下，它类似于恐惧；在后一种情况下，它又类似于爱好。对于一个人的尊重，就是对诚实规律的尊重，这个人给我们树立了诚实的榜样。增长才干是我们的责任，所以一个才能出众的人被当作规律的典范，通过锻炼以达到和它相似，这就构成了我们的尊重。所有我们称之为道德关切或兴趣的东西，完全在于对规律的尊重。”③

康德在《实践理性批判》中把“道德形而上学原理”表述为四个定

①［德］康德：《道德形而上学原理》，苗力田译，上海人民出版社 1986 年 8 月版，第 50 页。

②同上，第 51 页。

③［德］康德：《实践理性批判》，关文运译，广西师范大学出版社 2002 年 2 月版，第 3 页。

理。在陈述这四个定理之前，康德对“纯粹实践理性原理”作了一个界定：“实践原理乃是包含着意志的一般规定的命题，这种一般规定之下有种种实践规则。如果主体认为这种制约只对他的意志有效，那么这些原理就是主观的，或者只是准则；如果他认为这种制约是客观的，即对一切有理性的存在者的意志都有效，那么它们就是客观的，或者就是实践的法则。”[①]在这个定义之下，实践原理有四个定理。定理一，“一切实践原理，凡把欲望官能的对象（实质）假设为意志的动机的，都是依靠经验，而不能提供实践法则的”。[②]一个依据经验的实践准则为何不能作为实践法则呢？康德论述道，一个原则如果只是依据人对快乐或痛苦的感受性的这样一种主观条件（这种感受性永远只能在经验上被认识，并且对于一切有理性的存在者也不能同样有效），那么对于具有这种感受性的主体自己来说，它诚然可以作为他的准则，不过甚至对于这个主体自己来说，它也不能成为法则（因为它缺少了那必须被先天认识到的客观必然性）。既然如此，这样一个原则就永远不能供给实践法则了。起于欲望的、以感受性为直接途径的实践准则，尽管有不同的类型和内容，但它们都可以归置于一个名称之下，这就是幸福原则。定理二，“一切实质的实践原则，顾名思义，都属于同一种类，并且都归在一般的自爱（Selbsiliebe）原则或个人幸福原则之下”。[③]所谓幸福原则乃是这样一条原则，“事物存在”表象所给人的快乐，就其成为人对这个事物的欲望的动机的一个原则而言，乃是依据在主体的感受性上面，因为它是依靠于一个对象的现实存在（Dasein）的。因而它乃是属于感觉（Gefuhl），而不属于悟性——悟性是表示表象对客体的概念关系，而不表示表象与主体的感觉关系。所以只有在主体从对象的现实存在所期待的那种愉快感觉决定其欲望官能的范围以内，这种快乐才可以促进实践。一个有理性的存在者能意识到终身不断享有的人生乐趣，就是所谓幸福（Gluckseligkeit）；把幸福立为选择的最高动机的那个原理，正是自爱原则。一如康德所论证的，幸福原理对于一个其感受性优先

①［德］康德著：《实践理性批判》，关文运译，广西师范大学出版社 2002 年 2 月版，第 6 页。
②同上，第 7 页。
③同上，第 10 页。

于实践法则的个体来说无疑是首要的、正当的，因而也是合理的。“‘追求幸福’必然是每一个有理性而却有限的存在物的愿望，因而也是必然会决定他的欲望的一个原理。因为人生来对自己的全部存在就不满意，他必须首先认识到自己独立不倚，无待外求，才能有此洪福，追求这种洪福，乃是我们的有限本性自身加于我们的一个课题，因为我们有所需求，而这种需求乃是有关我们的欲望官能的实质而参照于主观上的快乐感情或痛苦感情的——这种感情才决定了使我们满足自己现状的必要条件。”[①]然而，幸福原则却不能成为普遍有效的实践法则。定理三，“一个有理性的存在者必须把他的准则思想为不是依靠实质而只是依靠形式决定其意志的原理，才能思想那些准则是实践的普遍法则”。[②]然而，康德只问其形式而不问其实质内容的实践法则是如何可能的呢？这个疑问用另一种提问方式可以确定为：由实质的实践准则到形式的实践法则是如何可能的呢？康德说，如果抽去法则的全部实质，即抽出意志的全部对象（当作动机看的），那么其中就单单留下普遍法则的纯粹形式了。因此，一个有理性的存在者既然完全不能把他的主观的实践原理（即他的准则）同时思想为普遍法则，那么他就必须假设，单单有它们所借以成为普遍立法的那个纯粹形式自身就可以把它们变成实践法则。然而事实上，第一，仅凭一个假设如何保证把具有实质内容的实践准则变成实践法则呢？第二，借以成为普遍立法的那个纯粹形式自身如何变成实践法则的呢？于是，康德便提出了定理四，“意志的自律（Autonomie）是一切道德法则所依据的唯一原理，是与这些法则相符合的义务所依据的唯一原理。反之，任意选择一切的他律不但不是义务的基础，反而与原理，与意志的道德性互相反对”。[③]在人的理性所及的范围内，出于客观必然性的实践法则乃是一命令。成为实践原理的“命令”通常有两种类型：绝对命令和相对命令。绝对命令是无条件的，而相对命令则是有条件的。在康德看来，一切“命令”的指示，不是有条件的，就是无条件的或绝对的。“一个有条件的‘命令’的含义是：

①［德］康德：《实践理性批判》，关文运译，广西师范大学出版社 2002 年 2 月版，第 12 页。

②同上，第 20—21 页。

③周辅成编：《西方伦理学名著选辑》（下），商务印书馆 1987 年版，第 363 页。

如果立意要得到某一东西，或至少要以此为目的，那就必须做某一件事。绝对命令的含义是：某一行为，就是必须做的，不涉及任何别的目的。”[①]而在非常细微的层次上，康德又把相对命令作了区分：技术规则和明智规约。至于二者的区别与联系可从康德的如下论述中见出：“凡一个有理性者所能做的事情，都可作为有理性者的意志所可能追求的对象。因此，意志在追求这些可能的对象的时候，所必须采取的行为原则，其数量是无穷的。然而我们可以假定：有一个目的，是为一切有限的有理性者（至少，那些能听从命令的有理性者）实际追求的对象，并且也为每人依照某种天然本性所追求的对象，这个目的就是幸福。凡是肯定某种行为是作为追求幸福的必要手段的有待命令，都是实述的命令。我们绝不可把幸福想作只是一种可能的或可疑问的目的，而乃是出自人的本性并可先验地假定为人人所追求的目的。凡人精于选择达到自己的幸福的手段，我们称为（狭义的）精明，因此，一个命令，如果只在于指示选择达到个人幸福的手段，那就只是一种精明的准则，它必然是有条件的命令。它命令行为，也不是绝对的，只不过当作是达到其他目的的手段。”[②]技术规则和明智规约准确说来，尽管也以命令形式出现，但却不可以作为理性命令的基础，它们作为分析的命题形式，不具有必然性和普遍性，因而不能称为道德命令。只有作为先天综合命题形式的道德命令才是绝对命令，而只有绝对的命令才是实践的规律，其他命令都只可称为选择的规则，而不是规律。因为任何事物，既被选择仅仅作为达到某种任意选定的目标的手段，那它本身只可被看作是偶有的，只要目的已经消失，那么命令就失去效力。反之，无条件的命令，绝不允许意志择取相反的途径，只有它才可能用规律所具有的必要性（或必然性）指挥意志。简明地说，只有一个绝对命令，即“你必须遵循那种你能同时也立志要它成为普遍规律的准则而去行为”。

但绝对命令可以有三种变形：（1）按照必然性行事，也就是你必须随时遵循一种可由你的意志变成为普遍的自然律的准则去行动。能够依照普遍的自然律的准则去做事情，就尽到你应尽的义务了。“义务是指一种

①周辅成编：《西方伦理学名著选辑》（下），商务印书馆 1987 年版，364—365 页。
②同上，第 369 页。

行动在实践上的无条件的必要性。”[①]（2）人是目的，而不是手段。把这一绝对命令转换成实践的命令时，便成为：“你一定要这样做：无论对自己或对别人，你始终都要把人看成是目的，而不要把他作为一种工具或手段”。[②]（3）在可能的“目的国”中的自律（或自决）意志——自律是人的尊严的基础。

可以说，实践法则、自由意志、实践理性构成康德道德原理的三个要件。这是一种典型的德性论。德性论的伦理学隐含着个体的德性修为在践行实践法则过程中具有优先性，但法律与政体的优良程度在某种意义上会有更大的作用。亚里士多德在《尼各马可伦理学》的最后一章集中讨论了被组织得良好的社会与个体之德性之间的关系。“由于以前的思想家们没有谈到过立法学的问题，我们最好自己把它与政制问题一起来考察，从而尽可能地完成对人的智慧之爱的研究。”[③]亚里士多德还提出了从立法学和政制对人的智慧之爱的影响方面进行研究的步骤：“首先，我们将对前人的努力作一番回顾。然后，我们将根据所搜集的政制汇编，考察哪些因素保存或毁灭城邦，哪些因素保存或毁灭每种具体的政体；什么原因使有些城邦治理良好，使另一些城邦治理糟糕。因为在研究了这些之后，我们才能较好地理解何种政体是最好的，每种政体在各种政体的优劣排序中的位置，以及它有着何种法律与风俗。”[④]而关于法律与政制方面的善正是我们目前讨论中的城邦之善的问题。因为，在一个总体上正义的社会里，法律的公正和政制的优良乃是优先的或基础的事项，尽管在这个被组织得良好

①周辅成编：《西方伦理学名著选辑》（下），商务印书馆 1987 年版，第 372 页。

②［古希腊］亚里士多德：《尼各马可伦理学》，廖申白译，商务印书馆 2003 年 11 月版，第 318 页。

③同上，第 318 页。

④安斯库姆说：“我们不能够转向亚里士多德去寻求对谈论‘道德’善良、义务等等东西的现代方式的任何说明。在我看来，从巴特勒到密尔，现代所有最知名的伦理学的著作家作为这一学科的思想家都是有缺陷的，这些缺陷使得我们无从指望从他们那里得到对这一学科的任何直接的指引。”（伊丽莎白·安斯库姆：《现代道德哲学》，谭安奎译，见徐向东编：《美德伦理与道德要求》，江苏人民出版社 2007 年 9 月版，第 42 页）斯托克说：“对我们道德生活之复杂性与广阔性以及什么东西具有价值这些问题的反思，表明新近的伦理理论明显过分集中于责任、正当性与义务之上了……它们在极其重要和极其普遍的价值领域里把理由与动机之间的分裂必然化了，或者说它们给了我们一种道德上极其贫乏的生活的和谐，一种极为缺乏有价值之元素的生活的和谐。”（迈克尔·斯托克：《现代伦理理论的精神分裂症》，谭安奎译，见徐向东编：《美德伦理与道德要求》，江苏人民出版社 2007 年 9 月版，第 60—61 页）

的社会里我们无法保证每个个体都是道德的，但良好的法律和政制对人们获得德性是有帮助的，这是一个道德的社会与不道德的人的组合；在劣质的社会里，我们不排除有德性的个体甚至是一个有德性的人群，当社会失去了一个总体上的善，这是一个道德的人与不道德的社会的组合。比较而言，后一种组合是难以治理的。因此，在讨论德性之美与城邦之善的关系时，我们除了要一般性地研究法律与政制的善之外，对伦理学而言，如何实现从德性之美到城邦之善才是核心问题。

从德性之美到城邦之善

现代伦理学面临着与亚里士多德伦理学迥然不同的时代主题，这个主题至少包括两个方面，也正是这两个方面才使得现代伦理学与亚里士多德的根本有别：一个是“好生活问题”的隐匿；另一个是“城邦之善”已经变成一个尖锐的问题。简约地说，无论是安斯库姆还是斯托克等人对现代道德哲学的尖锐批评，都是一种学科内的学术批评。这些批评无论怎样地击中要害，也无论批评者多么激愤，似乎都未触及问题的实质：现代道德哲学的“精神分裂症”实质上是现代生活“精神分裂症”的理论表达形式。不是功利主义也不是康德的道德哲学把好的生活和人类幸福从伦理学中清除出去，而是现代社会设置使生活没有了终极意义。伦理学家的个人魅力及其伦理学学说对社会生活的作用是有限度的，他们既没有能力也没有完全的责任拯救整个世界。现代伦理学家固然要研究以思想形态出现的学术资源，更重要的是要研究造成生活之“精神分裂症”的社会根源，从社会生活中而不是到已有的伦理学那里去寻找解决问题的道路与方法。对此我们不拟作深入讨论，在此我们将专门讨论如何从德性之美过渡到城邦之善的问题。

1. 是自信、希望还是事实?

（1）理论上的自信。依照一般的理论推论，被组织得良好的城邦一定是由善人组成的，但有善的个人却不一定导致良序的城邦。个体的德性之美只构成良序城邦的必要条件：无之必不然，有之不必然。这是一个无须证明的命题。然而由善的个人组成的社会一定是优良的社会，却是一个需要证明的命题。[①]亚里士多德不无自信地认为，只要每个公民不但具有一般的善德且具有公民的善德，统治者除了具有一般人的善德，更具有统治者的善德，优良的城邦就是必然的了。在古希腊的伦理概念中，善人的品德与公民的品德是有细分的，成为公民的品德不必是善人的品德；在日常生活中，每个人不必是善人，但在城邦里司职，成为一个合格的公民，就必须具有公民的品德。亚里士多德以水手之于船舶的关系比附公民的品德与城邦之善的关系。作为一个团体中的一员，公民（之于城邦）恰恰好像水手（之于船舶）。水手们各有职司，一为划桨，另一为舵工，另一为瞭望，又一为船上其他职事的名称；（船上既按照各人的才能分配各人的职司，）每一良水手所应有的品德就应当符合他所司的职分而各不相同。但除了最精确地符合于那些专职品德的各别定义外，显然还须有适合于全船水手共同品德的普遍定义：各司其事的全船水手实际上齐心合力于一个共同的目的，即航行的安全。在一个合法界定的雅典城邦共同体中，公民们一如水手那样，公民既各为他所属的政治体系中的一员，他的品德应该符合这个政治体系。好公民不必统归于一种至善的品德，作为一个好公民，不必人人具备一个善人所应有的品德。[②]“所有的公民都应该有好公民的品德，只有这样，城邦才能成为最优良的城邦。”[③]然而由于每个公民在政治体系所司职位各不相同，甚至有很大分别，如支配者和被支配者，他们的品德是否相同呢？“全体公民不必都是善人，其中的统治者和政治家是否应为善人？我们当说到一个优良的执政就称他为善人，称他为明哲端谨的

①参见[古希腊]亚里士多德：《政治学》，吴寿彭译，商务印书馆1996年版，第120—121页。
②同上，第121页。
③同上，第122页。

人，又说作为一个政治家他应该明哲端谨。”[1]“明哲（端谨）是善德中唯一为专属于统治者的德行，其他德行（节制、正义和勇毅）主从两方就应该同样具备（虽然两方具备的程度，可以有所不同）。‘明哲’是统治者所应专备的品德，被统治者所应专备的品德则为‘信从’（‘视真’）。被统治者可比作制笛者；统治者为笛师，他用制笛者所制的笛演奏。”[2]为何统治者和政治家必须具备“明智”这种品德呢？这是由他们所从事的活动以及由这种活动所要求的品德所决定的。“明智是一种同善恶相关的、合乎逻各斯的、求真的实践品质。所以，我们把像伯利克里那样的人看作是明智的人，因为他们能分辨出那些自身就是善、就对于人类是善的事物。我们把有这种能力的人看作是管理家室和国家的专家。”[3]在政治学中，政治家在两个方面表现出明智的品德：一种主导性的明智是立法学，另一种明智是处理具体的政治事务，处理具体事务同实践和考虑相关，因为法规最终要付诸实践。

从亚里士多德的论述中，无论是从逻辑推论还是从实践经验看，他对德性之美与城邦之善之间的内在关联是充满自信的。事实上，这种自信更多地可能来自雅典城邦的现实，而不完全是理论上的勇气，以及对德性之美与城邦之善相和谐的憧憬。

（2）体制上的保证。雅典城邦体制无疑属于前现代性的社会治理模式，但这种体制却在两个方面有其特点。第一，自由与民主精神构成雅典政治生活的文化基础，一种充满智慧的辩论、对话表现于生活中的各个方面。通过辩论和对话以揭露对方的谬见，继而呈现真理。在弘扬自由与民主精神的同时，每个人都注重自身的德性修为，形成与自身的社会角色相匹配的主德：智慧、勇敢、节制、正义。雅典城邦本质上是一个合法界定的伦理共同体，追求总体上的善是它的直接目标，为每个人提供益于养成其优良品德、获得其幸福的社会良序是它的终极目标。第二，雅典城邦尽管处于水陆交通都极为发达的要地，但由于空间和人口的限制，基本上是一个熟人社会。而在一个相对稳定的熟人社会，类似于完整德性的这样一

①参见［古希腊］亚里士多德：《政治学》，吴寿彭译，商务印书馆 1996 年版，第 125 页。
②③［古希腊］亚里士多德：《尼各马可伦理学》，廖申白译，商务印书馆 2003 年版，第 173 页。

种优良品质是可以形成的，也会充分发挥它的作用。而被亚里士多德称之为统治者和政治家的那些“贤达”也确实拥有“明智”这样的善德，他们是被公认的善人。由善人组成的管理集团有足够的意愿和能力将雅典城邦治理得很好。毫无疑问，构成雅典城邦共同体之坚实基础的是它的伦理体系，这种体系既支撑了雅典的政治体制（立法）和政治活动（实践），也维系了雅典人的日常生活。

值得注意的是德性之美与城邦之善相统一的另类形态，这就是中国的传统社会。以儒家伦理为基本色调的传统社会，本质上是一个由差序格局构成的等级社会。一如雅典城邦那样，它也靠着理论上的自信和制度上的安排，从根本上保证了德性之美与城邦之善之间的内在统一。理论上的自信充分表现在儒家经典《大学》中。“大学之道，在明明德，在亲民，在止于至善。”朱熹说，此三者乃《大学》之纲领。“明明德”为根本途径，“亲民”为直接目标，“止于至善”为终极目的。而“古之欲明明德于天下者”，必是解决八个条目的关系：平天下、治国、齐家、修身、正心、诚意、致知、格物。而自天子以至于庶人，皆以修身为本，通过格物致知、诚意正心、修身自为，以达到齐家治国平天下的目的。家与国的同构化，使得德性之美与城邦之善之间具有了逻辑上的必然性，此所谓：“一家仁，一国兴仁；一家让，一国兴让；一人贪戾，一国作乱，其机如此。此谓一言偾事，一人定国。”朱熹还为德性之美与城邦之善之统一提供了认识论上的证明：“所谓致知在格物者，言欲致吾之知，在即物而穷其理也。盖人心之灵莫不有知，而天下之物莫不有理，惟于理有为穷，故其知有不尽也。是以大学始教，必使学者即凡天下之物，莫不因其已知之理而益穷之，以求至乎其极。至于用力之久，而一旦豁然贯通焉，则众物之表里精粗无不到，而吾心之全体大用无不明矣。此谓格物，此谓知之至也。”[①]格物之“物”既指自然之物，也指人伦之事。一旦体认到事物之理便可通行天下。在儒家那里，由个体善推论出城邦善也并非是一个纯粹的、应然的伦理命题，它同时也是一个实践命题：以家庭为基本单位的伦

①［宋］朱熹：《四书章句集注》，中华书局1983年10月版，第6—7页。

理共同体是中国传统社会赖以存续的基石，而家族、村社和社会则是它的扩展形式。只有在公共生活和私人生活没有界分的境域下，德性之美与城邦之善在认识论和实践论上的贯通才有可能。

2. 从德性之美到城邦之善：理论困境与实践难题

在亚里士多德伦理学和中国儒家伦理学中，从德性之美到城邦之善既是自信、希望，又是某种事实。然而，在市场社会这种自信和事实都变成了困境与难题，只是人们还保持着对执政者的道德希望，希望他们有政德，希望他们把国家治理得好。

（1）理论上的困境。人们总会有这样的疑问：为什么当一个人充当一般人和公民时会拥有善德和公民的品德，而一旦成为政权的拥有者和使用者的时候，这些善德和品德就丢失了呢？于是人们便得出结论说，这些人原本就没有善德和品德。这是一种失之偏颇的判断。一如亚里士多德所言，人只具有接受德性的潜能，而无先天的德性，只是由于经常做好事、善事，他才成为好人。而促使他经常做好事、善事的关键因素是环境，包括日常生活环境和制度环境。另一方面，充当政治家和执政者所需要的实践智慧远比当一个普通人和公民所需要的为多。一个普通人和公民所处理的实践事务通常有三个事项：其一，与自己的欲望有关；其二，与自己出于意愿的选择有关，因自己的行动而成的事物是出于意愿和选择的，因而是可实践的；其三，与既定的机会和财富的分配有关。面对这些机会或财富，行动者既可以占有也可以让渡。占有要符合正当性原则，而让渡则是可嘉奖的，因而是合于最好的德性的实现活动。无论是在私人领域还是在公共领域，普通人或公民可以占有和让渡的机会或财富通常是可以确定其归属的那些。当一个人毫无缘由地占有本不属于自己的且可以确定其归属的机会或财富时，就会受到舆论的谴责，因为这种占有的行为是公开的，可直接确定其性质的。因此，利己的动机及其行为就会被限制在确定的范围内，当下性和直观性是普通人或公民之行动的突出特点。而政治活动和行政行为尽管其所指向的是有关公民之根本利益的分配问题，但这种根本利益在确定其归属之前往往是无人称的，或泛主体的。当执政者借助政治活动（立宪立法活动）和行政行为（通过行使行政职权分配公共物品）对公共利益进行分配时，其当下性和公开性继而其被监督性也就往往弱于普通人和公民的行为，其利用政治和行政这种力量占有无人称或泛主体的利益的可能性就大大增加。尽管我们希望，事实上也确实存在着清正廉洁的执政者，但我们无法保证每个执政者都是具有政德的人。

公共政策决策者的自利性偏好有滥用公共权力的可能。经济人假设作为现代经济学的哲学前提，其合法性和合理性尽管受到来自经济学内部的质疑和伦理学的批判，但它依然是西方主流经济学的基本的逻辑前提。效用价值、边际效用、理性经济人、机会成本、帕累托效率、自由选择、需求排序、自由放任等等已经成为了西方主流形态经济学的关键词。“在微观经济分析中，根据所研究的问题和所要建立的模型的不同需要，假设条件存在着差异。但是，在众多的假设条件中，至少有两个基本的假设条件：第一，合乎理性的人的假设条件。这个条件假设也被称作‘经济人’的假设条件。‘经济人’被视为经济生活中的一般人的抽象，其本性被假设为是利己的。‘经济人’在一切经济活动中的行为都是合乎所谓理性的，即都是以利己为动机，力图以最小的经济代价去追逐和获得自身的最大的经济利益。第二，完全信息的假设条件。这一假设条件的主要含义是指市场上每一个从事经济活动的个体（即买者和卖者）都对有关的经济情况（或经济变量）具有完全的信息。”①经济学假设对政治伦理的启发在于，公共政策的制定者和公共权力的行使者存有以权谋私的伦理动机，倘若体制为这种以权谋私提供制度保障，那么他们会在体制的范围内谋得私利；倘若体制设定了某种制约，他们就会在体制内做体制外的事情，倘若没有惩罚机制，这种破坏体制的以权谋私行为就会大量或长期存在。总之，如果没有体制上的限制，指望一个清正廉洁的官吏就只有靠他们的德性修为了。然而这是一个充满风险的心理企盼。只有相信任何人都有利己的动机才有可能制定防范利己行为的规范，反之，相信官吏都是以民为本

①高鸿业主编：《西方经济学》，中国人民大学出版社 2000 年 4 月版，第 22—23 页。

的决策者、管理者和执行者，就不会有健全的规范体系。

（2）实践上的难题。理论上，在规范、德性与行动之间，其内在的逻辑关系是清楚明了的，但在实践上，其内在的逻辑必然性却变成了问题。一个经常性的误区在于，人们把理论推理等同于实践推理。当人们站在普通人或公民的立场上看待和对待执政者的行动时，总是把理论上的推理当成执政者的实践推理。在普通人和公民看来，一个执政者知道该怎么做，且有足够的能力这样做，那他一定会按照人们所期盼的逻辑去做。然而事实上，一些执政者恰恰没有这样做。何以至此呢？原因在于，普通人和公民在进行理论推理时，通常是把通过政治活动和行政行为为己谋得私利的动机排除在外了，同时也把利己行动的可能性空间（体制上的缺陷和监督上的缺失）排除在外了。在理论上向着有利于普通人和公民进行推理和在实践上向着有利于执政者进行推理之间有着本质区别，这就是问题的根本。康德的主体论的道德哲学把道德可能性的全部基础立于行动者的自律之上，从而保证了行动的必然性。责任是出于对先天法则的敬重而产生的行为必然性，而行动者的善良意志和实践理性保证了这种必然性。看上去，这是一个最为可靠的承诺，然而事实上却是一个最为脆弱的承诺。

（3）现实的道路：个体德性与集体行动的逻辑。亚里士多德和康德的伦理学更适合于个体基于意愿之上的实践目的的选择，但把德性与善良意志运用于集体行动的时候，境况会是怎样的呢？我们并不排除拥有和行使政治权力和行政权力的个人拥有德性和善良意志，但我们根本无法保证由这些个人所组成的集团也拥有德性，从而作出正确决策，并在理性上是反思的，能够对他们的行动提供出正当性基础的说明来。个体的实践理性可以帮助个体作出正确的选择，由个体组成的权利集团也同样拥有实践理性吗？即便拥有，它能够作出正当选择吗？在当下，不是伦理学该不该研究政治伦理，而是政治伦理如何进入伦理学的问题。个体与集体依据实践理性所处理的是完全不同的事务：个体处理的是如何获得使人幸福的条件从而真正获得幸福的问题；集体所处理的是作为生活之基础的财富问题，是如何分割和分配财富，这种分割和分配与幸福无必然关联。于是，在伦理学的视野内，权力集团之采取集体行动的逻辑在哪里呢？黑格尔说：“国家是伦理理念的现实——是作为显示出来的、自知的实体性意志的伦理精神，这种伦理精神思考自身和知道自身，并完成它所知道的，而且只是完成它所知道的。”[①]那么如何保证权力集团知道国家的伦理精神并把这种精神实现出来呢?

在实现由德性之美到城邦之善的道路上，公共理性和公共精神的培育和正义制度的设计是至关重要的两个方面。公共理性与公共精神是民主社会的价值诉求，尽管传统社会也普遍存在集体行动和共同的善，但集体行动的逻辑和共同的善通常与公民的意愿和选择无紧密关系。当人们普遍地以公民身份参与集体行动、创造共同的善并分享共同的善的时候，就会要求一种不同于传统社会的知识与德性，这就是公共理性与公共精神。在真正的公民社会，每个个人、家庭、社团以及政府作为合理的、理性的行为体，都有明确表达其意愿、计划以及相应地作出决策的机会和方式，这是一种知识、品德，也是一种能力。“它是一种知识和道德权力，扎根于人类成员的能力之中。”[②]公共理性既是公民社会的内容之一，也是它的重要特征：是公民，亦即那些分享平等公民权地位的人的理性，进言之，是一个人以公民身份分享公民权时所要求的理性（知识、品德和能力）；公共理性的目标是共同的善：正义的政治概念所要求的社会的基本制度结构，以及他们所服务的目的和目标。公共理性所指向的对象与所有公民有关，在三个方面体现着公共性：“作为公民的理性，它是公众的理性；它的目标的共同的善和基本正义问题；它的性质和内容是公共的，因为它是由社会的政治正义概念所赋予的理想和原则，并且对于那种以此为基础的观点持开放态度。”[③]当公民拥有并运用公共理性时，其行动逻辑是：出于个人权力要求但不止于这种权力，而是追求共同的善；面对共同的分享应遵守共同的价值原则。公共理性不应只为公民所有，执政者更应当有超出公民水平之上的公共理性能力和公共精神。公共理性与公共精神是执政者不

①黑格尔：《法哲学原理》，范扬、张企泰译，商务印书馆 1979 年版，第 253 页。

② [美]罗尔斯：《公共理性的观念》，见詹姆斯·博曼主编：《协商民主：论理性与政治》，陈家刚等译，中央编译出版社 2006 年 9 月版，第 68 页。

③同上，第 69 页。

同于其作为普通人和公民所应具备的品德，它们会在三个关键的方面发挥作用。其一，作为执政者之人格结构的重要元素，公共理性和公共精神会把利己打算排除在政治活动和行政行为之外，而把提供最大的公共的善或共同的善作为根本目标；其二，在由执政者构成的精英集团进行立法和决策时纠正那些利己行为；其三，在决策或分配公共资源时，能够将公共理性和公共精神转变成可实践的伦理艺术，即进行公共善的排序，是考虑少数精英者的需求，还是顾及大多数人的意愿和利益，这一点在分配公共善的问题上显得尤为重要。公共理性和公共精神在治理社会时之所以显得重要，是因为它们以自律的方式发挥作用，在康德看来，只有自律的行动才有道德必然性。

无论对执政者还是对一般公民来说，实现城邦之善所需要的伦理基础都不同于在与政治无关或无直接联系的领域所要求的德性。这种德性只有在反复进行的公共生活的实践中才能形成。转型中国会在伟大的改革实践中形成这种德性并践行这种德性。

（原载《学术研究》2012年第1期）

论作为整体伦理之危机

阅读提示： 任一种社会都会存在伦理道德上的问题，而由市场化社会所引发的伦理道德危机却不是局部的，而是整体的、根本的，是拔根式的。这不仅仅是一种直觉，更是一种深刻的生活体验。这种真实的深度体验指示给人们的是，无论是德性、德行，还是幸福或一种好生活都显得那么艰难。作为整体伦理的拔根使这个有着几千年伦理传统的民族陷于风险境地。由现代性所引发的道德危机表现在诸多方面，但我们不可拘泥于个别的道德现象而就事论事，以致不得整体要领。立足于拔根事实而指向于扎根愿景才是伦理学研究的理论旨趣。

作为整体概念的伦理

人类社会虽然始终在变，但并不总是发生根本性的改变，人类始终要在变与不变之间找到一种历史的结合。只有在最低限度的秩序内，社会的运行和社会变革才有可能，也才有意义。所谓最低限度的秩序乃指社会的基本结构和伦理价值体系。社会的基本结构呈现为经济、政治和文化三种元素之间相互关联和相互作用的方式，其间既不能合并为一，也不能各自为政，它们分别为社会提供着三种相对有别的价值：生活资料、秩序保障和意义支撑，与三种价值相对应的是三种价值原则：效率、正义、自由和幸福。为着能够最大化地创造社会基本价值，遵循社会基本价值原则，人们或自发形成、或由权威者供给、或通过民主讨论给出供人人遵守的游戏规则，包括：习惯、惯例、风俗、禁忌；规章、条例、守则、法律；意识形态。人们通常把游戏规则中人们约定俗成的，关涉自我责任、主体间责任、完全责任和不完全责任，通过内心信念和社会舆论发挥作用的部分称为伦理道德。约而言之，除去那些物的要素，社会秩序实质上就是人们的行动结构和观念结构，在这些结构中，有些是被鼓励的，有些是被要求的，有些是被禁止的。它们通常以“应当”的形式被表达出来，形成道德劝谕、戒命、律令，等等。这些以应当形式表现出来的道德命令，要么是关乎资源与机会之分配的，要么是鼓励、约束人的观念与行为的。

在一个相对稳定且和谐的社会里，通常都有一个相对完整的伦理价值体系，它们可以被看作是作为整体概念的伦理，这个作为整体概念的伦理有时也被称为“伦理范型”。作为整体概念的伦理有理论的和实践的两种形态：理论形态的整体伦理是思想家构建出来的由基本概念或范畴组成、中介于内在的逻辑关系而成的理论体系；实践形态的整体伦理是人们在长期的学习、工作、交往和生活中形成的观念、规范和行动体系。

理论形态的整体伦理乃是由思想家构造的有关伦理道德的“理念型”。人文思想家和社会科学家都可能拥有自己的“理念型”，但后者的“理念型”通常只是一种概念工具，它基于特定的观点，由杂多的现实里抽离出某些特征，整理成逻辑一致的“思想秩序”，反过来可以作为衡量现实的制度。而自韦伯以来，社会科学家已不满足于对“法则性知识”的建构，还致力于“表意性知识”的追寻，以便对人的行动进行“意义妥当性”的理解和“因果妥当性”的解释。而对伦理学家来说，其“理念型”则明显地拥有“意义妥当性”的理解和“因果妥当性”的解释两个元素，抑或是说事实性陈述和规范性陈述的有机结合。亚里士多德、康德、儒家伦理莫不如此。这些“理念型”的整体伦理具有自身的逻辑一致性，具有自洽性，是自足的、完备的理论体系，它成功地把价值逻辑与事实逻辑结合起来，亦因此，这种自足而完备的整体伦理极具迷惑性，以致很多人把它们当成了道德事实。许多后学，总以为雅典城邦的公民都像亚里士多德所描述的那样，既有理智的德性又具有道德的德性，既有明智和自制，又有合于德性的实现活动即幸福。也总以为，先民们都像儒家所呈现的那样，志于道、居于德，遵循着三纲五常，通过格物致知的工夫，以推究外物之理，以格心中之欲，通过修身、正心、诚意，以求明明德、亲民、止于至善，中介于为人君止于仁、为人臣止于敬、为人父止于慈、为人子止于孝、与人交止于信，最后实现齐家、治国、平天下的目的。然而事实上，在任何一种场景下都不曾出现与思想家供给的“伦理范型”完全符合的道德景象，出现的只是充满了缺陷、非完满的、未完成的道德事实。理想性是“理念型”整体伦理的根本特征，它部分地指向于道德事实，但更多是面向未来，是关于“应当”的逻辑体系。不过，它们也不完全是空中楼阁式的“理想世界”，也会通过向上和向下的方式发挥它们的效力：批判、规范和导向。向上的方式是将伦理学家的伦理观政治化或制度化；向下的方式是将伦理观日常生活化，变成人们的日常道德意识和道德意义，从而成为道德事实。在这个意义上，儒家伦理乃一种真正的关于实践的学问，是一种教化哲学。作为一种道德事实，中国传统社会中的整体伦理，有若干道德核心词、核心命题，它们多半都是从思想家那里转化而来的。

实践形态的整体伦理尽管包含着思想家所言说和倡导的伦理元素，但它毕竟属于大众的道德理性知识和道德生活实践。这种道德理性知识以日常道德语言为表达和交流手段，以基本的道德范畴和命题为内容，以被鼓励的、被要求的和被禁止的命令式为规范形式，以内心道德情感和外在的道德舆论为实现方式。道德生活实践表现为一种可描述、可评价的道德事实。这种道德事实并非人们预先准备好的伦理范型，而是人们在反复进行的生产、交往和生活实践中建构起来的诸种观念、规范和行动，其深厚基础乃是人们的活动结构和关系结构，以及由此构成的利益结构，简称为社会结构。而基于社会结构基础上的整体伦理一经生成便又维系着、强化着社会结构。

实践形态的整体伦理作为一种道德事实，乃一复杂系统。从是谁的伦理或道德角度看，就有三种主体：个体、组织和国家。从道德主体看，最为原初的主体乃是个体，至于其他主体如家庭、企业、国家，等等，都是个体的扩展形式和组合形式，把它们视为道德主体乃是由于它们遵循的是集体行动的逻辑。于是，作为实践形态之整体伦理就集中表现为每个道德主体自身的内在统一性，以及不同道德主体之间的相互关联性。而无论是哪一个主体，其伦理道德均涉及两个方面：内在价值和行为正当性。所谓内在价值指的是，把什么视为最值得追求的东西，即什么是最高的善，其自身就值得追求而不为别物。而行为正当性是指行动主体为着追求自身的利益而采取的行为合理性而言。从要求的角度看，内在价值和正当性就是内心声音和他者要求。

对于个体而言，作为整体概念的伦理乃指事实与价值。所谓事实，系指具有内在统一性的个体伦理是行动者与行动的统一、德性与规范的统一，以及德性与幸福的统一。所谓价值，系指具有内在统一性的个体伦理对个体和社会都是积极向上的，具有不可多得的意义。个体是否具有整体概念的伦理至关重要，由无德之人组成的社会一定是一个无序的社会，但由有德之人组成的社会也未必就是一个良序的社会。在德性之美与城邦之善之间，德性之美具有优先性。作为整体概念的伦理表现在个体那里应表述为个体的整体德性或整体道德。德者，得也，得事宜也。内得于己者，道也，使身心互得其益，谓之德性；外得于人者，善也，使众人各得其益，谓之德行。用现代语言来说，个体的整体德性表现为健康人格、心性修为和能力系统。健康人格表现为信、知、情、意。道德信仰或信念，是对最高德性境界的仰慕与确信；道德认知，即健全的道德理性，可称为实践理性，其形式来源于先天的知性范畴，其质料来源于后天的实践活动。实践理性作为一种能力充分体现在道德认知、道德判断、道德推理和道德选择中。只有对道德事实和道德原则与规范进行确认才能对它们进行善恶判断，继而对可能的道德行动所产生的伦理意义进行逻辑推论，最后解决该与不该做的问题。道德情感乃是一种基于日常生活中的道德体验而养成的对“先天实践法则”的尊重而对道德行动所采取的心理倾向性。在这个问题上，康德严格区分了绝对命令和相对命令：只为先天法则的和为着法则以外的目的，或可陈述为不求回报和追求回报的。在康德看来，只有单纯为先天法则而选择的行为才具有道德价值，否则便没有。这是一种高级的情感，或可称为无情之情。康德这种贬抑伴随经验情感而作出的道德行动之道德价值的观点，让人颇感不解或费解，也为多半世人不能接受。而且康德认为，伴随着同情之心、怜悯之心、愧疚之心的道德行动是容易做出的，反之，单纯为着责任而责任的行为是困难的。在情理相间且多半是情的逻辑优先的伦理环境下，这种观点更不容易被理解和接受。意，可视为意志，也可看作动机。在康德那里，意志概念是其道德哲学中的基础性概念，可分为一般意志和特殊意志，特殊意志便是善良意志。只有动机是善良的，进言之，只为先天法则而作出的行动才是道德的。健康人格乃是信、知、情、意四个层次的有机统一，缺少其中的任何一个层次，个体的整体德性要么有缺陷要么不完整。

个体的心性修为构成个体整体德性中的品质部分。亚里士多德就曾经用品质来定义德性：使行动者生活得好并使其出色地完成其活动的优良品质。他把德性分成理智的德性和道德的德性，前者因教导而成，后者因习惯而成，因此道德的德性乃是实践问题，是行动者因其行动而成的事情，是在反复进行的活动中形成的良好习惯，继而积累为优良品质。德性既不出于自然也不反乎自然。个体只先天具有接受教化从而形成优良品质的潜质，但不先天具有德性本身。性善与性恶之争实质上是从相反的方面承诺了人之接受教化和抗拒教化的倾向性，除去那些其生物基因中先天不具备被教化的倾向的人之外，绝大部分人都同时存在向善与趋恶的可能性，问题的关键是，何种社会设置或何种社会类型使人求真、向善、趋美呢？家庭、学校和社会怎样塑造个体，个体就会怎样构造社会。个体的心性修为构成个体之整体德性的品质基础。

德性本质上是实践问题，人是经常做好事才成为好人的，而不是因为好人才做好事。一个人，无论具有怎样丰富的道德理性知识，也无论具有怎样纯洁的善良意志，若没有内得于己、外得于人的行动，都是虚无。道德行动乃是信、知、情、意的综合运用，是知与行的有机结合，是在具体的道德语境下，行动者对道德事实的甄别、判断、推理、抉择、行动，是在多种可能性中选定最有价值的那种可能性。

但作为整体概念的伦理绝不仅限于单个个体的整体德性，尽管它是原初的和基本的，更在于社会、组织和政府的伦理道德状况[①]。作为统摄诸多伦理主体之微观整体伦理在内的最高层次的整体伦理，乃指整个社会的伦理道德状况而言。在这个意义上，可能有三种状态：完全无序，已无整体伦理可言，如战争、内乱，德性已完全被权力、武力和暴力所代替；有序但却充满冲突的伦理状况，有整体伦理，但不断冲突、分化、组合；有典型的伦理范型，诸多道德主体间有可公度的核心价值观，此种类型的整体伦理尽管充满理想的成分，但在人类历史上确已出现过。历史可以选择多条路，但历史却只能走一条路。对我们有现实意义的，不是去怀念那久已逝去曾经辉煌的“整体伦理”，因为它们已不可复制，也不会再现，我们也不能迷失于战争与内乱这种摧残人性的状态，因为它不是正常的社会状态，我们应着力的是有序却充满冲突的整体伦理类型，这种类型不仅是我们生存于其中的现实，且在较长时期内依然是我们不可逃避的事情。

整体伦理危机之诸种表现

没有无伦理问题的社会，也没有无社会基础的伦理，因为社会以何种方式运行便要求着同时也生成着何种形式的伦理范型，而任何伦理范型也只有植根于社会的土壤之中才有生命力。被麦金太尔视为西方文化中经典伦理范型的希腊雅典伦理，曾一度成为人们赞美、模仿、践行的蓝本，甚至成为不许有任何质疑的艺术品。诚然，希腊雅典为西方后来的发展提供了“希腊精神”：自由、民主、理性、创新，等等。但公元前四五世纪的雅典依然是一个生活空间较小、生产和贸易不甚发达，且战争不断的手工业商业城市。在这样一个合法界定的城邦伦理共同体中，人们是依照熟人社会的方式处理各种关系的，柏拉图倡导的四主德乃是植根于雅典城邦现实土壤之上的。当生产的高度、交往的深度、贸易的广度已远远打破雅典

①由论题的完整性决定，在此理应对组织、政府、社会的整体伦理作一微观研究，最后再现最高层次的整体伦理，但鉴于篇幅，决定把对这些问题的讨论结合到下面“整体伦理之诸种表现危机”部分。

城邦的有限空间时，其伦理范型还会通行有效吗？回答是否定的。随之而来的则是世界范围内的整体伦理变迁，而整体伦理危机正是这种变迁的产物。

任何时代都有不同于其他时代的道德关键词和道德话语，正是这些范畴和话语才使不同时代的人们有了鲜明的伦理特征。我们把道德原则、规范、范畴、话语由一种类型向另一种类型的转变称为道德或伦理变迁。广义的伦理变迁指任何一种伦理道德结构的变迁，包括体制内的以及不同体制之间的；而狭义的伦理变迁则指人们在形式与内容上所推动的基础的、根本的、全局的伦理变迁，这便是我们正在集中讨论的整体伦理变迁和整体伦理危机。这种变迁和危机不是局部的、细节的，而是根本的和全局的。依照历史的逻辑，人类总是欲寻相对为好的社会结构、运行模式和更好的生活，但历史总是走着属于它自己的路，美德的丢失与重建是同一过程的两个方面，关键的问题是，人们是否找到了一个相对为好的结合方式。

1．现代性的整体图景：整体伦理危机之根源

现代社会之不同于传统社会的一个重要方面，便是全面的向外方式。当人类认知和改造自然（人类之外的自然，自然的自然）的能力极为有限的时候，人类便把主要精力投放在了对自身精神世界的改造上，创造了光辉灿烂的文化，包括深厚的伦理文化。这些伦理文化大都完整而系统，如雅典城邦伦理、中国儒家伦理。任何整体伦理类型都有明确的伦理原则、系统的道德规范、明晰的范畴体系。更为重要的是，整体伦理在其效力所及的范围内，具有可公度性，是被反复交往的人们所共同确认和确证的，具有普遍有效性。雅典城邦伦理尽管是基于手工业和商业之上的，但在都是有限交往范围内的熟人社会这一点上，与中国儒家伦理则是相同的。在一个以差序格局为基本格调的熟人社会，人们通常是在同质意志支配下，依照情的运行逻辑处理家庭、家族、村社乃至国人和君臣关系的。在这种伦理共同体中，百善德为先。德性具有本体论意义，以德配福，德福相依。人对人的关心胜于对物的兴趣。当利益与德性发生冲突的时候，德性必先之。在亚里士多德的德性结构中，道德的德性优先于理智的德性。在德性的生成方式上，传统社会乃是典型的向内：为仁由己，而由人乎哉？自天子以至庶人，皆以修身为本。在这个浓浓的伦理共同体中，每个成员的心灵都是充实的，它深深植根于牢固的人际关系中，而像爱、公正、正义、真理、友爱、友谊这样的最高价值又深深地植根心灵土壤之中。

肇始于15世纪下半夜、成熟于18世纪下半夜的工业社会、市场社会或现代社会，从根本上颠覆了传统社会，资本的运行逻辑使得人们在思维方式、伦理观、道德评价、道德体验、道德推理的诸多方面不同于传统社会。毋庸置疑，市场社会以来，人类社会进入了一个相对富裕的社会，但完全向外的改造方式，人类并没有随着物质财富的积累而使人的精神世界得到提升，相反，却使心灵无落根之处，全面的拔根状态，使得德性成了无源之水、无本之木。幸福感指数下降，人们创造了使人幸福的前提却没有创造幸福本身；德性之本体论地位的丧失，使生活失去了德性的根基。我们便把被颠倒了或本末倒置的德性结构称之为整体伦理危机，它既表现于个体的心灵失序之中，又表现于社会伦理的无序之中。

2．拔根：心灵失序及其伦理后果

任何社会的进步最终都必须转换成人的生活的改善和心智力量的提升。然而市场社会以来，人的心灵似乎日益处于失序状态。广义的心灵与灵魂概念相同，狭义的心灵乃指灵魂中的一个重要部分。由整体伦理危机这一主题所决定，我们将讨论广义的心灵，即灵魂及其失序问题。[①]人的灵魂结构及其构成部分，不因社会结构的不同而不同，但却因不同的社会结构而有不同的组合方式。在一个反求诸己的伦理环境下，理智的力量远远强于欲望的力量，在道德德性的规约下，欲望的广度、强度和力度，都会

①亚里士多德在《论灵魂》、《大伦理学》、《尼各马可伦理学》中分别研究过灵魂和心灵问题。依照我的理解，灵魂有两个模型：生长、感情、理智；欲望、情感、理智。前一模型是就一切有生命物而言的：生长和养育为一切生命物所共有；情感则为动物所具有，而理智则为人所特有。后一种模型主要用于分析人的灵魂结构中德性的归属问题，德性属于理智部分。

被限制在合理的范围内。在一个反复进行交往甚至重复进行交往的熟人社会，伦理的约束远远强于物质欲望的激发与满足。这是一种悖论：在一个处处充满了伦理约束的社会空间内，个体的自主性和创造性无疑受到了极大的限制，但却在种种严厉甚至苛刻的约束下，受到了保护、呵护，类似于吉登斯那样的“本体性安全”萦绕在生活的各个角落。每个个体的灵魂似乎都是安宁的，有根基的，心灵深深扎根于日常交往中和根深蒂固的社会关系中。

市场社会以来，一种全面的向外运动，使得一种全民式的改造自然活动在世界范围内展开，它几乎耗费了人的全部精力，在身体之善、外在之善和灵魂之善之间，灵魂之善的修为已经不那么重要了，重要的是如何获得稀缺的财富、权力和荣誉。一种浓浓的商业气息侵蚀了人的灵魂，一切植根于心灵之上的价值被连根拔起，德性，一种本体价值也逐渐被手段化、工具化，它愈益承担不起安慰或呵护心灵的重任，人不再顶天立地。当人不再脚踏实地，而是飘摇半空中时，终极价值、终极关怀、终极体验，渐行渐远。人的这样一种处境、一种心境，使得整体伦理的危机从人的心灵深出慢慢扩展开来，随之而来的则是各个细节的危机。

道德叙事的消失是个体之整体伦理危机的第一种表现。道德故事、叙事者和叙事语境是道德叙事的三个要素。没有故事的时代是可悲的，没有道德故事的时代是可怕的。道德故事是那些真实的或虚构的有人物、有情节、有结局的故去的事情。任何一种道德故事都有引人入胜的功效，它通过叙事者或平易、或激动、或愤怒、或惋惜的表情，借助近乎文学或戏剧性的语言，向倾听者表达做事的规则、做人的道理。倾听者在其纯洁的心灵深处被植入善良的种子，一有阳光和水分，善的种子便会发芽、成长。茁壮成长起来的孩童又把同样的道德故事讲给新的孩童们听。而在被讲述的道德故事中，叙事者不只是那些言说者，还包括身边的实践者。长辈们、父辈们，通过他们日常的做人做事，不断供给着新的道德故事。故事的创造者们用无声的语言，向晚辈或弟子讲述着更具感染力的道德故事。随着时光的逝去，故事的现实背景模糊了，但故事的关键情节及其折射出来的道理却始终没有磨掉其熠熠的光辉。而今，没有故事更没有道德故事，有的只是事件或事故。人们不是如何通过做人去做事，更不是通过做事体现做人，相反，人们是为了追求那些外在之善同时也是为了越来越膨胀的物质欲望才考虑到如何做人的问题。未成年人，在其成人之前所能接触到的已不再是基于家庭、家族和村社伦理之上的道德教化，而是现代媒体以及现代气息熏染下的表现、张扬、消费、表达、炫耀。无论是在日常生活中还是在媒体上都看不到、听不到、体会不到道德故事。对榜样的力量不再确信而是怀疑，对道德榜样不是学而时习之，而是嘲笑、讽刺，认为那不是人之灵，而是秀之物。

在一个没有道德故事的环境下成长起来的人，便没有深刻的道德体验。道德体验是德性的重要元素，它是一种经历，是一种曾经的具有善恶性质的感悟过程。既可以是通过道德故事而完成的想象的感悟过程，也可以是现实的，事后依然历历在目的经历，它会伴随人的一生，在人幼小的心灵深处扎下根，它们成了人们进行道德推理、道德判断、道德选择和道德反思的关键因素，吾日三省吾身：与人谋而不忠乎，与朋友交而不信乎？道德体验既是知识、又是情感，更是意志。道德体验本质上是实践的，从反复进行的道德实践中来，又在反复进行的道德实践中实现和升华。而在现代性语境下，自由与民主精神的家庭化，基于差序格局之上的孝慈结构基本被颠覆，人口政策导致大量独生子女产生，他们失去了很多尽孝的语境和机会，内心德性世界的简单化，使他们不能想象和体会父母的艰辛，感恩的意识培养不起来。与道德体验密切相关的便是道德情感问题。一如康德所言，基于情感之上的行动是容易的，而纯粹出于责任的行动才是最为困难的。而在以情为基本运行逻辑的生活共同体中，若是缺失了情感，任何道德行动似乎都是困难的。情感是一个人对外界刺激所产生的肯定、否定的反应，以及对这种反应的体验。而道德情感则是行动者在进行道德评价以及道德选择时所具有的心理倾向性，它表现为意愿和体验两个方面。意愿是一种发自内心的道德力量，它促发着行动者去积极地评价一个道德事实，并表达自己的善恶取向，推动着行动者努力地作出道德选择并付诸实践。体验则是面对他者的道德行为和自己的道德行动所产生的具有善恶性质的经历。当人们对其所遇见的和所经历的道德事实不再有积极的心理倾向性和强烈的意愿时，道德冷漠就会产生。道德冷漠是市场社会一种虽不普遍但却令人担忧的道德现象，它突出表现为对其所视、所听、所经历的道德现象的熟视无睹和毫无兴趣，似乎这些事件与他的利益毫无关系，道德敏感性的降低使得道德的力量不再通过社会舆论和内在良心而发挥作用，一种没有底线的道德宽容充斥于生活的各个方面。内得于己、外得于人的德性处于拔根状态。道德冷漠和无原则的道德宽容纵容了大量违法和违背道德规范的现象得以滋生和蔓延，相反，道德榜样非但不被崇敬和效仿，反成被怀疑和讥笑的对象，在道德作秀和道德榜样之间，人们已经模糊了它们的界限。道德作秀是借助道德的假象行逐利之实，作秀者并非真的愿意内得于己、外得于人，而是假借“道德榜样”沽名钓誉，道德欺骗集中表现于政治、经济和娱乐领域。真正的道德榜样乃是那种充满深沉道德感的行动，其内在精神乃是一个诚字，诚者，天也，诚之者，人也。道德榜样之被视为榜样，乃因为行者与视者均有神圣感和崇敬感渗透其中。而在今日的社会生活中，原本真诚的道德榜样却被广大的视者视为假，相反，许多道德作秀却被视者视为真。

德性之本体地位的隐匿甚至消失，使得充满熠熠光辉的德性、德行被功利化、工具化。最为深刻的变化是，德性的工具化发生于道德推理之中。道德推理属于价值推理中的高级部分，原本是有关观念和行动之合于道德规范或有关行为之正当性的判断。道德推理属于日常道德理性知识的范畴，推理者须具备基本的善恶知识，能对道德语境作出正确的甄别，把具有道德性的事实梳理出来，通过可公度的道德范畴，借助人人能够理解的道德语言，对自己或他人之观念和行为之道德性作出或称誉、或谴责的判断。道德推理所陈述的既是一种道德事实，又是判断者之道德立场的表达。道德推理既有科学推理的性质，更具价值推理的特征，是关于“是”的，更是关于“应当”的。在反复进行的生活实践中，道德推理愈来愈被简化为一种范畴、规范和语言的娴熟的综合运用，即道德直觉。健康形态的道德推理乃是人们进行道德评价和道德选择的直接前提，其直接目的是称誉、肯定和谴责，亦即扬善抑恶。向他者而作出的道德推理会形成社会舆论，成为监督和批判的道德力量；向自身而作出的道德推理会形成强烈的“内在良心”的声音。故健康形态的道德推理乃以正当性为第一原则。

而在全面朝向外部世界的市场社会，财富的创造与享用已成为第一原则，尽管健康形态的道德推理依然有其存在的理由，也有其存在方式，但人们愈来愈倾向于把道德推理视为使自己获得最大利益的一种手段或一个环节。在道德推理基础上作出道德选择不是为着倾听内心的声音和他者的声音，以尽职尽责，而是通过道德行为的方式追求回报。道德似乎已成为资本的一个要素，有人称之为道德资本。在社会学上，道德被视为社会资本的一个重要元素。企业童叟无欺并非是真诚地履行道德责任，而是通过履行道德责任获取更多的收益；道德推理不再是向上的扬善抑恶，而是寻找道德的底线，甚至试图行走在道德的边缘道上。道德推理在价值取向上的这种转变，使得德性愈来愈成为他者的声音，若他者不再向自己表达道德呼声，行动者已很难自愿地、积极地履行诸种义务。曾经是严于律己、宽以待人，逐渐变成了严于律他、宽以待己。总之，道德拔根现象乃是现代整体伦理之危机最为深刻的方面。

3．内外冲突的伦理环境

伦理环境是人们生存于其中的现实文化环境，是由人们的观念和行动、组织的价值观、制度和行动构成的。它有应然和实然两个向度，而冲突的伦理环境就发生在这两个向度之间。作为应然的伦理环境乃是由人的心灵深处生发出来的道德声音，它以内在的良心和外在的舆论呈现出来，这是人类最为重要也是最为宝贵的道德源泉，我们可以称它为丰富的单纯，是不曾泯灭的善良意志。若是没有这个丰富的单纯，那整个人类必将走向毁灭。与这个潜存着的道德声音不同的，是由政治精英集团所明确提出的道德要求，这种要求既可以对广大民众有效，也可以对精英有效。客观地说，在任何一种社会环境下，应然的道德声音都不可能完全变成道德事实，总有反乎道德声音的观念、价值观、制度和行动。而在整体伦理危机的境遇下，应然的道德声音与实然的道德事实之冲突已经达到极为明显的程度。这种冲突突出地表现在两个群体内部的知行不一上。第一，精英集团。就类型说，精英可有政治精英、经济精英、社会精英和文化精英，它们虽然都掌握着各自的权威性资源，产生着不同的社会影响，但在道德的意义上，只有政治精英才能垄断制造道德意识形态的话语权力，因为它们掌握着庞大的现代传播体系，它们以口号、语录等形式，动员全体公民，经自身的努力，成为有德之民、有功之人。照理，政治精英集团制定了对所有人都有效的道德意识形态，那其自身理当优先遵守。然而事实上，首先破坏其道德宣言的恰恰是制定者本身。这种知行不一已是很严重、很普遍了，在道德宣言上是先人后己，而在占有和享用上却是先己后人。由此导致的最为严重的后果是道德权威的丧失和道德意识形态的失效。一旦政治精英集团失去道德威信，其社会治理的合法性和正当性必受到怀疑，更为严重的是使伦理生态受到严重破坏，上行下效，腐败已渗透到各个行政领域，社会有机体在病态中行进，如不及时根治，必使社会有机体濒于崩溃。政治精英集团若欲卓有成效地治理社会，须先严谨严肃地治理自身。由有德之人构成的政治精英集团不一定把社会治理得好，但由无德之人构成的政治集团一定不能治理好社会，德性之美与城邦之善之间不是必然关系而是或然关系，两种善之间能否通约，取决于政治精英集团的智慧和德性。[①]第二，成人集团。任一社会的人群基本上都是由未成年人、成年人和老人组成。而在德性的教化上通常都是向下的方式。在传统社会，老人群体既是智慧的象征，又是道德的榜样。而在市场社会，社会治理基本上不再依靠经验、故事和叙事，而是靠着理性、科学技术。而在三个人群中，未成年人和老年人在掌握且充分运用理性和科学技术方面均弱于中青年人，因此，中青年人通常也就垄断了教化的权力。他们不但通过理性将他们认为具有普遍有效性的原则和规范诉诸文字，而且以舆论的形式表达他们的好恶。倘若他们是其所倡导的原则与规范的先行者，那他们一定是知行合一者，从而成为道德榜样。然而，大量数据表明，最容易不守原则和规范的恰恰是成人群体。他们向未成年人提出的是最高的道德标准，而自己践行的却是最低标准，甚至没有标准。当现代媒体把拥有各

①关于德性之美与城邦之善之间的关系，参见本书《从德性之美到城邦之善——两种善的逻辑及其通约关系》一文。

种话语权力的成人群体之各种违法乱纪行为公布于众的时候，未成年人和老年人不再相信他们的倡导和他们的承诺。当政治精英集团的言行不一与成人人群的知行不一结合在一起的时候，一种类型化、普遍化的伦理环境也就构成了。这种外在冲突的伦理环境，终将导致三种更为深刻的道德分离：德性与规范的分离、德性与幸福的分离、行动者与行动的分离。

以此观之，当下伦理道德之危机，已不是局部的、个别的、表面的危机，而是作为整体伦理的危机。这种危机是基础性的、根本性的和全局性的，解决危机的根本道路乃在于道德观念、道德规范和道德行动的重建，而重建的主体依然是权威者集团和成人人群，只有他们成为先觉者同时又是先行者，一种新型的伦理整体才能建设起来。

扎根：重建心灵之序

从复杂性说，整体伦理的重建问题绝非一个人、一个人群、一个层次、一个方面、一个环节的重建，而是一种新型的伦理范型的建设。人类构造了怎样的社会结构和社会运转方式也就构造了怎样的伦理范型。但伦理范型只是世界之序，它必须植根于人的心灵之上，只有建立起与市场社会相匹配的心灵之序，一种维系社会正常运转的伦理范型才能被构造出来。那么在重建整体伦理的道路上，何种环节在逻辑上优先呢？毫无疑问，任何时候，导致社会结构变迁的一定是人的因素，但绝不是所有人的因素，而是那些引领社会前行和后来掌握社会权威资源的人的因素，因此只有他们拥有德性且充分发挥他们的优良品质，一种积极向上的整体伦理才能被构造出来。但我们不能优先讨论他们的德性如何可能的问题，而是要预先讨论人们面临着怎样的社会结构，这种结构对人们意味着什么。心灵之序是构造新型整体伦理的逻辑起点，社会结构则是构造整体伦理的现实起点。

1．从共同体到社会

德国社会学家滕尼斯在《共同体与社会》一书中，严格区分了共同体与社会的边界，涂尔干和黑格尔也都严格地分别了家庭与其他社会组织的关系。而这些同样的理论为何没有在中国的学术界出现，原因只有一个，我们尚未进入成熟的家庭与社会二分的社会状态。中国传统社会的家—国同构论，使得私人生活领域和公共生活领域没有了分别。家庭、家族、村社等诸多共同体伦理成功地被放大到了社会乃至国家。以儒家伦理为基本色调的传统社会，本质上是一个由差序格局构成的等级社会，它靠着理论上的自信和制度上的安排，从根本上保证了德性之美与城邦之善之间的内在统一。理论上的自信充分表现在儒家经典《大学》中。“大学之道，在明明德，在亲民，在止于至善。”朱熹说，此三者乃《大学》之纲领。“明明德”为根本途径，“亲民”为直接目标，“止于至善”为终极目的。而“古之欲明明德于天下者”，必要解决八个条目的关系：平天下、治国、齐家、修身、正心、诚意、致知、格物。而自天子以至于庶人，皆以修身为本。通过格物致知、诚意正心、修身自为，以达到齐家治国平天下的目的。家与国的同构化，使得德性之美与城邦之善之间具有了逻辑上必然性，此所谓：“一家仁，一国兴仁；一家让，一国兴让；一人贪戾，一国作乱；其机如此。此谓一言偾事，一人定国。”朱熹还为德性之美与城邦之善之统一提供了认识论上的证明：“所谓致知在格物者，言欲致吾之知，在即物而穷其理也。盖人心之灵莫不有知，而天下之物莫不有理，惟于理有未穷，故其知有不尽也。是以大学始教，必使学者即凡天下之物，莫不因其已知之理而益穷之，以求至乎其极。至于用力之久，而一旦豁然贯通焉，则众物之表里精粗无不到，而吾心之全体大用无不明矣。此谓格物，此谓知之至也。”[①]格物之“物”既指自然之物，也指人伦之事，一旦体认到事物之理便可通行天下。在儒家那里，由个体善推论出城邦善也并非是一个纯粹的、应然的伦理命题，它同时也是一个实践命题：以家

①［宋］朱熹：《四书章句集注》，中华书局 1983 年 10 月版，第 6—7 页。

庭为基本单位的伦理共同体是中国传统社会赖以存续的基石，而家族、村社和社会则是它的扩展形式。只有在公共生活和私人生活没有界分的境域下，德性之美与城邦之善在认识论和实践论上的贯通才有可能。

而在一个由资本的运行逻辑所支配的市场社会，社会结构被明确分型：家庭—社会—国家。依照滕尼斯的观点，我们把血缘、地缘、友爱、宗教和思想这类的结合形式称为共同体，而把其他社会组织称为社会，而共同体与社会是依照不同的伦理范型来组成和运转的。共同体之伦理基础至少由三个基本元素构成：其一，实践理性[①]。事实上，人们在处理共同体之各种利害关系时，依然充分且公开运用理性，只是这种运用充满了浓浓之情：爱情、亲情、友情、乡情。中国人在处理私人关系时，情与理的逻辑是处理得很艺术的，尽管也处处遇到德性与德行不相一致的时候和地方，但能够自如地运用仁、义、礼、智、信，恭、宽、信、敏、惠，孝、慈、敬等等道德范畴，将情融于理中，将理贯于情中。其二，意志。涂尔干声言，人们在处理家庭关系时运用的是共同意志（同质意志），而在处理社会关系时运用的是选择意志（异质意志）。德性是基于差别、矛盾和冲突而达于和谐的优良品质和行动，基于情的运行逻辑之上的意志乃是求同的同质意志，因为有共同的生活基础、文化环境和生活体验，使得私人生活领域中的人们很容易求同存异。其三，道德成本。在一个由反复交往而构成的私人生活空间，人们修得德性并践行德性，不仅仅是维持共同体秩序之所需，更在于通过可预期的他者行为而获得倍增的回报：安全感、认同感和归属感。唯其如此，共同体成员才会或自觉自愿、或不得已而为之，高昂的道德成本使得共同体成员不愿也不敢冒不仁不义之名。与共同体不同，社会是依照另类的伦理范型进行运转的。与传统社会不同，在市场社会里，人们因自身的知识和技能，同时也出于自身的意愿和社会的选择，成年人被分配在不同的社会领域，通过劳动或工作获得收入，借以维持生活。这是由相似甚或相同需求和动机的个体构成的职业领域，其间充

①亚里士多德把理性分成理论理性、创制理性和实践理性，德性与实践理性相关；康德则分成纯粹理性和实践理性，而实践理性正相关于人的德性。但他们似乎都没有具体讨论实践理性在共同体与社会中不同的运行方式和效力问题。

满了利益分割。我们把充满了利益创造和利益分割的社会结合体称为社会组织。其中最有竞争力的乃是竞争一营利性组织，即企业。企业是拥有资本且通过运行资本获取最大化收益的组织。西方的企业同市场社会同样长久，在几百年的艰难历练中，形成了成熟的企业伦理。这种企业伦理不仅有可反复践行的范本，且有成熟而完整的理论。比较之下，一如中国的企业那样，中国的企业伦理也就仅有三四十年的实践历程，一种严格意义上的企业家伦理气质还远未形成。在这个意义上说，作为整体伦理之危机，既有传统伦理的丢失，又有新型伦理的缺失。中国企业伦理的缺失不仅仅表现在企业内部的公平分配和文化环境上，更表现于企业社会责任的缺失上。除了各种与利益交割相关的社会组织外，尚有广阔的社会空间，这便是日常生活形态的公共领域。这是一个基于个人日常生活意愿而发生的或熟人或陌生人之间的交往。他通常不是为着他者，而是出于日常生活的需要才出现于公共生活领域，或使用公共设施，或占用公共空间，或获取可交换的物品。当若干相似或相同的需求者同时出现在公共生活空间时，如何遵守公共秩序、具有公共德性，就显得极为重要了。尽管人类从不缺少生活形态的公共领域，但市场社会条件下的公共生活，才具备了完整的形态，公民伦理也才发达。康德以哲学的形态表达了公民伦理的完整性。而对我们这个后发国家而言，既无康德式的实践理性批判又无成熟的公民伦理的实践形态。

依照黑格尔的观点，只有在国家里，人的理性才有了最成熟和最高形态。国家既是政治组织又是伦理组织，是在合法界定的社会空间内，每个公民享有政治权利并履行政治义务的社会结构。然而，只有在家庭、市民社会和国家相对分离的社会条件下，国家才会成为每个公民之理性最为成熟的社会组织，而只有有理性的公民，尤其是拥有并行使公共权力的政治精英集团拥有公共理性，合法而合理的国家才能被建构出来，也只有在这个时候，公民才能充分且公开运用公共理性表达对国家的个人意志。反之，国家也只有把民众的共同的声音以历史必然性的形式表达出来并实现出来的时候，国家才被证明是合法的，更是合理的。而对我们而言，似乎还在建设国家理性和公民公共理性的路上。

2．从德性之美到城邦之善

共同体与社会构建及其伦理基础建设是一个过程的两个方面。然而长期以来，社会学只关注社会结构研究，而伦理学只着眼道德建设，相关学科的分离甚或学科成见，使得整体伦理研究始终处在无人问津的境地。在研究整体伦理问题上，即便在伦理学视界内，从德性之美到城邦之善的研究也是分离的。比德性之美和城邦之善更基础的概念乃是道德事实。从内部构成上，道德事实由人性事实和社会事实构成。人性事实解决的是德性是否可教的问题，社会事实回答的是社会伦理如何可能的问题。前者称之为扎根，后者称之为回归。只研究人性事实而忽视社会事实，便不能回归；只描述社会事实而忽视人性本体，便不能彻底。人的心灵宛如一块纯净的土地，从不缺少供给植物生长的养分。然而，在不同的历史语境下，人的德性和德行怎会有如此之大的分别呢？原因只能是，在心灵土地上种植什么和怎么种植。“德性在我们身上的养成既不是出于自然，也不是反乎于自然的。”[①]在某种意义上可以说，人只是一种可能的存在物，比如德性就是一种可能性。自然赋予了我们接受德性的能力，但这种能力只是一种可能性，它并不直接地成为德性，它必须通过人的良好的习惯才能养成和完善，故曰德性不出于自然也不反乎于自然。人的良好的习惯也就是人的好的行动，它养成和完善了人的德性能力，这种不是先天具有的，而是反复去做它要求做的事情，我们才获得了它。一如我们只有经常做好事我们才能被称为好人那样，而不是我们先天就是好人。那么是什么样的社会结构和社会环境使更多的人通过做好事而成为好人呢？进言之，在现代性语境下，如何完成从德性之美到城邦之善、从私人美德到公民伦理的飞跃呢？

（1）官员的德性与德行

第一，理论上的困境。人们总会有这样的疑问：为什么当一个人充当一般人和公民时会拥有善德和公民的品德，而一旦成为政权的拥有者和使用者的时候，这些善德和品德就丢失了呢？于是人们便得出结论说，这

①［古希腊］亚里士多德：《尼各马可伦理学》，廖申白译，商务印书馆 2003 年 11 月版，第 36 页。

些人原本就没有善德和品德。这是一种失之偏颇的判断。一如亚里士多德所言，人只有具有接受德性的潜能，而无先天的德性，只是由于经常做好事、善事，他才成为好人。而促使他经常做好事和好人的关键因素是环境，包括日常生活环境和制度环境。另一方面，充当政治家和执政者所需要的实践智慧远比当一个普通人和公民所需要的为多。一个普通人和公民所处理的实践事务通常有三个事项：与自己的欲望有关；与自己出于意愿的选择有关，因自己的行动而成的事物是出于意愿和选择的，因而是可实践的；与既定的机会和财富的分配有关。面对这些机会或财富，行动者既可以占有也可以让渡。占有要符合正当性原则，而让渡则是可嘉奖的，因而是合于最好的德性的实现活动。无论是在私人领域还是在公共领域，普通人或公民可以占有和让渡的机会或财富通常是可以确定其归属的那些。当一个人毫无缘由地占有本不属于自己的且可以确定其归属的机会或财富时，就会受到舆论的谴责，因为这种占有的行为是公开的、可直接确定其性质的。因此，利己的动机及其行为就会被限制在确定的范围内，当下性和直观性是普通人或公民之行动的突出特点。而政治活动和行政行为尽管其所指向的是有关公民之根本利益的分配问题，但这种根本利益在确定其归属之前往往是无人称的，或泛主体的。当执政者借助政治活动（立宪立法活动）和行政行为（通过行使行政职权分配公共物品）对公共利益进行分配时，其当下性和公开性继而其被监督性也就往往弱于普通人和公民的行为，其利用政治和行政这种力量占有无人称或泛主体的利益的可能性就大大增加。尽管我们希望、事实上也确实存在着清正廉洁的执政者，但我们无法保证每个执政者都是具有政德的人。

公共政策决策者的自利性偏好有滥用公共权力的可能。经济人假设作为现代经济学的哲学前提，其合法性和合理性尽管受到来自经济学内部的质疑和伦理学的批判，但它依然是西方主流经济学的基本的逻辑前提。效用价值、边际效用、理性经济人、机会成本、帕累托效率、自由选择、需求排序、自由放任等等已经成为了西方主流形态经济学的关键词。“在微观经济分析中，根据所研究的问题和所要建立的模型的不同需要，假设条件存在着差异。但是，在众多的假设条件中，至少有两个基本的假设条件：

第一，合乎理性的人的假设条件。这个条件假设也被称作为‘经济人’的假设条件。‘经济人’被视为经济生活中的一般人的抽象，其本性被假设为是利己的。‘经济人’在一切经济活动中的行为都是合乎所谓理性的，即都是以利己为动机，力图以最小的经济代价去追逐和获得自身的最大的经济利益。第二，完全信息的假设条件。这一假设条件的主要含义是指市场上每一个从事经济活动的个体（即买者和卖者）都对有关的经济情况（或经济变量）具有完全的信息。”[①]经济学假设对政治伦理的启发在于，公共政策的制定者和公共权力的行使者存有以权谋私的伦理动机。倘若体制为这种以权谋私提供制度保障，那么他们会在体制的范围内谋得私利；倘若体制设定了某种制约，他们就会在体制内做体制外的事情；倘若没有惩罚机制，这种破坏体制的以权谋私行为就会大量或长期存在。总之，如果没有体制上的限制，指望一个清正廉洁的官吏就只有靠他们的德性修为了。然而这是一个充满风险的心理企盼，只有相信任何人都有利己的动机才有可能制定防范利己行为的规范，反之，相信官吏都是以民为本的决策者、管理者和执行者，就不会有健全的规范体系。

第二，实践上的难题。理论上，在规范、德性与行动之间，其内在的逻辑关系是清楚明了的，但在实践上，其内在的逻辑必然性却变成了问题。一个经常性的误区在于，人们把理论推理等同于实践推理。当人们站在普通人或公民的立场上看待和对待执政者的行动时，总是把理论上的推理当成执政者的实践推理。在普通人和公民看来，一个执政者知道该怎么做，且有足够的能力这样做，那他一定会按照人们所期盼的逻辑去做。然而事实上，一些执政者恰恰没有这样做。何以如此呢？原因在于，普通人和公民在进行理论推理时，通常是把执政者通过政治活动和行政行为为己谋得私利的动机排除在外了，同时也把利己行动的可能性空间（体制上的缺陷和监督上的缺失）排除在外了。在理论上向着有利于普通人和公民进行推理和在实践上向着有利于执政者进行推理之间有着本质区别，这就是问题的根本。康德的主体论的道德哲学把道德可能性的全部基础立于行动

①高鸿业主编：《西方经济学》，中国人民大学出版社 2000 年 4 月版，第 22—23 页。

者的自律之上，从而保证了行动的必然性。责任是出于对先天法则的敬重而产生的行为必然性，而行动者的善良意志和实践理性保证了这种必然性。看上去，这是一个最为可靠的承诺，然而事实上却是一个最为脆弱的承诺。关键在于一个“心”字。在政治精英集团内部，若一个人不能正其心、诚其意，格物致知[①]，尚不足以腐蚀政治伦理体系，若集体性地不能正其心、诚其意，格物致知，其结果便可想而知了。集体性的心术不正，政治大厦的崩塌乃早晚之事。此乃孔子所言：“攻乎异端，斯害也已！”

第三，现实的道路：个体德性与集体行动的逻辑。亚里士多德和康德的伦理学更适合于个体基于意愿之上的实践目的的选择，但把德性与善良意志运用于集体行动的时候，境况会是怎样呢？我们并不排除拥有和行使政治权力和行政权力的个人拥有德性和善良意志，但我们根本无法保证由这些个人所组成的集团也拥有德性，从而作出正确决策，并在理性上是反思的，能够对他们的行动提供出正当性基础的说明来。个体的实践理性可以帮助个体作出正确的选择，由个体组成的权力集团也同样拥有实践理性吗？即便拥有，它能够作出正当选择吗？在当下，不是伦理学该不该研究政治伦理，而是政治伦理如何进入伦理学的问题。个体与集体依据实践理性所处理的是完全不同的事务：个体处理的是如何获得使人幸福的条件从而真正获得幸福的问题；集体所处理的是作为生活之基础的权力、地位、身份、荣誉、财富问题，是如何分割和分配财富，这种分割和分配与幸福无必然关联。于是，在伦理学的视野内，权力集团之采取集体行动的逻辑在哪里呢？黑格尔说：“国家是伦理理念的现实——是作为显示出来的、自知的实体性意志的伦理精神，这种伦理精神思考自身和知道自身，并完成它所知道的，而且只是完成它所知道的。”[②]那么如何保证权力集团知道国家的伦理精神并把这种精神实现出来呢？

在实现由德性之美到城邦之善的道路上，公共理性和公共精神的培育

①“格物”之“格”，乃一动词，具有向外与向内两个向度。向外的向度乃指“推究”，推究事物之理、人伦之道，以达至“知”；向内的向度则指抑制、疏通，“格”心中之欲。如不能抑制、疏通心中之欲，即便推究人伦之理，也未必达至“至善”。故只有“格”去心中之欲方能“至智”。一知为半解，一智方能全解，全智才是实践智慧。

②黑格尔：《法哲学原理》，范扬、张企泰译，商务印书馆1979年版，第253页。

和正义制度的设计是至关重要的两个方面。公共理性与公共精神是民主社会的价值诉求，尽管传统社会也普遍存在集体行动和共同的善，但集体行动的逻辑和共同的善通常与公民的意愿和选择无紧密关系。当人们普遍地以公民身份参与集体行动、创造共同的善并分享共同的善的时候，就会要求一种不同于传统社会的知识与德性，这就是公共理性与公共精神。在真正的公民社会，每个个人、家庭、社团以及政府作为合理的、理性的行为体，都有明确表达其意愿、计划以及相应地作出决策的机会和方式，这是一种知识、品德，也是一种能力。“它是一种知识和道德权力，扎根于人类成员的能力之中。”[①]公共理性既是公民社会的内容之一，也是它的重要特征：是公民，亦即那些分享平等公民权地位的人的理性，进言之，是一个人以公民身份分享公民权时所要求的理性（知识、品德和能力）；公共理性的目标是共同的善：正义的政治概念所要求的社会的基本制度结构，以及他们所服务的目的和目标。公共理性所指向的对象与所有公民有关，在三个方面体现着公共性：“作为公民的理性，它是公众的理性；它的目标的共同的善和基本正义问题；它的性质和内容是公共的，因为它是由社会的政治正义概念所赋予的理想和原则，并且对于那种以此为基础的观点持开放态度。”[②]当公民拥有并运用公共理性时，其行动逻辑是：出于个人权利要求但不止于这种权利，而是追求共同的善；面对共同的分享应遵守共同的价值原则。公共理性不应只为公民所有，执政者更应当有超出公民水平之上的公共理性能力和公共精神。公共理性与公共精神是执政者不同于其作为普通人和公民所应具备的品德，它们会在三个关键的方面发挥作用。其一，作为执政者之人格结构的重要元素，公共理性和公共精神会把利己打算排除在政治活动和行政行为之外，而把提供最大的公共的善或共同的善作为根本目标；其二，在由执政者构成的精英集团进行立法和决策时纠正那些利己行为；其三，在决策或分配公共资源时，能够将公共理性和公共精神转变成可实践的伦理艺术，即进行公共善的排序，是考虑少数

①［美］罗尔斯：《公共理性的观念》，见詹姆斯·博曼主编：《协商民主：论理性与政治》，陈家刚等译，中央编译出版社2006年9月版，第68页。

②同上，第69页。

精英者的需求，还是顾及大多数人的意愿和利益，在分配公共善的问题上显得尤为重要。公共理性和公共精神在治理社会时之所以显得重要，是因为它们以自律的方式发挥作用，在康德看来，只有自律的行动才有道德必然性。

然而人作为有限理性存在者，不但不能始终如一地将私人打算置于公共的善之下，而且极有可能把利己动机置于公共的善之上，因此康德所承诺的道德必然性就不可能是必然的，只是可能的。由此决定，针对执政者之利己动机而设计的他律就会必然存在，这就是制度和社会舆论。在制度安排的具体策略上，一种体现公共精神和公共理性的社会基本制度结构应保证它的普遍有效性，对任何一个执政者都是有效的。面对制度的不严密性，应有防御性制度安排：在一个人口群体P中，当其成员在反复出现的情境T下，作为行为人常规性的R只有在下列条件下而成为人口P中的共同知识时，它才成为一种制度：（1）每个人都遵同R；（2）每个人都预计他人遵同R；并且（3）如果T是一个协调问题，在这种情况下一致遵同R是一个协调均衡，于是在其他人都遵同R时，每个人都愿意遵同R；或者（4）如果一个人偏离了R，人们知道其他人当中的一些或全部将也会偏离，在反复出现的博弈T中采用偏离的策略的得益对于所有行为人来说都要比R相对应的得益低。这是有关道德成本的核心问题。执政者之利己动机及其行动的道德成本大于其所得，利己行动的可能性就会降低，反之就会出现有令不行、违令不罚的后果。德性无规范则罔，规范无德性则空。针对这种情形，是否有一种普遍公众力量以及这种力量能否发挥作用就显得格外重要。在现代社会，谁不重视社会舆论的力量谁就不可能有效地治理社会。公众的质疑能力、参与能力、公共理性以及公共精神是形成正确公共舆论的伦理基础。

无论对执政者还是对一般公民来说，实现城邦之善所需要的伦理基础都不同于在与政治无关或无直接联系的领域所要求的德性。这种德性只有在反复进行的公共生活的实践中才能形成。转型中国会在伟大的改革实践中形成这种德性并践行这种德性。

（2）成人的责任

在重建伦理的道路上，除了政治精英集团的政治伦理之外，成人群体的德性水平也是十分重要的方面。成人不止是生理和心理的成熟，也指德性的完善。成人能否拥有完善的德性并努力践行之，直接相关于整体伦理的水平。第一，先觉者、自觉者、教化者。相对未成年人而言，成人理应成为先觉者、自觉者、教化者。而若如此，成人须对德性与责任有类型学上的认知。由领域合一到领域分离所决定，现代性语境下的德性和责任也被领域化：私人领域、市民社会和国家。因三种领域中的利益构成方式和分割方式有着极大的不同，其伦理基础也必然有别。成人必须在反复进行的生产、交往和生活实践中，分别出不同的德性要求和责任类型。私人生活中，情与理的结合是德性的构成方式；在市民社会，共创利益和分割利益是核心内容，平等与竞争是德性的基本形式，功利主义既是行为准则又是评价标准；在国家中，公民要以理性的方式表达公共意志，正义是德性的基本法则。而无论是情与理、功利主义还是正义原则，都是保证社会良序运转的基本准则，乃是底线伦理，是决定命令，是每个成人能够做到也必须做到的。

（3）伦理与道德：为善的境界

无论是对政治精英集团还是成人群体来说，都存在为善的层次性问题。借助于词源学研究我们发现，伦理与道德在本质上是一致的：指一种人们必须遵守的行为规范，或者说是用以指导人们行为的游戏规则。然而我们为何不把伦理与道德合并成一个概念呢？这表明伦理与道德还是有区别的。

在人们的日常生活以及日常观念中，伦理与道德两个概念常常是不加分别的。两个概念的混同使用造成了两个后果：其一，在理论上，不宜把不同层次的伦理要求区分开来，因此，要求人们必须做到的和鼓励人们做到的标准被模糊了。如果把要求人们必须做到的当成人们应该做到的要求加以提及，就会降低人们的做人和做事标准，从而损害公平原则，造成利益损失；如果把鼓励人们做到的当成人们必须做到的，就会出现资源的浪费，而无法实现效率，或资源利用最大化，进一步地还可能使人们的伦理教化出现宏大叙事的结果。如果我们用“道德”一词划分人的行为，可把人的行为按照道德价值分成“道德行为”、“非道德行为”和“不道德行为”。从性质上看，“道德行为”和“非道德行为”属于一类，而“不道德行为”则属于另一类，前一类是对别人至少无害的行为，而后一类则属于损害类的行为。

我们以“非道德行为”为界限把行为分成两大类：有利的和不利的。“非道德行为”是指一种既不伤害也不有益的状态，这样一种状态是一种公平，它所描述的是，在制度安排或共同商讨的情境下，若干组织或个人面对一组或数组公共资源而分得属于自己的那一份额，这些公共资源具有排他性，一人获得其他人便无法获得。这是一种资格、机会、权利平等的情况。作为人的行为中的一种常态，保证了日常生活的基本秩序，它所体现的是人们在尊重而不伤害别人的前提下使自己收益最大化的行为方式，其基本行为原则是公平、平等，既不存在让与、给予、牺牲，也不存在伤害，因此是一种伦理状态。伦理是政府、组织和个人从事与他人利益有关的活动的基本的行为准则，我们称之为“伦理底线”。

以“伦理底线”为界，向上就是“道德行为”。“道德行为”与“伦理底线”不同，它包含着“让与”、“给予”甚至“牺牲”的成分，是行为者把原本属于自己的权利、机会、资源免费地给予别人的行为，或者自愿帮助别人的行为。被帮助者通常是那些需要“救助”的弱势群体，较之强势者他们更少机会和权利。然而从作为“伦理底线”的伦理标准看，帮助者并无必须的理由去救助弱势者，他们通常是自愿地放弃自己的机会和资源而帮助他人。这是一种值得钦佩的高尚的行为，是超出功利打算的关怀、让渡和牺牲，是爱的一种特定的实现方式，因为它不是出于义务，而是出于爱，一种超出血缘之上的无私的爱，是值得嘉奖的行为，体现的是人性中最为光辉的那一面。但这样一种行为绝不是一种普遍化的行为方式，任何组织和个人都没有充足的理由要求所有的人于任何情况下都必须做，简言之，它不是普遍化的行为方式，它是一种相对的道德命令，是鼓励人们做到的，而不是必须做到的行为。能够做到并不意味着必须做到；应该做到也不是能够做到。而作为“伦理底线”的伦理要求则是一种必然的要求，是要求人们必须做到的，是一种绝对的道德命令，作为一种不伤害原则，是任何一个具有自由意志的人都能够做到的。因此，比较而言，“道德行为”要比“非道德行为”具有更高的道德价值：其一，尽管“道德行为”与“非道德行为”所处理的事项通常都是稀缺性资源的分配问题，但“道德行为”分配稀缺性资源的方式却是一种让与、让渡甚至牺牲，是一种典型不利己而利他的行为，“非道德行为”分配资源的方式是一种在不伤害前提下的自利行为，追求的是个人收益的最大化，这就从动机上把“非道德行为”与“道德行为”区别开来。“道德行为”的出发点是如何使受救助者获得收益，或者是机会，或者是资源，利他性是“道德行为”的根本性质。因此，做出道德行为要比做出非道德行为来得困难，其最大困难是抑制来自自身的利己的冲动，更为困难的是要将善事作为愉悦的事情加以操持。

“不道德行为”是作为“伦理底线”的伦理标准的向下的行为方式，其损害的性质是明显的，是一种典型的损人而利己的行为，它所直接损害的伦理原则是不伤害原则。低于不伤害原则的不道德行为既可能发生在个人那里，也可能发生在组织和政府那里。但我们却不能用“道德”去描述组织和政府的行为，而只能用“伦理”去概括和分析组织和政府的行为。其理由在于伦理与道德两个概念的适用范围。

“道德”主要用于描述个体的心性修养及其行为方式，其内部形式就是德性，其外部形式就是品质。“内得于己，外得于人”是也。内得于己，使身心互得其益；外得于人，使众人各得其益。进言之，道德具有人格性的含义，是个人在特定环境下形成的德性和品质，是其定型化了的行为方式，是集知、情、意于一体的人格结构。“伦理”概念也可以描述个人的行为，但不如道德那样准确和接近真实状态。比较而言，伦理概念多半描述组织和政府的政策、制度和管理行为，它们是非人格化的集体，不具有类似于个体那样的认知、情感和意志，相应地，也就没有理智感和道德感这样的情感体验及其成熟形式。基于这样的考虑，我们通常把组织和政府的因政策、制度和管理所引发的利益问题称为企业伦理、管理伦理，而不称为企业道德和管理道德。倡导道德、坚守伦理、惩戒不道德。

以此观之，整体伦理之建设，就不仅仅是领域伦理的建构，还有层次的要求。效率、公平、正义只是社会正常运转的基本法则，这是伦理的层次，它们是被认同和确认的，是被要求的；而让度、给予甚或牺牲乃是高尚的行为，是被赞赏和敬佩的，它们闪耀着人性的光辉。只有当伦理与道德的要求基本得到实现时，德性与规范、德性与幸福、行动者与行动的统一才会实现。这既是历史的使命，也是人性的要求。

（原载《探索与争鸣》2012年第5、6期）

论劳动之伦理本体地位的消解与重建

阅读提示：劳动的伦理价值决定于劳动乃人类本质的对象化，劳动是人类根本的存在方式。借助于劳动人类创造了一个属人的世界。作为对象性的属人世界，它既证明又映现了人的本质力量；作为一个价值世界，它又为人的生活提供着各种各样的价值物。简约地说，人既在劳动过程中又在劳动产品中，更在享用劳动成果时感到欣慰和乐趣，因为劳动是使人成为人的根本过程，因此，劳动之伦理本体地位是无须证明的事实。作为现象本身，劳动之伦理本体地位的确证虽属先行给予的事情，但劳动产品的享用者甚至劳动者本身并不必然地承认或对待劳动之伦理本体地位的先行给予。根本原因在于，劳动不再是伦理事实，而是变成了经济事实或政治现象。劳动之伦理本体地位的隐匿与消解所带来的后果是严重的：劳动者边缘化；后果主义的经济观点；崇高的丧失。让劳动回归伦理世界，既是政治任务，又是人的使命。

在事实与应当之间：确证劳动之伦理本体地位[①] 的两种方式

事实逻辑与价值逻辑既是人们需要确证的事实，又是人们把握现实世界的两种方式，前者言说的是世界是否真的如此，后者表达的是世界应当怎样。以此方式思考劳动便有了现象学和伦理学两种学科视野：劳动的伦理本体地位是一种事实；劳动之伦理本体地位的确证是一种应当。对自然界而言，事实的逻辑是指那些不因我们而成的事物，对于这些事物我们无力改变它；价值的逻辑是因我们而成的事物，这些事物对我们来说，是可实现的，可实践的。不因我们而成的事物表现为自然规律，因我们的实践而成的事物表现为道德规律。只有遵循道德规律而采取的行动才可以称得上是自足的、完满的行动，才可以是主体性的行为。照此推论，劳动无疑是自足的、完满的因而是主体性的行动，因而符合价值逻辑。即是说，劳动是以追求善为目的的活动。[②]但是，当我们把应当的视野考虑进去的时候，在劳动之伦理本体地位的确证上就被分化为两个价值问题：对整个人类而言，劳动意味着什么；对劳动者而言，劳动意味着什么。毫无疑问，对人类而言，劳动之伦理本体的确证是毋庸置疑的，劳动过程是人的本质力量的对象化，劳动产品作为外在的善为人们的生活提供物质的和精神的生活资料，善优先于应当，甚至可以说，正当还没有作为问题而出现。没有了劳动人类便没有了自身，人类是通过创造对象世界而创造人类自身的。对劳动者而言，尽管通过劳动追求外在的善是根本目的，也是无须确证的事实，然而劳动者并不必然地平等地享用自己的劳动产品，并在劳动过程中确证自己和反观自己，尤其是当劳动产品不归自己所有反而制约自

①“劳动之伦理本体地位”这一称谓所意欲表达的，是劳动的善的意涵问题。劳动既有过程的善又有结果的善。作为过程的善体现的是人的本质力量，是人这个类的德性，其本身就是目的，劳动本身就具有乐趣；作为结果的善，劳动具有经济价值，体现的是工具价值。劳动作为过程之善和结果之善这种结构价值结构，本身就隐含着被分离的可能性，但劳动的伦理价值永远是基础性的，是人之成为人的根本。但劳动的这种伦理本体地位却并不时时处处地得到确认，它既可以彰显于外，也可以遮蔽于内。当劳动的伦理本体地位被劳动的经济价值或工具价值所遮蔽的时候，人的生活便处于拔根或无根状态。

②依照亚里士多德的观点，善主要有身体的善、外在的善和灵魂的善三种，劳动作为创制性的技艺活动，主要以追求外在的善为目的。

己的时候，一种异化的社会关系就成为了事实，因此，正当优先于善。于是考察劳动之伦理本体地位就有了现象学的视野和伦理学的立场，前者以直观事物自身的姿态呈现劳动的伦理意涵，后者则以对劳动者而言的正当性要求考察劳动之伦理本体地位的具体内涵。

现象学考察劳动之伦理本体地位具有逻辑上的优先性，只有于观念与实践上对劳动之伦理本体地位进行先行给予，正当性问题才会被提出来，对劳动进行正当性确认才有根据和标准。现象学考察是这样一种致思类型，它暂时去掉了有关劳动的各种各样的繁茂芜杂的假象，直击劳动的伦理性或伦理价值本身，借以见出其伦理本体的真正意涵。

作为人类之伦理品质的劳动。在古希腊哲学中，德性这一范畴用来泛指包括人在内的所有事物所具有的不同于其他事物的优良品质，理性是人类品质的重要元素之一。自制、节制、明智、正义、智慧，等等，都与理性有关。亚里士多德把理性分成理论理性、创制理性和实践理性。劳动作为一种创制活动，充分运用了理论理性（科学）、创制理性（技艺与智慧）和实践理性（明智）。一如亚里士多德所言，人只是具有接受各种品质的潜质，而各种品质则是在反复的行动中获得的。人的理性也如此，人并不先天具有各种理性，而是在反复进行的劳动中才获得了理性。

劳动作为人类利用工具改造劳动对象以追求外在善（劳动产品）的活动，其过程便体现着它的伦理性，即类的品德、类的价值。（1）受动性与能动性。人的受动性决定于人是非自足性、非完满性、有限理性存在物这一点，人是依赖对象而依靠自身的存在物。于人而言的自然优先性决定了人是受动的即被决定的存在物①。然而人又是起于受动而不止于受动且达于能动的存在物。使人具有能动性的根据在于，人在反复进行的劳动中形成了意识并使意识臻于完善。意识的形成、完善与运用，使受动变成一种动力，他把解除受动变成劳动的目的，通过劳动过程和劳动产品解除受动，满足需要，获得快乐与幸福。（2）意识、自觉与自由。意识是自觉的基础，自觉是自由的前提。借助于意识，人把自己同自己的生命活动区别开

①说人是受动的存在物也就等于说人是需要着的存在物，表现为为解除不足和匮乏而进行的从外到内的占有、为解决过量和释放而进行的由内到外的表达。

来，人使自己的生命活动本身变成自己的意志和意识的对象，也正是由于这一点，人才是类存在物。“正因为人是类存在物，他才是有意识的存在物，也就是说，他自己的生活对他是对象。仅仅由于这一点，他的活动才是自由的活动。”[①]所谓劳动中的自觉是指劳动者借助意识这种能力将劳动的结果在劳动之前于头脑中预先给予，[②]并把它确立为目的与目标，以使他的劳动朝着这个目标进行。劳动中的自觉除了确立目的与目标之外，还得懂得对象世界的规律，合目的性必须立于合规律性之上，并懂得把它们有机地结合起来。起于心意以内的由己性通过合规律性而达于两种尺度的完美结合，这便是劳动中的自由。于是，在劳动中，一旦意识、自觉和自由有机地结合起来构成一个连续的运动时，人的类的特性就被充分地表现和实现出来。劳动作为人的生命的主要呈现方式，体现了自由而自觉的特性。“一个种的全部特性、种的类特性就在于生命活动的性质，而人的类特性恰恰就是自由的自觉的活动。”[③]动物也进行生产，但它的生产是直接的，与它们的需要是直接同一的，因而是片面的生产。而人的生产是全面的，他只有生产整个对象世界才会生产其自身。动物是在直接的肉体需要的支配下生产，而人甚至不受肉体需要的支配也进行生产，并且只有不受这种需要的支配时才进行真正的生产，而且可以自由地对待自己的产品，既可以用于自己需要的满足，也可以用来满足他人的需要。而就整个生产或劳动的性质说，生产者充分运用他们的智慧、理智和明智，既自明自身之需要的规律，又能把握客体的规律，并在生产过程中将主客体的规律结合起来，实现合目的性与合规律性的统一。“动物只是按照它所属的那个种的尺度和需要来建造，而人却懂得按照任何一个种的尺度来进行生产，并且懂得怎样处处都把内在尺度运用到对象上去；因此，人也按照美

① 《马克思恩格斯全集》第 42 卷，人民出版社 1979 年 5 月版，第 96 页。

② “劳动过程结束时得到的结果，在这个过程开始时就已经在劳动者的表象中存在着，即已经观念地存在着。他不仅使自然物发生形式变化，同时他还在自然物中实现自己的目的，这个目的是他所知道的，是作为规律决定着他的活动的方式和方法的，他必须使他的意志服从这个目的。”（马克思：《资本论》第 1 卷，人民出版社 1975 年 6 月版，第 202 页）

③ 《马克思恩格斯全集》第 42 卷，人民出版社 1979 年 5 月版，第 96 页。

的规律来建造。”[①]（3）对象化、对象性、反观、证明与肯定。人是一对象性存在物，而一切有生命的存在物都是对象性存在物，即都得借助对象而使自己生存或生活下去。但人之外的其他一切生命存在物的对象性是既成的，是由对象世界预先给定的，它们只能通过改变自身以适应外界。而人的对象性则是生成的，是由人自己创造的。创造对象性关系的本体便是人的劳动，劳动作为一种生成性的活动，实质上是一对象化过程。对象化是人把自己的内在尺度运用到对象上去的过程。“外化”、“对象化”指的都是把合目的性与合规律性结合起来以追求价值世界的过程。而对象性则是对象化的一个直接后果，也是对象化的根本特征。由于人类在永不停息地进行劳动，并不断转换劳动的方式，因而人的对象化和对象性都是流动的。流动的对象化与对象性给人带来了什么呢？它所带来的是不断的反观与证明，反观与证明就是一种肯定。肯定是对一种价值关系的确证，流动的对象化和对象性所确证的是：劳动过程及其产品乃劳动者心智力量的对象化。人们对劳动者之心智力量的确证是双重的，一种是自我确证，另一种是他者确证。劳动者之心智力量的自我确证方式所描述的是，劳动者在面对自己的产品时反观、映现自己，从对产品的欣赏和享用中体会自己的本质力量，通过自我认同达到自我满足。“我的劳动是自由的生命表现，因此是生活的乐趣。我在劳动中肯定了自己的个人生命，从而也就肯定了我的个性的特点。劳动是我真正的、活动的财产。”[②]但劳动从来就不是单个人的事情，而是类的事情。劳动者的产品并不总是归自己享用，而要离开劳动者而走向他者。在市场社会，劳动产品走向他者已经经常化和普遍化。这是一种社会化的劳动者之心智力量的确证方式，而且是一种真正的确证方式。关于这种确证方式的真正伦理意涵，马克思曾非常精辟地指出：“假定我们作为人进行生产。在这种情况下，我们每个人在自己的生产过程中就双重地肯定了自己和另一个人：（1）我在我的生产中物化了我的个性和我的个性的特点，因此我既在活动时享受了个人的生命表现，又在对产品的直观中由于认识到我的个性是物质的、可以直观地感知的因

①《马克思恩格斯全集》第 42 卷，人民出版社 1979 年 5 月版，第 97 页。
② 同上，第 38 页。

而是毫无疑问的权力而感受到个人的乐趣。（2）在你享受或使用我的产品时，我直接享受到的是：既意识到我的劳动满足了人的需要，从而物化了人的本质，又创造了与另一个人的本质的需要相符合的物品。（3）对你来说，我是你与类之间的中介人，你自己意识到和感觉到我是你自己本质的补充，是你自己不可分割的一部分，从而我认识到我自己被你的思想和你的爱所证实。（4）在我个人的生命表现中，我直接创造了你的生命表现，因而在我个人的活动中，我直接证实和实现了我的真正的本质，即我的人的本质，我的社会的本质。”①于是，作为劳动之伦理本体地位的确证就在自我确证和他者确证中得以表现和实现。

劳动，作为人的本体性的活动，除了于过程中通过对象性关系呈现它的伦理价值之外，还在劳动结果即劳动产品中实现它的伦理性。劳动过程固然可以体现人的类特性，即自由自觉特性，这是劳动所蕴涵的高一级的伦理之美，但人毕竟是被自然所规定了的存在物，充满着不足和匮乏，蕴藏着释放与表达，因而是需要着的存在物。既是如此，人类就一刻也不能停止劳动，也不能停留于对劳动之过程的伦理之美的欣赏中，而要获得具有物质价值和精神价值的劳动产品，以满足人的物质需要和精神需要。以此来看，劳动作为人类不可逃避的事情，不仅仅是人类向自己提出的伦理要求，也是社会向每个人提出的伦理任务。借助劳动产品，劳动者通过满足他人需要来实现自己的目的。为自己而劳动是劳动者对自己的完全责任，同时也是对社会的完全责任，不劳动者不得食，一个不劳而获的人是要受到伦理谴责的。

劳动者之劳动地位的确证以及劳动产品分配的正当性。现象学考察的是劳动之伦理价值的原始发生问题，其间并不涉及劳动者之社会地位的确证以及劳动产品分配的正当性问题，这是伦理学的任务。人们为什么必须劳动同劳动者地位如何、产品如何分配属于两个尽管密切联系但却不同的题材，前者是现象学的对象，后者是伦理学的任务。

无论劳动者地位如何，劳动产品如何分配，都不能从根本上取消劳动

①《马克思恩格斯全集》第42卷，人民出版社1979年5月版，第37页。

的必然性，因为没有了劳动，人类也就不复存在了。惟其如此，人们就必须重视劳动、尊重劳动、赞美劳动。但是，虽说伦理价值属于劳动的本体价值，而在具体的社会运行过程中，劳动的伦理价值可以得到承认，但有可能得不到确证。由于劳动本身就存在着劳动过程与劳动产品亦即伦理价值与经济价值相分离的可能性，只要社会结构以及社会运行方式为这种分离提供现实基础，这种分离就变成了现实。其后果是：劳动之伦理本体地位得到承认但却得不到确证，劳动者很少从劳动过程得到肯定，继而也对劳动失去了兴趣，因为劳动仅仅成为了谋生的手段。劳动之伦理本体地位的社会确证方式被颠覆为：不看谁劳动，也不管如何劳动，而只在乎你提供什么。有关劳动的功利主义伦理观代替了劳动本体论的伦理观。一种劳动过程无主体、劳动产品无来源的社会事实开始出现。并非真的无主体和无来源，而是这种主体和来源得不到真正的确认。作为劳动伦理本体地位之消解的原因同时也是其结果的事实是，劳动者无法得到与其劳动价值相匹配的社会回报，对这一事实的伦理确认，可以称为异化，也可以称为不公正。对这种异化或不公正事实的理论分析必须建立在对具体的社会结构及其运行方式的研究之上。当劳动之伦理本体地位的确证与劳动者获得回报的正当性问题同具体的社会结构及其运行方式结合在一起的时候，就会使问题变得极为复杂。遵照简约的原则，我们把劳动之伦理本体地位的确证与劳动者获得回报的正当性问题区分为强意义上的和弱意义上的两种状态。

两种意义上的消解与不公正

强意义上的消解与不公正所指称的是完全异化状态下的状况，具体地说就是由私有制和资本的“合谋”所导致的劳动的完全异化。依照普遍接受的观点，奴隶社会、封建社会和资本主义社会均属私有制社会。但奴隶社会和封建社会并没有造成完全的劳动异化，只有当劳动资料、劳动产品与劳动者发生分离，且劳动力作为生产中的一个要素进入市场并同其他生产要素参与资本运动的时候，一种典型意义上的消解与不公正才会产生。

这与人们构造社会关系的方式密切关联。在传统社会，人们是根据血缘、亲缘和地缘构造社会关系的，构造社会关系的方法属于整体主义。而在市场社会条件下，人们在物的依赖性基础上获得了独立性，在这种形态下，借助于资本的连续运动，“才形成普遍的社会物质交换，全面的关系，多方面的需求以及全面的能力体系。”[①]这与前资本主义相比似乎是一个进步，但原子主义和物质主义的思维方式和行为方式，以及私有制的决定性作用，造成了双重的代价，这就是强意义上的消解与不公正。

首先是劳动之伦理本体地位的消解。在私有制基础上，在资本的连续运动中，劳动被简化为生产活动，正是在这种转化过程中造成了伦理元素的丢失。生产与劳动有着极大的区别，劳动所包含的不仅仅是物的关系，尚有社会关系和精神关系在其中。对劳动者来说，劳动作为一种创造性的活动，决非仅仅是物与物、人与物的结合，而是包含着劳动者的激情与热情：“激情、热情是人强烈追求自己的对象的本质力量。”[②]劳动并非仅仅是劳动者靠着自身的力量运用工具于劳动对象上从而获得劳动产品的过程，而是包含心智力量于其中的，是蕴涵激情与热情于其间的。生产是劳动，但劳动却不仅仅是生产。当劳动仅仅变成了资本运行逻辑中的一个要素或一个环节的时候，劳动就仅仅成为了生产。那么，资本是如何通过其自身的运行逻辑将劳动仅仅作为生产从而使劳动失去其伦理基础或伦理性质的呢？“资本是集体的产物，它只有通过社会许多成员的共同活动，而且归根到底只有通过社会全体成员的共同活动，才能被运用起来。因此，资本不是一种个人力量，而是一种社会力量。”[③]资本是集体行动的逻辑。资本作为一种增殖运动，作为一套复杂的社会设置，借助商品与货币这两种形式，通过生产、分配、交换和消费，把人的要素和物的要素统一到自身的运行逻辑中来，资本颠覆了人与物之关系的本质：它把人的关系变成了物的关系，把物的关系变成了人的关系。它把劳动简单化：它只留下了劳动力，而把劳动者的心智力量、追求对象性存在的激情与热情，通过

①《马克思恩格斯全集》第 46 卷（上），人民出版社 1979 年 7 月版，第 104 页。

② 同上，第 169 页。

③《马克思恩格斯选集》第 1 卷，人民出版社 1972 年 5 月版，第 266 页。

对象性关系反观和印证自己的本质力量的可能性，全部放逐到劳动过程以外，劳动的神圣感、崇高感被世俗化、简单化和物质化的生产所替代。工人通过劳动所创造的不是反观和印证自己之本质力量的对象性世界，而是一个异己的资本的世界。资本原本是人类找到的用来追求财富并企盼通过占有财富和享用财富获得幸福的一种社会形式，然而事实上，资本一经被创造出来就不再听从人的指令，反过来还制约人。“劳动所生产的对象，即劳动的产品，作为一种异己的力量，作为不依赖于生产者的力量，同劳动相对立。”[①]“工人创造的商品越多，他就越变成廉价的商品。物的世界的增殖同人的世界的贬值成正比。劳动不仅生产商品，它还生产作为商品的劳动自身和工人，而且是按它一般生产商品的比例生产的。”[②]资本作为一种无主体、非人格化的力量，在不断地吸引着劳动者，从而也控制着劳动者。不是劳动者想不想劳动，而是资本让不让你劳动。“工人生产资本，资本生产工人，因而工人生产自身，而且人作为工人、作为商品就是这整个运动的产物。人只不过是工人，并且作为工人，他只具有对他是异己的资本所需要的那些人的特性。但是因为资本和工人彼此是异己的，从而处于漠不关心的、外部的和偶然的相互关系中，所以，这种异己性也必然现实地表现出来。因此，资本一旦想到——不管是必然地还是任意地——不再对工人存在，工人自己对自己说来便不再存在：他没有工作，因而也没有工资，并且因为他不是作为人，而是作为工人存在，所以他就会被人埋葬，会饿死，等等。工人只有当他对自己作为资本存在的时候，才作为工人存在；而他只有当某种资本对他存在的时候，才作为资本存在。资本的存在就是他的存在、他的生活，正像资本的存在以一种对他漠不关心的方式来规定的他的生活的内容一样。”[③]于是，在资本运行逻辑之上，由于物的关系的普遍化使得劳动这种人类的本体活动在四个方面失去了它的伦理性，或者说使劳动失去了伦理基础。其一，劳动者与劳动过程相分离。劳动者无法从劳动过程中得到乐趣，“劳动对工人说来是外在的东西，也

①《马克思恩格斯全集》第 42 卷，人民出版社 1979 年 5 月版，第 91 页。

② 同上，第 90 页。

③ 同上，第 104—105 页。

就是说，不属于他的本质的东西；因此，他在自己的劳动中不是肯定自己，而是否定自己，不是感到幸福，而是感到不幸，不是自由地发挥自己的体力和智力，而是使自己的肉体受折磨、精神遭摧残”。[①]其二，劳动者与劳动产品的分离。劳动产品原本是劳动者之本质力量对象化的一个价值结果，如今这个结果已经不归自己，而且这种对抗已经发展到这种地步，劳动者生产得越多，自己失去得就越多。“劳动为富人生产了奇迹般的东西，但是为工人生产了赤贫。劳动创造了宫殿，但是给工人创造了贫民窟。劳动创造了美，但是使工人变成了畸形。劳动用机器代替了手工劳动，但是使一般工人回到野蛮的劳动，并使另一部分工人变成机器。劳动生产了智慧，但是给工人生产了愚钝和痴呆。”[②]其三，在劳动中形成了人与人之间的异化关系。马克思曾在《詹姆斯·穆勒〈政治经济学原理〉一书摘要》中说道，假定我们作为人进行生产，我就会在我的产品中、在他人享用我的产品时、在与他人的印证关系中、在我的社会本质中证实和反观自己，并在这种印证和反观中再现自己、实现自己，从而感到快乐。但在物化的资本逻辑中、在异化的社会关系中，这一切都没能实现。其四，由于我不能从我的产品中，也不能从他者那里得到肯定、认同，我作为劳动者变成了一个孤独的原子，我无法从类本质、我的社会本质那里得到肯定和认同。对社会而言，是资本这种外在的力量强迫我劳动；对我自己而言，为了获得生存资料，我要强迫自己去劳动，因为没有了劳动这个手段我便不能生存，更不用说生活了。劳动的伦理意涵原本是作为内在的目的推动着劳动者的，而在对抗的社会关系下，它们却变成了外在的目的，我必须使我的意志服从这个目的。“这个目的是他所知道的，是作为规律决定着他的活动的方式和方法的，他必须使他的意志服从这个目的。但是这种服从不是孤立的行为。除了从事劳动的那些器官紧张之外，在整个劳动时间内还需要有作为注意力表现出来的有目的的意志，而且，劳动的内容及其方式和方法越是不能吸引劳动者，劳动者越是不能把劳动当作他自己

①《马克思恩格斯全集》第 42 卷，人民出版社 1979 年 5 月版，第 90 页。
② 同上，第 90 页。

的体力和智力的活动来享受，就越需要这种意志。”[①]

其次是社会财富分配的不公正。资本主义在它不到一百年的时间里所创造的生产力比以往时代的总和还要多。以此观之，毫无疑问，工业社会远比前工业社会进步得多。无论从生产工具的先进性程度，还是从分工与合作的密切程度来看，市场社会无疑是相对有效率的社会结构和运行类型。然而，财富的总量并不就是社会的发展和人的进步，有增长而无发展的社会事实也是有目共睹的。长期以来，作为帝国主义的经济学往往只关注财富的积累，而不过问财富的分配，着眼于经济的增长而无视人的生存状态。一种无价值立场的经济学应该受到批判。马克思曾严厉批评他那个时代的所谓国民经济学家："国民经济学不知道有失业的工人，不知道有处于劳动关系之外的劳动人。小偷、骗子、乞丐，失业的、快饿死的、贫穷的和犯罪的劳动人，他们都是些在国民经济学看来并不存在的人……他们是一些在国民经济学领域之外游荡的幽灵。因此，在国民经济学看来，工人的需要不过是维持工人在劳动期间的生活的需要，而且只限于保持工人后代不致死绝的程度。"[②]在完全对抗的社会关系下，劳动者根本得不到与他的劳动相对等的分享劳动成果的机会。正是私有制和资本的社会化使得劳动失去了它的伦理基础和伦理价值，这是强意义上的消解与不公正。

除强意义上的消解与不公正之外，还有弱意义状态下的劳动之伦理基础和伦理元素的丢失问题。已如前述，私有制与资本的"合谋"造成了全面的对抗关系，在此种关系状态下，劳动之伦理基础被消解掉。那么，在以公有制为主体、以市场经济为主要经济组织方式的社会结构状态下，劳动的伦理本体地位是否还能保持呢？这是一个需要进行事实确认和作出正当性评价的问题。首先，公有制从根本上解决了劳动产品与劳动者相分离的状况。尽管在公有制前提下仍存在某些分配不公的现象，如农民问题。改革开放30年，广大农民或主动或被动地参与了城市化和现代化建设，但却没有像城市居民那样充分享受到改革开放的成果。农民所改变的只是谋生的手段与方式，却没有改变农民的身份。公民在农民那里是一个极不充

① 马克思：《资本论》第1卷，人民出版社1975年6月版，第202页。

②《马克思恩格斯全集》第42卷，人民出版社1979年5月版，第105页。

分的范畴，大量资金主要用于城市建设，财富也主要集中在城市。一个正在完善着的市场尽管原则上向所有公民开放，但对农民而言那只是一种形式上的机会均等，而无实质内容。在生产岗位上，真正的体力劳动尤其是技术含量较低的劳动逐渐边缘化，而通过占有资本、运行资本以追求收益最大化的活动逐渐成为社会运转的轴心。就整个社会舆论环境而言，尊重劳动、赞美劳动的氛围尚不浓厚。但公有制还是从根本上有别于私有制，政府通过公共政策和制度安排，通过建立和完善社会保障体系以追求最基本的公正。当然，解决社会财富分配的正当性只是劳动之伦理本体问题的一个方面，而且是物质的方面，更为重要的是劳动之伦理本体地位的确证以及劳动之对象性价值的实现。这是劳动之伦理基础或伦理性的精神方面，公有制基础上的资本运行逻辑使这一精神方面成为了问题。

资本作为一种增殖运动，它以生产（一般）为起点，以分配和交换（特殊）为中介，以消费（个别）为终点，目的是增殖。作为资本之命运的增殖是在生产领域产生而在流通领域实现的，而资本必须表现为商品和货币，然而却又不能停留在商品与货币之上，而是必须不断转换它们：G—W—G′。资本既是商品和货币同时又不能是商品和货币，资本是一种不能停歇的流动。当资本停留于商品而不再流动时，就表现为经济危机；当资本停留于货币而不能流动时，就表现为金融危机。商品拜物教实质上是由资本的魔力导致的。资本如何把人的关系变成物的关系又如何把物的关系变成人的关系，这从下面的事实中即可以看得出来。正是在人与物之关系的颠倒中，劳动之伦理本体地位丧失了。

“资本主义[①]生产方式占统治地位的社会的财富，表现为‘庞大的商品堆积’，单个的商品表现为这种财富的元素形式。”[②]劳动及其产品采取商品这种形式，必然产生如下情况：其一，交换关系使得蕴藏在劳动及其产

①关于“资本主义”至少有三种书写方式：(1)作为经济形态；(2)作为政治形态；(3)作为思想形态。作为经济形态的资本主义所描述的是由资本的运行逻辑所构成的社会结构，其基本内涵应该是：资本如何使劳动及其产品变成了商品；作为商品属性的具体劳动（私人劳动）和抽象劳动（社会劳动）如何决定着使用价值和价值；劳动一旦采取商品形式如何被还原为物的要素，一切社会关系和精神关系如何被简化为物的关系。

②马克思：《资本论》第1卷，人民出版社1975年6月版，第47页。

品中的社会元素和精神元素被隐匿或丢失。商品原本就是产品，是人通过劳动获得的创造物，而在资本主义生产方式占统治地位的社会里，产品必须采取商品形式，也就是通过交换才能实现它的使用价值。使用价值是能够满足人们具体需要的有用性，不排除商品也具有审美价值或精神价值，但蕴含在劳动及其产品中的劳动者的本质力量、心智力量、尊严、反观、印证是不能作为使用价值进行交换的，因为它们只对劳动者有效而对购买者无效。其二，劳动被还原为可计算、可比较的物的要素。作为具体劳动，其物的要素表现为使用价值；作为抽象劳动，其物的要素表现为劳动时间。而尊严、反观、印证、因对象性关系而产生的快乐是不能计算的，不可比较的，也无须计算和比较。其三，更为重要的还在于，作为充当一般等价物的货币，乃是一把无情的尺子，这把尺子既作为根据又作为标准，它把原本不能公度的劳动及其产品变成了可公度的对象，它把多样性变成了统一性。其四，等价交换原则，使得劳动产品的购买者和享用者无法形成感恩之情，因为那是我用等价的货币换来的。基于上述事实，一系列相关的社会现象也就产生了：以“出卖”劳动力为谋生手段的劳动者大军既得不到应有的尊重，也得不到相应的机会与财富。除了些许可怜、同情之外并无真诚的感恩。相反，作为社会主流价值观和行为方式的则是：通过占有资本和运用资本仅在流通领域实现增殖。拿钱去直接赚钱，在古希腊和中世纪是不道德的，是受到谴责的，而今却变成了被鼓励的事情。劳动之伦理本体地位的消解同现代社会的无意义感一起，造成了问题社会。

让劳动回归伦理世界

私有制与资本运行逻辑的“合谋”造成了强意义上的劳动之伦理本体地位的隐匿；公有制基础上的资本运行逻辑造成了弱意义上的劳动之伦理性与伦理基础的消解。对我们而言，如何在公有制基础上让劳动回归伦理世界，乃是理论上的困境和实践中的难题。

在理论上，我们必须考虑的问题是，马克思在《詹姆斯·穆勒〈政治经济学原理〉一书摘要》中所讲到的，“假如我们作为人来存在”才能充分实现劳动的伦理性，我们可以把“假如我们作为人来存在”看作是实现劳动伦理性的伦理基础。那么这个基础在哪里呢？如何实现它呢？我们试图站在人类社会实践的基础上回答这些理论问题。

理论上的困境实际上是实践难题的思想形态。关于劳动之伦理本体地位的历史实践难题，实际上是私有制、资本与如何显现劳动之伦理价值之间的悖论。关于公有制与私有制的严格边界，也不是亘古不变的。人们对这种边界的认识与判断也有一个变化的过程。资本主义条件下的私有制是完全的私有制，资本的运行逻辑是建立在生产资料完全私人占有基础上的；而社会主义条件下的资本是在公有制基础上运行的。然而此种公有制已经不是纯粹的或计划经济条件下的公有制。资本本身就已经是市场化的产物，没有成熟的市场便不可能有资本的运动，市场是一个向资源私人占有者开放的社会空间。正是在市场这个特有的社会空间内，资源占有者已经被隐去了身份，直接表演的是商品与货币，而资本正是通过不断变换商品和货币而实现其自身的。于是，资本便具有了隐去劳动者和劳动性质的功能，它只把物的关系保留了下来，让商品与货币在市场这个大舞台上跳舞，而商品的卖者和买者充其量不过是一些伴奏者，劳动者及其劳动充其量也不过是一些背景，他们是可有可无的元素。这就是在资本的运行逻辑中，劳动之伦理本体地位丧失的最后秘密。如何解决资本与劳动之伦理本体地位丧失之间的悖论呢？显然，仅有公有制一项是不够的，因为公有制只是从根本上解决了极端化的异化劳动问题，却不能解决劳动者在其生产过程中和劳动产品中看不到自己的本质力量、得不到来自他者的认同与感恩的问题。

解决悖论的根本道路有两条：一是现实的，这是政治的方式；一是历史的，这是社会的方式。作为政治方式的现实道路，指的是要通过公共政策和制度的方式重新确立劳动价值论。什么是决定商品价格的根本要素很值得研究，如果根据技术含量和供需关系而不是根据马克思所说的一般人类劳动来决定价格，那就无法体现劳动者的劳动地位以及劳动的重要性。不能完全根据市场的力量去决定劳动者的社会地位以及劳动的重要性，国家通过政策与制度的方式给劳动者以应得，同时要完善社会保障体系。中国的农民或主动或被动地参与了改革开放事业，然而，他们能够改变的只是劳动的环境和条件，却没有改变身份，他们无法通过政治的方式进行意志表达。于是，其劳动过程与劳动成果无法通过对象化和对象性的形式得到反观、认同和确证。只有让农民从根本上摆脱农民的身份，而以劳动者的身份并有足够的政治条件进行意志表达的时候，劳动的伦理价值才能得到真正的体现和实现。

让劳动回归伦理世界，政治解决问题的道路只是结果上的，它无法强制所有享用劳动果实（财富）的人都有感恩之心，像马克思所说的那样，解决这个问题的根本道路不是政治的、经济的，而是社会历史的方式。对此，马克思曾深刻地指出："设想有一个自由人联合体，他们用公共的生产资料进行劳动，并且自觉地把许多个人劳动力当作一个社会劳动力来使用。这个联合体的总产品是社会的产品。这些产品的一部分重新用作生产资料。这一部分依旧是社会的。而另一部分则作为生活资料由联合体成员消费。因此，这一部分要在他们之间进行分配。这种分配的方式会随着社会生产机体本身的特殊方式和随着生产者的相应的历史发展程度而改变。"[①]在自由联合体中，即是说，劳动过程将优先于劳动结果，作为劳动过程之持续形式的劳动时间将起着决定性作用。"仅仅为了同商品生产进行对比，我们假定，每个生产者在生活资料中得到的份额是由他的劳动时间决定的。这样，劳动时间就会起双重作用。劳动时间的社会的有计划的分配，调节着各种劳动职能同各种需要的适当的比例。另一方面，劳动时间又是计量生产者个人在共同劳动中所占份额的尺度，因而也是计量生产者个人在共同产品的个人消费部分中所占份额的尺度。在那里，人们同他们的劳动和劳动产品的社会关系，无论在生产上还是在分配上，都是简单明了的。"[②]

在自由联合体中，劳动、劳动过程的伦理意义直接表现为劳动时间的人类学意义。劳动意义的回归以及剩余时间的合理使用，从根本上说

①马克思：《资本论》第1卷，人民出版社1975年6月版，第95页。
②同上，第95—96页。

来，取决于对造成劳动异化和剩余时间滥用的前提的彻底改造。在私有制和交换价值为主要形态的商品社会里，劳动首先是私人劳动，而要使他的个别的、特殊的私人劳动对他来说具有意义，成为他获得必要的生活资料的基础，就必须使他的私人劳动一般化，亦即商品化和货币化，必须首先造成对自己来说是异己的物的依赖性，才能使自己作为劳动者和消费者而存在。这是一个矛盾：单个人的劳动就是他用来直接购买产品即购买自己特殊活动的货币；但这是一种只能用来购买这种特定产品的特殊货币。为了直接成为一般货币，单个人的劳动必须一开始就不是特殊劳动，而是一般劳动，也就是说，必须一开始就成为一般生产的环节。在这种前提下，“不是交换最先赋予劳动以一般性质，而是劳动预先具有的共同性决定着对产品的分享”。[①]马克思把两种不同前提下的交换过程作了比较：“在以单个人的独立生产为出发点的第一种情况下，——不管这些独立生产通过自己的互相联系而在事后怎样确立和发生形态变化，——媒介作用来自商品交换，交换价值，货币，它们是同一关系的表现。在第二种情况下，作为生产的基础的共同性是前提。单个人的劳动一开始就成为社会劳动。因此，不管他所创造的或协助创造的产品的特殊物质形式如何，他用自己的劳动所购买的不是一定的特殊商品，而是共同生产中的一定份额。因此，他不需要去交换特殊产品。他的产品不是交换价值。这种产品无须先变成一种特殊形式，才对个人具有一般性质。在这里，交换价值中必然产生的分工不再存在了，代之而建立起来的是某种以单个人参与共同消费为结果的劳动组织。”[②]

如果用不着以商品、货币和交换价值为媒介就可以实现交换，那就得取消造成资本之基本矛盾的前提：私人劳动与社会劳动的对立以及造成这种矛盾的原因——私有制。要想是单个人的劳动同时也使他的产品直接成为货币，成为已经实现的交换价值，那就等于把它直接规定为一般劳动，这就恰好否定了使劳动必须成为货币和交换价值并依赖于私人交换的那些条件。使单个人的劳动直接成为货币的要求，只有在这种要求不再能够提

①马克思：《资本论》第1卷，人民出版社1975年6月版，第118—119页。
②《马克思恩格斯全集》第46卷（上），人民出版社1979年7月版，第119页。

出来的条件下，才能得到满足。因为以交换价值为基础的劳动的前提恰好是：不论是单个人的劳动还是他的产品，都不具有直接的一般性；他的产品只有通过物的媒介作用，通过与它不同的货币，才能获得这种形式。即是说，只有当社会统一组织、分配和使用个体的劳动，而每个人不再亲自以货币和交换价值为媒介去实现自己的目的的时候，人的全面需要和全面发展才有可能，劳动和社会时间也才会真正显现它的人学价值。“如果共同生产已成为前提，时间的规定当然仍然有重要意义。社会为生产小麦、牲畜等等所需要的时间越少，它所赢得的从事其他生产，物质的或精神的生产的时间就越多。正像单个人的情况一样，社会发展、社会享用和社会活动的全面性，都取决于时间的节省。一切节约归根到底都是时间的节约。正像单个人必须正确地分配自己的时间，才能以适当的比例获得知识或满足对他的活动所提出的各种要求，社会必须合理地分配自己的时间，才能实现符合社会全部需要的生产。因此，时间的节约，以及劳动时间在不同的生产部门之间的有计划的分配，在共同生产的基础上仍然是首要的经济规律。这甚至在更加高得多的程度上成为规律。”①

那么，具备怎样的社会历史条件才能使劳动时间具有人类学意义，从而使劳动真正回归伦理世界呢？“只有当社会生活过程即物质生产过程的形态，作为自由结合的人的产物，处于人的有意识有计划的控制之下的时候，它才会把自己的神秘的纱幕揭掉。但是，这需要有一定的社会物质基础或一系列物质生存条件，而这些条件本身又是长期的、痛苦的历史发展的自然产物。”②这将是整个人类的事情。

（原载《学术月刊》2010年第3期）

①《马克思恩格斯全集》第46卷（上），人民出版社1979年7月版，第120页。

②马克思：《资本论》第1卷，人民出版社1975年6月版，第97页。

第四编
消费及消费伦理问题

消费的合理性与合理消费

阅读提示：普遍消费或消费的普遍化是市场社会的基本特征，也是日常生活中的一大景观。于是，消费问题也日益成为经济学、社会学、伦理学和哲学等学科所热烈讨论的话题。其实，关于消费问题的讨论早在资本主义产生初期即已开始，比较而言，我们的研究以及理论水平还是初级的，无论从研究的广度还是从研究的深度看，都尚未达到与国外相接近的水平。当然，这与研究者的学科使命和理论水平无必然关系，而与我们的市场社会尚不发达、复杂程度较低有关。人们只能在社会向理论已经提出的问题域中寻找课题，而不是相反。综观和研究近年来学术界关于消费问题的讨论，在肯定学术成果的同时，发现问题，找寻进一步深化的道路，无疑是一项重要的工作。而与消费有关的理论研究，至少涉及这样一些主要问题：学术资源的扬弃；消费状况的调研与评估；作为生活方式的消费与消费主义；消费正义；合理消费的替代方式（文化消费与消费文化）。

一、学术资源的扬弃

消费成为推动经济发展的一个动力，构造一种旨在鼓励人们进行消费的价值观，这一过程是同市场社会的建立与发展一同发展起来的，因此，关于消费问题的研究早在资本主义初期即已开始。二百多年的学术发展历程，为我们研究消费史以及当下的消费问题，提供了丰厚的资料与思想。对此，我们应当采取扬弃的态度。对学术资源的扬弃有两种基本的道路：一是将一种成熟学科的研究范式（范畴与方法）迁移到别一种学科领域；一是批判与借鉴同一学科或同一研究对象的研究成果。关于消费研究之学术资源的扬弃显然属于第二种。

依照惯常的理解，以市场为导向进行资源配置从而求得收益最大化乃市场经济的根本特征，而追求收益最大化之目的的实现需以商品的快速消费为根本途径，于是消费者的消费行为就成为了制约实现收益最大化的最大瓶颈。以此推论，经济学家理应把消费问题或需求问题作为经济学的重要课题。然而在古典经济学那里，消费问题似乎都不是经济学讨论的课题，至少不是中心课题。在亚当·斯密那里，讨论的主题是财富的创造、积累和分配的问题，与此相关的是对制约财富创造与积累之相关因素的分析，包括分工、商品、货币、价格、税制等等的研究，尤其对分工的作用给予了高度重视："劳动生产力上最大的增进，以及运用劳动时所表现的更大的熟练、技巧和判断力，似乎都是分工的结果。"[①]当然，这并非说，斯密对消费问题全无涉及和论述。在《国富论》上卷第一编第七章"论商品的自然价格与市场价格"标题下，斯密提出了"有效需求"概念，他试图将商品的"自然价格"、"市场价格"和"有效需求"关联起来，借以描述供求关系，见出供求规律。商品的"自然价格"是指生产该产品所实际花费的费用，"商品通常出卖的实际价格，叫作它的市场价格"。"每一个商品的市场价格，都受支配于它的实际供给量和愿意支付它的自然价格的人的需求量这二者的比例。愿支付商品的自然价格的人，可称为有效需求者，而他们的需求，可称为有效需求。因为，这种需求也许使商品的出售得以实现。"[②]继斯密之后，约翰·斯图亚特·穆勒在其不朽的著作《政治经济学原理》中，把斯密的具有启发性的、马尔萨斯富于独创性

①［英］亚当·斯密：《国民财富的性质与原因的研究》(上)，郭大力、王亚南译，商务印书馆 1997 年版，第 5 页。

②同上，第 50 页。

的和李嘉图的更有条理性的经济理论首尾一致地联结在一起，但穆勒依然未给予消费以充分的论述，在“生产”、“分配”、“交换”、“社会进步对生产和分配的影响”和“论政府的作用”五个“编章”中，只在第三编之第二章“论需求和供给，以及它们与价值的关系”中，对需求问题作了简明扼要的论述，且这种论述是在批评斯密“有效需求”概念的基础上进行的。值得肯定的是，穆勒确实看到了在供给与需求之间存在矛盾甚至悖论的事实。“需求与供给之间的比率，只有将需求解释为需求量，并将这一比率解释为需求量与供给量之间的比率，才易于理解。可是，需求量即使在同一时间、同一地点也不是固定不变的；它是随同价值的变动而变动的。物品价格低廉的时候，其需求量通常大于价格高昂的时候。因此，需求部分地取决于价值。然而，如前所述，价值是取决于需求的。我们将如何摆脱这个矛盾呢？将如何解决二者相互决定这一悖论呢？”穆勒接着说：“虽然这些疑难问题的解答是十分明显的，但这些疑难问题本身并不是空想出来的。我如此明白地提出这些疑难问题，是因为我确信，任何研究这一题目的人，若没有老实地面对并清楚地认识到这些疑难问题，都会被这些疑难问题所困扰。”[①]其实，欲望、消费问题绝非那样简单，即便是在商品生产、分配、交换和消费的逻辑内，消费的作用也是相当复杂的，对此，马克思给予了富有创建的论述。马克思在写于1844年1—8月的《詹姆斯·穆勒〈政治经济学原理〉一书摘要》中，明确地把生产、分配、交换和消费关联起来加以研究，马克思在引证穆勒的材料之后指出，生产、分配、交换只是手段，谁也不为生产而生产。所有这一切都是中间的、中介的活动，“目的是消费”。就消费的类型说，有“生产性消费”和“非生产性消费”两种。[②]马克思在非常一般性的意义上，精辟地论述了生产与消费的关系：生产直接地就是消费——物力与体力的消费；消费又从两个方面制约着生产：“（1）因为产品只是在消费中才成为现实的产品。消费是在把产品消灭的时候才使产品最后完成，因为产品之所以是产品，不

①［英］约翰·斯图亚特·穆勒：《政治经济学原理》（上），朱泱等译，商务印书馆1997年版，第503—504页。

②《马克思恩格斯全集》第42卷，人民出版社1979年版，第31—32页。

是它作为物化了的活动，而只是作为活动着的主体的对象。（2）因为消费创造出新的生产的需要，因而创造出生产的观念上的内在动机，后者是生产的前提。消费创造出生产的动力；它也创造出在生产中作为决定目的的东西而发生作用的对象。如果说，生产在外部提供消费的对象是显而易见的，那么，同样显而易见的是，消费在观念上提出生产的对象，把它作为内心的图像、作为需要、作为动力和目的提出来。消费创造出还是在主观形式上的生产对象。没有需要，就没有生产。而消费则把需要再生产出来。”[①]然而，马克思并没有停留于对消费问题的一般性研究上，而是试图将这种研究置于现实的社会历史的基地上。马克思尖锐地批判了不顾具体的社会历史条件而抽象地谈论生产、分配、交换和消费的问题，把这种认识称为“肤浅的表象”。“生产、分配、交换、消费因此形成一个正规的三段论法：生产是一般，分配和交换是特殊，消费是个别。这当然是一种联系，然而是一种肤浅的联系。”[②]其实，马克思从人的生产方式、交往方式和生存状态出发考察生产与消费的关系，早在1844年上半年即已开始。只有在普遍交换的历史语境下，生产一般和消费一般才能产生，生产者才能通过为一切人生产，才能为自己生产。马克思通过对资本主义条件下之劳动异化的考察，在《政治经济学批判（1857—1858年）手稿》中指出，“以物的依赖性为基础的人的独立性，是第二大形态，在这种形态下，才形成普遍的社会物质变换，全面的关系，多方面的需求以及全面的能力的体系。”[③]显然马克思关于消费问题的研究不是纯粹经济学的，而是人学或人类学的，他将消费问题与资本主义和人的生存发展联系起来。在某种意义上可以说，马克思用以研究消费问题的致思方式和价值立场，即便是在今天依然有它的效用，理应很好地借鉴。然而，从近五年来我国关于消费问题的研究状况来看，我们未能很好地做到这一点。

在西方学术资源中，关于消费问题的学术研究，还有两种学术资源值得重视，一个是主流形态经济学中的消费观，另一个是社会学和文化学视

① 《马克思恩格斯全集》第46卷（上），人民出版社1979年版，第28—29页。
②同上，第26页。
③同上，第104页。

野中的消费观。

在西方主流形态经济学中，我们选取了三本教材作为考察的范本，因为教材通常被作为可以普遍推广的观点的传播形式。（1）萨缪尔森。萨缪尔森1948年出版了他的传世之作：《经济学》。时至今日，作为教材，《经济学》已经印行到第18版。自1948年第1版问世以来，该书经过多次重版，久已成为世界最畅销的经济学教科书。已先后被译为法文、德文、意大利文、瑞典文、西班牙文、葡萄牙文、日文、中文、阿拉伯文、俄文、匈牙利文、捷克文、罗马尼亚文、塞尔维亚文、越南文等40余种文字，销售量累计超过了1000万册。作为一部经济学的经典教材，萨缪尔森把经济学的研究对象明确划分为微观和宏观两部分。在微观经济学①部分，萨缪尔森并未直接讨论生产要素问题，而是从“供给与需求的基本原理”出发，这是符合事实逻辑的。因为正如布罗代尔所强调的那样，在一个完全市场化的社会里，有两个世界并存着，这就是供给世界和需求世界，两个世界密切关联着，或用社会学的术语说，就是相互构造着，相互嵌入着：生产者不断地把他的意志嵌入到消费者的意志和行为里，反之亦然。于是经济学的任务就在于考察需求市场与供给市场相互关联的内在机制。市场基本原理表明：“消费者的偏好如何决定商品的消费需求，而生产成本则是商品供给的基础。最后，我们将看到，通过价格运动和价值机制，供给和需求如何达到平衡或均衡。”②而对消费者而言，其基本原则就是用最少的钱得到最大的享受，他追求的是“消费者剩余”③，因此，“经济学的主要任务之一是解释消费者行为的原理”。④（2）斯蒂格利茨。作为国际公认的新一代

①“宏观经济学研究经济作为一个总体的功能；微观经济学则分析单个部分，如行业、企业和居民户的行为。”［萨缪尔森、诺德豪斯：《经济学》（第 14 版），胡代光等译，首都经济贸易大学出版社 1996 年版，第 5 页］

②萨缪尔森、诺德豪斯：《经济学》（第 14 版），胡代光等译，首都经济贸易大学出版社 1996 年版，第 86 页。

③“一种物品的总效用与其总市场价值之间的差额称为消费者剩余（consumer surplus）。之所以会产生剩余，是因为我们‘所得到的大于我们所支付的代价’，这种额外的好处根源于递减的边际效用。”［萨缪尔森、诺德豪斯：《经济学》（第 14 版），胡代光等译，首都经济贸易大学出版社 1996 年版，第 167—168 页］

④萨缪尔森、诺德豪斯：《经济学》（第 14 版），胡代光等译，首都经济贸易大学出版社 1996 年版，第 149 页。

经济学家的头面人物，斯蒂格利茨在经济学的几乎所有的主要分支中都做出了重要贡献；1997年初，斯蒂格利茨成为世界银行首席经济学家；曾担任美国经济协会副主席。由斯蒂格利茨撰写的大学教材《经济学》（中文已有第二版）是美国颇具影响的几种教材之一。尽管该书在一些方面有萨缪尔森的影子，但还是在许多方面推进了经济学研究，并在将经济学原理进行推广方面做出了努力。在斯蒂格利茨看来，应该像经济学家那样思考经济现象，这就是研究“生产什么，生产多少？”“如何生产？”“为谁生产？”“谁作出经济决策，依据什么程序？”。在这样的逻辑框架内，斯蒂格利茨在第四章和第五章分别讨论了“需求、供给和价格”、“需求和供给的应用”。斯蒂格利茨说：“经济学家用需求（demand）的概念来说明家庭或厂商在给定价格下选择购买的一种商品或服务的数量。必须注意的是，经济学家不仅仅关心人们需要什么，而且关心在他们的预算约束所给定的支出范围和各种商品的给定价格下，他们选择购买什么。在对需求的分析，他们要问的第一个问题是，如果其他条件不变，当一种商品的价格变动时，个人对这种商品的购买数量如何变化。”[①]（3）曼昆。曼昆在《经济学基础》第二版中，用更为通俗化的语言描述了经济学的十大原理，在第二篇和第三篇中，用了四章的篇幅论述了需求问题。曼昆指出：“我们对市场的研究从考察买者的行为开始。在这里我们考虑什么因素决定任何一种物品的需求量，需求量是买者愿意购买而且能够购买的物品量。”[②]在曼昆看来，决定个人需求的数量的因素有价格、收入、相关物品的价格、嗜好、预期，等等。尽管曼昆并没有把经济学的研究向前推进多少，因为教材所呈现的观点和材料都是较为稳妥和成熟的，向前迈上一小步都是困难的，但还是很好地使用了萨缪尔森和斯蒂格利茨的概念和思想，并用更容易被学生接受的方式作了推广。

在经济学的视野内，在基本的或相似的逻辑框架下，经济学的重点和论证方式可能会有差异，但基本上都把需求、消费视为影响生产和商品价格的既定因素，至于要通过何种社会设置刺激消费、拉动内需，以及普遍

①［美］斯蒂格利茨：《经济学》上册，梁小民等译，中国人民大学出版社 1997 版，第 67 页。
②［美］曼昆：《经济学基础》（第 2 版），梁小民译，生活·读书·新知三联书店 2003 年版，第 68 页。

消费或消费的普遍性会引起怎样的生活方式的变化，似乎不在经济学的考察之内。经济学的根本使命在于如何最大化地使用和分配稀缺性资源，而对这种使用、分配和消费的正当性基础似乎不在考察之列。但即便是在经济学的范畴内，我们对西方经济学家关于需求和消费研究的学术成果的借鉴也还是很不够的。

二、消费状况的调研与评估

如若把生产与消费的内在关联坚持下去，并作为分析消费状况的调研与评估的理论框架，那么消费状况就应该包括稀缺资源的消费和产品的消费两个方面。就稀缺资源的消费状况而言，最值得关注的是《绿色前沿丛书》和中国21世纪议程管理中心可持续发展战略研究组编著的《发展的基础——中国可持续发展的资源、生态基础评价》所提供的调研与评估。

人类与自然环境的紧张状态首先表现为人口增长与自然资源稀缺之间的矛盾。“正是在这些被大工业以其强有力的生气所鼓舞着的地区中，十分强烈地表示出人口显著增加，这已成为大多数工业国家中的正常现象。曼彻斯特在1773年是一个仅有三万人口的城市，可是一百五十年后，它几乎有一百万人口；大不列颠和爱尔兰的总人口，在1801年是一千四百五十万，到1928年则达到四千八百万。”[①]人口增长在19世纪更是成为令人瞩目的问题，托马斯·马尔萨斯预言，人口将呈几何级数快速增长，大大超过以算术级数增长的食物供应。1798年马尔萨斯的人口理论一经公布便遭到了很多人的讥讽和批评，尽管马尔萨斯的初衷是只关注人口、人类，而不是自然环境，但二百多年之后的今天，虽然不能证明马尔萨斯的人口理论是真理，但人口的快速增长以及由此所带来的环境压力却是不争的事实。关于人口驱动力问题，有学者认为，近几个世纪人口增加的主要原因，一个是“医学，特别是公共卫生方面取得的进步”，但令人

①[法]保尔·芒图：《十八世纪产业革命》，陈希秦等译，商务印书馆1997年9月版，第12页。

"遗憾的是，从人口角度看，死亡率下降未能直接影响到生育率"。"人口变化的另一个主要的现实驱动力是城市化，这还是社会和经济方面的原因。"[①]根据联合国人口组织报告预测，到2050年中国人口为13.95亿，而印度人口将会超过中国达到15.31亿。日益增加的人口对环境的压力，除了表现在食物、衣装、饮水、空气方面的需求之外，重要的方式就是人口增长与爆炸性的城市化的互动问题。[②]那么是何种人口危害地球呢？"人口爆炸多数出现于发展中国家，可是多数的环境破坏，尤其是那些具有全球后果的环境破坏，却由人口已相对稳定的工业国一手造成。"[③]例如，我们发现，破坏臭氧层的含氯氟烃是从工业国的空调器、聚苯乙烯泡沫塑料生产和各种喷雾剂中释放出来的。不幸的是，发达国家造成的环境影响多由第三世界的穷国来消受。有毒垃圾装船驶离工业国港口，为寻找一个填埋地点而周游世界，最后落户在某个急等现钱的第三世界国家。工业国中已禁止使用的有毒杀虫剂依然畅销于发展中国家。近至1991年，世界银行的首席经济学家还坚持认为，第三世界国家尚"污染不够"，现应接纳自工业国运来的有毒废料。确实由第三世界自己造成的多数环境破坏也往往导源于第一世界，因为后者的经济发展项目输出了危害环境的政策。印度尼西亚政府所作的一项研究"得出结论，银行向环境破坏活动发放的贷款

① [美]罗伯特·艾尔斯：《转折点——增长范式的终结》，戴星翼、黄文芳译，上海译文出版社2001年10月版，第20页。

② 现代化进程在某种意义上就是工业化和城市化的过程。城市化意味着大量农田变为工厂、宅基地、单位用地，为追求城市经济的发展势头，大量农田被划拨为经济技术开发区或工业园区。但事实上，以工业园区名义获得土地使用权的个人或组织，并未将土地用于所谓的城市经济建设，即便是确实建成的经济开发区或工业园区，其经济效益和社会效益也多半不尽如人意。但却造成大量的包括土地在内的自然资源的闲置或浪费。"我们正在用'掠夺式工业生产方式'破坏我们的家园。当代文明社会对自然资源的掠夺式开发和破坏的主要动力正是来源于现代城市——拥挤的交通、对化石燃料需求巨大，以及由水泥和沥青构成的巨大网络。这个由汽车—城市蔓延—高速公路—石油燃料组成的复合体又焕发出一种新的活力——一种特别的经济'生命力'，它吞噬大量的农田、土地和自然生态环境，造成全世界每年交通事故死亡人数为50万人，受伤者1000多万人，彻底破坏了地球经过1.5亿年才形成和储存下来的化石燃料。同时，城市还消耗着巨大的钢材和能源。福特汽车公司在1999年的一则电视广告中声称，每年该公司消耗的钢铁就足够建造700座埃菲尔铁塔。这些够建700座埃菲尔铁塔的钢材通过巨大能源的驱动，像一条火龙横扫乡野，在城市化的光辉业绩中吞噬着土地，污染大气。"（[美]理查德·瑞吉斯特：《生态城市——建设与自然平衡的人居环境》，王如松、胡聃译，社会科学文献出版社2002年12月版，第7页）

③ [美]丹尼尔·A.科尔曼：《消失的边界：建设一个绿色社会》，梅俊杰译，上海译文出版社2002年10月版，第8页。

额……比向据称环境无害活动发放的贷款额高出10倍”。第三世界国家承受着压力，被迫参与国际经济竞争以摆脱其众所周知的国际债务负担。这改变了原以自立为特点的小规模家庭农业，取而代之的是用工日少的大规模农业。庞大的农业企业耕作着以前由森林覆盖或者由自立的农民综合利用的大片土地，那些从传统生活方式中被连根拔起并且流离失所的人们被迫移向贫瘠荒野之地，以勉强糊口度日。由此而造成了森林砍伐、物种消失、沙漠扩大、大气中二氧化碳增加及随之而来的全球变暖。

隐性资源的迅速耗费。隐性资源又称隐形成本，主要指，用既定的环境标准无法计量的损失，如造纸厂、水泥厂、制药厂、铁铜矿等，除了可计算的原料、辅助材料的消耗之外，还有污染、水位下降、气候变化，这些是无法计算的，还有一些是由于经济政策导致的地区性的环境问题。二战以后，史无前例的经济繁荣和扩张带来了物质商品消费量的激增。从1950年到现在，全球木材消费量增加了1倍多，纸的使用量增加了5倍，鱼的消费量增加了4倍，水和谷物的消费量增加了2倍，而钢的使用量和化石燃料的消耗量攀升了4倍。人口由1950年的25亿增至1999年的60多亿。所有这些趋势结合在一起，已引起全球经济和地球生态极限之间的矛盾。1998年，作为导致全球变暖的主要源头之一的碳的排放量达到了最高峰，已接近70亿吨，大气中的二氧化碳含量再次达到了历史最高记录。生物学家已发出警告：我们已经进入了一个生物种群大量灭绝的时期——这一时期灭绝的生物种群的数量是6500万年以来最多的。根据世界环境保护组织的调查，世界上约有1/4哺乳动物种群面临灭绝的危险，13%的植物种群也濒临灭绝。同时，世界上主要的鱼类都处在灭绝的边缘。而水资源的稀缺和土地肥力的退化更是对人类食物来源的威胁。经济和生态系统的全球化导致了国与国之间的“环境空间”的互换。一个专业小组对全球52个国家进行了一项被称之为“生态足迹”的研究，研究的核心是这些国家和其居民所占用的从生物学意义上来说具有生产能力的土地面积。结果证明：当今世界已经超越了它的生态承载能力。在超越生态极限的过程中，相对于另一部分国家，一些国家由于其稀缺的自然资本或极其浪费的消费方式，或是因为以上两个原因的共同作用，对生态系统进行了更为残酷的掠夺。

一些生态资源不足的国家开始从那些资源相对富足的国家输入自然资本，这是一个隐形的掠夺过程。荷兰实际获得的生态承载力是1.2，而它的生态空间占有却是5.9，生态赤字4.7；美国为6.7比10.9，生态赤字4.2；中国为0.6比1.5，生态赤字为0.8。[①]人类对地球的开掘也从未像今天这样全面、深入而迅速。采矿业和石油业的发展也对地球上的森林、山脉、水资源和其他敏感的生态系统造成了影响。矿山开采至少包含着三度污染：原料开采开掘、原料加工、产品消费。总之，采矿业耗费了巨大的环境资本。它不仅毁坏了大面积的土地，同时还产生了数量很大的污染物和废弃物。在美国，每生产1公斤黄金，就会留下300万公斤的废矿石。重要的矿产采掘地通常是在先前未被破坏的森林和野地。据世界资源研究所报道，采矿和开发能源以及相关的活动是继伐木之后对边缘森林造成危害的第二大因素，它所影响到的森林面积约占受破坏的森林总面积的40%。[②]采矿业不仅破坏了宝贵的生态系统，而且还对当地居民的生活造成了损害。据估计，未来20年里，50%的黄金将产自有人居住的地方。采矿业所产生的有毒副产品毒化了赖以生存的水资源，同时采矿业本身也对田地和森林造成了破坏，而恰恰是森林和土地为人类生存提供了给养。生物多样性的破坏使得自然循环系统受到破坏。森林、草原、湿地因干旱而日益沙化，沙漠面积的扩大使大批田地变成荒野。可供人类居住的环境逐渐缩小其范围，继政治难民和经济难民之后，环境难民产生了。政府间气候变化专门小组1990年的研究报告称："气候变化最严重的后果，也许是造成人类迁移的那些后果，因为海岸线侵蚀，沿海地区洪水泛滥，以及农业遭受破坏，使得几百万人背井离乡。"[③]由于干旱、土壤侵蚀、沙化或其他环境问题，许多人在自己的家乡无法获得生活保障，只得到他乡寻求避难所，不管这样做有多危险。据最新统计，"这类穷人今天至少有1000万，或者说，是其他各类难

①参见［美］希拉里·弗伦奇：《消失的边界》，李丹译，上海译文出版社2002年9月版，第8—12页。
②同上，第32页。
③［美］诺曼·迈尔斯：《最终的安全：政治稳定的环境基础》，王正平、金辉译，上海译文出版社2001年9月版，第187页。

民（政治难民、宗教难民、种族难民）人数的总和”。①

中国二十多年来经济社会发展对资源、生态的消耗也相当严重。

（1）人均生态占用空间偏低。生态占用空间是一种度量人类对自然资源消耗程度和实际生态承载力的方法，是目前测度可持续发展程度的重要工具。它是一组基于具有生物生产力的陆地或水域面积而量化的指标。生态占用空间的实质意义就是衡量“一只负载着人类与人类所创造的城市、工厂……的巨足在地球上留下的足印”的大小。一旦这只巨足超越了实际生态空间的面积（生态承载力），人类社会持续发展的物质基础将会崩溃。我国专门化的研究机构根据目前流行的生态占用空间计算方法，对我国1980、1985、1990、1995和2000年的人均生态占用空间进行了计算。计算的结果反映了我国资源耗费的增加与生态承载力相关的变化态势：①人均生态占用空间持续增加。与全球人均生态占用空间呈平稳态势不同，我国的人均生态占用空间过去20年从0.885hm^2增加到了1.258hm^2，呈持续增长态势。从1980—2000年这20年间，中国人均生态占用空间增加了73%。②资源消耗结构发生变化。能源消耗占据的生态空间最大。不同类型生态空间占用比例发生了变化：由最初以农产品消耗为主的耕地资源占用开始转向以工业产品为主的能源消耗占用，同时畜产品和水产品消耗的生态占用空间亦迅速增大。1980年农产品消耗的人均耕地生态占用空间为48%，到2000年已经减少到24%，减少了一半。与此相反的是，人们的畜产品和水产品消耗量逐渐增大，牧草地和水域的生态占用逐渐增大，2000年畜产品消耗的草地生态空间占用量比1980年增加了73%，水产品消耗的水域生态占用空间则增大近500%。但从根本上看，中国人均消耗的生态占用空间增大主要原因在于能源消耗占用生态空间的比例迅速增大。1980年化石能源生态占用空间占总生态占用空间的40%左右，到2000年，化石能源生态占用空间已经达到57%。它反映的是工业在国民经济中的地位增强使得化石能源占用地成为了中国生态赤字增大的主要根源。③生态赤字增加较快。与实际生态承载能力相比，1980年我国就已经出现了生态赤字，随后生态

①［美］诺曼·迈尔斯：《最终的安全：政治稳定的环境基础》，王正平、金辉译，上海译文出版社2001年9月版，第188页。

赤字逐渐增大。1980年，在生活水平和消费水平、社会生活资料供应相对落后和贫乏的条件下，就已经出现了人均0.275hm^2的生态赤字，足以说明我国生态空间严重不足。到2000年人均生态赤字达到了0.548hm^2，相当于1980年的2倍。我国人均生态承载力只有全球平均水平的1/3。④与全球平均水平相比，我国人均消耗的生态占用空间总体偏低。除水产品消耗自20世纪90年代以后高于全球平均消耗的生态占用空间外，其余均低于全球平均水平。其中，农产品消耗的生态占用空间为全球平均水平的55.6%—72.3%，畜产品消耗生态占用空间为全球的0.2%—0.77%，林产品消耗生态占用空间为全球的13.6%—22.8%，能源消耗生态占用空间为全球的31.5%—63.9%，建筑用地的生态占用空间为全球的15%—18.3%，水产品消耗的生态占用空间为全球平均水平的12.9%—145%。比较而言，我国能源消耗的生态占用空间20世纪90年代以来增长过快。1980年能源占用空间为总占用空间的40.67%，到1995年时高达59.68%，而全球平均生态占用空间在1980年时为总占用空间的45.16%，到1999年时最高增长为49.23%。我国生物性生态土地的承载力只有全球平均承载力的24%—38%；在过去的20年中，我国生态赤字平均比全球生态赤字高1.5倍。

（2）水资源日益短缺，水污染进一步加剧。其一，水资源消耗的数量与结构。①水资源总量趋于减少，人均占有水资源量绝对下降。从年降水量看，2000年全国平均年降水量612毫米，折合降水总量58122亿立方米，比常年（多年平均）少4.1%。在北方五个流域片中，与1980年年降水量相比，松花江辽河流域少21.6%，海河流域少25.5%，黄河流域少13.2%，淮河流域少25.3%，内陆河流域增加0.8%；南方四个流域片中，长江流域少6.6%，珠江流域增加15.4%，东南诸河流域少3.4%，西南诸河流域增加3.3%。从地表水资源看，2000年全国地表水资源量25933亿立方米，比1980年少4.4%。与1980年地表水资源量相比，在北方五个流域片中，松花江辽河流域少29.5%，海河流域少68.8%，黄河流域少38.4%，淮河流域少49.4%，内陆河流域少31.4%；在南方四个流域片中，长江流域少7.7%，珠江流域少23.6%，东南诸河流域少18.2%，西南诸河流域少2.6%。从地下水资源看，2000年全国地下水资源量8390亿立方米，而大部分与地表水资源量重复，不重复的只有935亿立方米。将地表水资源量与地下水资源量中的不重复量相加，全国水资源总量为26868亿立方米，比1980年少4.5%，比常年少2.2%。这一比较显示出，中国水资源严峻的形势将长期存在。②农业用水保持稳定，生活和工业用水大幅度增加。中国水资源总量已少于28000亿立方米，而且地区分布不均逐渐增大，有80%分布在南方，而南方耕地却只占全国耕地面积的1/3左右。因此，总的水资源可利用量非常有限。从总用水量上说，从1980—2000年，我国社会经济总用水量增加了约23.9%，从4437亿立方米增加到5498亿立方米，不同的行业用水增长趋势明显不同。农业用水由占总用水量的83%下降到69%，而同期工业用水比例由10%上升到21%，生活用水比例由6.3%上升到11%。其二，水质消耗：水体污染日趋严重。①工业废水排放量呈现出下降趋势。1980年，每日排放工业废水0.72亿吨，这些工业废水90%以上未经任何处理直接排入了水体。1990年工业废水每日排放量降到0.65亿吨，工业废水处理率达到32%。②城市生活污水排放量大幅度增加。1980年，每日排放城市生活污水约0.15亿吨，这些城市生活污水90%以上未经任何处理直接排入了水体。1990年，城市生活污水每日排放量高达1.1亿吨，而处理率却只有3.86%。90年代以来，城市人口增加、城市生活水平提高，城市生活污水排放量呈上升趋势。1998年比1990年增加85.5%，占整个污水排放量的49.3%，一些大中城市已超过50%。中国城镇人口1998年比1990年增加了25.7%，而人均生活污水排放量则增加了47.6%。③化肥和农药施用量直线上升。化肥污染：从统计数据看，从1980年到2000年我国的化肥使用量包括各种单项化肥几乎呈直线上升趋势，1995年是1980年的2.8倍，并且氮肥一直占化肥使用量的一半以上。化肥可以通过地表径流和水土流失两种途径进入水体。据统计，全国各大江河的干流中有12. 7%受到污染，支流有55%受到污染。农药污染：中国目前农药的年产量约为50万吨，品种100多个。化学农药的污染问题已成为近年来各种污染中的重要方面，不仅污染水、土壤、大气，而且直接关系到农业生产和人畜的安全。

（3）中国土地消耗态势。①土地的数量消耗。20年来，中国经济增长可以说是一种典型的外延型增长模式。由于一切经济活动都发生在土地上，经济活动的结果最后也积淀在土地之中，于是经济发展的后果都表现在土地的变化上。外延型经济增长模式意味着大量的自然土地面积（森林、草地、农田、水面）转变成厂矿、道路、城镇和农村居民点。总的说来，森林、草地、农田面积在总数上基本保持平衡，相比较而言，土地利用格局中变化最为关键的是建成区面积扩大了30.8%，20年间增加了857万公顷，这部分增加面积主要是通过一些未利用土地转化为林地、草地、耕地，然后耕地转化为建成区土地来实现的。然而人均土地和耕地面积却明显下降。中国人均土地面积在20年间减少23%，人均林地减少11.7%，人均草地减少23.6%，人均耕地减少22.9%，人均水面减少54%，人均未利用土地减少31.2%。人均增加的土地利用类型只有园地和建成面积。国家投资兴建的工业开发区、工业园区、城镇、道路、水利设施，农村居民点、工矿，建成区面积总量由1980年的27.8亿公顷增加到了36.4亿公顷，净增加8.6亿公顷。②土地质量的消耗。土地质量的消耗主要体现在人类利用不当或自然影响而造成的土地资源质量下降或土地资源退化，表现为土地生物生产能力逐渐减退和产品质量降低的过程。土地退化的成因有：土地侵蚀、土地盐碱化、土地肥力下降、工业废弃物污染、农用化学物质污染。土地资源衰退与破坏的后果将引起严重的生态环境问题。[①]

而就消费行为本身的调研与评估来说，最值得关注的是由零点调查编著的《中国消费文化调研报告》、戴慧思主编的《中国都市消费革命》两部著作。从调研和评估的学术旨趣看，《中国都市消费革命》着重于日常消费品以及部分奢侈品的消费调研和比较；而《中国消费文化调研报告》则把消费看作是一种文化现象。

住宅是拥有一个家庭的物质象征，并且在中国人的生活中总被看作安全和幸福的源泉。在中国这个具有深厚农业文明的国度里，住宅成为社会、政治、经济、文化结构和话语中的关键因素，它们反映和形成了人与地位、物品及权力之间的关系。因之，住宅的历史性变迁乃是中国居民物质消费之历史性变迁的缩影，也是它的集中表现。1956年，95%的租赁住宅

①中国21世纪议程管理中心可持续发展战略研究组：《发展的基础——中国可持续发展的资源、生态基础评价》，社会科学文献出版社2004年10月版，第68—103页。

和城市土地都被国有化。通过个人所在的单位提供和分配住房，国家把住宅转化成为配给的一个要素。人口增长远远超过了住房建设，这使得大多数城市居民挤在很小的房子中。到1976年，城市居民人均住房面积仅3平方米。在上海，人均占地空间从1949年的3.7平方米降至1963年的2.2平方米。20世纪70年代后期，邓小平开始推进住房改革，政府开始鼓励城市住房的私有化并资助购买新房。到1983年私有财产权有了保障。80年代是中国住房政策改革的尝试性阶段。1994年开始，在上海，一种新的住宅形态开始推广开来，这就是“住宅小区”建设。它集生活、购物、休闲、娱乐于一体，体现了住宅的人性化和绿色概念。住房的社会化、人性化、绿色革命，从根本上改变着人们的物质生活方式和生活理念，也从根本上改变着人们的消费观。从近年来持续升温的房地产业，足可以断定，住房改革与住房消费依然是物质消费中的基本方面。[①]

在以家庭为轴心的消费圈中，除了住房消费之外，更大的支出项目是独生子女消费。中国1977年以来严格执行的计划生育政策（在城市严格实行独生子女政策）首先造成了在人口结构方面的革命。与此同时，1981年以城市为中心的经济体制改革又把以独生子女身份出生的新生代义无反顾地抛入全球化资本主义的产品与广告的侵袭之中，使他们完全生存在一个“被物所包围的世界”，这是除了人口革命之外的另一个革命，因为形成了完全不同于父辈们的消费观。快速发展起来的市场经济为新生代的独生子女们提供着取之不尽、用之不竭的消费品和消费诱惑（商业广告）。在全国经济发达城市上海，一项1996年6月上海父母与子女消费项目的比较中，一个明显的差异是，父母的日常消费以及稍微大宗一些的消费中，各项支出基本都在能够接受的范围内，而子女的消费则多半属于奢侈性的消费。在独生子女消费中玩具和服饰也是非常重要的方面。以名牌消费为主要形式的炫耀式消费愈来愈成为主流形态。

在消费模式的调研中，值得注意的是零点调查公司自行投资进行的专项调查。调查以18—65岁之间的大城市市民、中小城市市民、沿海农村

①参见戴慧思主编：《中国都市消费革命》，社会科学文献出版社 2006 年 3 月版，31—65 页。

地区居民以及内地农村地区居民作为四个对照分析的群体展开研究，访问的地区涉及北京、上海、广州、武汉、成都五个大型城市，保定、宁波、绵阳、锦州、咸阳五个中小城市，以及广州江门农村、浙江宁波农村两个沿海农村地区和湖北荆州农村、河北保定农村、四川绵阳农村、陕西咸阳农村、辽宁锦州农村五个内地农村地区。总共访问了1630名大城市居民、1613名中小城市居民、653名沿海农村居民以及1689名内地农村居民。通过调查发现：（1）理想生活方式方面的差异。通过按照所追求的理想生活方式所进行的分类，可以看到，大城市市民中各类群体的分布相对均匀，中小城市中则有许多人向往休闲放松的生活方式，而农民群体对物质富裕的追求则更为突出。交叉分析表明，除简单追求型与勤朴实在型群体属于受教育程度较低的群体外，其余群体的特征显示则正好相反。自己认为生活处在高档生活水平的群体中，属于简单追求群体的比重明显较高。具体而言，大体上有五种类型的消费群体。理智前卫型：推崇高科技，具有国际化概念，讲求独立与个性空间，永不落伍，但不欣赏肤浅浮夸的新潮与身份感；简单追求型：对富有、高档的生活简单向往，同时对国际化、高新科技构成的现代感以及浪漫情趣均不感兴趣；休闲情趣型：讲究休闲放松，注重养生之道，寻求自然健康、有活力的生活方式，厌恶平淡无奇的生活，不简单追求富裕或前卫；勤朴实在型：安贫乐道，渴望过朴实安定的生活，对富有或前卫型成功人士均感不屑；新潮浪漫型：讲究浪漫情调，追赶流行浪潮，推崇身份感及个人品味。[①]（2）消费模式方面的差异。在消费类型上大体有四种消费群体：高档消费群体：讲究名牌、档次、独特性、进口货，较少受广告影响；经验式购物群体：根据自己的使用经验和常识选择产品，有稳定的购买习惯，购买场所较为确定，不太受广告影响；从众型的讲究实惠的群体：喜欢购买和大家差不多的商品，注重价格和实用性，购物时可能会进行较多场所选择；自主型的讲究实惠群体：不易受潮流影响，要求产品实用、便宜，有较为稳定的购买习惯。[②]（3）品牌取向。以饮料、家电与日常用品为例，通过区域之间的比较发

①零点研究咨询集团编著：《中国消费文化调查报告》，光明日报出版社 2006 年 6 月版，第 296 页。
②同上，第 287 页。

现，国内品牌占主导地位的产品种类有矿泉水、白酒和冰箱；手机和洗发水则是国外或合资品牌表现强劲；对于电脑、感冒药、含汽饮料这三类产品而言，无论是国内还是国外品牌，只形成区域优势。（4）生活水平显著提高的标志。除了住房条件的改善成为各地普遍公认的生活水平显著提高的标志以外，大城市居民认同度较高的标志性产品还有：电脑（16.7%）、空调（10.5%）、家用汽车（10.2%）、彩电（8.5%）、手机（6.1%）；中小城市居民认定的标志是：家用汽车（10.7%）、彩电（10.6%）、空调（8.2%）、电脑（8.0%）、手机（7.2%）；沿海发达地区农民所认定的标志是：彩电（22.3%）、普通电话（15.8%）、家用汽车（9.8%）；内地农民所认定的标志是：彩电（32.7%）、普通电话（8.8%）和洗衣机（7.5%）。①

社会调查为我们提供了描述二十多年来消费状况和生活水平的数据和基本结论，这是一种事实判断，它为我们深入分析人们的消费行为和社会的消费现象提供了不可多得的材料，为我们从生活方式和文化哲学的角度分析消费行为奠定了基础。

三、作为生活方式的消费与消费主义

在国外，从人类生活方式的角度分析消费现象的研究成果可谓极其丰富，这种研究范式与马克思从人类学范式②研究消费产生了相得益彰的效果，这种研究既是社会学的又是文化学的。继马克思之后，韦伯、桑巴特、西美尔都研究过消费问题或与消费有关的问题。在讨论关于资本主义

①零点研究咨询集团编著：《中国消费文化调查报告》，光明日报出版社 2006 年 6 月版，第 304 页。

②人类学思维范式的要义在于这样几点：（1）人类生活永远是人文社会科学的原始文本，任一种学科的终极性主旨都在于增进人类的幸福；（2）但把谁的利益、谁的幸福作为人文社会科学研究的终极目的却直接决定着此一学科的价值立场；（3）把最大多数人的利益与幸福作为经济分析之人类学范式的终极目标是我们根本的价值立场。海德格尔指出："'人类学'这个名称并不是指某种关于人的自然科学研究。它也不是指在基督教神学中被确定下来的关于受造的、堕落的和被拯救的人的学说。它标志着那种对人的哲学解释，这种解释从人出发并且以人为归趋来说明和评估存在者整体。"（[德]海德格尔：《世界图像的时代》，见《海德格尔选集》（下），孙周兴译，上海三联书店 1996 年 9 月版，第 903 页）

的价值观基础或精神基础方面，韦伯认为一种职业精神和禁欲（节俭）伦理为资本主义的发轫、发展提供了精神基础。然而如若把这种结论推至极端，那么资本主义就是不可能的，因为只有完成商品交换和快速消费，剩余价值才有可能发生。相反，若使资本依照其自身的逻辑发展下去，就必须生产一个庞大的消费群体，“商品的庞大堆积”必须通过庞大的消费群体来解决。于是首要的问题，必须使庞大的消费群体建立一种消费主义价值观，这种价值观成为了制约市场发展的瓶颈。对此，英国经济学家阿瑟·刘易斯在1955年写成的成名之作《经济增长理论》中写道：“禁欲主义的教规公认一个人的消费少于他的同伴是突出的美德。由好几条途径引出的结论认为，消费少是高尚的生活方式。首先，有的教规强调学会压抑个人天生欲望的价值，如食欲、性欲、安逸感及其他满足；它们鼓励各种形式的斋戒和别的苦行作为精神超度的手段。其次，有的教规认为一个人谋生需要消耗时间，而这些时间原本可以花在修身养性或进行宗教礼拜上；不是所有宗教都持此观点——有的宗教认为工作和祈祷同样受到上帝的赞美，并认为工作是谋取精神美德的一种手段。第三，一个人谋生有时会带来侵犯其同伴的倾向，因而为了避免这种倾向，最好还是尽量限制个人消费。”①因此，如要培养庞大的消费群体对商品的欲望，就必须对制约资本主义发展的禁欲主义进行新的阐释：极尽人的全部能力创造财富、取得社会地位也是一种美德，同样受到上帝的赞美。此外，还要创设一种社会设置，旨在推动人们去消费。资本完成了这一任务。事实上，绝大多数人都会在禁欲与享用之间选择享用。“世界上没有一处的俗人们会仅仅由于他们相信提高目前生活水平将凌辱他们的灵魂而不乐意去抓住提高自己生活水平的机会……在大多数的社会里，禁欲主义与作为攫取权力的手段和取得较高社会地位标志的财富相比，前者的吸引力不如后者。”②桑巴特从世俗的角度考察了推动企业发展的“企业家气质”，以及奢侈消费在推动资本主义发展中的作用。在现代社会开始的地方，一些传统的伦理学关键词，比如“奢侈”被逐渐地驱逐出道德判断的领域，而被放逐到纯经

① [英] 阿瑟·刘易斯：《经济增长理论》，周师铭等译，商务印书馆 1996 年 7 月版，第 19—20 页。
② 同上，第 21 页。

济学的领域内，于是消费主义便在两条战线上展开，一个是世俗生活中的一种普遍的消费主义价值观的确立，一个是经济学家对消费行为的普遍支持。这是一个使"奢侈的去道德化"过程。"我们已经看到，'奢侈'一开始就是'前现代'时期道德语汇的一个组成部分。"①

而更多的学者则从社会学和文化视野讨论作为生活方式的消费和消费主义。消费从来就不是一个纯粹的物理过程，即物品经过空间的位移或被消费主体消灭掉，以能量的形式变成体内的一部分，或被消费主体占有，逐渐消磨。消费是一种文化现象，特别是在今天。关于消费文化，可以有不同的研究方式，英国社会学教授迈克·费瑟斯通认为应该从三个视角研究消费文化：第一种视角认为，消费文化以资本主义商品生产的扩张为前提预设。资本主义商品生产的扩张，引起了消费商品、为购买及消费而设的场所等物质文化的大量堆积，其结果便是当代西方社会中闲暇及消费活动的显著增长。第二种视角是一种更为严格的社会学观点。人们通过对社会差距的表现和维持来实现自己对商品的满足，并取得某种社会地位。与此相关，消费文化中人们对商品的满足程度，同样取决于他们获取商品的社会性结构途径。人们为了建立社会关系或社会区别，会以不同方式去消费商品。第三种视角关心的是消费时的情感快乐及梦想与欲望问题。在消费文化影像中，以及在独特的、直接产生广泛的身体刺激与审美快感的消费场所中，情感快乐与梦想、欲望都是大受欢迎的。②关于第一种视角我们已在前面作了不太集中的讨论。在此我们集中讨论，作为社会—文化现象的消费意味着什么，是如何形成的。

现代消费是一种以符号为表象的消费形式。与前工业社会不同，现代消费是把消费与文化混同起来，人们已经很难分辨出他是在进行消费还是在表现他的意志，这是一种消费文化。而在传统社会，消费与文化是相对分离的，人的情感需求和终极关怀通常是在消费活动以外，通过特定的

---

①[美]克里斯托弗·贝里：《奢侈的概念：概念及历史的探究》，江红译，上海人民出版社 2005 年 5 月版，第 101 页。

②[英] 迈克·费瑟斯通：《消费文化与后现代主义》，刘精明译，译林出版社 2002 年 1 月版，第 18—19 页。

仪式获得的。而今，人的心理需求、社会期望和宗教性的关怀均被压缩、还原为经济的行为，即消费。作为经济行为的消费从来没有像今天这样承载着它原本无法完成的任务，它要通过一个具体的购买、饮食、穿着、工具传达消费者设定给它的多重意义。商品变成了符号，消费活动就是一种创造符号和消费符号的过程。波德里亚说："消费既不是一种物质实践，也不是一种富裕现象学，它既不是依据我们的食物、服饰及驾驶的汽车来界定的，也不是依据形象与信息的视觉与声音实体来界定的，而是通过把所有这些东西组成意义实体来界定的。消费是在具有某种程度连贯性的话语中所呈现的所有物品和信息的真实总体性。因此，有意义的消费乃是一种系统化的符号操作行为。"[①]商品作为符号，体现了人类语言的超越性功能，它不再是一般的所指，而变成了一种能指的集合，换言之，它把自身并不具有或少有的东西也承载下来，一如马克思所说，金银天然不是货币，而人却天然把金银视作货币，商品天然不具有能指的功能，而是在商品社会里，人天然要把它变成能指的集合。消费作为增殖的最后一个环节，同时也是一个最为重要的环节，商家要快速地卖掉他的商品，就必须立于消费者试图通过一件商品达到多重目的的实际，而把多重意义叠加在商品之上。但这却是一个十分困难的事情，因为一件商品的使用价值是相对确定的、有限的，从实体的角度看，它无论如何都不能把其他的使用价值叠加在自己的身上，但假如把一件商品变成符号的载体，结果就完全不同了。而要做到这一点，就必须构造两种设置：（1）实物系列。把不同的商品混杂在一起，以使消费者在同一场景下产生满足不同需要的心理勾连，也即是消费梦想，甚至是消费梦幻。"杂货店本身具有完全不同的意义：它不把同类的商品并置在一起，而是采取符号混放，把各种资料都视为全部消费符号的部分领域。文化中心成了商业中心的组成部分。但不要以为文化被'糟蹋'：否则那就太过于简单化了。实际上，它被文化了。同时，商品（服装、杂货、餐饮等）也被文化了，因为它变成了游戏的、具有特色的物质，变成了华丽的陪衬，变成了全套消费资料中的一个成

①罗钢、王中忱主编：《消费文化读本》，中国社会科学出版社2003年6月版，第27页。

分。”[①]只有商品变成了表达特定意义的符号，变成了表达多重意义的符号，人们才能将不同的商品集中起来，或者把不同的意义集中在一种商品之中。不是商品本身具有如此之多的意义，而是收买者和购买者附加给商品的。商品以一种被给予的方式存在着。（2）宣传系列。一件具体的商品到底具有何种使用价值，只有在经过消费者的享用之后才能见出。然而，等到消费者了解到商品的使用价值之后再去购买，对商家来说，“商品的庞大堆积”将不可避免。另一方面，购买者也没有那样的时间和专业知识去了解一件新产品，时间成本和认知成本可能使购买者望而却步。因此，通常都是有厂家或商家以一种预先给予的方式，将商品的真实功效和附加意义一并地呈现给购买者。资本主义不但生产着庞大的商品，同时还创造着购买商品的环境，继而生产着需要。集文字、画面、音乐于一身的宣传画面，将购买者置于一个垂涎欲滴的消费境地，虚拟享用、消费梦幻油然而生。当实物系列和宣传系列并置在一起的时候，一种基于物的摆放之上的人为设置的购买环境便产生了。在此种境遇之下，物的系列、想象系列、快感体验系列被叠置在一起，商场不再是物理的世界，它分明是一个充满符号、诱惑、欲望、冲动的文化场所。“资本主义也生产出了各种消费的影像与场所，从而导致了纵欲的快感。这些影像与场所，还混淆着艺术与日常生活的界限。”于是产生了如下这些问题：“（1）前工业化时期残留于消费文化之中的狂欢式的传统要素；（2）狂欢要素转换或置换为媒体影像、设计、广告、摇滚录像、电影的过程；（3）在某些消费场所（如假日胜地、体育馆、主题乐园、百货商店和购物中心）中，狂欢要素的保留与转换；（4）国家与企业、抑或作为广大公众的有‘威望的’旁观者，抑或以有特权的上层管理者和官员的姿态，是如何促成狂欢要素转换、合成为炫耀型消费的。”[②]在传统社会，狂欢是被禁止的，即便有所表现也是受到严格限制的，只有在特定的节日里，于特定的地点举行。在消费社会，狂欢的欲求被置放在了各个时间和地点之中，它不再是一种禁忌和幻

---

① [法] 让·波德里亚：《消费社会》，刘成富、全志钢译，南京大学出版社 2001 年 5 月版，第 4—5 页。

② [英] 迈克·费瑟斯通：《消费文化与后现代主义》，刘精明译，译林出版社 2002 年 1 月版，第 31—32 页。

想，也不再是贵族们的特权，它正趋于平民化和日常化。在传统社会，狂欢节、商品交易会和节日盛会等大众传统，是对官方“文明”文化的象征性颠覆和僭越，是对激情、情感宣泄以及膏腴的食物、烈性酒、淫乱的性生活等等，所表现出的直接而粗俗荒诞的肉体快感，它们构成了个体的心理阈限空间。而在消费社会，这些所谓的心理阈限空间，被置于一个有条件和机会实现的环境里，“在其中日常生活世界被颠倒了，禁忌和幻想有了实现的可能，不可能的梦想也可以达到”。①现代消费是如此的神奇，它把以往虚拟的东西变成了实在，而把实在的东西变成了虚拟的东西。这突出地表现在它的社会功能上，它是获得社会身份和表现社会身份的方式。

消费是实现社会角色的方式。在任何一种社会形式里，单个的人总是表现为特定的社会关系，区别只在于简单与复杂，而不是有无。由此也就有了身份感和地位感，继而也就有了表现身份和地位的要求，以及得到别人认同的需求。身份与地位的需要并非人的天然需要，而是社会交往的产物。卢梭在他论述社会不平等的小册子中，把人的自爱分成真正的自爱和自私，自私是人为需要。对于真正自爱的需要，人是能够对其进行节制和控制的；而自私是社会互动的产物。竞争和盲目效仿造成一种无休无止、永远得不到满足的社会状态。在传统社会，人对人的依赖是人的主要的联结方式，且这种联结是在熟人的状态进行的。家庭、家族、氏族、村社作为基本的共同体形式，把共同体中的成员限定在一个十分熟知的状态下。人们之间的身份与地位的显现方式常常不是通过消费，而是通过他的言说方式、行为方式、情感态度来传递的，消费、着装只占很小的部分。试图通过消费的方式来抹平身份与地位上的差距，实际上是徒劳的，而且这种明显的僭越行为是要以承受严厉的惩罚为代价的。市场社会的建立，在人与人之间架起了物的桥梁，“以物的依赖性为基础的人的独立性”把每个人分属在独立的状态中，身份与地位的显现只有通过物的依赖性来完成。于是，普遍的交换关系既成了使我通达于别人的桥梁，同时也成了他把他的个性和精神直接呈现给我的屏障，我们只是通过屏障认识对方，而且

①［英］迈克·费瑟斯通：《消费文化与后现代主义》，刘精明译，译林出版社 2002 年 1 月版，第 32 页。

只有认识了物才有可能认识对方。在此种情况下，我欲显示我的身份、地位和个性就只有通过物的方式来完成。在消费社会，“人的认同和消费成为同一过程的两个方面，体现为认同支配了消费，消费体现了认同”。[①]对我们双方或多方来说，人已经不重要了，你我使用何种样式的物、以何种方式使用物才是重要的。“在人们抱着展示自己社会身份的心态而进行消费的时候，商品的身份价值或社会标志价值便得到了实现。”[②]物的无阶级性和无等级性以及在空间上的分割和流动，为通过消费形式拉近身份与地位上的距离提供了可能。一些商品或食物的消费带有较高的社会地位和社会价值，因为这些东西的消费只限于社会中的高层人士。这些代表社会地位和价值的商品或食品诱使下层人民去购买和消费它们，或者自己制作，尽管他们实际上并没有足够的经济实力，只是因为这些东西代表着一种值得模仿的生活方式。“现在，人们通过向别人传达信息来定位自己，而这种信息的传达是通过他们加工和展示的物质产品和所进行的活动方式实现的。人们对自己进行熟练的包装，由此创造并维持自己的‘自我身份’。物质商品的不断丰富给这一过程提供了支柱。在一个产品不断丰富的世界，个人的身份成为一个对个人形象进行选择的问题，而以往任何时候都不曾如此。人们越来越不得不对他们的身份作出一定的选择。”[③]身份与地位似乎愈来愈与创造无关，而与如何选择、以何种方式呈现何种身份有关。在消费社会，身份与地位的显现也与从前不同，从前是职业、职业精神、社会贡献，而今是经济地位，你的身份、地位与你的经济地位和如何显现经济地位有关，它可以把你的职业和职业精神隐藏起来，或者根本就不需要这些东西。进一步地，地位和身份也就不重要了，重要的是我的个性，个性似乎没有进步与落后、健康与不健康的区别，关键在于你能否创造个性。这个个性常常与我的知识与修养无关，也与职业和职业精神无涉；个性不是为着我自己，而是引起别人的关注，它要成为亮点。亮点层出不穷，新潮轮番出现，模仿与攀比把这些人为需要推向了永无止境的

①蔡雪芹：《现代消费与人的自我认同》，《理论月刊》2005 年第 9 期。

②［芬］尤卡 · 格罗瑙：《趣味社会学》，向建华译，南京大学出版社 2002 年 5 月版，第 5 页。

③同上，第 6 页。

境地。“人为需要的问题在于，一旦它被刺激起来就永远得不到满足。人们认为，人类需要一旦被从传统的束缚下解放出来，就不会再有任何限制了。”在这里，商品又一次扮演了符号的角色。通过若干个商品符号人们组成了一个流动的消费者合作社，这个消费者合作社随着消费者的活动领域的变动以及他的愿望而改变形态。“消费者合作社的隐喻暗示了决定性的转移：恰恰是在消费行为中，在‘普通消费者’的日常作者身份/行动者身份中，有关文化的任何事物都获得了其意义。在此，符号的空壳充满了意义；符号（已经变得有意义的符号）获得或丧失了价值。”①

通过商品符号的消费呈现身份与地位造成了双重悲剧：其一，身份问题已经变得相当严峻。第一，身份本身遇到了难题。其实，如果从理想主义的价值立场考虑，身份和地位一经产生，就意味着它是一个问题，因为它是差距和等级的呈现方式，它使人们之间的不平等社会化和合法化。然而，身份自从它出场的那一天起，它又是自在而合理的，因为，不同的个体总会在体力、智力、情感力和意志力方面区别开来，亦即主体性资源的差异。当人们依照自身的主体性资源去获取社会的可配置性资源的时候，身份与地位上的差异就会呈现出来。另一方面，身份还是个体取得社会认同求得归属的证明。本质上，身份是不能当作商品进行流通的，它植根于人的具体活动中，经济活动只是其中的一种而已，通过人的言说方式、行为方式、情感态度呈现出来，身份是一种精神气质。现代社会，身份陷入危机。它已经处于拔根状态，从它所植根其中的社会活动、社会关系和精神气质中连根拔起，成了一种飘荡在社会中的流动，一如流动的现代性那样，它是流动的身份。至于“花落谁家”则不取决于身份背后的根基，而取决于经济力量、何种样式的商品以及人们的愿望。现代化创造了不同的身份，但也创造了把身份变成流动的存在的条件：增殖与消费。有人说，现代的口号是“创造”；后现代的口号是“回收”。在当代社会中，身份远未消失，而是被重新建构和重新界定。“身份如今变成了一种被自由选择的游戏，自我的一种戏剧性的表现”，而且“当一个人随意彻底改

① [英]齐格蒙·鲍曼：《后现代性及其缺憾》，郇建立等译，学林出版社2002年10月版，第166页。

变身份时，他有可能会丧失控制”。身份本身永远不会成为问题，它只能变成一个问题存在。因为，只要有人生活着就会有身份，它是特殊的社会现象：它依赖于人的活动方式、控制力量、精神气质，但却不是它们，而是他人和组织对这些方式、力量和气质认知之后给出的确证，对身份的拥有者来说，身份是一种无形资产、社会资本、文化资本。“身份不可能凝结为一种可见的可掌握的实体”。在现代社会，身份离开了它的根基，变成了“流动性”的待定的和自由漂浮的体验。这是身份拔根之后的无根状态，身份危机的实质是确信和归属的危机，它是资本运行逻辑的必然结果，因为商品和消费替代了身份的真实根基，它造成了不确定性但又追求着确定性。“当一个人不能确信自己的归属时就会想到身份；也即是，一个人不能确信如何将自己安置于明显的行为风格和模式中，也不能确信如何断定周围的人将会认为这种定位是正确和恰当的而接受它，以便双方都知道在彼此面前应如何继续下去。‘身份’是从这种不确定性找到的逃避的代名词。”[①]第二，身份的呈现方式成了问题。一如前述，身份是一个人的主体性资源和可配置性资源的呈现方式，是他的精神气质的外化形态，占有物并消费物只是显现身份的一种方式，而且是不甚重要的方式。如今，消费似乎成了显现身份的唯一方式，它使身份的真实身份躲藏起来，或者说是丢失了。身份的拔根状态实际上是人类的精神性、人文性的拔根。因为物的东西只有经过精神的浸染才会获得灵性。物的世界的变动不居和变换使得身份也飘忽不定，身份是什么似乎已经不重要了，重要的是能用什么物显现身份。寻找身份比身份本身更重要。物的彰显便是精神的隐匿。“符号以寻求意义为生，并在发现它的那一瞬间就废除了意义”[②]，这是符号的悲剧。由于用以呈现身份的物不断变换其形态，对身份的追寻也变成了一个没有限度的过程。我以为，身份如果通过物的形式展现其自身，那它一定是走错了方向。这不是身份的错，而是增殖为目的的消费社会使然，它把人带进一个永不满足的社会状态。“就更为广泛的消费者选

①［英］齐格蒙·鲍曼：《生活在碎片之中：论后现代道德》，郁建兴等译，学林出版社 2002 年 10 月版，第 87 页。

②［英］齐格蒙·鲍曼：《后现代性及其缺憾》，郇建立等译，学林出版社 2002 年 10 月版，第 169 页。

择而言，欲望的永久不满足被发现了（而且，更普遍的是，就自由而言，欲望的永不满足也被发现了）。消费的促进，犹如自由的冲动，导致了自身满足的不可能。”[①]其二，用商品作为符号呈现身份与地位，也使商品本身失去了本真的光彩。商品已经不是其所是的样子，而仅仅成了体现其他意义但却不是自身的手段，似乎一切都颠倒了，每件事物都通过体现他物而体现自己。更为严重的还在于，为着获得流动的、看得见却抓不住的身份，人们必然要进行攀比、模仿，追求虚拟享用，于是一种重要的消费文化现象也就产生了，这就是时尚。

时尚是现代消费文化的自我推动过程。时尚是联结市场经济与消费文化的重要纽带，它使经济行为变成了一种文化现象，同时也让文化行为具有经济性质。德国社会学家齐美尔在1895年写成的一篇文章《时尚心理的社会学研究》中，深刻地分析了时尚的本质及其人性根据：“以下这一点对于时尚来说是根本性的。一方面，就其作为模仿而言，时尚满足了社会依赖的需要；它把个体引向大家共同的轨道上。另一方面，它也满足了差别需要、差异倾向、变化和自我凸显，这甚至不仅因为时尚内容的变化——正是这种变化将今日时尚打上一种昨日和明日时尚的个性化烙印，而且也因为这些事实：时尚总是阶级时尚，较高层次的时尚与较低层次的时尚截然有别，而且在后者养成较高层次的时尚时，便抛弃这种时尚。通过某些生活方式，人们试图在社会平等化倾向与个性差异魅力倾向之间达成妥协，而时尚便是其中的一种特殊的生活方式。”[②]时尚是与现代消费文化相伴而生的，与享乐主义消费群体相关。“新的享乐主义消费群体已经形成，他们的需求不再受到‘需求经济’的约束，而是受到‘欲望和梦想经济’的约束，或者对新事物和新体验的渴望的约束。”[③]参照社会学家和心理学家的观点，可以把现代时尚的特点归结为以下几点：（1）时尚减少社会的复杂性，同时，又由于它的作用方式，时尚又引起社会的复杂性，比如使社会区别更加微妙。（2）在什么是“时髦”这一问题上，时尚具有

① [英]齐格蒙·鲍曼：《后现代性及其缺憾》，郇建立等译，学林出版社2002年10月版，第170页。
② [德]西美尔：《金钱、性别、现代生活风格》，顾仁明译，学林出版社2000年12月版，第94—95页。
③ [芬]尤卡·格罗瑙：《趣味社会学》，向建华译，南京大学出版社2002年5月版，第90页。

非常明确的规范。然而在运转过程中，时尚又破坏所有的传统和默认的规范。（3）时尚一方面不在乎物质和实际的东西，另一方面又离不开具体的东西。（4）今天的人们对待时尚的态度包括积极参与和超然两种对立的情绪。（5）时尚包含责任和逃避责任。（6）时尚是可及的，又是不可及的。时尚原本是现代经济的产物，但时尚的意义却不止经济一种，还反映了它的文化意义和人性意义。

时尚的经济意义。时尚使经济短缺发生了性质的转变，在短缺的社会，短缺的不是用以体现时尚的物品，而是时尚本身。这着实是一个悖论：变换过快，时尚飘忽不定；变换过慢，时尚就不再是时尚而是过时。过时的东西要么被人抛弃，要么仅仅成了回忆过去的材料、追忆往事的故事。剩余下来的，同时也是厂家和商家所追求的，就是不断制造时尚，因为每一个时尚的诞生都毫无疑问地推动了消费。由于经济推动和商业炒作，时尚已经偏离了它的真理、精神，因为，时尚通常要通过时髦表现出来，具有标新立异的特征，由于模仿的人多了，时髦变成了时尚，经过实践体验证明的标新立异被确证为一种能够接受的审美标准。时尚通过时髦表现出来但不停留于时髦，它要把时髦背后的深刻的东西沉积、保留和延续下来；时尚是植根于人的心理—精神结构之上的借助于饮食、衣装、布置等物的形式而完成的一种设置，是海德格尔意义上的解蔽过程，是使真理显现其自身的方式。时尚是被发现的，而不是被追求的；发现时尚可能用物和技术的形式，但绝不是它们本身，而发现时尚是一种艺术；从原始发生看，时尚是基于劳动之上的创造美的过程，是人的心理—精神结构的外显。然而，将时尚变成经济行为的厂家和商家却常常不理会人的心理—精神结构，也许就没有能力和素养去体会这种结构，他们关心和能够做的就是不断创造新奇、猎奇，乃至低级趣味，期望把他们的产品变成体现时尚的物品。经济对文化的侵蚀和文化还原为经济，造成了庸俗—时髦—时尚结构的模糊性，审美情趣和审美需要的低级化和庸俗化是消费文化的主要特征。经济行为的文化取向从根本上消解了生产与消费之间的紧张关系。时尚的强化，即它向新领域的延伸和在旧领域作用的增大，是消费者社会的最典型的特征。这样一来，一个消费者社会——或富足社会——就是一个时尚社会，尤其是一个大众时尚的社会。把我们和以往世纪分离开来的就是时尚的循环更快，新的和有用的东西被耗尽和转化成旧的无用的东西的速度更快。新的风格接踵而来，没有任何预先的模型或理想。这样一个社会实际上根本不能发现和解决过度和多余消费的问题，因为不可能存在任何客观标准来衡量何为真正需要、何为多余。而且，这样界定的消费者社会必然总是一个短缺的社会，因为其社会成员永远得不到满足。结果，现代消费享乐主义者对时尚和它对新潮的永久供应持乐观态度。他们既愿意又急不可待地在商业化生活的所有领域称赞和消费“最新”的东西。如此一来，消费文化与增殖就借助于时髦和时尚关联起来：“（a）消费在本质上是一个受他者引导的活动；（b）在其中起支配作用的是社会地位的保持或提高；（c）消费背后的潜在动机是模仿和争胜，处在低级阶层的人仿效高层阶层团体显示的样式；（d）精英阶层（天生就受‘新潮’吸引）为了维持他们的优越地位，必须不断地接受新奇的时尚和消费新奇的商品。”①

时尚的文化意义。时尚是一种典型的社会构造，它把相对的两种力量——简单与复杂、统一与特殊——结合起来。时尚带来新奇，新奇的魅力就是一种纯粹的审美上的愉悦。时尚是社会生活的一种娱乐形式，具有日常性和可模仿性；时尚既停留于某种审美和愉悦之上，又超越它们指向新的审美与愉悦，它使人的生活陷入不确定性之中，又使人的生活充满了希望，指给了人一个走向新奇和愉悦的可能性空间；以时髦和时尚出现的这些“微不足道的”因素和“转瞬即逝的”社会生活形式既不能还原为也不能服从于某种理性的道德法则或客观的经济利益。时尚由经济引发但却是对审美文化和精神世界的追求。时尚的魅力不在于经济而在于求得社会认同和个性的展现。在西美尔看来，时尚中同时存在着对社会差别和身份认定的追求。一个人的活动受到两个互相对立的社会力量和目标的促动。一方面，人们愿意通过模仿他人融入一个社会群体，取得认同与归属；另一方面，他们又希望将自己和别人区别开来，通过采取别人没有的新东西

①柯林·坎贝尔：《求新的渴望》，见罗钢、王中忱主编：《消费文化读本》，中国社会科学出版社2003年6月版，第270页。

来凸显其个人性和独立性。于是，时尚就成了一个自我推动的过程，因为塑造个性和模仿他人这两个对立的阶段会自动互为因果。新潮一旦被所有人选择就不再成其为新潮，必须由另一个“真正的”新潮取代。这样，创新和模仿永不停息地互动，引发新一轮模仿和创新，时尚之机制就如一个旋转木马，或者更形象地说，像一台永动机，这就是消费经济的文化基础。

四、消费正义

消费正义的讨论实际上是对消费合理性讨论的深化。对消费现象的研究大致上有两种进路：将消费作为经济现象和文化现象，通过调查数据或观察呈现消费行为的发生、发展过程，它着眼于事实逻辑的发掘；对消费过程及其后果作出价值判断，试图为消费提供正当性基础。前者是只看消费者如何贯彻其消费意志而不问其基础为何；后者不但过问消费的原始发生及其流变，更要找出这种发生和流变的合理基础来。倘若我们只看改革二十多年来所取得的成果，而不问成果是如何被分配和消费的，那么，毫无疑问，相对于计划体制下的社会而言，市场社会主义无疑是一个相对为好的社会。然而，当我们深入下去，看一看是哪些群体创造了财富，又是哪些人享用了这些财富，问题马上就显现出来了。一个社会，如若80%的财富集中到不足20%的人手里，我们无论如何不能说这是一个好社会，尽管它的资源配置属于帕累托效率佳度。消费公正是社会公正系列中的基本部分，也是消费问题研究中最有价值的部分。因为，消费公正仅仅是社会公正的过程、结果及其表现，而社会公正直接关涉到公共政策和制度安排，如要把消费公正问题说清楚、讲明白，需要社会学、政治哲学、伦理学和文化哲学等多种学科综合研究。国内关于消费公正问题的研究目前还处在初步阶段，不过还是提出了一些有价值的观点，提出了消费公正的基本内涵，“消费的基本内涵是消费活动的正当合理”，包括经济学、环境学和伦理学三个层次；“消费正义的实质是用人类整体理性反思人类的消费行为，以人与自然和谐协调和可持续发展为价值目标，主张合理消费、正当消费、适度消费和可持续消费，实现消费的代内公正和代际公正”。[①]还有学者从哲学伦理学的高度探讨了消费正义问题：“消费正义表达了以正义的价值维度和意义标准来考量作为人之重要存在方式的人类消费行为之合理性和合目的性的价值问题”，考量消费是否有利于推进人的自由自觉的活动，有利于提升人的生活质量和幸福感。[②]

而就消费公正的类型说，有代内消费公正和代际消费公正两种。

就代内消费公正而言，既需要社会调查数据，也需要理论分析。对我们来说，市场经济作为舶来品则是一个自上而下的过程，它是诱致性的制度安排过程，制度依赖路径的核心问题是制度的稳定性和可持续性。因为，制度直接决定着公共性资源在哪个群体和阶层分配。事实证明，平均主义的治理道路被视为是低效率甚至是无效率的，要试图有效率就只有采取差别的发展道路。没有差别就没有平等。平均主义只是平等的一种特殊形态，它只在生活资料极为有限的条件下，为着保证种群能有最低数量的个体而必须采取的分配方式。当生活资料有了剩余，依照地位、能力、威信而分得剩余部分成为可能的时候，以差别为基础的平等就成了平等分配资源的主要形态。在这种状态下，追求无差别的前提公平就不利于在主体性资源上占据优势的人或阶层去追求有效率的活动，经济人假设尽管受到了不同程度的批评，但完全取消追求收益最大化的动机安排，追求效率的活动也就很困难。平等是一个相对概念，它指的是或经过博弈或通过制度安排在多个利益主体之间达到的利益均衡。平等就是适度。“在不平等与不平等之间就显然存在一个适度，这就是平等。因为，任何存在着过多过少的行为中也存在着适度。如若不公正包含着不平等，公正就包含着平等。公正的事也就是一种适度。然而平等又至少是两个东西之间的平等。所以，公正必定是适度的、平等的。作为适度，它涉及两个极端（过多与过少）；作为平等，它涉及两份事物；作为公正，它涉及某些特定的人。”[③]所以，公正至少包括四个项目。因为，相关于公正的事的人是两个

①何建华：《消费正义：建设节约型社会的伦理基础》，《浙江社会科学》2005 年第 5 期。

②毛勒堂：《超越消费主义——论消费正义》，《思想战线》2006 年第 2 期。

③［古希腊］亚里士多德：《尼各马可伦理学》，廖申白译，商务印书馆 2003 年 11 月版，第 134 页。

（至少是两个），相关的事物是两份。而且，这两个人以及这两份事物之间，要有相同的平等。因为，两个人相互是怎样的比例，两份事物间就要有怎样的比例。如果两个人不平等，他们就不会要分享平等的份额。只有当平等的人占有或分得不平等的份额，或不平等的人占有或分得平等的份额时，才会发生争吵和抱怨。所以，公正在于成比例。因为比例不仅仅是抽象的量，而且是普通的量。毫无疑问，这种有关平等与公正的分析模式适合于确定资源的分配环境，当人们处在一个低效率或无效率的境遇下，如何使活动有效率呢?

帕累托最优可能给我们一些启示。帕累托最优指的是这样一种社会状态，当且仅当不减少其他人的效用就无法增加任何一个人的效用时，这种状态就称之为帕累托最优。实际上，帕累托最优只是一个“理想类型”，实际生活中的任何一种状态都是相对为优，在不损害其他人或集团利益的前提下，可以使另一个人或集团收益增加、生活变好。解决相对为优可能有两条途径，一是通过一部分自己的努力来实现，假定这些人已经全力以赴仍然无法解决时，那就只有第二条途径，即通过优惠政策使一部分人在不使其他人变坏的条件下而使自己变好。而这样做的最大困难在于，以什么标准，使哪个集团、哪些个人先富起来。这是一个理论上的悖论：如果找到一个适用于任何个人与集团的标准，就等于原地踏步，无法解决低效率或无效率，因为方法已经用尽；假如找到一个有利于一部分人或一部分地区的激励制度，那么对那些未能得到激励的人就是一种损害。解决依靠制度设计与安排造成贫富差距的途径可能有两条：一是先富者自觉自愿地将收益的一部分转移给因制度而造成损失的一方。这是一条人道主义或伦理道德的路径，其困难在于，它不具有普遍性，也不具有强制性，既不是责任也不是义务，它是一种自愿行为，是相对命令，对弱势群体来说只是一种祈盼。试图通过这样一种自愿的救助、慈善行为缩短贫富差距无论如何不是一条现实的道路。第二，剩余下来的解决办法就是制度的方式。除了从预先富裕起来的个人和集团那里收取相当比例的税收之外，更主要的是社会保障制度和公共福利政策的设计与实施。公共福利政策和制度能否实施、实施到何种程度取决于两点：一是公共福利价值观。作为学科形态的经济学理应研究与经济有关的社会问题：环境、公正、就业、福利，等等，而不是仅仅讨论以效率和公平为原则、以供给与消费为主题的狭义的经济行为。应有中国形态的福利经济学、人本主义经济学。二是政策与制度设计与实施者的正义观。把谁的利益作为制度设计的出发点甚为重要，它直接决定着社会既定资源和潜在资源的分配模式和分配结果。“以人为本”应该具体化为以哪些人的利益为本。

关于代际消费公正问题研究，目前较为前沿的学术成果是生态经济学或人类经济学所提供的观点。

自然资源与环境能否进入经济学领域是区分功利主义经济学与生态经济学的一个标志，而要把以“功利主义是经济学潜在的基本道德准则”的主流经济学转变为生态经济学，进一步地转变为人类经济学是极为困难的。“可持续性在闯入经济理论的过程中经历了一段艰难的时期，因为过去50年的经济学是以经济增长为绝对主导的。‘经济增长’这一术语在实践中意味着国民生产总值的增加。只要国民生产总值增长，社会所有问题都将被解决或至少被改善。在所有的经济学理论中，GNP是唯一一个被人们期待能永远增长的变量——持续的增长永远不会达到边际成本大于边际收益的经济极限。在微观经济学中，每个企业都存在最佳规模，超过这个规模它就不应该增长。然而，当我们把所有的微观经济单位都整合入宏观经济，最佳规模的概念——超过最佳规模的进一步增长是反经济的——却彻底地消失。”[①]经济学帝国主义现象受到了严厉批评，用传统的经济学理念和分析模式无法应对日益恶化的环境问题，用经济的手段解决一切问题的主张和努力只是一种“发展的幻象”。颠覆主流经济学核心理念的努力来自环境科学家提供的无可争辩的数据和对以往发展观的质疑；另一股力量来自经济学内部。实际上早在20世纪六七十年代，西方一些环境学者和经济学家就已经开始提出环境问题，并对一直以来支配人们和政府发展观的增长理论提出严厉批判。第一个抓住这一问题的经济学家是伦敦经济学院的E. J. 米香，他在《经济增长的成本》（1967，1993年修订版）中提出

① [美] 赫尔曼 · E . 戴利：《超越增长：可持续发展的经济学》，诸大建等译，上海译文出版社 2001 年 9 月版，第 37 页。

了该问题。另一项对增长范式特别具有挑战性的批评来自E. F. 舒马赫的书《小的是美好的》（1973）。然而，批评经济增长范式的最共同的基础一直是马尔萨斯主义的主张：地球资源本质上是有限的，因此持续的不受限制的增长是不适当的。罗马俱乐部的梅多斯等人1972年提出的报告《增长的极限》可能是这些批评中最著名的。早在20世纪60年代，其他一些人已加入资源与环境问题的争论，其中最著名的是肯尼斯·博尔丁，他本人是一位虽有争议但却是伟大的经济学家，他曾说过："认为指数增长能够在一个有限的世界里趋向永恒的任何人，不是疯子就是经济学家。"管理学和环境科学教授罗伯特·艾尔斯对西方经济增长理论批评道："实际上，增长对于西方社会而言，就像可卡因和尼古丁对于人体一样能够上瘾。"①而有的经济学家主张，经济学家应该放弃长期以来自以为是的态度，与经济学以外的科学家进行合作，共同研究业已变化了的经济条件和经济过程，变以往的功利主义经济学为生态经济学。"一个能维系环境永续不衰的经济——生态经济，要求经济政策的形成，要以生态原理建立的框架为基础。生态学家与经济学家的关系，犹如建筑师与建造商之间的关系，理应由生态学家给经济提供蓝图。他们懂得一切经济活动和所有生物对地球生态系统的依赖关系——不同物种共同生存，彼此之间以及它们栖息地之间相互影响。经济学家懂得如何把目标变成政策。经济学家和生态学家携起手来就可以构建出一种经济，一种可持续发展的经济。"②这就是生态经济。"所谓的生态经济，就是能够满足我们的需求而又不会危及子孙后代满足其自身之需的前景，亦即不会危及布伦德兰委员会在差不多15年前（世界环境与发展委员会：《我们共同的未来》，牛津大学出版社，1987年）所指出的那种未来前景的经济。"③为促成这样一种经济，经济学家应倾听生态学家的建议：生态学家担心自然的极限，经济学家则倾向于不承认任何这方面的限制。生态学家按照自然法则，从循环的角度看待事物，

①［美］罗伯特·U．艾尔斯：《转折点：增长范式的终结》，戴星翼、黄文芳译，上海译文出版社2001年10月版，第162页。

②［美］莱斯特·R．布朗：《生态经济：有利于地球的经济构想》，林自新等译，东方出版社2002年5月版，第2页。

③同上，第84页。

而经济学家则更多地考虑直线或曲线的运行。经济学家非常相信市场的力量，生态学家则经常不满于市场的缺陷。

至今，生态经济学或环境与自然资源经济学已经把环境转换成了一个成熟的经济学范畴，并纳入到整个经济学体系当中。“在经济学中，环境被视为能够提供一系列服务的复合性资产。确切说来，这是一项非常特殊的资产，因为它提供了维持我们生存的生命支持系统，当然它依然是一项资产。如同其他资产一样，我们力图避免对这项资产不恰当地估值过低，这样它不仅可以给我们带来美学上的愉悦，而且可以继续提供维持生命的服务。”①环境经济学的环境观是建立在对热力学定律的正确理解和运用之上的。把地球及其周围大气视为封闭系统有非常重要的意义，这在热力学第一定律中概括为：能量和物质不能被创造也不能被消灭。这条定律意味着从环境流向经济系统的大量材料或者在经济系统中积累起来，或者以废弃物的形式返回环境。当积累过程停止时，流入经济系统的材料从数量上与流入环境的废弃物的量相等。其结果是，过多的废弃物当然会使环境这项资产的价值降低，当超过自然的吸收能力时，废弃物就会使环境提供的服务有所减少，空气污染造成的危害是有力的证明。另一个物理学定律即热力学第二定律也限定了人之于环境的关系。通常这条定律被称为熵律，认为熵是增长的。熵就是不能用于工作的能量的数量。如果就能量过程而言，这个定律意味着从一种能量到另一种能量之间并不存在着完全有效率的转化，并且能量的消耗是一个不可逆转的过程。转化过程总要失去一些能量，而其余能量一旦使用后，也就不能用于更进一步的工作。第二定律还揭示了如果没有新的能量输入的话，任何一个封闭的系统一定会最终消耗尽所有的能量。因为能量是必需的，能量一旦消失，生命也就不复存在。正是基于这样的考虑，将环境纳入经济学视野是人与自然的关系以及社会发展状况所必然要求的。环境经济学将环境合理地转变成了一个具有解释力和可操作性的范畴——自然资本，并以自然资本范畴为核心构建价值和价格概念。

① [美] 汤姆·泰坦伯格：《环境与自然资源经济学》(第5版)，严旭阳等译，经济科学出版社2003年6月版，第17—18页。

供给（生产）与消费不仅是事实上的主要事项，也是主流形态经济学的重要研究对象，经济学的任务就是解决供给与消费的矛盾。消费、休闲、时尚构成当下消费行为的美学形式。生产与消费的合理性完全被隐去了。虚拟享用和时尚消费的直接后果就是自然资源的日益枯竭。市场经济的效率原则只在微观层面有效，而在代内和代际公正领域它却是浪费的经济形式。主流形态的经济学家们在讨论生产和交易时，大都把成本定位于与生产和交易行为有关的其他的经济主体，外部性、道德风险、机会成本等概念主要用来表述狭域的当下的情形。实际上，外部性和成本不止是有形形态，还包括隐形形态，不止是当下形态还有历史形态。这样成本就可以分成：有形成本和隐形成本，主要用来描述代内公正问题；当下成本和历史成本，主要用来描述代际公正问题。由于污染和气候是流动的，它可以从一个地区迁移到另一个地区。根据公平原则，不但要公平分得收益，还应公平负担成本。然而，隐形成本却由于无法计算和经济政策的强制而无法内部化，使得其他人蒙受损失，好处没得到，坏处一起摊。历史成本是指，原本属于下代人的资源被上代人免费地提前消费了。代内公正可以通过艰苦的博弈过程和制度安排逐渐解决，而代际公正就要困难得多。因为“相对于其他我们想保持其平等待遇的群体而言，后代人不能明确表达他们的意愿，更别说与现在这代人进行协商了”。[①]解决问题的出路可能在于，根据罗尔斯为代际平等提供的基于“无知之幕”之上的一种可能得到公平的普遍标准的方法，确立一个可能的可持续性标准。“可持续性标准指的是，在最小的程度上，后代人应该被留下不比前代人更坏的资源。根据可持续性标准，为了使当代人富有就会让后代变得贫乏的分配在某些方面是不合理的。本质上讲，可持续性标准指的是，只要后代人的福利维持在所有前代人同样的水平上，前几代人就有权使用这些资源。另一方面，假如从后代人手中转移资源导致后代人的福利低于前几代人享受的水平，那么，这种转移就违背了可持续性标准。可持续性定义的含义之一是，只要后代人的利益可以保护，就可以使用这些资源（甚至是可耗尽资

① [美]汤姆·泰坦伯格：《环境与自然资源经济学》（第5版），严旭阳等译，经济科学出版社2003年6月版，第92页。

源）。”[①]但使用这种可持续性标准来评估代际分配公平性的难题就是实施起来非常困难。要去发现后代的福利水平是否比现今这代人低，就要求我们不仅要了解跨时期资源分配的一些情况，而且要了解有关后代偏好的事情，因为同样的资源对具有不同偏好的人具有不同的效用，满足相同偏好的资源可能又是不同的。一种策略性的做法是根据总资本存量价值下降与否来加以衡量。第一，通过检验总资本存量价值是否下降来判断一种分配的可持续性是否可能。在不知道关于后代分配额或者偏好的任何事情的情况下，那种检验可以每年进行。第二，这种分析暗示了对于生成可持续性产出必要分配的特殊程度，即所有短缺租金必须全部用于投资。我们可以从理论上给出处理代际分配公平的模式：弱替代性：前几代人资源的使用程度不应超过阻止后代人尽可能利用的水平。这个定义的含义是资本存量价值（自然资本减去实物资本[②]）不应降低。只要其他部分在价值上的增加（一般通过投资）足以使总体价值未发生变化，那么集体中的个别成员的资本价值是可以降低的。强替代性：根据这个解释，自然资源剩余存量的价值不应该下降。这个定义特别强调，在自然资本和实物资本有限替代可能性的假设下，要保护自然资本（与总资本相对）。此定义保持了关于保护价值（而不是实物流量的特殊水平）和维持自然资本总体（而不是任何特别的部分）先前所定义的特点，并已经演变成众所周知的“弱替代性”定义。环境替代性：在此定义下，独立资源的实体资源流应该被维持下来，而不仅仅是总体的价值。例如对于渔业而言，这个定义强调维持一个稳定的捕鱼量（指的是持续性产出），而非所捕鱼量的稳定价值。对于湿地而言，定义就涉及保护湿地的生物功能。基于这样三种模式，已有的效率观就必须将隐形成本纳入到考虑的范围中来。

但经济学毕竟是经济学，因为无论你是否把环境进而把自然资本作为核心范畴加以考察，都无法改变经济学之为人的需要服务的性质，因此我们把环境经济学称为生态经济学而不是人类经济学。人类经济学有广义

① [美]汤姆·泰坦伯格：《环境与自然资源经济学》（第5版），严旭阳等译，经济科学出版社2003年6月版，第92—93页。

② “自然资本”是指环境和自然资源；“实物资本”是指诸如建筑、设备、学校、道路、绿地、设施等等。

与狭义之分。狭义人类经济学是指，当把人类视为经济学的主体时，它所处理的是人类社会与自然界的关系，包括人以外的其他所有动植物。根据生态经济学的理念，自然界为人类提供的是原料、矿藏、空气、水等，因此我们可以在不伤害它们的前提下，保证利用最大化。实际上，这是一个十分模糊的伦理标准，因为人类对环境施加的影响往往要经过若干年之后才能体现出来。在不伤害自然的伦理底线之下，狭义的人类经济学处理的是具体的经济主体的利益关系，如地区差距、贫富差距、弱势群体与强势群体之间的公正分配问题。广义的人类经济学是把包括人在内的所有存在物都视为平等的存在物，人应该降低他的需求强度，如适当限制浪费的需要、奢侈的需要、虚假的需要。如果不是极端的“非物质化”的经济增长模式，[①]而是把人的精力放到人的精神产品的发掘与精神需要的满足上，也就是说，人文生态建设可能是环境生态建设的一种未来替代形式。这是一个饶有兴趣的问题。

---

① 2004 年 10 月 24 日哥伦比亚《一周》周刊发表一篇题为“未来的经济非物质化”的文章，讨论如何解决发展与生存的矛盾，非物质化的经济发展模式是否可行。当初有人问圣雄甘地，印度独立后是否有朝一日能达到当时英国的生活水平。甘地说，像英国这样的强国要消耗地球大量的资源才能称霸，落后的印度需要消耗多少个地球才能实现繁荣呢？今天，不只是印度，对于所有不发达国家和地区来说，答案已经很清楚了：地球上 20% 的人口要消耗地球 80% 的自然资源、46% 的肉类、65% 的电力、85% 的金属和化学品，另外还要产生占全球总量 70% 的二氧化碳。发展与生存的矛盾使经济学家与环境保护论者开始严肃地讨论一个问题：经济的非物质化。简单地说，经济非物质化理论主张以最少的自然资源实现人类的舒适生活，以最少的原料获得最大的经济效益。其根本意图就是削减消费，变供应产品为提供服务。欧洲和美国已经开始启动经济非物质化进程，并已取得了一些良好的效果。但这一进程将面临的问题是，那些不生产工业原料（钢铁、原油、镍等）的国家势必将越来越依赖那些原料出口国。也就是说，那些强国将有可能受制于某个亚洲或拉丁美洲的第三世界国家。对经济非物质化理论持反对意见的人们并非这样认为。波士顿大学能源和环境中心认为，不能简单地从原料进口的减少判断经济非物质化进程，因为其中可能有其他经济因素的影响。而使用一些替代原料对环境产生何种影响尚不清楚。因此，经济非物质化的综合效果还有待证实。美国著名生态经济学家戴利对经济非物质化理论更是提出了尖锐批评：“某种程度上‘非物质化’对于提高资源生产力而言，只是一个奢侈的术语，因此我们应该竭尽所能抛弃它。有人在这个术语的较为限制的含义上已经做了非常出色的工作（例如德国的伍珀塔尔研究所）。但是以为使经济非物质化或使其与资源‘脱耦’，或用信息来代替资源就能拯救‘永远增长’的范式，那是白日做梦。我们确实可以移向食物链的下端，但我们不可能吃处方！”（[美] 赫尔曼 · E. 戴利：《超越增长：可持续发展的经济学》，诸大建等译，上海译文出版社 2001 年 9 月版，第 39 页）经济非物质化也许还有另外一条道路，这就是超越物质需要而提升到精神产品的开发和精神需要的满足上来。

五、合理消费的替代方式：消费文化和文化消费

在合理消费之替代方式的讨论中，已经有人提出“未来的经济非物质化”的设想。[①]我们把这种替代方式称之为需要或消费的同质迁移，即在物质形态范围内的转移，其满足对象是物质需要。此外还有异质迁移，这是指将物质需要或消费升华到精神需要或精神享用上来。于是在合理消费的范畴内，就有了消费文化（精神产品）和文化消费（合理消费）两种形态。

绝大多数学者都已经觉察到了过度消费、浪费、挥霍以及现代消费主义价值观所带来的严重后果。在许多人看来，消费主义都是一种不合理的消费观和消费行为。在鲍德里亚看来，消费主义是指这样一种消费方式：消费的目的不是为了实际需求的满足，而是不断追求被制造出来、被刺激起来的欲望的满足。换言之，人们消费的不是商品和服务的使用价值，而是它们的符号象征意义。中国学者则把消费主义定义为人们一种毫无顾忌、毫无节制地消耗物质财富和自然资源，并把消费看作是人生最高目的的消费观和价值观。因此有人担心地指出：“更重要的是，中国是个人均自然资源短缺的国家，消费主义的盛行会在国家还未壮大时就过早消耗掉继续发展的资本。”[②]针对随着消费主义而来的贪婪、自私、纵欲、奢靡、暴殄天物的消费行为，有人主张构建一种“以人为本的消费”方式和消费观。“在现实的、具体的层面上，以人为本的消费就是健康、科学、文明的消费方式。健康的消费是呵护和关爱人的生命，用健康的生活态度和真正生命‘美’的观念去消费，以对抗生理和心理的病态；科学的消费是将‘真’与‘善’、知识与责任结合起来，在科学知识与真实意愿引导下消

①有学者对“文化消费”作了更为宽泛的理解：“文化消费是指对精神文化类产品及精神文化性劳务的占有、欣赏、享受和使用等。”在国外理论界，对文化消费有三种主要观点：（1）文化消费是一种社会控制的手段——法兰克福学派对工业文化的批判；（2）文化消费是一种标示社会区分的方式——凡伯伦、齐美尔、布迪厄的文化消费理论；（3）文化消费是一种创制文化的实践——后现代主义的文化消费观点。我们以为，依照这样的理解，文化消费已经远远超出了对消费之狭义讨论的范畴，而牵涉到文化生产、分配、传播、消费、再生产的诸多方面。（杨晓光：《关于文化消费的理论探讨》，《山东社会科学》2006年第3期）关于“消费文化”的人文学方面的讨论，参见《学术月刊》刊发的一组文章：王宁：《后现代社会的消费文化及其审美特征》，王一川：《中国消费文化中的悖谬：身体热消费与头脑冷思考》，包亚明：《消费文化与城市空间的生产》、陆扬：《消费文化与美国化问题》。

②邓聿文：《消费主义会过早消耗中国的发展资本吗？》，《中国党政干部论坛》2006年第3期。

费，以对抗愚昧；文明的消费是提纯、美化生活质量，对高雅、高尚的消费品进行消费，以对抗堕落。”①还有学者指出了构建中国消费社会的路径：“在当今的消费社会，要建立一个如马克思所理解的实现自由、全面发展的消费社会，除了批判性地发展马克思的生产理论范式之外，还必须在生产理论的基础上，建立和发展消费的生产范式。”②还有学者从伦理学角度为合理消费提供伦理支持，提出了“统筹伦理”的基本主张：第一，统筹家庭消费与家庭收入之间的关系；第二，统筹家庭消费与资源和环境之间的关系；第三，统筹家庭的生存性消费、物质性消费与发展性消费、享受性消费之间的关系；第四，统筹家庭成员生理健康消费与心理健康消费之间的关系；第五，统筹每个家庭成员的不同消费需求之间的关系。③有人从个体与类的角度提出了“建立在生存论基础上的‘合理消费’”理论，主张在禁欲主义与浪费之间建立一种适度关系。④还有学者为推行节约型消费方式提出了主要措施：通过倡导与动员，使节约型消费方式成为全民的共识与自觉；转变生产方式促进消费方式转变；发挥经济手段和法律手段对消费方式的调控作用。⑤值得注意的是，有学者从生产的维度讨论了“消费主义时代的精神生产”，认为“消费主义时代的精神生产特别是艺术生产的多元化、多元发展是一种必然趋势”，“文艺在这一时代仍保有它的精神价值和意义”。⑥

然而，若要引导人们在物质消费的范围内合理、适度消费，由物质消费进达消费文化和文化消费，仅有一种理论和建议是远远不够的，因为消费主义原本是资本运行逻辑的必然要求和市场这种社会设置的必然产物，因此，必须完成一种社会设置的结构转型，提供一种旨在驱使人们求真、趋善、向美的制度安排和社会环境营造，对此，有人提出了“人文生态学”概念。有人以为财富是获得快乐与幸福的唯一源泉，许多思想家和经

①赵玲：《消费的人本意蕴及其价值回归》，《哲学研究》2006 年第 6 期。
②郑红娥：《消费社会理论反思与中国消费社会的建构》，《天津社会科学》2006 年第 5 期。
③龙静云：《消费伦理的变迁与当代家庭消费伦理的建构》，《道德与文明》2006 年第 2 期。
④刘福森：《消费合理性：‘节约型社会’的消费评价》，《理论探讨》2006 年第 1 期。
⑤易培强：《论节约型消费方式》，《南京社会科学》2006 年第 1 期。
⑥施惟达、樊华：《论消费主义时代的精神生产》，《文学评论》2006 年第 3 期。

济学家也是这样承诺的，但实际状况是，财富既不是构成快乐与幸福的必要条件也不构成充分条件，只构成基本条件。因为只要人尚有基本的劳动能力，而自然又提供着基本的质料，基本的生活条件还是可以解决的，在这个意义上，可以不甚严格地说，财富构成快乐与幸福的必要条件。无之必不然有之不必然。但由财富进达快乐与幸福是一个极为复杂的过程，既取决于人要求于快乐与幸福的标准和境界，还相关于体悟快乐享受幸福的能力。快乐与幸福是生成和创造的，而不是给定的，因此，追求快乐和幸福本质上是生理—心理—精神过程，而不纯粹是一个消灭物的过程。从人与社会的必然联系的角度看，构成快乐与幸福的要素就分成了道路和创造两个方面：重建人文生态和构建和谐社会是通往幸福的道路；创造和体验快乐与幸福是幸福得以生成的源泉。

“人文生态就不仅是对人类的各种文化现象的描述，而是用来指称人们借助于精神生产和精神活动所得到的愉悦和幸福的体验，是人的心志力量的提高和心灵境界的提升。从外部看，是社会和他人对我的尊严、自由、个性和权利的尊重与确证；从内部看，是我对终极价值的执着追求、对理智感、审美感、道德感、愉悦和幸福的体验，这种体验使我感受到了生活意义的存在，它使我超越了生产的疲惫和物欲的牵累，这是一种心境、一种和谐。就此而言，人文生态是一个价值范畴，它指的是以具体的人为原点的与自然、他人和自己之间的和谐，是主体意义上的身体的无纷扰和心灵的宁静。”①

人文生态在样态上表现为精神产品和精神活动的丰富性、多样性，多种样式的精神产品和精神活动之间保持最大程度的相融性，是主体间的信任、确证、倾听、呵护、支撑关系；行为方式上是从容，从心所欲而不逾矩；在心态上是自信而不自傲、尊重而不献媚、学习而不媚俗。人文生态所表达的是一个和谐社会的基本特征，和谐社会与人文生态是一种状态的两个角度和两种提法。

人文生态是鲜活的时代精神，表现为一个时代的精神气质，人类、

①晏辉：《环境哲学的另类形态：人文生态学》（上、下），《河北学刊》2005年第6期、2006年第1期。

组织和个人是这种精神气质的体现者和承担者。这种“精神气质”代表特定时代的文化类型，它有两个方向：以什么作为最高的价值对象，其他价值需得到最高价值的规定和确认；它构成了人们看待事物和对待事物之方式的文化原点。另一个方向是心态结构，它是人的内心世界的一种稳定结构，是模式化和倾向化的认知模式、情感类型和意志品质，人的心态必须通过人的体验结构来把握。在舍勒看来，心态是世界之价值秩序的主体方维。于是，在信仰世界（神话、上帝、真主、理想社会）、价值秩序和心态之间就形成了一种逻辑关系。

精神气质把古代、现代和后现代的社会风貌从文化的层面上区别开来。社会生活形态的历史性变迁与一种精神气质的类型有着本质性的关联。现代化运动造成了现代社会及其性征的逐步确立，韦伯、桑巴特、鲍曼、吉登斯、利奥塔把现代性描述为理性化、祛魅化、世俗化、碎片化、市民伦理的形成、基督教世界观的衰微，等等。而舍勒则指出，理解现代性不能仅从社会—自然、科学技术—人文精神、政治—经济的结构关系来理解，还必须从人的体验结构来把握。现代社会的生成是一种“总体性和根本性的转变”，包括信仰文化层面、制度层面和精神气质（心态）的结构性变迁。从精神气质的转型看，它是一个商业—科技精神气质替代神学—形而上学的精神气质的过程。现代精神气质自13世纪末以来逐渐形成，在发达资本主义中慢慢成长，它尽管有民族的和其他的变异，仍是一种独特的、可以确切描绘的类型：通过“它的体验结构”来描绘。对这种类型及其生活感来说，世界不再是真实的、有机的“家园”，而是冷静计算的对象和工作进取的对象，世界不再是爱和冥思的对象，而是计算和工作的对象。心态、精神气质或体验结构，表明的是一个价值偏爱系统，它给时代和文化单位打上自己的印记。具体的、实际的心态构成了生活中的价值优先或置后的伦理规则，进而规定了某个民族和某个人的认知模式和情感类型。

从韦伯的“理想类型”出发，以“精神气质”形式出现的人文生态，从内容结构上看由三个层次构成：信仰、制度和环境。信仰原是植根于人的心灵中的对安全、确信和信任的需求，信仰使个人在类的意义上获得了“本体性安全”和归属感，虽然被信仰的对象是永远都不能物化的虚象存在，但它却是人的精神家园。物质的东西永远不能充当信仰的对象，因为它是特殊的、有限的，它会随着每一次消费而变少，直至消失，而精神构造起来的虚象是普遍的，它不会随着每一个人的分有而变少，相反，每一次敬拜和祈祷都增加了它的精神意义。在实践的活动中，信仰需有相应的仪式、规范和教义，通过重复性的精神活动将信仰植根于人的心灵之中。仪式、规范和教义规定了人们的看待方式、对待方式和行为方式，也确立了判定善恶的标准。

制度是人文生态中的可操作部分，它直接决定着社会的权威性资源和可配置性资源的分配方式及其后果。制度是把人类的正义、公平和效率理念变成操作的设置与安排。体现公平与效率的制度是否可能的条件有两个：动机问题和程序。动机表现为目的，制度是为谁而设置的，把哪一部分人或哪一个阶层的利益放在首位直接决定着制度的合理性程度，它构成本体正义。程序是为动机和目的服务的，程序正义只能保证本体正义在可行的环节和步骤内进行，但它不能从根本上改变本体正义的性质。在本体正义和程序正义背后是正义观和效率观，可以说，有何种样式的观念就有何种样式的制度设计与安排。而从根本上决定正义观的则是不同阶层和群体的人们与拥有制定制度的权威机构进行博弈的可能性，如果制定游戏规则的权力被权威机构所垄断，指望一种体现大众利益的制度是比较困难的。

人文环境是人文生态中的日常生活层面。狭义地说，它是公共生活中的文化类型。这是一个由合法界定的公民参加的公共生活空间，公共伦理和法律构成公共生活的游戏规则，除此还有通过契约达成的具有约束和惩罚效力的规则。公共生活领域是一个鱼龙混杂的场所，充分体现了大众文化的多样性、生活性和矛盾性，高雅与媚俗同在、向善与为恶并存、利己与利他相伴。

信仰、制度与环境共同构成了特定时代的人文生态——精神气质。传统社会的精神气质与现代社会的精神气质不同，它对自然的构造远不及对人类精神的构造程度。巫术、禁忌、宗教、惯例、风俗占据着人的生活的绝大部分内容，一种自然而然式的宽容养成了人的敬畏、敬仰、少许挑战、平和的心态结构。其看待和对待事物的方式与今天不同，他者或我们是他们思考问题的出发点，自然、上帝、家庭、氏族、民族、他人都是他者。在舍勒看来，资本主义不仅使已有的物质世界背后的精神基础连根拔起，还引发了早期资本主义类型的人的怨恨情感，一种绝望的无依靠感，资本主义使人身上一切晦暗的、欲求的、本能的东西全面爆发出来，是一场“系统的冲动造反”。在激发起来的欲望的推动下，它要利用科学和技术构造它所想构造的一切。“对实用主义来说，实在是我们构造出来的。席勒认为，我们都是‘实在的真正构造者’，而不是绝对意义上的‘造物主’，我们没有从‘无’中创造实在，而是‘共同’创造了实在。而且，我们用自己的行动‘重构’了世界，特别是我们的制度改变了世界的未来样式。我们根据自己的意图建构或‘构造’了世界，真理也是人类的产物，也有其实践上的目的。建构真理和建构实在是同一个过程。‘只要我们断定为真，我们就把它看作是实在的’，并当作‘公正’接受下来。”构造世界的同时连同先前构造出来的人类精神的产物——宗教、禁忌、惯例、习俗—— 一并清除了，留存下来的就只有那个可以走遍世界的资本的逻辑和全球范围内的消费主义。“构成我们当今整个生活秩序之特色的全部力量，只能基于对一切精神之本质力量的极度反常之上，只能基于一切富有意义的价值秩序的疯狂般的颠覆之上，而不能基于属于‘人的’正常‘天性’的精神力量之上。”在此境遇下，人的体验结构和心态结构发生了根本性的转变：孤独的主体、浮躁的心态、忙碌的生活、无意义的追寻。拥有了丰足的物质世界，却把文化和心灵推向了沙漠。重建人文生态和构建和谐社会已成为现代人意欲追求幸福所不可逃避的工作事项。

在政策安排上，政府应该加大对精神生产的经费投入，鼓励精神产品生产者从事生产活动的积极性和创造性。允许非政府的民间文化组织，开展多种多样的有益于人民身心健康的精神活动。拯救原生态的文化类型，包括文化遗存和以日常语言和日常行为为存在形式的活的民俗等。

通过媒体传达健康的主流文化。媒体文化是大众文化的主要形式，由于它是集娱乐与教育于一体，集声、像、乐于一身的传播形式，在现代生活方式和价值观的形成与传播中起着至关重要的作用。但“工业社会的大众文化，可谓是矛盾透顶。一方面，它是工业化的——其商品的生产与销售，通过受利润驱动的产业进行，而该产业只遵从自身的经济利益。另一方面，大众文化又为大众所有，而大众的利益并不是产业的利益……一种商品要成为大众文化的一部分，就必须包含大众的利益”。[①]但大众文化需要引导。

人的高雅需要是培养出来的，人作为文化的存在物是培育出来的，而不是生产出来的。文化表现在人的身上，依照亚里士多德的分类，在理智的德性上就是人的智慧、明智、意志等，在道德的德性上就是正义感、理智感、诚信等。从大的方面说，人的素质就是能力系统和修养系统，对终极价值的执着追求、积极向上的生活态度、与人为善和乐于助人的道德修养、有责任感和义务感，是现代文明人的主要方面。

政府虽有绝对责任为塑造现代文明人做出努力，但政府毕竟是个人的联合体，它是非人格化的存在，重建人文生态的具体事项必须依靠集知、情、意于一身的个人来进行，把政府提供和创造的条件与环境变成现实的活动，个人理应担负起应有的责任。

六、几点建议

准确地说，理论界关注消费问题只是近几年的事情。无论从广度和深度来说，国内研究的理论水平和研究成果与国外相比都有相当的距离。在相当长的一个时期内，关于消费问题的研究尚有极大的理论空间，有进一步深化和拓展的可能性与必要性。

资本的运行逻辑与消费主义和消费行为的关系问题。与此有关的问题是：消费主义与消费行为的社会设置基础；社会政策、制度与体制同消费主义和消费行为的关系。关于资本的运行逻辑与消费主义的关系问题，尽管学界有所讨论[②]，但深度是远远不够的。

①［美］约翰·费斯克：《理解大众文化》，王晓珏、宋伟杰译，中央编译出版社 2001 年 9 月版，第 28 页。
②晏辉：《资本的运行逻辑与消费主义》，《中国人民大学学报》2005 年第 6 期。

消费正义问题。由消费问题本身的性质所决定，对消费问题的研究理应既是分析的又是规范的。分析的要求决定于资本运行逻辑与消费主义的必然关系，进一步的问题是，在资本的运行逻辑之上，消费行为一定伴随着过度、奢侈、浪费吗？适度消费、合理消费是否可能？规范的要求决定于，消费主义和消费行为并不仅仅涉及消费群体的消费特征和消费观念的表现形态，更为深层和重要的问题是财富的分配问题。真正造成奢侈、浪费和暴殄天物的不是普通的消费者，而是拥有足够或过量消费物的人群。如若不对他们的财富来源和分配比例作深入的分析，对消费问题的研究就不可能是真正有意义的。其中体制内消费和体制外消费是分析消费正义的一个重要切入点。

精神生产、精神过程与需要的迁移问题。关于需要迁移的规律与途径问题学界已有初步讨论[①]，但问题远远没有说清楚，尚有足够复杂的问题需要研究，如精神生产、精神过程的社会设置基础问题；精神生产的动力机制问题；文化事业能否产业化；一个充满关心、爱护、责任的人文环境如何营造；等等。

（原载《中国社会发展蓝皮书2007—2008》，中国社会科学出版社2008年版）

①晏辉：《虚拟享用：伦理辩护与批判》，原载《中国社会科学》2005 年第 6 期，见本书第二编。

附录：主要学术成果

著作类

《市场经济的伦理基础》，山西教育出版社1999年版；

《经济行为的人文向度——经济分析的人类学范式》，江西教育出版社2005年版；

《公共生活与公民伦理》，北京师范大学出版社2007年版；

《现代性语境下的价值与价值观》，北京师范出版社2009年版。

论文类

《社会主义初级阶段道德发展规律初探》，《内蒙古大学学报》1989年第1期；

《主体 价值 意义探微》，《辽宁师范大学学报》1991年第6期；

《人的本质与人的解放》，《内蒙古大学学报》1991年第2期；

《论马克思〈1844年经济学—哲学手稿〉中的伦理思想》，《内蒙古师范大学学报》1991年第3期；

《论人和物的关系及其意义》，《昭乌达蒙族师专学报》1992年第1期；

《论马克思创立唯物史观的逻辑方法及其意义》，《内蒙古社会科学》1992年第4期；

《马克思的对象化理论与人的本体论研究》，《内蒙古大学学报》1992年第4期；

《文化 价值 意义三题》，《内蒙古社会科学》1993年第2期；

《论价值基础、对象与本质》，《内蒙古师范大学学报》1993年第4期；

《论价值观》，《内蒙古大学学报》1993年第3期；

《人的主体性何以可能》，《东岳论丛》1994年第1期；

《论现代价值体系建构中的物质价值系统》，《内蒙古大学学报》1995年第3期；

《关于马克思人学研究中的几个基本概念》，《内蒙古社会科学》1995年第3期；

《关于现代价值体系建构中的几个重大问题》，《内蒙古社会科学》1996年第1期；
《论现代价值体系建构中的精神价值系统》，《内蒙古大学学报》1996年第1期；
《社会转型与评价悖论》，《人文杂志》1997年第3期；
《论社会本体与社会转型》，《江淮论坛》1997年第5期；
《哲学重建与重建哲学——读〈现代唯物主义导引〉》，《理论与现代化》1997年第6期；
《交往、规范、转型——论人类交往活动的内在逻辑及其意义》，《郑州大学学报》1997 年第4期；
《伦理生态论》，《广东社会科学》1999年第5期；
《论市民社会的现代形态——从文化角度看市民社会》，《北京师范大学学报》1999年第3期；
《伦理学，究竟该研究什么？》，《学术季刊》1999年第3期；
《关于社会评价的几个问题》，《人文杂志》2001年第6期；
《走向生活世界——论一种可能的价值哲学范式》，《学术季刊》2001年第3期；
《21世纪几种可能形态的价值理念》，《教学与研究》2002年第10期；
《21世纪几种可能形态的价值问题》，《福建论坛》2002年第5期；
《论一种可能的伦理致思范式》，《北京师范大学学报》2002年第2期；
《当代价值冲突的人文生态解读》，《湖南师范大学学报》2002年第6期；
《价值哲学研究的基本范式及其效用》，《求是学刊》2002年第4期；
《公平与效率如何可能：社会哲学的分析》，《郑州大学学报》2002年第4期；
《契约伦理及其实现》，《道德与文明》2002年第6期；
《是道德悖论，还是价值冲突？——苏格拉底伦理问题解读》，《内蒙古大学学报》2002年第1期；
《当代价值冲突的哲学批判》，《社会科学辑刊》2003年第2期；
《过程代价论》，《天津社会科学》2003年第2期；
《哲学问题与问题哲学——论一种可能的哲学观》，《学术研究》2003年第10期；
《儒家伦理的现代转换是否可能？》，《伦理学研究》2003年第5期；
《制度伦理及其实现方式》，《齐鲁学刊》2003年第4期；
《生活世界：实践、意义促创与生命体验》，《河北学刊》2004年第2期；

《当代生活世界的价值哲学批判》，《江海学刊》2004年第1期；
《价值哲学的现代转向》，《湖南师范大学学报》2004年第5期；
《普遍的正义如何可能——柏拉图正义论发微》，《伦理学研究》2004年第2期；
《应用伦理学：伦理致思范式的现代转换》，《自然辩证法研究》2004年第8期；
《关于经济伦理学的几个理论问题》，《光明日报》2004年10月26日；
《环境哲学的另类形态》，《河北学刊》2005年第6期；
《资本的运行逻辑与消费主义》，《中国人民大学学报》2005年第6期；
《虚拟享用：伦理辩护与批判》，《中国社会科学》2005年第6期；
《环境哲学的另类形态》，《河北学刊》2006年第1期；
《论教育回归生活世界的基本方式》，《华东师范大学学报》2006年第1期；
《心情培育：青少年教育的重要方面》，《教育研究》2006年第3期；
《论哲学在场的方式》，《哲学研究》2006年第3期；
《守望家园——家庭伦理的当代境遇》，《北京师范大学学报》2006年第2期；
《公共生活与公民伦理》（上），《河北学刊》2007年第2期；
《公共生活与公民伦理》（下），《河北学刊》2007年第3期；
《科学技术的祛魅及其人类后果》，《人文杂志》2007年第3期；
《资本原始积累的伦理批判》，《学习与探索》2007年第3期；
《论公共性的原始发生》，《教学与研究》2007年第4期；
《消费公正及其相关问题》，《社会科学辑刊》2007年第4期；
《论财富、德性与幸福》，《光明日报》2007年8月21日；
《现代性语境下的德与法》，《道德与文明》2007年第5期；
《如何拓展马克思哲学研究》，《学术研究》2007年第9期；
《消费文化：现代消费及其伦理后果》，《中共天津市委党校学报》2007年第3期；
《论价值与意义的原始发生》，《学术月刊》2008年第1期；
《论营利性组织之自利行为的伦理约束与制度安排》，《湖南社会科学》2008年第6期；
《马克思主义哲学与伦理学视域的实践意义探微》，《社会科学战线》2008年第11期；
《中国问题与当代中国哲学》，《山东社会科学》2008年第2期；

《公共性问题的哲学前提批判》,《江海学刊》2008年第4期;
《公民伦理的显现领域与实现方式》,《首都师范大学学报》2008年第4期;
《在公共生活与私人生活之间:传统伦理的现代境遇》,《中国人民大学学报》2008年第1期;
《资本的社会责任》,《光明日报》2009年5月5日;
《马克思主义哲学中国化的三种价值诉求》(上),《河北学刊》2009年第3期;
《马克思主义哲学中国化的三种价值诉求》(下),《河北学刊》2009年第4期;
《中国价值哲学:心路历程、理论困境与现实出路》,《北京师范大学学报》2009年第4期;
《论作为伦理学范畴的实践》,《天津社会科学》2009年第6期;
《从行动者到行动:伦理主题的现代转换及其问题》,《哲学动态》2010年第1期;
《现代性与现代道德问题》,《上海师范大学学报》2010年第2期;
《伦理学把握生活世界的三种方式》,《求是学刊》2010年第4期;
《论劳动之伦理本体地位的消解与重建》,《学术月刊》2010年第3期;
《价值体系的层次及其共识的基础》,《中国政法大学学报》2011年第6期;
《论唯物史观之"物"的现代形态》,《山东社会科学》2011年第6期;
《现代性语境下公共性问题的哲学批判》,《哲学研究》2011年第8期;
《论政治观念》,《南京社会科学》2011年第6期;
《从德性之美到城邦之善——论两种善的逻辑及其通约关系》,《学术研究》2012年第1期;
《论社会宽容》,《北京师范大学学报》2012年第3期;
《论作为整体伦理之危机》(上),《探索与争鸣》2012年第5期;
《论作为整体伦理之危机》(下),《探索与争鸣》2012年第6期;
《政治生活如何走进伦理学》,《道德与文明》2012年第5期;
《资本的世界逻辑及其人类学后果》,《湖北大学学报》2012年第2期;
《论道德叙事》,《哲学动态》2013年第3期;
《论精神公共性危机及其重建》,《苏州大学学报》2013年第2期。

新人文丛书书目

No.01	史仲文	文化无非你和我（已出版）
No.02	夏可君	无余与感通——源自中国经验的世界哲学（已出版）
No.03	单　纯	立命·究底·理政三道综论集（已出版）
No.04	张　柠	感伤时代的文学（已出版）
No.05	吴祚来	我们要往何处去——价值主义与人文关怀（已出版）
No.06	敬文东	守夜人呓语（已出版）
No.07	王向远	日本之文与日本之美（已出版）
No.08	金惠敏	全球对话主义——21世纪的文化政治学（已出版）
No.09	谢　泳	思想利器——当代中国研究的史料问题（已出版）
No.10	陈晓明	守望剩余的文学性（已出版）
No.11	赵　强	问题转换机（已出版）
No.12	许志强	无边界阅读（已出版）
No.13	王清淮	新史记（已出版）
No.14	黑　马	文明荒原上爱的牧师——劳伦斯叙论集（已出版）
No.15	尤西林	人文科学与现代性（已出版）
No.16	江弱水	文本的肉身(已出版)
No.17	李雪涛	误解的对话——德国汉学家的中国记忆（已出版）
No.18	陆　扬	后现代文化景观（已出版）
No.19	汪民安	什么是当代（已出版）
No.20	张　闳	言辞喧嚣的时刻（已出版）

No.21	张　念	女人的理想国（已出版）
No.22	李　静	必须冒犯观众（已出版）
No.23	严　泉	历史变迁的制度透视（已出版）
No.24	王鲁湘	书卷山河（已出版）
No.25	何光沪	秉烛隧中（已出版）
No.26	郭于华	社会生态与社会重建
No.27	张清华	狂欢或悲戚（已出版）
No.28	蒋原伦	观念的艺术与技术的艺术（已出版）
No.29	朱汉民	经典诠释与义理体认——中国哲学的建构历程（已出版）
No.30	晏　辉	走向生活世界的哲学（已出版）
No.31	彭永捷	汉语哲学如何可能
No.32	王　立	欢娱的巅峰——唐代教坊考（已出版）
No.33	单世联	文化不是任性——价值观、多样性与中国经验

图书在版编目（CIP）数据

走向生活世界的哲学／晏辉著．—北京：新星出版社，2015.7
（新人文丛书）

ISBN 978-7-5133-1816-7

Ⅰ.①走… Ⅱ.①晏… Ⅲ.①哲学-文集 Ⅳ.①B-53

中国版本图书馆CIP数据核字（2015）第123247号

走向生活世界的哲学

晏辉 著

策　　划：陈　卓
责任编辑：周　凯
特约编辑：陈　卓
责任印制：李珊珊
封面设计：@broussaille私制
版式设计：魏　丹

出版发行：新星出版社
出 版 人：谢　刚
社　　址：北京市西城区车公庄大街丙3号楼　　100044
网　　址：www.newstarpress.com
电　　话：010—88310888
传　　真：010—65270449
法律顾问：北京市大成律师事务所

读者服务：010—88310811　　service@newstarpress.com
邮购地址：北京市西城区车公庄大街丙3号楼　　100044

印　　刷：三河兴达印务有限公司
开　　本：660mm×970mm　　1/16
印　　张：23
字　　数：297千字
版　　次：2015年7月第一版　2015年7月第一次印刷
书　　号：ISBN 978-7-5133-1816-7
定　　价：56.00元
